Le bébé,
c'est pour quand ?

Laëtitia Milot

Le bébé, c'est pour quand ?

Michel Lafon

118, avenue Achille-Peretti – CS 70024
92521 Neuilly-sur-Seine Cedex

www.michel-lafon.com

À Badri,
mon mari, mon âme sœur,
qui mène ce combat avec moi.

– 1 –

Il y a quelque chose qui ne va pas…

Le tournage va bientôt reprendre mais je ne peux plus respirer. Je suis recroquevillée sur le sol de ma loge, la respiration presque coupée. Des contractions incroyablement fortes me parcourent le corps et je retiens mes gémissements ; je ne veux pas que l'équipe m'entende.

Ça a commencé ce week-end. J'étais à la maison avec Badri, mon mari, en train d'apprendre mes textes de la semaine pour *Plus belle la vie*, quand la douleur m'a envahie.

Ce n'est pas la première fois que je souffre à cette période du mois si particulière pour les femmes. Mais jamais encore je n'ai ressenti un tel supplice. Là vraiment j'en suis sûre, il y a quelque chose qui ne va pas, la machine est déréglée… J'ai consulté ma gynécologue à deux reprises l'année dernière. Comme toujours, elle m'a accueillie gentiment et m'a demandé des nouvelles du tournage de *Plus belle*. « Que va devenir Mélanie ? Est-ce qu'elle va enfin réussir à se caser ? » C'est un petit rituel entre nous, et je m'y prête toujours volontiers. Mon personnage de serveuse au cœur d'artichaut touche les gens et j'aime bien discuter de Mélanie, qui est un peu comme une sœur imaginaire dont je partage la destinée depuis tant d'années maintenant.

Mais cette fois, je ne suis pas en forme. Ma mère me trouve pâlichonne, Badri s'inquiète pour ma santé et moi, je n'en peux plus d'avoir mal comme ça.

« Je voulais vous parler de quelque chose, en fait. Voilà, j'ai des douleurs importantes à la fin du mois. »

Mon médecin reprend son air sérieux, elle chausse ses lunettes et sort son carnet.

« Hmm, des douleurs menstruelles. Oui, et c'est nouveau ?

– Non. Enfin, si, dans ces proportions, oui, c'est quand même nouveau. »

Je commence déjà à me sentir illégitime, rien qu'au ton de sa voix. Je sais qu'elle va me dire, comme on me l'a déjà affirmé, que c'est tout à fait naturel d'avoir mal à ce moment du mois. J'ai déjà évoqué ce problème auprès de mes médecins et on m'a toujours fait la même réponse : « C'est normal, prenez du Spasfon, du Doliprane, et serrez les dents. » Je schématise un peu, mais c'est à peu près ça, à chaque fois. À tel point que j'ai arrêté de mentionner ce fait il y a déjà des années. Mais j'ai l'impression d'avoir franchi un cap dans la douleur. Souffrir comme ça, à ce point, je n'arrive pas à croire que ça puisse être naturel. Pourtant, je ne suis pas du tout du genre à me plaindre. Le médecin reprend :

« Ce n'est pas anormal d'avoir un peu mal en fin de cycle. Vous pouvez prendre du Doliprane et du Spasfon pendant les crises. »

Eh bien, ça n'a pas manqué… Apparemment elle n'a pas tout à fait compris l'ampleur du problème. J'insiste :

« J'en prends, bien sûr. Mais ça ne fait rien, ça ne marche pas. J'ai comme des contractions. Et des migraines aussi. C'est vraiment envahissant, en fait. »

Cette fois, elle me regarde avec attention.

« Bon, Laëtitia, je vais vous prescrire quelque chose d'un peu plus fort pour les douleurs. Et puis on peut changer de pilule contraceptive, pour voir ce que ça donne. »

Je me sens soulagée qu'elle m'écoute, au moins, même si je doute qu'une nouvelle pilule contraceptive puisse changer quoi que ce soit. On fait néanmoins comme elle le propose, je change de contraceptif et, en sortant, je fais un crochet par la pharmacie pour acheter les antidouleurs qu'elle m'a prescrits. Ensuite, je croise les doigts pour que ça marche. Car je n'en peux plus de ces élancements qui me déchirent le ventre.

Malheureusement, rien ne change. Au contraire. La douleur continue et ne cesse de croître. Les périodes de souffrance s'allongent et s'alourdissent en intensité. Je commence à avoir mal plusieurs jours avant la fin de mon cycle et ça perdure quelques jours après. J'ai désormais l'impression de souffrir deux semaines sur quatre. Cela devient petit à petit insupportable.

À la maison, quand les douleurs me prennent, je tente de garder contenance mais je n'y arrive pas toujours. Badri fait le dos rond. Il essaie de me rendre la vie le plus facile possible, avec sa gentillesse et sa douceur coutumières. Je passe parfois des journées entières à grogner et à me balancer d'avant en arrière dans mon lit, comme pour bercer la souffrance, l'endormir, l'apaiser. J'ai l'impression d'avoir un marteau-piqueur dans la tête, mon système digestif est complètement détraqué, je passe des heures dans les toilettes, le front moite, à gémir, avant de me traîner à nouveau jusqu'à mon lit.

Badri s'assied à côté de moi, me passe la main dans les cheveux et me demande d'un air inquiet :

« Mais je ne comprends pas. Elle n'a rien dit

d'autre, ta gynéco ? Ça n'est pas normal de souffrir comme ça, quand même.

– Ben si, il paraît que c'est normal… » grogné-je en retour d'un ton désagréable…

Il n'est pas toujours facile de se montrer aimable quand on souffre, mais j'ai conscience d'être un peu injuste. Heureusement, on se connaît assez, Badri et moi, pour se passer nos manques et nos erreurs. Devant mon air ravagé, Badri ne répond pas et il m'aide à installer les oreillers pour que je sois le mieux possible…

Après quelques jours, les douleurs refluent et j'ai l'impression de pouvoir reprendre ma vie. En attendant la prochaine crise. J'avoue que cela m'inquiète. Qu'est-ce que ça peut bien être ?

Aujourd'hui, à mon tour, à genoux sur le sol de ma loge, je me dis la même chose que Badri : « Non, en effet ce n'est pas possible. Cela ne peut pas être normal ! Je n'ai jamais entendu parler de femmes qui avaient mal comme ça. Je ne suis pourtant pas plus douillette qu'une autre. Qu'est-ce qui m'arrive ? »

On frappe à la porte. La voix d'une jeune stagiaire réalisation se fait entendre :

« Laëtitia, encore un quart d'heure et on reprend. »

Je respire profondément et parviens à articuler une réponse. J'essaie de me lever mais je n'y arrive pas.

Le tournage de *Plus belle la vie* est une véritable horlogerie suisse. On tourne chaque jour l'équivalent d'un épisode entier, c'est-à-dire vingt-deux minutes utiles quotidiennes. Cela ne paraît sans doute pas énorme pour quelqu'un qui n'est pas du métier, mais il faut savoir qu'au cinéma, on ne tourne parfois que deux à cinq minutes utiles par jour… Accomplir un tel tour de force nécessite ainsi, de la part de toute l'équipe – je dis bien toute, je ne parle pas seulement des comédiens, mais de tous les techniciens, de l'équipe de réalisation, des habilleurs, maquilleurs, coiffeurs, de la déco, des stagiaires, de la production… tout le monde – un professionnalisme sans faille. Concrètement, cela commence par une ponctualité parfaite. Cela n'a l'air de rien, mais rassembler une cinquantaine de personnes cinq jours sur sept à six heures du matin alors que la plupart n'habitent pas à côté, ce n'est guère évident… Or il n'y a jamais aucun retard. Sur *Plus belle*, tout le monde est traité à la même enseigne. Pas de stars, pas de caprices. Heureusement, parce que le contraire ne me plairait pas du tout !

La production m'a proposé à plusieurs reprises de me loger à côté des studios pendant la semaine. Nous habitons, Badri et moi, un petit havre de paix, un petit cocon que nous avons fait construire selon nos rêves, en bordure d'un village provençal. C'est là, au milieu des vignes et de la garrigue, avec vue sur la magnifique montagne Sainte-Victoire, que je me ressource.

Je suis très casanière. J'ai toujours aimé avoir mon chez-moi et y créer une ambiance paisible pour mon amoureux et moi. J'aime faire le ménage, le repassage, la cuisine. Je reste rarement inactive. C'est mon côté femme d'intérieur, tout le temps occupée à traficoter, à ranger, à rouspéter et à trier le linge dans les placards ! Nous les femmes on se fixe des listes de tâches à accomplir. Eh bien moi, j'ai beau faire semblant de râler, j'aime bien ça.

Je n'ai jamais eu des tas de copines, je n'ai jamais fonctionné en bande. Mon clan, c'est ma famille. Je suis très proche de ma mère, avec qui j'ai même une relation fusionnelle. De ma grand-mère également, ainsi que de ma famille que j'aime beaucoup. Je suis particulièrement proche de l'une de mes tantes avec qui j'ai beaucoup de points communs, puisque nous avons coutume de dire que je lui dois deux de mes passions : l'amour de la cuisine et du rangement. J'ai découvert bien des années plus tard que cette femme forte, pleine d'énergie, et moi partageons beaucoup plus, puisque ce n'est que récemment qu'elle m'a appris qu'elle aussi était atteinte d'endométriose… Nous sommes une lignée de femmes au caractère bien trempé et j'ai souvent imaginé avec plaisir l'arrivée de mes propres enfants. J'ai envie de partager avec eux ces rituels familiaux qui ont une si grande importance pour moi. Les Noëls de mon enfance sont de merveilleux souvenirs. On installait un sapin que ma grand-mère déballait avec précaution… Je me hissais sur la pointe des pieds pour placer les boules et les guirlandes. Badri et moi aimons ces traditions qui se transmettent de génération en génération, chaleureuses et paisibles.

Ma grand-mère me manque énormément, encore aujourd'hui. Nous étions très proches, j'avais autant de tendresse que d'admiration pour elle. C'était une femme simple et modeste. Je me souviens des cadeaux qu'elle me faisait à Noël : des peluches qu'elle fabriquait elle-même, des jolis ouvrages en canevas. Elle n'avait pas les moyens de nous acheter des jouets dans le commerce mais elle nous gâtait à sa façon, la plus belle : avec de l'amour et des attentions, avec ces soirées passées à fabriquer, pour nous, ces présents si précieux à mes yeux. Quand je venais lui rendre visite, elle cuisinait toujours une tarte aux pommes dont je sentais la bonne odeur en passant la porte. On m'a dit que, toute petite, je m'écriais toujours : « Oh mamie, je suis trop gâtée, c'est l'hallu ! », ce qui la faisait rire. C'est sur les valeurs qu'elle m'a ainsi transmises que je me suis construite.

Ma grand-mère avait une belle voix, une voix de l'ancien temps, généreuse et populaire. Elle aimait beaucoup chanter, en particulier le répertoire d'Edith Piaf, dont le timbre lui convenait bien. Même à la fin quand sa mémoire a commencé à s'effilocher, elle se souvenait encore des chansons de la Môme. Avec Badri, qui l'a connue aussi et qui l'aimait beaucoup, on apportait l'appareil à karaoké lors des réunions familiales chez mes parents et on passait avec ma grand-mère des après-midi entiers à chanter ensemble. Ces beaux souvenirs comptent tant pour moi…

Lorsque la maladie s'est aggravée, ma mère s'est consacrée à ma grand-mère. Alzheimer est une maladie terrible pour l'entourage. Ma mère, son frère et ses sœurs ont fait preuve d'un grand courage et d'une grande abnégation pour l'accompagner le mieux possible. Ces années ont beaucoup marqué ma maman et c'est pour cela qu'elle a décidé, après la mort de ma grand-mère, de reprendre ses études pour préparer un master 2 en gérontologie. Tout le monde n'est pas capable d'un tel tour de force ! Reprendre des études à l'âge adulte, c'est vraiment difficile. Ma mère a réussi et, depuis, elle consacre son temps à aider ceux qui, comme elles, se trouvent face à cette épreuve.

Je me souviens d'un jour où, avec Badri, nous avions décidé d'emmener ma grand-mère à la plage. J'étais heureuse de pouvoir passer du temps avec elle et cela me permettait, par la même occasion, d'offrir une journée de repos à ma mère, essentiel pour qu'elle puisse récupérer ses forces. Nous n'étions pas bien vieux, Badri et moi, mais j'avais dit avec autorité à ma mère : « Ne te fais pas de souci, on s'occupe de tout ! »

Nous voilà donc partis tous les trois vers la mer. On installe nos serviettes, on prend un peu le soleil en papotant, puis je lui propose d'aller se baigner, mais elle n'en a guère envie. Badri et moi nous mourions d'envie d'aller un peu à l'eau. Je demande à mamie si ça ne l'ennuie pas qu'on y aille un peu et je lui dis « Attends-nous mamie, surtout ne bouge pas de la serviette, d'accord ? » Nous partons. On n'entre dans l'eau qu'à mi-cuisse, pour ne pas être trop loin en cas de problème et on se baigne tout en surveillant la plage du coin de l'œil. Et nous avons bien fait car je vois soudain ma grand-mère qui se lève de sa serviette, inspecte les horizons d'un air pénétré puis qui part soudain à grands pas décidés sur le sable. Nous nous précipitons aussitôt, mais l'eau entrave nos mouvements, je hurle « Mamie, mamie ! » mais les vagues et le vent couvrent ma voix et mamie s'éloigne pendant que nous pataugeons. Heureusement, Badri s'extrait de l'eau et part en courant à toute vitesse. Il parvient à la rattraper et à la ramener doucement vers la serviette. Nous ne l'avons plus quittée d'un centimètre jusqu'à la fin de la journée !

Malheureusement, la maladie a fini par l'emporter. Alzheimer est une maladie d'une grande cruauté car elle efface impitoyablement tout ce que l'on a partagé avec l'être aimé. C'est pour cela que cet amour que j'ai reçu d'elle, et de mes parents aussi bien sûr, je le garde précieusement en moi. J'attends avec impatience le moment de le donner, à mon tour, à un enfant.

C'est dans cet esprit que Badri et moi, quand nous avons eu la chance de pouvoir nous le permettre, avons fait construire notre maison. Nous l'avons imaginée ensemble pour abriter notre amour et, plus tard, notre famille. Nous l'avons pensée comme un vrai cocon paisible, pour accueillir une grande famille. Pour le moment, une des pièces est occupée par Badri qui y a installé son bureau – il y travaille dans un désordre qui me rend chèvre ! Mais bien sûr, cette pièce est destinée à devenir une chambre d'enfant. Notre enfant. Nous y pensons de plus en plus souvent, Badri et moi. Entre nous, il n'y a aucun doute. Notre amour et notre complicité sont l'évidence. Nous voulons fonder une famille ensemble.

– 2 –

Premier départ

Badri est mon soleil. Avec lui, tout est possible. Nous sommes ensemble, l'un pour l'autre, dans les bons côtés comme dans les épreuves. Et c'est ainsi depuis le tout début.

Lorsque nous nous sommes rencontrés, je n'avais que vingt ans et j'étais en deuil, brisée par un drame. Je venais de perdre mon premier amoureux, terrassé en quelques mois par un cancer foudroyant. Badri m'a ramassée par terre, en miettes. Un par un, avec patience et douceur, il a rassemblé les morceaux et m'a ainsi sauvé la vie.

J'avais perdu cet appétit de vivre et cette confiance en l'avenir qui m'avaient toujours caractérisée. Les jours se fondaient dans un brouillard. Je ne pensais plus. Je n'étais plus qu'une boule de douleur muette.

L'image qui me vient, c'est celle d'une flaque. Si Badri n'avait pas été à mes côtés, je ne sais pas comment j'aurais surmonté cette épreuve.

Il m'a aidée à me redresser. Pas à pas. Grâce à lui, à ses soins et à son amour, je me suis reconstruite.

Je suis tombée amoureuse de Badri à mesure que le sourire me revenait et avec lui, le goût de la vie.

Pourtant, cela ne s'est pas fait en un jour. Il lui en a fallu de la patience et de la douceur pour m'aider à reprendre pied. Car quelque chose me retenait. Je restais frileuse, comme si le ressort puissant qui m'avait fait avancer jusque-là était brisé, en profondeur. J'avais perdu ma foi en la vie. Je travaillais comme ouvreuse dans un cinéma sans plus oser penser pouvoir réaliser un jour mon rêve de devenir comédienne.

J'y avais pourtant cru très fort. Après ma terminale STT, mon petit ami Yannis et moi étions montés à Paris, comme deux jeunes provinciaux décidés à réussir, lui dans le dessin, moi dans la comédie. Nous avions vécu une année de bohème.

J'avais la foi chevillée au corps et une confiance indestructible en ma bonne étoile. J'avais mis toutes mes affaires dans une valise et pris mon premier grand départ pour la vie d'adulte, à dix-huit ans. Mes parents viennent d'un milieu modeste et ils ne pouvaient pas m'aider financièrement. J'allais devoir me débrouiller seule.

Yannis et moi avons trouvé un petit appartement près de Nation, dans le 12e arrondissement, et nous avons essayé de réaliser nos rêves… J'enchaînais les petits boulots, même si je n'aime pas du tout les appeler comme ça. C'étaient des boulots, tout simplement, ni petits ni nuls, et je ne les bâclais pas. Ma mère est infirmière, mon père a été militaire. Je viens d'un milieu que je n'ai pas renié. Je ne me suis jamais sentie au-dessus des gens avec qui je travaillais et j'ai toujours fait de mon mieux pour donner satisfaction à ceux qui m'employaient. J'ai été caissière, hôtesse dans des Salons, vendeuse… Je prenais tout ce que je trouvais, car Paris n'est pas tendre pour les jeunes sans le sou. On payait pour notre studio quasiment le montant qu'on aurait mis dans un pavillon chez nous. Je n'en revenais pas du coût de la vie. Nous vivions à l'économie, les fins de mois n'étaient pas faciles, mais nous étions heureux. J'aimais cuisiner, c'est d'ailleurs à cette époque que j'ai commencé à tester mes recettes car le soir, nous restions beaucoup à la maison.

Je suivais des cours de théâtre. Je m'étais inscrite dans un petit atelier. C'était formidable, mais je courais sans arrêt d'un boulot à un cours, en faisant des détours par les castings dont j'avais eu vent. Je passais tous ceux dont j'entendais parler. J'étais naïve, innocente, mal dégrossie, diraient certains, mais pleine d'enthousiasme et d'une énergie qu'aucune douche froide ne parvenait à éteindre bien longtemps. Je n'avais aucune idée de la façon dont les choses se passaient dans le milieu du cinéma ou de la télévision. Je me présentais spontanément dans des maisons de production avec mon composite – mon book de photos – à la main, imprimé sur du mauvais papier, plein de clichés de moi pris par des photographes plus ou moins talentueux. Je n'avais pas de CV, car je n'avais encore rien fait. Je débarquais à l'accueil avec mon sourire et mes illusions, et je disais que j'étais comédienne. Mon assurance était en béton armé face au mur de glace que m'opposait la capitale.

« Laissez-nous ça et on vous rappellera », me disait-on du bout des lèvres, bien décidé évidemment à ne jamais me rappeler… J'étais à peine consciente des regards dont me gratifiaient les standardistes ultra-lookées. Moi je ne ressemblais pas du tout à la Parisienne branchée, je n'étais pas dans le ton, mais tant pis. Je ne voulais pas me déguiser, me transformer. J'étais comme j'étais, simple et naturelle, et surtout pleine d'espoir. Je suis même allée un jour jusqu'à la société de production de Thomas Langmann. Acteur et producteur célèbre, fils de Claude Berri. On peut dire que je ne doutais de rien ! Cette visite, comme les autres, n'a rien donné, mais j'avais, comme toujours, foi en ma bonne étoile. À chaque fois, de retour chez moi, j'attendais pendant quelques jours le coup de fil qui allait changer ma vie ; rien ne venait. Tant pis, j'étais déjà passée à autre chose…

Je courais également les agences de mannequins et je faisais quelques photos, de temps en temps. C'était toujours un réel plaisir. Passer au maquillage, à la coiffure, me faire chouchouter, me déguiser. Le temps d'une prise de vue, devenir quelqu'un d'autre, laisser une histoire, un personnage, m'envahir. Je me donnais à fond à chaque étape. C'étaient des bouffées d'endorphine pure. Car même pour une simple séance de photo, on joue. Or il n'y avait aucun doute, c'est ce que je voulais faire de ma vie : jouer.

Ensuite, la réalité reprenait ses droits, avec le métro, les boulots, les cours, les castings à l'issue desquels on ne me rappelait pas. Mais j'avais assez d'espoir en réserve pour tenir jusqu'au prochain shoot.

Il y avait pourtant des moments difficiles. Dans les castings pour des photos, je me trouvais entourée de filles sublimissimes qui mesuraient un mètre quatre-vingts et avaient des jambes démesurées. Je ne suis pas vraiment taillée de ce bois-là. Il m'arrivait de me demander si je n'avais pas fait une erreur, si ma place était bien là. Mais les doutes passaient, glissaient sur moi, n'entamaient pas ma belle confiance.

Le problème principal, c'est que je faisais trop de choses, j'étais débordée. J'avais du mal à conjuguer toutes ces activités. Pour me financer, j'étais obligée d'accomplir un certain nombre d'heures de travail alimentaire, sans quoi nous étions dans le rouge. Je ne pouvais pas négliger les castings, puisque c'était de là, j'en étais convaincue, que finirait par venir ma chance. Et j'étais inscrite dans un atelier, qui exigeait une implication totale que je ne pouvais évidemment pas fournir. J'apprenais mes textes dans le métro, je m'endormais sur ma caisse, je me mélangeais les pinceaux dans mon emploi du temps.

Durant ces années-là, et même si les fins de mois étaient parfois vraiment difficiles, j'ai vécu des expériences dont je n'aurais jamais même osé rêver. Cela paraît peut-être de petites choses mais elles restent comme de si beaux souvenirs !

Ainsi, j'étais à l'époque une fervente admiratrice du magazine *Casting*. Ils faisaient travailler des bons photographes et avaient régulièrement besoin de modèles. On pouvait envoyer un portrait pour participer. Si l'on était retenue pour poser, on avait droit à une double page dans le prochain numéro et ils nous offraient en prime une belle photo prise par un professionnel. Pas un sou, pas de cachet, mais cela me paraissait pourtant une très bonne affaire car j'avais sans cesse besoin de nouveaux portraits pour mon composite, toutefois j'étais à court d'argent pour rémunérer les photographes. J'ai donc posé plusieurs fois pour *Casting*.

C'est dans ce journal que j'ai vu un jour une annonce pour un travail de standardiste dans une maison de production. J'ai aussitôt postulé et j'ai été engagée dans la foulée. J'étais enchantée. Il me semblait que ce nouveau travail allait me permettre de faire d'une pierre deux coups. Ce serait rémunérateur, et cela me permettrait de rencontrer des gens du métier et donc de me faire connaître. Peut-être qu'on me remarquerait ?

Cette société de production était spécialisée dans la recherche de public pour les émissions de télévision qui étaient tournées en plateau. Ils travaillaient donc avec toutes les émissions connues du paf de l'époque : *Les Z'amours*, celles de Thierry Ardisson ou Jean-Pierre Pernaut… Je faisais office de secrétaire, d'assistante ou d'hôtesse d'accueil et j'ai adoré ce travail. Grâce à lui, j'ai rencontré des gens passionnants, des célébrités et des acteurs que j'aimais. Quand je racontais ça à ma mère, le soir au téléphone, elle était très fière. Pour compléter le public, il arrivait que je participe moi-même aux enregistrements. Je rêvais secrètement que la caméra s'arrête sur moi et qu'un réalisateur me remarque… Je croyais fermement que cela arriverait un jour, ce n'était qu'une question de patience et de chance, selon moi…

Un jour, sur l'enregistrement d'une émission de Thierry Ardisson, alors que je me tenais droite comme un I dans le public, riant aux éclats, vibrant littéralement d'envie de participer, la chance a tourné. Thierry Ardisson essayait de faire avouer son âge à Richard Anconina qui refusait de répondre. Il a décidé de demander une estimation à quelqu'un dans le public. Les projecteurs ont balayé les gradins. Vous savez, c'est comme quand on est petit et qu'on nous emmène au cirque. Le magicien va choisir un enfant pour participer à son numéro. À cet instant, il y a un suspens terrible et tous les enfants prient ardemment en eux-mêmes : « Faites qu'il me choisisse, faites qu'il me choisisse… » Eh bien j'étais comme ça, une gamine qui priait en son for intérieur.

Ce jour-là, ça a marché : le projecteur s'est arrêté sur moi. J'étais éblouie, je me suis levée en tremblant et je suis allée jusqu'au plateau avec le cœur qui battait la chamade. J'étais tellement contente. Je planais ! Je ne sais plus ce que j'ai répondu à la question d'Ardisson, mais tout le monde riait. Je garde de ce moment une impression de chaleur et de plaisir qui m'émeut encore aujourd'hui.

J'étais aussi montée sur les planches avec une jeune troupe de théâtre en interprétant le rôle d'Helena dans *Le songe d'une nuit d'été* de William Shakespeare. Yannis était de toutes les représentations, présent dans la salle pour m'applaudir…

Toutes ces petites histoires, ces pépites et ces morceaux de bonheur me permettaient de tenir le coup.

J'étais une môme à la porte de son rêve et j'attendais. J'attendais que ma vie change.

Mais les choses n'ont pas tourné comme je l'espérais. Yannis est tombé malade. Il est parti en quelques mois, à vingt-deux ans seulement.

– 3 –

Réaliser son rêve

J'ai mis des mois à me reconstruire. Seul l'amour de Badri m'a permis de rebondir. Petit à petit, je suis revenue à la vie. Mais je n'étais plus tout à fait la même. J'avais beau paraître aux autres souriante et aussi naturelle qu'autrefois, Badri, lui, ne s'est pas laissé duper. Quelque chose en moi s'était fêlé.

Il l'a senti. Il m'a poussée dans mes retranchements. Il m'a littéralement arrachée à la tristesse et au doute.

« Il faut que tu reprennes tes rêves, Laëtitia, m'a-t-il dit un jour.

– Je ne peux pas.

– Tu ne peux pas abandonner. Je ne te laisserai pas baisser les bras.

– Mais quoi, alors ? Comment faire ?

– On va monter à Paris et tu vas retenter ta chance. »

J'ai eu l'impression qu'un immeuble me tombait sur la tête.

« Je ne peux pas. Je n'y arriverai jamais.

– Si, bien sûr que tu peux.

– Non, je ne peux pas tout recommencer seule.

– Je viendrai avec toi.

– Mais tu viens de te faire muter dans un nouvel établissement !

Badri avait trouvé une place de surveillant dans un collège plus proche de chez moi.

– Je demanderai une nouvelle mutation. »

Mais cela n'a pas suffi à me convaincre. J'avais un terrible pressentiment que je n'osais même pas formuler à haute voix.

« Et si c'était…

– Dis, vas-y.

– Et si c'était moi qui portais la poisse ? »

Badri a éclaté de rire. Il s'est contenté de hausser les épaules puis il m'a enlacée et il a dit :

« Tu plaisantes ou quoi ? »

Son rire m'a un peu soulagée, sa chaleur m'a rassurée, mais pas complètement. J'avais une très profonde appréhension. Je ne pouvais me détacher de l'idée que peut-être c'était moi la cause de ce drame. Était-ce un signe du destin ? Devais-je renoncer ?

Finalement, j'ai fait ce qu'on fait dans ces cas-là : j'ai pris une grande inspiration, j'ai serré fort la main de mon amoureux et j'ai plongé !

Dès que Badri a obtenu sa mutation, nous avons loué un petit appartement à Arcueil, au sud de Paris, nous avons adopté un chat, mon joli Satin, et nous nous sommes installés… Je n'étais plus dans la légèreté de la première fois. Je n'avais encore que vingt-deux ans mais j'avais le sentiment d'avoir vieilli de dix ans. La nouvelle Laëtitia qui repartait à l'assaut de la capitale avait mûri.

Cette fois, tout est allé très vite, peut-être parce que j'étais maintenant habitée par une sorte d'urgence. En apparence, j'avais toujours le sourire, j'étais restée cette fille du Sud qui a le rire facile et la discussion spontanée. Mais les épreuves que j'avais traversées m'avaient, peut-être, donné une plus grande intensité, dont je n'avais pas conscience.

Dès notre arrivée, j'ai repris ma vieille méthode : j'ai recommencé à faire la tournée de toutes les agences, maisons de production et autres sociétés du spectacle pour déposer, au culot, mes photos. Je me suis réinscrite dans des cours de théâtre. D'abord le conservatoire, puis le cours Florent, et après avoir longuement pesé le pour et le contre, j'ai décidé de me consacrer à un nouvel atelier que je venais de découvrir. Il s'agissait d'une école qui s'appelait Pygmalion où l'on enseignait la méthode Actors Studio, dont j'ignorais encore tout. Cette méthode pour les comédiens était très différente de tout ce que l'on m'avait appris jusqu'alors, mais j'ai immédiatement adoré cela. On nous faisait travailler les émotions directes. La technique était à l'opposé de celle enseignée au conservatoire, mais je sentais qu'elle était beaucoup plus faite pour moi. Je réagissais au quart de tour à ce qu'on me demandait. Mon intuition me dictait que c'était la direction dans laquelle chercher. Je n'en aurais la confirmation que des années plus tard.

Dès le début, j'ai eu plus de résultats qu'en une année entière. C'est ainsi par exemple que j'ai fait de la figuration sur le tournage de *Femme fatale* de Brian de Palma. Ce n'était qu'une toute petite apparition, je devais jouer une séductrice, mais j'en étais étourdie de bonheur. Rien ne me faisait peur. Le jour dit, lorsque je suis arrivée sur le plateau, j'ai découvert l'énorme machine de tournage américaine, avec cette foule de gens qui couraient dans tous les sens, affairés. J'en ai eu le vertige ! Ça y était ! C'était enfin arrivé ! J'en étais. Je tournais, une minute seulement, mais une minute quand même, pour un grand réalisateur américain. J'avais des étoiles plein les yeux et la maquilleuse me disait : « Mais arrête donc de sourire, que je puisse te mettre du rouge ! » Je ne pouvais pas, malgré ses remontrances je souriais à la vie. J'étais tellement fière, j'aurais aimé que ma mère m'accompagne.

J'ai également été recontactée par une directrice de casting, Randi Sarron, qui n'avait pas donné suite à mes précédents essais mais qui se souvenait maintenant de moi. J'ai donc commencé grâce à elle à passer les bons castings et à décrocher certains petits rôles.

Deux années ont ainsi passé, durant lesquelles, tout en tirant un peu le diable par la queue, Badri et moi avons commencé à poser des jalons plus solides… Rien n'était encore gagné, mais j'avais l'impression de progresser, petit à petit. J'avais décroché une apparition, et même un peu plus que ça, dans un épisode d'une série télé qui marchait très bien à l'époque : *Une femme d'honneur*. C'était mon premier rôle à la télévision !

Le soir, on prenait nos repas tous les deux en regardant le soleil se coucher sur Arcueil où les lumières s'allumaient dans les petites maisons en meulière. Nous nous demandions quand viendrait notre chance.

Ces années-là, les murs de Paris avaient commencé à se couvrir des magnifiques photos de la campagne pour les sous-vêtements Aubade qu'on appelait « Les leçons ». Badri et moi les aimions beaucoup et je lui avais dit un soir, songeuse : « J'aimerais bien essayer. Tu crois que je peux postuler ?

– Vas-y. Essaie. »

Il avait raison, cela ne coûtait rien d'essayer. Je m'étais donc renseignée pour obtenir les coordonnées de la société Aubade et j'étais allée déposer mes photos à l'accueil du siège, comme je l'avais fait des dizaines de fois auparavant dans d'autres entreprises. Puis j'avais recommencé à courir les castings.

Quelques mois plus tard, le téléphone sonnait : c'était Aubade qui me rappelait pour un casting ! Je n'en revenais pas. Avec Badri, on a dansé la gigue à travers tout l'appartement. Notre pauvre chat Satin, qui était tombé il y a peu du balcon, du quatrième étage, et que le vétérinaire n'avait réussi à sauver que par miracle, nous regardait avec beaucoup de déplaisir. Satin, après sa chute, avait passé deux semaines en clinique – ce qui n'avait pas du tout arrangé nos finances, mais nous l'aimions tellement et je ne supportais pas l'idée de le perdre – et même s'il n'en avait gardé aucune séquelle physique, il avait complètement changé de caractère ; il était devenu un vieux bougon grincheux bien avant l'âge.

Le jour du casting, j'avais beaucoup d'appréhension. Dans la salle d'attente, des filles magnifiques attendaient leur tour, des mannequins incroyables avec des books épais comme des annuaires. J'avais senti le découragement me frôler, mais je m'étais reprise fermement. Il fallait tout tenter, ne jamais éviter l'épreuve par crainte d'échouer. C'était mon credo depuis toujours aussi m'étais-je forcée à rester. La pensée de Badri, de sa confiance et de son amour, m'avait redonné du courage. J'étais entrée dans la salle comme une battante, bien décidée à emporter le morceau.

J'ai finalement été retenue. Ce soir-là, Badri et moi nous sommes endormis dans les bras l'un de l'autre, soulagés. Au fond de moi, je sentais que quelque chose venait de s'enclencher. Un levier minuscule peut-être, mais décisif. J'avais l'intuition que cette campagne de publicité déboucherait sur autre chose. Ce n'était pas un aboutissement, bien sûr, mais au contraire le début d'un chemin. Je ne savais pas exactement de quoi serait fait ce chemin, j'ignorais ce qui allait se passer, mais j'avais l'intime conviction que j'étais en train de franchir un cap. Ma nouvelle vie allait commencer. Aujourd'hui, avec du recul, mon enthousiasme me fait sourire.

Bien sûr, rien n'est jamais aussi simple. La publicité Aubade m'a attiré beaucoup de compliments de la part de ma famille et de mes amis. J'étais fière, c'était du beau travail, un beau noir et blanc sexy mais sans vulgarité. Et puis cela avait été si amusant à faire. La journée de prise de vue était passée comme un rêve – seulement beaucoup trop court.

Un jour, alors que je sortais d'une séance de photo pour un coiffeur – j'en faisais souvent bien que cela ne me rapporte pas d'argent, mais cela me permettait d'avoir une coupe gratuite et de jolies photos pour nourrir mon composite –, j'ai reçu un appel de Randy Sarron, la directrice de casting de Marseille :

« J'ai un petit truc pour toi, peut-être. Je sais pas trop ce que ça vaut, c'est une série pour la télé. C'est pas grand-chose, ils cherchent une bimbo. Mais ça tourne à Marseille, je te préviens.

– À Marseille ? Ah non, ça ne va pas être possible. On vient de se réinstaller, de signer pour un appartement. Badri a demandé sa mutation à Saint-Mandé, ils ne vont pas le reprendre dans le Sud.

– T'es pas intéressée ?

Je savais trop que la chance ne se rencontre pas à tous les coins de rue. J'ai répondu précipitamment :

– Si si, je vais voir ! »

Elle m'a donné les coordonnées d'un grand studio à Paris. Le jour du casting, on m'a expliqué que mon personnage était la serveuse d'un café dans le sud de la France. Ils voulaient donc une fille du Sud, simple et charmante. Manque de chance, bien que j'aie grandi en partie entre Aix et Marseille, je n'ai jamais eu l'accent du Sud. Pour le casting, j'ai dû me forcer à le sortir et je crois y avoir réussi de façon assez convaincante. Avec mes extensions de cheveux posées la veille par le coiffeur, ma bonne mine et mon sourire, je me suis tout de suite rendu compte que ça pourrait coller. La directrice de casting à Paris, Marie-Christine Lafosse, avait appris le texte par cœur et préparé une ébauche de mise en scène. Elle me donnait la réplique comme une vraie comédienne et cela avait contribué à améliorer ma performance. D'ailleurs, en me quittant, elle m'a dit : « Mélanie, c'est toi. » J'étais heureuse que cela se soit bien passé mais à l'époque, ce n'était encore qu'un casting parmi d'autres et très vite, je n'y avais plus pensé…

Quelque temps plus tard, on me rappelait pour un deuxième essai. Cette fois, on m'a présenté le producteur et Marie-Christine Lafosse m'a de nouveau donné la réplique. Je me sentais assez à l'aise dans la peau de cette Mélanie. Je n'étais pas impressionnée par les enjeux car *Plus belle la vie* n'existant pas encore, rien, absolument rien, ne permettait de deviner le phénomène que la série allait devenir.

On m'appelle pour un troisième essai. Nul besoin de préciser qu'il s'agit du dernier. Cette fois, ça passe ou ça casse. La pression est montée à présent et je m'y rends le cœur battant. Alors que je me prépare, je rencontre Michel Cordes, le formidable comédien qui incarnera bientôt Roland dans la série. Il en sait un peu plus long que moi et me confirme qu'il s'agit bien d'un tournage à Marseille. « Pour toi qui es de la région, si ça marche, ce ne sera pas trop embêtant », me dit-il gentiment, alors que je suis catastrophée. Mais je décide de ne pas y penser tout de suite. On verra bien, passons d'abord cet essai.

– 4 –

Plus Belle La Vie

Je suis prise.

C'est mon premier vrai rôle, pour une série qui sera diffusée sur France 3.

Je suis ivre de bonheur. Je découvre que j'ai des tas de points communs avec Mélanie, mon personnage de serveuse un peu naïve au cœur tendre. Le principal, c'est qu'elle aussi s'est relevée de dures blessures puisque sa mère s'est suicidée. Je me reconnais aussi dans sa gaieté et son envie de faire plaisir. Beaucoup moins dans son aspect un peu midinette. Je suis beaucoup plus solide et terrienne qu'elle. Badri et moi parlons déjà de fonder une famille. Pas tout de suite, bien sûr, nous sommes encore jeunes, nous avons toute notre vie à construire avant d'accueillir un enfant, mais nous évoquons pourtant les petits que nous aurons. Nous discutons de l'éducation que nous leur donnerons. Comme moi, Badri a été élevé dans une famille aux valeurs fermes. Nous venons tous les deux d'un milieu populaire où l'on connaît la valeur des choses. Il est très important, à mes yeux, de transmettre cela à nos enfants même si notre vie est aujourd'hui plus confortable. Chez nous, on ne gaspille pas. Ainsi, j'ai toujours été écolo, d'une certaine façon, même si c'était par économie. Mais chez moi, on éteint les lumières quand on quitte une pièce et on ne laisse pas couler l'eau du robinet quand on se lave les dents, par exemple. Ce sont des choses évidentes pour moi depuis toujours.

Badri et moi passons des jours à essayer de trouver comment nous organiser. *Plus belle la vie* est une création, une nouvelle sitcom française, c'est un genre et un format complètement novateurs. Le pari est très osé et personne ne sait si le public sera au rendez-vous. La production m'a donc proposé un essai de six mois. Badri et moi sommes prudents de nature et la vie a renforcé ce trait de caractère. Est-ce qu'on peut vraiment jeter par-dessus bord tout ce que nous construisons ici depuis quelques années, alors que nous n'avons aucune garantie ? Après y avoir beaucoup réfléchi, nous décidons de garder notre appartement à Arcueil et le travail de Badri à Saint-Mandé. Je ferai des allers et retours entre Paris et Marseille. Sur place, je logerai chez mes parents par souci d'économie. Cela nous coûtera cher en billets de train, car nous n'envisageons pas de rester séparés l'un de l'autre plus d'une semaine consécutive, mais tant pis. Nous aviserons dans six mois, en fonction du sort de mon personnage…

Je quitte Paris au début de l'été. Le 5 juillet, le jour de mon anniversaire, je fais mes premiers essais caméra et, en août 2004, le tournage commence.

*

* *

Je découvre le décor du café dans lequel je vais passer tant d'heures dans les années à venir. Bien sûr, je ne le sais pas encore. Tout est nouveau, beau, excitant. J'ai une loge pour moi toute seule, au rez-de-chaussée, tout près du plateau. J'entreprends immédiatement de la décorer de photos de Badri et moi en vacances, de notre chat Satin et, plus tard, de notre chien Kalie. Je me recrée un petit cocon pour tenir le coup, parce que j'ai vraiment le trac…

Parmi les comédiens, je retrouve avec plaisir Michel Cordes, avec qui j'ai joué dans l'épisode d'une *Femme d'honneur* qui constitue à ce jour mon heure de gloire. J'ai gardé un bon souvenir de lui. Comme je crois aux signes du destin, celui-ci m'apparaît de bon augure.

Sur le chemin entre le plateau et ma loge se trouve le HMC, comprendre habillage-maquillage-coiffure, où j'adore aller me préparer. C'est là que commence le travail. Lorsqu'on s'installe dans le fauteuil face au grand miroir et que la maquilleuse entame son œuvre, on commence déjà à devenir une autre. Malgré les discussions, souvent très gaies, les plaisanteries et les confidences qui s'échangent, il se passe quelque chose sous la surface, quelque chose qui tient à la magie du travail d'acteur : on se transforme et quelqu'un d'autre grandit en nous.

Des relations très intimes se nouent d'ailleurs souvent entre un acteur et sa maquilleuse ou son coiffeur. Pour ma part, je rencontre dès les premiers jours de tournage une formidable coiffeuse qui sait prendre soin de mes cheveux longs. Entre nous, c'est un coup de foudre professionnel. On se comprend, elle devine mes goûts. Depuis, elle m'accompagne sur tous mes tournages. Nous avons elle et moi la même idée de la féminité. Nous aimons toutes les deux les choses simples et le plus naturelles possibles.

Au début, le personnage de Mélanie n'est qu'à peine plus épais qu'une silhouette. J'ai bien quelques lignes de dialogue, mais elles se résument le plus souvent à prendre les commandes des clients du bar et j'ai l'impression de faire essentiellement de la figuration. Je ne participe pas réellement à la construction de l'intrigue. Au départ, j'en fais simplement la constatation. Mais bien sûr, cela devient une frustration grandissante.

Les trois premiers mois s'écoulent ainsi et, malgré le plaisir que j'ai à participer à un véritable tournage, je sens l'ennui s'installer. Souvent, entre deux scènes, je monte à la production qui se situe au premier étage du studio pour aller discuter un peu, et je me confie. Je ne veux pas donner l'impression de cracher dans la soupe, j'ai conscience de la chance que cela représente pour moi. Mais je suis convaincue de pouvoir faire mieux, de pouvoir donner quelque chose à la série qu'on ne me demande pas encore. Je rencontre notamment Richard Guedj, un comédien qui est aussi directeur d'acteurs et qui nous aide beaucoup. Il nous coache, nous pousse à améliorer notre efficacité, à nous connecter plus rapidement à nos émotions. Il nous fait répéter nos textes de telle façon que lorsque la caméra se met à tourner, tout soit en place. Grâce à lui, nous parvenons à être justes malgré le rythme trépidant du tournage... Richard ne me fait pas énormément travailler pour la bonne raison que je n'ai pas beaucoup de texte, mais j'apprends énormément en l'écoutant dispenser ses conseils aux autres comédiens de la série.

Les premières audiences ne sont pas très bonnes. Tout le monde se fait du souci. L'aventure va-t-elle tourner court ? Ce serait dommage pour la série mais pour ma part, si mon rôle ne prend pas d'épaisseur, je sais que je vais m'en détacher. La lassitude commence à me gagner. Cela me coûte beaucoup d'être séparée de Badri et si c'est pour me contenter d'essuyer les tables en arrière-plan, je commence à me demander si j'ai vraiment fait le bon choix. Je m'inquiète de rater des castings ou des opportunités à Paris alors que mon personnage n'est pas encore très développé. Pourtant, c'est également la première fois que je passe à la télé, je joue, en somme, je sors enfin la tête de l'eau.

Quand je le retrouve, le week-end, Badri m'encourage à continuer mais je vois que cela lui pèse, à lui aussi, de passer ses semaines seul.

Alors un lundi, entre deux scènes, je me confie à Richard et je lui expose mes doutes et ma déception.

« Tu sais, Richard, je me demande si je ne vais pas tout laisser tomber. Ça ne se passe vraiment pas comme je l'espérais. Moi je veux être comédienne, pas faire de la figuration toute ma vie.

– Malheureuse, ne baisse surtout pas les bras maintenant ! Il paraît qu'ils sont en train de t'écrire une intrigue.

– Vraiment ? Tu es sûr ?

– C'est ce qu'on me dit. Prends patience, attends encore un peu. Fais-moi confiance. Tu vas en avoir, des lignes ! »

Je décide de lui faire confiance. Richard est un véritable papa poule pour nous. Afin de me remonter le moral, il me surnomme affectueusement sa « petite

Sophia Loren ». Cela me fait évidemment plaisir d'être comparée à cette magnifique actrice. « Il faudra bien qu'ils te donnent quelque chose à jouer. Ils vont tenter leur chance avec toi, c'est sûr. Mais à ce moment-là, il ne faudra pas la rater. » Je hoche la tête. Ça non, je ne la raterai pas !

Petit à petit, je commence en effet à avoir de plus en plus de dialogues. Emballée, je les récite à Badri le week-end. En parallèle, les audiences grimpent. Et puis le grand jour arrive enfin : la première intrigue de Mélanie. Dans ces épisodes, mon personnage a une histoire avec le mari de Blanche. Je me donne à fond. Le programme est un succès d'audience. Dans l'équipe, les gens disent : « Ben voilà, ils ont bien fait de croire en la petite. » Tout le monde se réjouit pour moi et me soutient. Nous commençons à bien nous connaître, nous sommes devenus une sorte de famille de saltimbanques et ils savent tout ce que représente pour moi le fait de pouvoir enfin jouer la comédie.

J'ai conscience que le vent tourne en ma faveur. Je sais que si l'audience n'avait pas été au rendez-vous, ou que les critiques de mon jeu avaient été trop sévères, la chaîne aurait sans doute pris la décision d'en finir là avec Mélanie. Au départ, nous étions dix-sept personnages récurrents, nous ne sommes plus que six. J'aurais tout à fait pu passer à la trappe.

Je me mets à travailler comme une folle avec l'aide de Richard. Petit à petit, je commence à prendre plus de plaisir à travers mon jeu, à m'extérioriser. J'enrichis ma palette d'émotions, j'apprends à les laisser sortir et parfois à les retenir, aussi. Je m'améliore. Nous travaillons tellement que nous n'avons même pas le temps de nous rendre compte que le feuilleton devient un phénomène.

Un jour que je m'arrête au Quick, près de chez nous, avec Badri, la serveuse me dévisage et s'écrie : « Mais je vous ai vue à la télé hier ! » C'est la première fois qu'on me reconnaît, je deviens rouge d'émotion ! Je crois que je suis deux fois plus impressionnée qu'elle. Elle prend mon ticket de caisse et me demande une dédicace. Je me tourne vers Badri, affolée :

« Qu'est-ce que je mets ?! »

Il éclate de rire : « Fais des bisous. »

Alors je prends le stylo qu'elle me tend et j'écris sur le ticket du Quick de Plan de Campagne : « Des millions de bisous », puis je signe. C'est mon premier autographe.

À partir de ce moment-là, le public sera toujours au rendez-vous et je n'en ai jamais ressenti que du bonheur. C'est un moment très intense quand on se rend compte que les gens vous aiment, qu'ils viennent pour vous, que vous embellissez leur vie. C'est un tel cadeau. C'est pour cela que je fais ce métier, pour apporter du bonheur au public, qui me le rend au centuple. Quand je suis de mauvaise humeur, que j'ai le cafard ou un coup de fatigue, eh bien je reste chez moi. Cela m'évite de me montrer peu disponible. Il me semble que c'est quand même la moindre des politesses.

Mon contrat sur *Plus belle* est prolongé après la période d'essai. C'est le signal que nous attendions. Badri et moi rendons notre appartement parisien, nous nous rapatrions dans le Sud où nous louons un studio. Je travaille énormément, nous vivons à cent à l'heure… Je me souviens d'avoir fêté mes vingt-quatre ans, mais ensuite les anniversaires s'envolent comme des pages de calendrier dans un film et j'ai l'impression d'être directement passée à vingt-huit ans. Le temps file en un clin d'œil.

– 5 –

Plateau

« Laëtitia, ça va être à toi. »

J'ai réussi à me redresser. Je suis cramponnée au lavabo, dans la salle de bains de ma loge. J'aimerais pouvoir me passer de l'eau sur le visage, mais je ne peux pas, je suis toujours maquillée. Avec un Kleenex, je tamponne les traces de larmes au coin de mes yeux et je respire, lentement, très profondément, une respiration ventrale. C'est une technique qu'on m'a apprise et qui permet, dans une certaine mesure, d'apaiser la douleur.

Je crie, d'une voix aussi gaie que possible : « J'arrive tout de suite ! », puis j'adresse un sourire tremblotant à mon reflet avant de me hâter vers le HMC pour une petite retouche avant le début du tournage.

« T'as une sale tête, qu'est-ce qui t'arrive ? demande la maquilleuse.

– Ah ben je te remercie. »

Pour changer de sujet je lui réponds en riant, faussement fâchée. Je n'ai pas envie de m'attarder sur mes malheurs, sur ma douleur. Pour l'instant, je n'ai aucune intention d'embêter tout le monde avec cette histoire qui ne regarde que moi. Ce n'est pas du tout mon genre de me confier à tout bout de champ. Je suis plutôt de celles qui essaient toujours de faire bonne figure. Ce n'est que plus tard que je changerai d'avis, lorsque je comprendrai à quel point il est important de parler, au contraire, pour faire sortir la maladie de l'ombre. Mais je n'en suis pas encore là, d'autant plus que j'ignore encore de quoi je souffre.

Après la retouche maquillage, je me presse vers le plateau. Tout le monde est là, sous les spots qui nous éclairent violemment, chacun respectant scrupuleusement le marquage au sol. Nous nous concentrons encore un instant tandis que l'équipe technique fait un dernier réglage lumière, puis la voix sonore de l'assistant se fait entendre : « Attention on va tourner. Moteur ! »

La magie se produit, encore une fois. Alors que quelques minutes plus tôt je pleurais dans ma loge, roulée en boule, effarée de douleur, le mot, comme un mantra, a tout éclipsé. Je ne suis plus tout à fait Laëtitia, je suis en partie Mélanie, et Mélanie n'a pas mal. Mélanie est très en colère dans cet épisode. Je ne sais pas exactement comment se produit l'alchimie de la comédie. Où va-t-on chercher, au fond de nos propres histoires, de quoi nourrir nos personnages et les fictions des autres ? C'est un phénomène à la fois physique et psychologique très profond, très intense, qui chaque fois me transporte.

Je joue et j'oublie tout. C'est vrai face à la caméra autant que sur les planches.

En 2010, j'ai participé à la tournée théâtrale d'une pièce de Philippe Hersen, *Le Désir*, dans laquelle jouaient également Nicole Calfan et Pierre-Olivier Scotto. J'avais déjà eu un rôle au théâtre avec une partie de l'équipe de *Plus belle la vie* dans une pièce que nous avions montée à Marseille et j'avais adoré cette expérience. C'est Richard Guedj, notre directeur d'acteurs, qui nous avait mis en scène. L'adrénaline, avant de monter sur scène, est extraordinairement forte, c'est un véritable pic, à vous en coller des frissons. Car il y a là un rendez-vous avec le public qu'on ne peut pas ne pas honorer. Tous les soirs, on doit donner tout ce qu'on a, et plus encore.

Avant de partir sur la tournée du *Désir*, j'avais peur de ne pas pouvoir monter sur les planches, certains soirs. Je disais à Badri : « Mais qu'est-ce qu'il va se passer si j'ai une crise ? Si j'ai mes douleurs ? »

J'avais une très grande appréhension de ne pas être à la hauteur, je ne savais pas comment je parviendrais à gérer. J'étais littéralement terrifiée à l'idée de ne pas être capable de tenir mon rôle. La tournée s'était étalée sur six mois. Évidemment, mon cycle ne s'était pas arrêté… Il m'était arrivé d'avoir des douleurs telles que j'avais l'impression qu'on me bourrait de coups de poing. Prostrée dans ma chambre d'hôtel, je me disais que cette fois, je n'y arriverais pas. Il me paraissait impensable que je puisse jouer quelques heures plus tard alors que j'étais là, en larmes, prise de nausée et ravagée par la douleur. Et pourtant… Tous les soirs, au moment d'entrer en scène, la magnifique énergie que reconnaissent tous les comédiens lorsqu'elle s'empare d'eux me permettait de me détacher de ma douleur et de me dépasser. C'est une force quasiment surnaturelle qui vous porte. Quand on connaît ça, on comprend mieux que Molière ait pu mourir sur scène. On s'oublie, on oublie son corps avec. On le transcende. L'adrénaline qui est faite de trac et d'autre chose vous rend plus grand que vous n'êtes dans la vraie vie. Sur scène ou devant une caméra, on est à la fois plus fort et plus tout à fait soi. C'est magique et c'est incomparable.

Ainsi, j'avais pu tenir bon toute la tournée sans jamais faiblir.

Mais depuis, les douleurs ont encore augmenté en intensité et ce soir, je suis heureuse qu'on soit vendredi. Alors que la journée se termine, je vais pouvoir, enfin, rentrer à la maison et me laisser aller devant Badri, qui sait tout de moi. Je vais pouvoir me livrer tout entière à la souffrance au lieu de lutter, en vain, pour sauver les apparences. Toute l'équipe se salue tandis que la production distribue à chacun les scénarios concoctés pour la semaine prochaine, puis nous nous séparons et je me dirige vers le parking pour récupérer ma voiture. Je jette la pile de textes sur le siège avant, à côté de moi. D'habitude, je regarde tout de suite ce qui attend mon personnage. Mais là, j'ai trop mal, je n'en peux plus. Depuis qu'a retenti le fameux « Coupez », la souffrance est revenue. De nouveau, elle monte par vagues, et des sortes de contractions me forcent à me plier en deux sur le volant. J'ai le front moite. Malgré moi, je pousse des gémissements, heureuse que personne ne puisse m'entendre.

J'hésite un instant à démarrer, je sais que je ne suis pas en état de conduire, mais j'ai vraiment trop hâte de rentrer chez moi. Au final, j'appelle Badri qui vient me chercher. J'arrive à la maison dans un état d'épuisement absolu.

Ce soir, il est prévu que ma maman vienne dîner chez nous. Or quand elle arrive, je suis couchée avec une bouillotte sur le ventre et c'est Badri qui l'accueille. Je les entends discuter à voix basse dans le salon mais je ne suis pas capable de me lever. Elle entre dans ma chambre et s'assied au bord du lit. Elle pose sa main sur mon front, comme quand j'étais petite, et me demande ce qu'il y a.

« Tu sais bien, maman, c'est la période… Ça me fait mal, c'est tout.

– Mais enfin, Laëtitia, ce n'est pas normal du tout d'avoir mal comme ça ! Je n'avais pas compris que c'était à ce point ! », s'écrie-t-elle.

Cette exclamation indignée pleine de bon sens m'ouvre enfin les yeux. Elle a raison, bien sûr. Ce n'est pas normal de souffrir comme ça.

« C'est à chaque fois comme ça ? interroge-t-elle, soucieuse.

– Oui. Enfin, c'est plutôt de pire en pire.

– Mais, que te dit ton médecin ?

– Ma gynéco m'a fait changer de pilule. Mais ça n'a rien donné. Elle ne semble ni très intéressée par ce problème ni très inquiète.

– Eh bien on va trouver un autre médecin que ça intéressera », rétorque-t-elle, scandalisée.

En tant qu'infirmière, Maman a l'habitude de prêter attention à la souffrance de ses patients, et elle me connaît suffisamment pour savoir que ce n'est pas du chiqué. D'ailleurs, à me voir comme ça au fond de mon lit, je me demande qui en douterait…

Après quelques recherches, on me recommande une gynécologue à Brignoles, qui accepte de me recevoir en urgence. Elle m'interroge sur mes symptômes. Ses questions sont nombreuses et pointues et cela me rassure, me donnant l'impression d'être tombée entre de bonnes mains. Elle me prescrit une batterie d'examens dont une échographie et nous reprenons rendez-vous pour dans une quinzaine de jours, quand j'aurai les résultats. Je suis en plein milieu de mon cycle, en général à ce moment-là les douleurs disparaissent, je respire à nouveau et retrouve ma bonne humeur. Le souvenir de la souffrance s'éloigne et j'en arrive presque à croire que ça ne se reproduira pas.

Mais les répits sont de plus en plus courte durée.

Lorsque le deuxième rendez-vous avec la gynécologue arrive, je m'y rends accompagnée de Badri. Cela me rassure car je sais que, s'il y a des questions à poser, il n'hésitera pas. Tandis que moi, je suis bien capable de ne pas penser à tout !

On s'installe côte à côte face au médecin, qui m'annonce en préambule que la maladie dont je souffre sans doute depuis des années sans qu'elle ait été diagnostiquée est l'endométriose.

Je n'ai jamais entendu ce mot qui me semble un peu barbare et bizarrement, sur le moment, je suis presque soulagée. Ce n'est pas un cancer, une tumeur, ou quelque chose de vraiment grave. Mais je vois à l'air ennuyé du médecin qu'il s'agit toutefois d'une situation sérieuse.

Le médecin entreprend de m'expliquer, avec des termes très simples, en quoi consiste cette maladie, qui n'est pas, insiste-t-elle à plusieurs reprises, mortelle, mais qui peut être très invalidante...

J'en sais beaucoup plus long aujourd'hui. Mais les premiers éléments qui me parviennent sont les suivants : il semblerait que les cellules de mon utérus migrent, pour une raison qu'on ne connaît pas aujourd'hui, vers d'autres organes où elles n'ont rien à faire. Pendant les menstruations, ces cellules se comportent comme si elles étaient toujours dans l'utérus, et donc elles saignent. Or les dégâts que cela produit, par exemple au sein de l'estomac, comme dans mon cas, sont importants.

Tout cela n'est pas très clair pour moi.

« Pourquoi ces cellules se déplacent-elles dans mon corps ?

– On l'ignore. C'est une maladie encore mal connue.

– Mais comment les empêcher de migrer, alors ?

– Eh bien, à ce stade, mais nous allons faire de plus amples recherches, il semble qu'on ne puisse pas les en empêcher.

– Mais alors, comment faire pour me soigner ? »

Cette fois, je suis affolée. Impossible de me soigner ? Mais qu'est-ce que je vais devenir ?

« Il n'y a que la ménopause qui puisse stopper complètement le processus. Mais nous allons essayer d'autres choses, pour diminuer la douleur et freiner la maladie. Pour commencer, il faut faire des examens beaucoup plus poussés, à la fois pour confirmer le diagnostic et pour prendre la mesure de l'atteinte. Vous allez être hospitalisée vingt-quatre heures pour subir ces tests. »

Et quelques minutes plus tard je me retrouve sur le trottoir, complètement sonnée, avec Badri. Endométriose ? Mais qu'est-ce que c'est que ce truc ?

– 6 –

La maladie

Je vais apprendre bien assez tôt en quoi consiste l'endométriose, une maladie féminine chronique et hormono-dépendante. Pour comprendre, j'ai dû remettre un peu à niveau mes connaissances en termes de fertilité féminine. Tous les mois, au moment de l'ovulation, la muqueuse de l'utérus, qu'on appelle l'endomètre, s'épaissit pour permettre à un œuf fécondé de s'y fixer et à une grossesse de débuter. Lorsqu'il n'y a pas fécondation, cet excédent de tissu se détache des parois de l'utérus et est évacué ; ce sont les règles. À cette occasion se produit un phénomène assez fréquent : un peu de sang et d'endomètre reflue dans les trompes dont l'ouverture se trouve dans l'utérus. C'est un phénomène normalement sans gravité. Le corps va s'occuper de

« faire le ménage » au cours des jours suivants et ces particules de muqueuse qui n'ont rien à faire là vont être détruites.

En général, mais pas toujours. Parfois, ces particules de muqueuse vont se fixer à différents endroits du ventre. Pour se déplacer, elles empruntent le réseau sanguin et vont s'installer, par un phénomène d'adhérence, à des endroits où elles ne devraient pas être. Se regroupant, elles forment des petits nœuds, qu'on appelle des nodules.

Ces nodules, où qu'ils se soient installés, vont continuer de se comporter comme s'ils étaient encore dans l'utérus. Dans certains cas, cela veut donc dire qu'ils saignent pendant les règles. Donc s'ils se trouvent dans la vessie, on perdra du sang dans les urines. S'ils sont dans les intestins, on en aura dans les selles. Et s'ils sont remontés jusqu'aux poumons, eh bien, on crachera du sang… C'est diaboliquement, cruellement, simple.

Grossièrement, on peut dire qu'un double phénomène se met en place. D'abord, on a des hématomes à l'intérieur du corps, des bleus internes, en somme. Ensuite, le lien entre les nodules dessine comme une gigantesque toile d'araignée, qui va emprisonner les organes.

La maladie suit différents stades. Elle se développe d'abord dans le bassin obstétrical : l'utérus, le vagin, les ovaires et les trompes. De là, si elle n'est pas traitée, elle va gagner la vessie, le rectum, les intestins, les gangrenant de plus en plus profondément. Au stade final, il n'y a plus comme solution que la chirurgie et l'ablation des tissus infiltrés… L'endométriose est une maladie complexe. La seule chose qu'on puisse espérer, c'est la vivre le moins mal possible : et ça fait déjà une sacrée différence…

Le jour fixé pour mon hospitalisation, Badri me conduit. Je ne suis pas très vaillante. J'ai dû suivre un traitement préparatoire, on va me mettre des tuyaux partout, je me doute bien que ça n'aura rien d'une partie de plaisir. J'essaie de rester brave mais je n'en mène pas large… Je subis durant toute la journée des échographies, des IRM et une cœlioscopie de diagnostic, une petite opération chirurgicale… Le personnel est formidable mais j'ai hâte que ça se termine. On se sent tellement vulnérable, tellement à nu, surtout dans ce type d'intervention.

À la fin de la journée, le verdict tombe : je suis bien atteinte d'endométriose. La mienne est « profonde », c'est-à-dire qu'on a repéré des nodules sur mes ovaires, mes intestins et différentes autres parties de mon ventre. L'opération est inévitable. Je suis sous le choc. J'ai peur.

Le médecin me prescrit immédiatement une pilule qui supprime complètement les cycles et me parle d'un médicament qui obtient, paraît-il, de bons résultats. Elle m'avertit cependant que les effets secondaires sont lourds. Notamment, ce traitement fait grossir de dix à quinze kilos.

« On grossit quoi qu'il arrive ou bien on peut contrôler la prise de poids en modifiant son alimentation, par exemple avec un régime sans sel comme avec la cortisone ?

– Non, on grossit quoi qu'il arrive.

– Alors c'est impossible. Je ne peux pas prendre ce médicament.

– Laëtitia, il faut bien réfléchir au pour et au contre. Il en va de votre santé. »

Ce n'est pas par coquetterie que je refuse. Bien sûr, prendre beaucoup de poids et voir son corps se transformer est très difficile psychologiquement pour n'importe quelle femme. La raison qui me fait refuser est que je n'ai aucune garantie de résultat.

Badri et moi en parlons beaucoup et j'ai la chance qu'il me soutienne dans ma décision. Nous passons des heures à faire des recherches sur Internet. Je découvre alors des dizaines de forums consacrés à la maladie, des associations, des sites d'information. Comment se fait-il qu'il y en ait autant alors que je n'en ai jamais entendu parler ? Il y a vraiment quelque chose qui ne va pas !

Je trouve un peu de tout, comme souvent sur Internet, mais dans la masse, il y a des détails intéressants. Dans l'ignorance de ce qu'il en est exactement, je change radicalement de mode de vie, à tout hasard. Car il y a eu beaucoup de recherche fondamentale, ces dernières années, sur la maladie. Des médecins cherchent à comprendre ce qui la provoque. On m'a dit que beaucoup d'articles ont été publiés dans les revues spécialisées, sans qu'un consensus soit trouvé. Un facteur génétique serait évoqué. Pour certains médecins, la maladie serait héréditaire : le fœtus fille serait contaminé in utero, dans le ventre de la mère. C'est une idée qui me frappe, évidemment, car je me dis que je risque de transmettre cette maladie. Je me prends à espérer que la recherche aura alors suffisamment progressé pour qu'on puisse éviter cela. L'idée de transmettre une maladie à ses enfants, alors qu'on voudrait ne leur donner que du bonheur, des valeurs, des outils pour la vie, est extrêmement douloureuse.

D'autres chercheurs encore parlent d'un facteur environnemental : l'endométriose serait provoquée par des perturbateurs endocriniens. Bien sûr, il est impossible de l'affirmer. Mais c'est une piste. Dans le doute, il vaut mieux agir.

*

* *

Cela m'a fait penser à ma pauvre chienne Kalie, un berger allemand, que j'aimais tellement. Elle est morte jeune d'un cancer et le vétérinaire avait tout de suite posé des questions sur notre environnement. Nous avions pris ce berger allemand le jour où nous avons eu notre première maison. Un chien en appartement, c'est trop triste. Mais quand j'étais petite, je m'étais juré que j'en aurais un quand je serais grande. C'est une promesse que je m'étais faite à la mort de mon premier chien que j'ai aimé passionnément. J'avais onze ans. Nous habitions à Limoges. Polka était douce comme un agneau. Elle attendait mon retour de l'école pour jouer. Je dormais entre ses pattes. C'était la meilleure baby-sitter du monde.

Un jour, lorsque je suis rentrée de l'école, Polka n'était plus là. « Elle est partie en vacances elle aussi », m'a dit ma mère, espérant que je l'oublierais. Mais je n'ai pas oublié. Les enfants n'oublient jamais… J'ai attendu Polka pendant des mois. Puis j'ai compris qu'elle ne reviendrait pas et j'en ai conçu un immense chagrin.

Kalie faisait pour Badri et moi partie de la famille. C'était une jeune chienne pleine d'allant, affectueuse et enthousiaste. Elle avait même su se faire accepter par notre vieux bougon de Satin qu'elle taquinait affectueusement. Elle savait se faire aimer de tous. Nous l'avions fait dresser par un professionnel car à mes yeux il est très important que les animaux soient bien éduqués et c'est un vrai métier. Elle était obéissante et intelligente. Je l'avais même médiatisée. Elle avait participé à l'émission *30 millions d'amis* et elle avait depuis beaucoup de succès ; les gens l'aimaient beaucoup ! Dans ma loge, il y a des courriers adressés à Kalie que j'ai punaisés aux murs.

Lorsqu'elle est tombée malade, nous avons été très malheureux. Pour éviter qu'elle souffre trop, lorsqu'on nous a dit qu'il n'y avait plus d'espoir. Nous avons fait venir le vétérinaire à la maison et nous sommes restés, Badri et moi, avec elle jusqu'à la fin. Ensuite, nous sommes allés tous les deux porter son corps pour la faire incinérer. Nous voulions qu'elle ne soit seule à aucun moment. Nous avons enterré ses cendres dans le jardin au pied d'un arbre que nous avons planté pour elle. Le pépiniériste nous a dit « Ne vous attendez pas à le voir fleurir tout de suite. Il faudra au moins deux ou trois ans pour qu'il s'habitue à son terreau et que les racines poussent. »

Trois mois plus tard, l'arbre se couvrait pourtant de fleurs roses. Depuis, il nous en donne trois ou quatre fois par an et je ne peux pas m'empêcher d'y voir un message de notre douce Kalie. C'était un bon chien.

Nous avons repris très vite une nouvelle chienne, de cette même race que j'apprécie tant pour son intelligence et sa fidélité. Elle est plus chien fou que ne l'était Kalie mais elle a la même énergie – dans une version un peu plus brouillonne. Mais elle est jeune encore…

*

* *

Toujours est-il que je n'ai aucune peine à croire qu'il puisse y avoir un facteur environnemental dans de nombreuses maladies. Nous décidons de changer complètement notre alimentation. Nous essayons le plus possible de manger bio. Nous achetons le plus possible à des petits producteurs locaux que nous connaissons. Cela ne réglera pas mon problème, j'en ai bien conscience, mais j'espère que cela permettra d'en éviter d'autres…

La pilule qu'on m'a prescrite a bien fait cesser mes menstruations mais les symptômes persistent. La douleur a légèrement reflué, encore que je n'en sois pas certaine car mes migraines, elles, se sont aggravées. Pendant les crises, je me gave d'antidouleurs pour pouvoir continuer à travailler. Au moins, maintenant, je sais ce que j'ai et c'est une petite consolation.

Le suivi gynécologique est très régulier. Devant l'inefficacité relative du premier médicament, on m'en prescrit un autre. Le médecin m'apprend que les nodules qui se sont installés dans mes ovaires grossissent et qu'il va falloir m'opérer.

La chirurgie me fait peur, car j'y tiens, à mes ovaires… En effet, Badri et moi venons de décider de réaliser notre plus beau projet de couple : fonder une famille, avoir un bébé. Je m'en ouvre au chirurgien. Nous sommes prêts à accueillir un enfant. Professionnellement, matériellement, nous sentons que le moment est venu. Il y a quelques jours, nous nous promenions dans le village pour faire notre marché quand je me suis arrêtée devant un étal couvert de créations en laine naturelle ravissantes. J'étais en train de regarder les écharpes et les bonnets quand j'ai soudain aperçu une paire de toutes petites moufles, tricotées dans une laine très douce, brodées d'une petite fleur. D'adorables minuscules moufles faites pour les minuscules mains d'un nouveau-né. Comme hypnotisée, je les ai prises, je les ai caressées puis j'ai levé les yeux et j'ai croisé le regard de Badri qui me souriait. Au milieu des clients du marché qui allaient et venaient dans la lumière blanche de cette matinée d'hiver, nous nous sommes compris sans avoir besoin de prononcer un seul mot.

Quand je lui fais part de notre décision, le médecin prend un air grave pour me répondre :

« Alors, si c'est ce que vous souhaitez, il va falloir vous y mettre dès après l'opération. Car les nodules risquent de revenir et les kystes avec. Le meilleur moment pour concevoir, ce sera après que la chirurgie aura tout nettoyé. Sinon, il faudra sans doute recommencer, et essayer la fécondation in vitro… L'endométriose est l'une des principales causes d'infertilité, Laëtitia. »

Infertilité. Le mot est prononcé et tombe comme une massue sur ma tête.

Badri me récupère en larmes et fait de son mieux pour me consoler : « Le médecin n'a pas dit que tu étais stérile, Laëtitia. Il a dit que c'était parfois difficile. Ce n'est pas pareil. »

Mais j'ai l'impression qu'il ne comprend pas, qu'il ne mesure pas les implications de ce mot, infertilité. L'idée que mon ventre ne puisse pas accueillir d'enfant me scie les jambes, me casse la volonté, me brise le cœur. Je n'ai jamais envisagé ma vie sans enfants. Depuis toujours, je me vois comme une maman. À chaque étape de ma vie, j'ai pensé à mes enfants à venir. « Quand je leur raconterai ça… » ou « Ah, avec mes enfants, je ne ferai pas comme ça… » ou encore « Quand on partagera ça avec les enfants… » Je réalise soudain que ce sont des phrases, des réactions, des réflexes que je porte en moi, comme si je me préparais dès l'enfance à devenir maman. Je veux bien souffrir, je veux bien endurer n'importe quoi, mais je ne veux pas être privée de cela.

Je n'arrive pas à admettre que je puisse ne jamais connaître ce bonheur immense et si naturel à la fois. Je suis prête à tout pour que ça marche !

– 7 –

L'opération

Avant l'opération, j'étais à demi folle de terreur ; on m'avait dit que cette intervention serait délicate et longue. J'avais peur, aussi, d'une manière totalement animale, de ne pas me réveiller.

L'opération s'annonce délicate car une partie de mes intestins ainsi que mon rectum ont été touchés par l'endométriose. Le médecin évoque l'éventualité que je sois obligée de porter une poche pour les selles pendant plusieurs mois… Nous en discutons longuement. Pour une comédienne, c'est impensable. Je serais en arrêt maladie pendant quatre mois minimum, plus probablement six. Le médecin comprend parfaitement que je ne veuille pas m'arrêter si longtemps et me propose la chose suivante : il nettoiera un maximum de lésions mais s'arrêtera avant que la poche ne s'impose, quitte à laisser des nodules.

J'ai affaire à un médecin compréhensif et à l'écoute. Lorsque je rencontrerai d'autres femmes atteintes de la même maladie que moi, je mesurerai mieux la chance que j'ai eue, car ce n'est manifestement pas la règle…

Je vais être opérée à l'hôpital nord de Marseille. Durant les jours qui précèdent le jour J, j'ai l'impression que Badri est encore plus inquiet que moi. Il est fébrile et n'arrive même plus à dormir. Pour évacuer le stress, je me concentre sur l'organisation, je me noie dans les détails et dans les tâches ménagères pour m'occuper. Cela m'aide beaucoup. On m'a prévenue que l'intervention me laissera très affaiblie et j'ai deux mois d'arrêt maladie. Pour *Plus belle la vie*, c'est évidemment un sérieux problème. Il a fallu que je révèle à la production la maladie dont je souffre.

Heureusement, ils ont été formidables. J'y suis allée avec le trac le plus fou et ils se sont montrés tellement à la hauteur ! Cette équipe qui la première m'a donné ma chance, qui me connaît si bien depuis des années, ne m'a pas laissée tomber. J'ai hâte de pouvoir retrouver mon rôle.

« On va trouver une solution, Laëti. Les scénaristes vont plancher sur une histoire qui permette d'expliquer l'absence de Mélanie. Par exemple, est-ce que tu n'aimerais pas te marier ? Ou elle pourrait partir en voyage ? On va voir ça… »

Ah, quelle bonne idée ! Je serais contente pour mon personnage qu'elle évolue, qu'elle grandisse enfin, elle aussi. C'est en effet la solution qui sera retenue.

Le jour de ma dernière scène, avant mon grand départ, je joue avec une certaine émotion… M'éloigner des plateaux pendant deux mois… C'est le cœur serré que je prends congé de l'équipe, et pas seulement à cause de la peur qui commence à grandir…

Car j'ai peur, vraiment peur. J'ai peur de mourir, de ne pas me réveiller. Je suis une traumatisée des hôpitaux et j'angoisse véritablement. Et Badri presque encore plus que moi.

Le jour J arrive, lundi matin. Badri m'accompagne jusqu'au dernier moment. Il est livide, les dents serrées, et me tient la main beaucoup trop fort. Lorsque les brancardiers viennent me chercher pour me conduire au bloc, incapable de tenir plus longtemps, il fond en larmes. Et tandis que mon lit roule vers les portes battantes, je vois le visage de mon mari qui s'éloigne. Je suis dévastée.

Il est prévu que l'opération dure cinq heures. Incroyablement délicate et précise, elle se prolongera trois heures de plus et laissera le chirurgien épuisé. Je sais que Badri et maman, qui n'ont pas quitté la salle d'attente, n'ont repris leur souffle que lorsqu'on leur a annoncé que j'étais en salle de réveil et que tout allait bien.

Mon premier geste est de poser la main sur mon estomac : le médecin a-t-il tenu parole ou bien n'a-t-il pas pu m'éviter de porter une poche ? Mon soulagement est immense de constater qu'il n'en est rien.

Lorsqu'il vient me voir pour la visite postopératoire, le lendemain, le chirurgien me confirme qu'il n'a pas pu tout nettoyer. Conformément à mes souhaits, il s'est arrêté à temps. Il reste donc des lésions dans mes intestins, mais il a pu retirer les principales, celles qui causaient le plus gros des douleurs et celles qui mettaient mes ovaires en danger.

Badri est là, à mes côtés, comme toujours. Au début, tout juste réveillée, je n'y vois pas très clair, mais petit à petit ma vision s'améliore et je me rends compte qu'il a couvert les murs de la chambre de photos de nous et de nos animaux, de lettres de soutien de fans… Cela me touche qu'il soit parvenu, en quelques heures à peine, à recréer un petit nid douillet et familier dans cette chambre d'hôpital anonyme. Sans son soutien de chaque instant, je ne serais pas aussi forte.

Dès le lendemain, j'attrape au vol une infirmière et lui demande :

« Alors, quand est-ce que je sors ? »

Elle éclate de rire :

« Ouh làlà, ne soyez pas si pressée ! »

Mais si, justement, je suis pressée. Malgré l'attention de chacun, malgré le soutien des miens, je me sens mal ici. Je veux retrouver mon chez-moi. À chaque fois qu'une infirmière passe dans ma chambre, je lui pose la même question. L'une d'elles me donne le conseil suivant : si je veux sortir, c'est le chirurgien que je dois convaincre. Donc, quand il reviendra, il faudra que j'aie l'air en forme.

À partir de là, je passe mes matinées à me préparer en prévision de son passage. Dès la deuxième visite, je l'accueille maquillée, coiffée, un petit haut passé sur la blouse d'hôpital. Et lui aussi, je le harcèle comme une fada…

Dès que je vais un peu mieux, je commence à recevoir des visites. Badri a rameuté le ban et l'arrière-ban pour que je me sente soutenue et que je garde le moral. Il organise, impitoyable, des rotations entre les visiteurs. Sans se laisser fléchir, il les chasse au bout de vingt minutes, me laisse un peu de temps pour récupérer puis fait entrer les suivants. J'ai conscience que ça l'occupe, cela lui permet de se rendre utile et il évite ainsi de devenir fou d'impuissance. Je suis très touchée par toutes ces visites. Mais alors, quelle fatigue !

Le vendredi arrive. Je n'en peux plus d'être là. Quand le chirurgien vient me voir, je le supplie quasiment.

« Vous ne serez pas là ce week-end, ça ne sert à rien que je reste, moi. Et puis vous savez, pour mon moral et pour ma forme, il vaudrait vraiment mieux que je sois chez moi. »

Enfin, il se laisse fléchir et je finis par sortir le samedi matin, presque deux jours avant ce qui était prévu. Première victoire !

Je retrouve avec volupté le calme de la maison. Les médecins m'ont recommandé de ne pas faire d'efforts physiques mais je n'y parviens pas. C'est plus fort que moi, j'ai besoin de m'activer. Fée du logis un jour, fée du logis toujours ! Ce doit être mon côté sorcière bien-aimée, toujours est-il qu'il n'y a pas pire supplice pour moi que de rester sans rien faire. C'est le meilleur moyen de ruminer ou de me laisser gagner par les idées noires. Hors de question ! Je n'y peux rien si je dois faire mon ménage, bricoler dans la maison. Je suis incapable de me poser au calme. Ce n'est peut-être pas raisonnable mais au moins je garde le moral. Badri aura ainsi le plus grand mal à m'empêcher de réorganiser tous les placards de linge… Mais je me remets, je récupère vite. Les promenades, le grand air, le soutien de ma famille et la présence de mes animaux me font du bien. En une dizaine de jours il n'y paraît plus et j'ai récupéré ma bonne mine.

Nous discutons des options qui se présentent à nous avec Badri et mon médecin. Pour freiner la réapparition de la maladie, il faudrait prendre une pilule qui stoppe les règles, voire, pire, provoquer une ménopause artificielle. Trente ans/Ménopausée ? C'est impossible ! Et puis… nous voulons un bébé. Plus que jamais, je me sens prête. Quand je vois des mamans accompagnées de leurs enfants dans la rue, quand je regarde les petites mains potelées qu'on prend pour traverser la route, quand une femme s'agenouille pour essuyer les larmes de son petit qui est tombé… Mon cœur se dilate. Badri et moi décidons que je ne reprendrai pas la pilule. Le médecin nous prévient qu'il faut qu'on fasse vite. Sans pilule, la maladie va reprendre avec virulence. Il faut que je tombe enceinte le plus rapidement possible.

Le problème, c'est que pour tomber enceinte, il faut faire l'amour. Or l'endométriose transforme chaque jour un peu plus ce plaisir en un lit de souffrance. Les nodules qui se fixent dans le ventre gâchent tout. Quelle fichue maladie !

Et puis quand on ne pense qu'à ça, ça ne marche pas, c'est comme quand on regarde une casserole d'eau fixement : elle ne se mettra à bouillir qu'à l'instant où l'on détournera les yeux… J'ai le sentiment que si j'arrêtais d'y penser tout le temps, si je laissais faire la nature, ça fonctionnerait. Malheureusement, je n'ai pas le temps. On me rappelle sans arrêt qu'il faut que j'aille vite, qu'il est important que ça marche tout de suite. Sinon… Sinon les nodules reviendront, il faudra réopérer, tout recommencer. On me conseille de faire des FIV (fécondation in vitro). Mais je ne m'y résigne pas. J'aimerais laisser faire la nature, je ne veux pas forcer le destin pour le moment.

Pour essayer de penser à autre chose, je me jette à nouveau dans le travail. Tout d'abord, je retourne sur le plateau de *Plus belle* où je suis accueillie si chaleureusement que ça me fait un bien fou. La chirurgie m'a aidée. Même si les douleurs n'ont pas complètement disparu, je constate une amélioration temporaire. L'endométriose n'est peut-être pas une maladie mortelle, mais c'est vraiment une maladie envahissante…

– 8 –

Pourtant la vie est belle...

Malheureusement, de mois en mois, les douleurs reviennent. Ma gynéco m'explique que la maladie a recommencé à se développer maintenant que j'ai arrêté toute contraception. C'est pour moi un moment très dur, d'intense découragement. Le bébé n'arrive pas, je souffre de plus en plus et mon état s'aggrave. Pendant quelques jours, je suis presque écrasée par cette déception qui me coupe les bras et les jambes, qui me laisse sans ressort.

Pourtant, je vais décider de ne pas me laisser aller. Professionnellement, cette période coïncide avec un enrichissement important de mon travail de comédienne – ce n'est peut-être pas un hasard, d'ailleurs. La maladie, paradoxalement, peut contribuer à donner de l'énergie. On comprend encore plus qu'avant que rien n'est acquis. Que la vie passe à toute vitesse et qu'il faut bien en profiter. On apprend à laisser glisser le négatif pour savourer à fond les bonnes choses. L'endométriose m'a ainsi apporté beaucoup, d'une façon sans doute un peu cruelle, mais… c'est la vie. Je sens que mon travail de comédienne prend de l'ampleur. Comme toujours avec les transformations intimes, l'entourage ne perçoit pas tout de suite ce qui est pourtant une sorte de mini-révolution intérieure qui, en général, ne portera ses fruits que plus tard. Mais j'en ai conscience, moi. *Plus belle la vie* est une vraie série populaire de qualité. Elle passe un peu sous le radar pour les magazines culturels ou parmi les intellectuels mais c'est pourtant un soap de bonne facture qui ose aborder des sujets de société parfois très durs. Récemment encore, des questions aussi graves que l'euthanasie ont été évoquées avec beaucoup de subtilité. Pour un comédien, réussir l'exploit de se renouveler soir après soir, dans l'interprétation d'un même personnage, sur des thèmes difficiles, se rapproche à mon sens d'un travail de haute voltige. J'ai l'impression, chaque jour, d'apprendre un peu plus, de découvrir une nouvelle facette de mon travail. Quand je crois être arrivée au bout de mes ressources, je trouve une nouvelle réserve. Ce n'est pas toujours facile mais c'est un entraînement digne d'un athlète de haut niveau.

Un an après mon opération, je reçois le SMS qui pouvait – professionnellement – me faire le plus plaisir et qui me fait bondir de joie à travers toute la maison. « C'est qui ? Mais c'est qui ? », me demande Badri en riant d'avance rien qu'à voir mon plaisir.

« C'est *DALS*, ils me veulent !!!!! »

DALS – Danse avec les stars – est une de mes émissions préférées. Nous avons suivi en total addicts les trois premières saisons. J'adore ce programme. Il y a du suspens, de la beauté, de la compétition, du plaisir et de l'élégance à la fois. Je suis totalement accro. Pendant toute la deuxième saison, je disais à Badri, au moment des primes : « Tu te rends compte, et s'ils m'appelaient pour me proposer de participer ? », et je croisais les doigts. Mais le coup de fil tant espéré n'était pas venu. Tant pis, j'étais restée une spectatrice passionnée de la troisième saison. C'est tellement bien !

Voilà qu'ils m'appellent enfin.

« Ici Emmanuelle Lenvec, de *Danse avec les stars.* Laëtitia, c'est votre agent qui m'a communiqué vos coordonnées. Est-ce que…

– Ouiiiii !

– Pardon ?

– C'est oui ! Mille fois oui ! »

Elle éclate de rire. On ne pourra pas dire que je manque d'enthousiasme !

DALS est un concours de danse de salon. On doit y interpréter cinq danses latines et cinq standards. Le tournage dure trois mois si l'on va au bout de la compétition. Des candidats, choisis parmi des personnalités venues de l'univers de la télévision, du cinéma, de la chanson ou du sport, s'affrontent chaque semaine lors d'un prime où un jury de professionnels et le public désignent ceux qui ont franchi l'étape. Évidemment, comme il en va souvent dans ce genre d'émissions, le jury et le public ne sont pas toujours d'accord, ce qui ajoute au piquant de la chose. Les candidats se voient attribuer un danseur professionnel qui leur concocte des chorégraphies sur des titres ou des thèmes choisis par la production. Le niveau de danse est très exigeant…

Rendez-vous est pris à Paris. Je m'y rends, habitée par l'envie de réussir et ravie de cette aventure qui commence. Je suis si fébrile que je me crois revenue à mes vingt ans, quand j'abordais chaque audition dans cet état un peu effervescent, pleine d'attentes et de désirs. C'est revigorant de ressentir cela de nouveau. Alors que je traverse Paris en taxi, ma petite valise posée sur le siège à côté de moi, je repense ainsi à ces années constructives et je m'y ressource. Une nouvelle fois, je mesure la chance que j'ai d'exercer un métier qui m'offre des opportunités aussi formidables. Quand on est comédien, il y a toujours un nouveau rêve à réaliser au détour du chemin.

Quand j'étais petite, avec mes grands frères, nous regardions l'émission *Fort Boyard* que nous adorions. Mes frères la commentaient. « Moi, je suis sûre que j'arriverais à faire ça ! » « Moi, si j'étais là, je ferais comme ci, ou comme ça ». On rêvait tous les trois de cette aventure, comme tous les autres gosses.

Alors, le jour où, depuis le bateau qui nous conduisait jusqu'au fameux fort en pleine mer, j'ai pu contempler ce lieu qui avait bercé mon enfance, j'ai eu une pensée très forte pour mes frères et pour tous les enfants qui allaient à leur tour rêver d'aventure en regardant l'émission. J'ai eu une pensée pleine de gratitude pour la vie qui m'offre de tels rêves ! Pourtant, je n'en menais pas large ! D'abord, j'ai le vertige. Et puis, lorsque j'ai dû mettre ma tête à l'intérieur d'une cabine dans laquelle tombaient des blattes et des tas d'insectes, qui pleuvaient littéralement sur moi, je n'arrivais plus à me concentrer suffisamment pour répondre à l'énigme qu'on me posait. J'étais incapable de réfléchir, je tachais de maîtriser la crise de nerfs qui montait. Je ne suis pas du genre à avoir peur des bestioles et je suis toujours la première à vouloir sauver une guêpe qui se noie dans une piscine. Mais de là à avoir des cafards qui vous marchent sur la tête ! Je n'ai pas réussi cette épreuve mais, après, mes partenaires m'ont dit : « Mais pourquoi tu n'es pas sortie ? Tout le monde sort de la bulle ! » Je n'y avais même pas pensé. Comme toujours, j'avais essayé de faire les choses jusqu'au bout !

Lors de ma première entrevue avec les producteurs de *Danse avec les stars*, je ne sais pas si je les ai éblouis par mes talents de danseuse mais je suis certaine de les avoir convaincus par mon enthousiasme et ma détermination. Je n'en avais jamais douté, non pas parce que je me croyais la meilleure, mais parce que j'avais la foi chevillée au corps. Lorsqu'on me demande si j'ai un souhait concernant mon partenaire, je réponds sans hésiter : Christophe Licata. Non seulement parce que c'est un très bon danseur – cela dit ils sont tous doués – mais aussi parce que, comme moi, c'est un gars du Sud. Lors des précédentes éditions de l'émission, il m'a chaque fois séduite par son grand sourire, sa simplicité et son naturel. Il n'a pas la grosse tête et je sens que je pourrai lui faire confiance. Et puis je trouve qu'on passera bien ensemble à l'écran, ce qui compte aussi beaucoup car j'ai envie d'apprendre le plus longtemps possible !

Avant que l'émission commence, il faut que je me remette en forme. Heureusement, à l'exception de la période de mon opération, je n'ai jamais cessé de faire du sport. Je cours, je pratique la natation avec des palmes et le vélo à travers la campagne. Je marche aussi beaucoup. Mais la maladie m'a un peu affaiblie, même si je le cache bien, or il faut être dans une forme olympique pour tenir la longueur dans une émission aussi intense physiquement. J'augmente la fréquence de mes footings, je cours désormais un jour sur deux. Et je me défoule en faisant de la zumba sur la Wii ! Mes années de danse ont beau remonter à l'enfance, le corps a sa propre mémoire, étonnamment efficace. Des choses me reviennent sans même que j'y pense, des positions, un maintien… Mais la danse est une pratique exigeante et je ne ménage pas mes efforts.

Enfin, le début du tournage commence et j'apprends que je vais danser avec Christophe. Cela me paraît de bon augure.

La première fois que je le rencontre, j'ai autant le trac que pour un des primes. J'ai peur de le décevoir. Il m'a concocté une petite chorégraphie sur la base de pas relativement simples, avec quelques enchaînements. Je me concentre pour suivre le mouvement lorsqu'il me le montre et pour retenir les pas, puis je me lance et me donne à fond.

Les bras croisés, Christophe suit ma progression d'un air catastrophé. Quand je termine, je le regarde, pleine d'appréhension :

« Alors, c'était comment ?

– Ah làlà, mais ça ne va pas du tout ! On part de loin ! Il va falloir travailler, Laëtitia ! », me dit-il avant d'éclater de rire devant mon air déconfit.

En effet, Christophe va me faire travailler dur. Je suis si fière de moi en ce premier samedi du programme, et j'adore nos tenues. Mais du strict point de vue de la danse, le travail ne fait que commencer.

Nous commençons par trois semaines d'entraînement qui vont m'être bien utiles pour me dérouiller avant que le tournage commence. Je n'en parle à personne, à l'exception de Badri, mais les premières semaines sont très dures pour moi car mes douleurs abdominales sont très présentes. Je dois admettre que si ça continue comme ça, je risque de ne pas tenir le choc. Les pas de danse que nous interprétons sont extrêmement physiques. Ils comprennent des sauts, des passes un peu acrobatiques. Nous dansons plusieurs heures par jour. Malgré l'adrénaline et toute la force de ma volonté, je sens que je ne vais pas y arriver. Je fais appel à mon médecin et nous prenons la décision de stopper complètement mes règles aussi longtemps qu'il le faudra pour que je puisse danser. Le soulagement est quasi immédiat. Les douleurs ne disparaissent pas complètement mais les migraines s'espacent et les contractions qui me plient en deux disparaissent. Il me reste cette sensation de lourdeur dans le bas du ventre et des problèmes intestinaux qui n'ont rien de très agréable mais qui ne suffisent pas à m'empêcher de danser !

Chaque semaine, Christophe crée une chorégraphie sur une chanson imposée. Nous devons exécuter un certain nombre de figures attendues et parvenir à épater le public. Il crée ses chorégraphies sans tenir compte du fait que je ne suis pas une danseuse professionnelle et je dois me donner à 100 %, et même plus encore, pour être à la hauteur. Mais je ne suis pas lancée dans cette aventure avec l'intention de m'économiser. Je veux la faire à fond. Chaque samedi, je danse pour Badri qui est là, à chaque fois, dans le public. Après chaque représentation, c'est lui, sa réaction, ses mots que je guette. Je ne suis pas déçue ! Le premier soir, il a des étoiles dans les yeux quand il me dit « Laetitia, c'était, c'était… Waouh ».

Avec Christophe, nous regardons chaque fois la vidéo du prime, le lendemain, pour voir ce que nous avons réussi et ce que je peux encore améliorer. Moi-même, je suis éblouie ! Il arrive à tirer de moi encore plus que ce dont je me croyais capable ! Je me dévoue corps et âme à cette belle aventure. Le jury est composé de fortes personnalités : Chris Marques, Marie-Claude Pietragalla, Shy'm, Jean-Marc Généreux… Leurs réactions sont parfois très dures à encaisser, surtout quand on a tout donné, mais heureusement je suis portée par le soutien du public qui m'accompagne chaleureusement. Et puis la sévérité du jury fait partie du jeu. Ce sont des gens si talentueux qu'on ne peut qu'écouter ce qu'ils ont à dire. Marie-Claude Pietragalla est très exigeante – mais la danse classique n'est pas un univers tendre. Elle me fait quelques compliments qui ont leur prix, comme lorsqu'elle me dit : « Vous êtes une battante, une bosseuse et ça se voit. » Ces mots me touchent au cœur. Mais elle m'envoie aussi quelques piques que je dois encaisser. Je ne suis pas là pour faire ma diva, mais pour me surpasser et j'ai bien conscience que je ne suis pas une danseuse professionnelle. Je ne participe pas par esprit de compétition mais pour découvrir, et repousser, mes limites. Je crois que cela se sent car, bien que je n'aie pas d'excellentes notes, je reste dans la compétition, de semaine en semaine, malgré les concurrents extrêmement motivés que j'ai en face de moi comme Brahim Zaibat, Tal, Keen'V, Laurent Ournac…

Lors d'un des primes, on nous demande de choisir une chanson évoquant une personnalité parvenue à changer les choses. Je pense immédiatement à Lady Di et nous choisissons le magnifique titre d'Elton John *Candle in the wind*, qu'il avait chanté lors de ses funérailles. Je suis heureuse de danser sur un morceau qui représente tant pour moi.

Au cours de cette aventure, le moment le plus fort, à mes yeux, est incontestablement le prime où l'on nous a demandé de créer un spectacle sur un événement autobiographique. Je choisis le bouleversant morceau de Grégory Lemarchal *Écris l'histoire*. Grégory Lemarchal était un jeune artiste au talent fou parti trop tôt, injustement enlevé par la maladie. Son histoire m'a toujours fait penser à Yannis, parti beaucoup trop tôt lui aussi. J'adore cette chanson. Les paroles me touchent au cœur, je ne peux pas entendre sans avoir les larmes aux yeux :

« *Écris l'histoire*
Dans ma mémoire
Mais n'écris jamais la fin. »

Durant toute cette semaine, je travaille dans une grande concentration que Christophe perçoit et respecte. Nous plaisantons moins que les semaines passées. Je suis habitée par cette chorégraphie. Je pense à Yannis qui veille sur Badri et moi de là-haut, qui continue d'écrire l'histoire, pour moi. C'est mon ange gardien. C'est un sentiment fabuleux. Le samedi soir, nous donnons tout. Ce soir-là, je danse pour Yannis, je danse pour Badri. Je donne tout.

Après, au fur et à mesure qu'avance l'émission, on s'amuse de plus en plus. On prend des risques, je me lance dans des figures de plus en plus audacieuses. Qu'est-ce qu'on peut rire aux répétitions, quand on essaie des passes inédites ! Un jour, pendant les répétitions, je rate mon saut et j'atterris sur l'épaule de Christophe. Il faut dire que vers la fin, après deux mois de tournage intensif, on commence à être vraiment fatigués. Même si le corps s'affûte, la pression est grande. Ma chute lui cause une blessure musculaire sans gravité mais qui le contraint à rater deux primes. Je suis navrée de danser sans lui !

Heureusement, et j'en suis très soulagée, il est de retour pour la finale – car je suis arrivée jusque-là !

C'est là que *DALS* s'arrête pour moi, sans regrets. J'ai donné le meilleur de moi-même, j'ai progressé et j'ai vécu une belle aventure. Cette émission a été une magnifique expérience professionnelle. J'ai appris à gérer et à utiliser mes émotions d'une autre manière encore. La douleur, la fatigue, le doute et les hésitations ne doivent pas freiner un danseur qui continue de sourire alors même que ses pieds saignent. Il faut apprivoiser son corps qui n'est plus qu'un outil, davantage encore que lorsqu'on est comédien. Et ce, que l'on soit malade ou pas. Ces trois mois intensifs, physiques, bouleversants, m'ont énormément enrichie.

– 9 –

Maternité blues

Dès que le tournage se termine, j'arrête de nouveau la pilule afin de me consacrer à nouveau à ce souhait le plus cher d'avoir un enfant. Avec l'arrêt de la pilule, les douleurs se réinstallent et le bébé n'arrive pas, malheureusement. Certains mois, j'ai le blues, j'ai l'impression que ma vie n'a plus de sens. Je traverse des périodes de découragement telles que j'en ai rarement connu. Moi qui ai toujours été une personne dynamique et optimiste, j'ai parfois l'impression que tout cela est derrière moi : la joie s'en est allée.

Badri est moi évoquons l'adoption. Bien sûr, j'aimerais, comme toutes les femmes, connaître le grand bonheur de porter en moi un enfant qui serait de l'homme que j'aime, et je n'ai pas renoncé à cet espoir. Mais nous pensons tous les deux aux enfants qui ont la malchance de naître au mauvais moment ou au mauvais endroit. Je suis très sensible à la détresse des orphelins, ou des petits qui arrivent dans une famille où, quelles qu'en soient les raisons, on ne s'occupe pas d'eux comme on le devrait. La cause des enfants me touche au cœur. Badri et moi nous aimerions offrir un foyer équilibré et heureux à un enfant qui n'aurait pas eu cette chance. Nous y pensons beaucoup, nous en parlons beaucoup tous les deux et, si nous n'avons pas entamé de démarches encore, c'est pourtant très présent dans nos cœurs. Nous serions heureux de construire notre famille en offrant une chance à un enfant.

En France, une femme sur dix souffre d'endométriose. Parmi ces femmes, trente à quarante pour cent connaîtront des problèmes de fertilité.

Lors de ces journées de blues, le travail me permet d'éloigner la tristesse. Le travail et la tendresse de Badri, les promenades à vélo avec ma chienne, qui me vident la tête, ainsi que le soutien chaleureux de ma famille. Parfois, c'est très dur. Mais avec un tempérament comme le mien, la bonne humeur revient toujours vite.

– 10 –

Une révélation

Dans les premiers temps, je ne veux parler à personne de ma maladie. Je trouve que mes problèmes de santé ne regardent que moi. L'endométriose n'est pas une maladie glamour – si toutefois il existe de telles maladies –, les détails ne font pas rêver, c'est le moins que l'on puisse dire. Or le métier d'actrice consiste à faire rêver. Par nature je suis également assez secrète. En public, j'affiche toujours un grand sourire et je ne m'ouvre de mes difficultés et de mes peines qu'à un tout petit cercle d'intimes.

Mais des questions reviennent, de plus en plus insistantes, qui finissent par me briser le moral. La première, la principale, si naïve et pourtant si douloureuse pour les couples comme nous, qui espèrent tant un enfant qui ne vient pas, c'est : « Alors, c'est pour quand le bébé ? » Chaque fois, je m'efforce de sourire. « Nous y pensons, mon mari et moi, nous en avons très envie en effet… » J'essaie de ne rien laisser paraître.

Un jour que je donne une interview par téléphone depuis la maison, Badri, qui bricole dans la même pièce que moi, m'écoute distraitement répondre aux questions. À mon visage, à mon sourire qui s'éteint, il devine immédiatement qu'on vient encore de me poser « la » question fatidique, celle que nous en sommes venus à redouter. Je le vois qui se crispe. Quand je raccroche, ma bonne humeur s'est envolée. Il vient s'installer à côté de moi sur le canapé et je me blottis contre lui. Nous restons là tous les deux, moroses et mélancoliques, silencieux.

Badri fait partie de ces gens rares et merveilleux qui ne s'énervent jamais. Il est capable de s'entendre avec n'importe qui. Son calme est inaltérable. Il est toujours d'humeur égale.

Mais il n'aime pas qu'on s'en prenne à ceux qu'il aime. Pour lui, cette interview a été la goutte d'eau qui fait déborder le vase. Je ne vais pas tarder à m'en rendre compte…

Quelque temps après cet épisode, nous donnons à un magazine une interview croisée et la journaliste, avec un sourire confiant, prononce la phrase fatidique : « Alors, vous êtes fous l'un de l'autre… On ne peut pas s'empêcher de se demander : c'est pour quand le bébé ? » Je m'apprête à répondre, avec un sourire de façade, que nous y songeons, que ça viendra au moment voulu, quand Badri me prend de court et donne enfin la vraie réponse : « Laëtitia et moi voulons plus que tout au monde avoir un enfant et fonder une famille. Mais nous n'avons pas de chance. Pour nous, le parcours risque d'être plus difficile que pour la majorité des gens car Laëtitia souffre d'une maladie qui affecte la fertilité. Elle est atteinte d'endométriose. »

La journaliste prend quelques instants avant de recouvrer ses esprits mais moi, je me sens soudain infiniment soulagée. On va enfin cesser de me poser cette question qui me peine tant. Je comprends qu'une certaine forme de honte ou de tabou pesait sur notre situation et je me sens très reconnaissante envers Badri d'avoir tout effacé avec tant d'élégance et de sincérité. Je me sens soudain beaucoup plus légère et, alors que la journaliste rebondit, nous échangeons un regard, plus complices que jamais.

À partir de cet instant, j'ai changé d'avis quant à l'importance de garder secrète ma maladie. En apprenant que des milliers de femmes étaient atteintes de la même affection que moi, j'ai deviné leurs souffrances. J'ai imaginé qu'elles se sentaient peut-être seules, honteuses, incomprises… J'ai réalisé à quel point il était important de partager.

Jamais je n'ai regretté d'avoir partagé avec le public l'existence de mon mal car un courant très fort est immédiatement passé, un courant de sympathie, d'empathie et de compréhension mutuelles. D'abord, en me livrant ainsi, je me suis sentie utile car j'ai pu contribuer à révéler au grand jour cette pathologie si fréquente et pourtant si mal connue. J'ai pu affirmer qu'elle n'a rien de honteux et que des personnalités publiques peuvent en être affectées. Si cet aveu peut contribuer à libérer la parole et à apaiser certaines femmes qui souffrent en silence, c'est déjà une grande satisfaction pour moi.

D'autre part, l'endométriose est un véritable enjeu de santé publique. Lorsqu'on sait que le diagnostic met en moyenne six à sept ans à être posé, on mesure mieux le problème. Durant ces années, l'endométriose se développe et crée des dommages souvent irrémédiables. Le combat doit être mené pour faire mieux connaître la maladie. Les professionnels de la santé doivent être formés et sensibilisés. Or ce n'est qu'en en parlant haut et fort sur la place publique qu'on y parviendra.

De façon plus sensible aussi, je me dis qu'une maladie qui atteint si douloureusement une femme sur dix devrait susciter davantage l'intérêt de la recherche médicale. Je veux contribuer à réparer cela. Si toutes les femmes qui souffrent d'endométriose prennent la parole, le monde médical sera obligé de s'y intéresser de plus près et des années de souffrances seront évitées à nos petites sœurs, à nos filles…

À peine ai-je commencé à m'exprimer sur ce sujet que je reçois des dizaines et des dizaines de lettres de soutien et de témoignages. Des fans, touchés par mes difficultés même si je ne les ai confiées que d'une façon très pudique, me contactent pour me dire qu'ils sont de tout cœur avec moi. Ces courriers généreux me font beaucoup de bien. La formidable énergie positive qui émane de ces soutiens me porte et me permet de garder le moral. J'essaie autant que possible de répondre à un maximum de lettres, aussi nombreuses soient-elles. Je profite souvent d'un voyage en train pour faire mon courrier, ce qui ne manque pas de faire rire mes voisins lorsqu'ils me voient m'étaler sur la tablette ! Mais il faut croire que le roulis m'inspire…

Parmi ces courriers, il y a également de plus en plus de témoignages de femmes qui me confient qu'elles aussi sont atteintes de cette maladie. Elles me racontent leur combat, les errances médicales et parfois leur solitude. Comme c'est une affection qui ne se voit pas de l'extérieur, il est parfois difficile de la faire reconnaître par l'entourage, qui pense volontiers que ça se passe surtout dans la tête… Or non, l'endométriose ne se passe pas dans la tête. La douleur est vive, insupportable parfois, invalidante, handicapante. Il est intolérable, quand on souffre, de ne pas être pris au sérieux. Je sais qu'il y a même des femmes qui n'osent pas en parler à leur mari. Elles craignent de se confier à leurs proches, elles ont peur de ne pas être comprises. Même leur gynécologue n'est parfois pas au courant. C'est une maladie très intime. Imaginez leur détresse et leur solitude ! Or c'est précisément ce tabou que je veux briser. Je veux faire sortir la maladie de l'ombre. Environ entre trois à six millions de femmes en sont atteintes en France, cela ne doit plus être tu.

Ma participation à ce combat se dessine, je vois que je pourrais, grâce à ma notoriété, contribuer à faire connaître la maladie. Je me rends compte que je pourrais peut-être aider de nombreuses femmes, mais je ne vois pas encore comment… Car il ne suffit pas de donner des interviews, on doit pouvoir faire plus.

Plusieurs associations me contactent et me demandent de devenir leur marraine. Je me décide finalement à soutenir l'une d'entre elles, ce sera EndoFrance. Mais le plus important à mes yeux, c'est surtout que nous menions toutes ensemble, côte à côte, ce combat contre la maladie.

EndoFrance est représentée par une femme formidable, Yasmine Candau. C'est elle qui m'a contactée la première. Comme je le dis souvent, je ne crois pas au hasard. Superstitieuse, je suis toujours à la recherche de signes que je passe mon temps à essayer de décrypter. J'ai la conviction que les choses arrivent quand on est prêt à les accueillir. Yasmine a été une rencontre importante dans mon parcours avec la maladie et j'étais prête à entendre ce qu'elle avait à me proposer quand je l'ai rencontrée.

EndoFrance a été fondée en 2001 par trois femmes qui s'étaient rencontrées sur des forums. Elle emploie aujourd'hui vingt-sept personnes et compte sept cents adhérentes à travers la France. Le but de l'association est d'abord de soutenir les femmes et leur entourage, car évidemment, c'est une maladie de couple. En entendant toujours plus de témoignages de malades dont le couple n'a pas résisté, je mesure la chance énorme que j'ai d'avoir Badri à mes côtés. Nous avons traversé tant d'épreuves et nous connaissons si bien que la maladie ne s'est pas immiscée entre nous, même si c'est dur certains jours. Je sais que je peux confier ma souffrance et mes craintes à Badri. Notre amour est tel que nous pouvons tout nous dire. Il sait toujours me faire rire. D'ailleurs, je ne suis pas quelqu'un qui me laisse aller, j'aime voir le bon côté de la vie. Et avec Badri, nous en profitons.

L'un des principaux symptômes de l'endométriose est, je l'ai dit, de rendre les rapports sexuels douloureux, parfois jusqu'à l'insoutenable. J'apprends que certaines jeunes filles n'osent pas le dire à leur copain, de peur qu'ils ne les comprennent pas. Jeanne, une jeune femme qui en est atteinte, m'a ainsi raconté que pendant dix ans, elle a souffert au cours des rapports sexuels avec ses petits amis. Comme ça avait toujours été le cas, elle pensait que c'était normal. Pour elle, c'était cela, « faire l'amour ». Cela me rend triste que la maladie lui ait donné malgré elle ce visage de l'amour.

Quand on lui a enfin diagnostiqué une endométriose, elle avait un kyste de la taille d'une balle de tennis entre l'anus et le vagin qui poussait l'un en avant, l'autre en arrière, rendant l'acte sexuel insoutenable. Jeanne a été opérée et elle a enfin découvert ce que c'était que faire l'amour. Mais elle avait perdu dix ans. C'est l'une des raisons pour lesquelles il faut faire connaître l'endométriose.

Pour cela, EndoFrance a créé un comité d'experts qui regroupe une vingtaine de médecins spécialisés dans cette affection. Ils organisent des débats et des tables rondes pour diffuser une information pertinente et sérieuse. Car sur Internet, on trouve un peu de tout et beaucoup de n'importe quoi, et il n'est pas toujours facile de faire le tri. Mais comment une jeune fille qui commence à souffrir quand elle est indisposée, ou pendant les rapports, et à qui on a dit que c'était normal, va-t-elle s'informer ? (Il est parfois si difficile d'oser parler, insister auprès des soignants et de proches qui par ignorance balaient un peu ces drôles de peurs d'un revers de la main...) Évidemment, sur Internet, où elle peut tomber sur le meilleur comme sur le pire. L'association s'est aussi fixé pour but d'alerter les pouvoirs publics. Elle voudrait que des centres de référence soient créés, comme il en existe pour le diabète ou le cancer. Les symptômes variant d'une patiente à l'autre, cela permettrait aux spécialistes de diriger efficacement les patientes en cas de suspicion d'endométriose. De ce fait, on perdrait beaucoup moins de temps, empêchant ainsi l'affection de se développer durant de longues années et de se répandre dans le ventre, pourrissant tout sur son passage. À présent que je connais le nombre de femmes atteintes, je suis étonnée qu'il n'y ait pas de campagnes d'information sur cette maladie. Il y a aussi des barrières mentales qui rendent le diagnostic ou le traitement de l'endométriose difficiles. C'est une maladie qui touche vraiment les femmes dans leur intimité, on l'a dit, et il peut être difficile d'oser en parler. En parler franchement, sans essayer de minimiser, ou de trouver des détours pour ne pas avoir à trop en dire sur « ça », ni essayer de se convaincre qu'après tout ce n'est pas si grave, rien que parce qu'on peut se sentir honteuse ou ridicule de l'évoquer. Or le premier geste médical, en cas d'endométriose, est de supprimer les règles à l'aide d'un traitement hormonal. Nombreuses sont celles qui se refusent à cette idée – et je les comprends. On peut se sentir atteinte dans sa féminité. Les règles vont aussi de pair avec l'idée de fertilité bien sûr, avec la jeunesse aussi. Il peut être très difficile d'admettre d'y mettre fin. Il faut comprendre que d'un point de vue médical, cela n'a pas de fondement, une femme reste une femme même quand le processus est arrêté. Mais c'est une chose de le dire, une autre de l'admettre. Pour venir à bout des tabous qui entourent l'endométriose, il faut sortir de cette approche.

À l'association, on me parle aussi des perpétuelles avancées techniques de la chirurgie en ce domaine : certaines même depuis mon opération ! J'ai déjà eu la chance de bénéficier d'une cœlioscopie, c'est-à-dire d'une intervention qui ne nécessite que de très petites incisions et qui, grâce à l'introduction d'une caméra, permet d'assurer une plus grande précision du geste chirurgical. Avant, on pratiquait une sorte de césarienne, donc non seulement l'intervention était beaucoup plus traumatisante et la cicatrice beaucoup plus grande, mais en plus, le sang coulant en abondance, le chirurgien pouvait moins bien distinguer les nodules, qui peuvent être très petits. Le progrès ne s'arrêtant pas, j'apprends qu'on utilise de plus en plus le laser ou l'énergie plasma, qui sont des procédés encore moins traumatisants ! D'après les premiers résultats, ces nouvelles techniques n'entraînent pas un moindre taux de récidive mais elle est moins invasive que la kystectomie classique. La fertilité est mieux préservée également… Ce qui a son importance, comme on l'imagine, pour des femmes âgées d'une vingtaine ou d'une trentaine d'années et qui donc, presque toutes, rêvent de pouvoir avoir un enfant un jour. Voilà des nouvelles qui redonnent espoir et qu'il faut transmettre à toutes !

Ce qui me plaît tout de suite chez Yasmine, c'est son sourire, son courage et son optimisme. C'est une battante. Elle me raconte son parcours et je suis soufflée par sa façon de rester gaie, positive. C'est l'un des traits qui va me convaincre de m'engager à ses côtés car c'est aussi comme cela que je veux réagir face à la maladie. L'association conçoit certes son travail comme un combat engagé, mais elle est également là pour soutenir les femmes et leur redonner de l'espoir. Cet état d'esprit me touche car il ressemble à ma propre façon d'aborder la vie. Je me reconnais immédiatement dans cette démarche qui n'est pas revendicative mais digne et constructive.

Lorsque Yasmine m'a proposé de devenir marraine d'EndoFrance et de mettre ma notoriété à leur service, je me suis sentie très honorée et ai immédiatement accepté. Elle m'a écrit parmi les premières suites à cette première interview dans laquelle j'avais parlé de la maladie. Sa lettre m'a touchée. J'ai fait quelques recherches sur son association avant de la rappeler. Le courant est tout de suite passé. Je sens que je vais pouvoir aider la cause. Je commence à les accompagner dans des conférences au cours desquelles j'apprends beaucoup. La première, je m'en souviens comme si c'était hier. Je suis intimidée. Je n'ai pas de connaissances encyclopédiques sur la maladie dont je souffre, j'appréhende les questions intimes qu'on me posera peut-être. Mais je suis tout de suite conquise par la chaleur avec laquelle toutes ces femmes m'accueillent. Nous faisons une séance de photos pour la presse puis les discours commencent. Sur la scène se succèdent des bénévoles qui racontent leur parcours avec courage et humour, et des spécialistes qui s'expriment avec force. Je regarde autour de moi dans la salle et je vois des jeunes accompagnées de leur mère, ou de leur petit ami, qui boivent les récits des auditeurs. Quel parcours les attend, pensé-je tristement… Lorsque je profite des interviews pour lesquelles on me sollicite pour raconter mon histoire et parler de l'association afin de faire avancer les choses, j'ai ces jeunes gens en tête.

Mon investissement auprès de l'association m'a permis de rencontrer des femmes formidables, dont je voudrais évoquer ici l'histoire.

– 11 –

« Je ne veux plus leur imposer ça ! »

Marie est l'une des premières que j'ai rencontrées à l'association. C'est une belle femme d'une quarantaine d'années qui ne cesse jamais de sourire. Elle a la voix douce et limpide et elle me raconte tout son parcours sans un tremblement… J'avoue que sa force tranquille m'impressionne. Elle avait onze ans quand ses règles sont arrivées, et avec elles, immédiatement, la douleur. Les premiers temps, sa mère lui disait : « C'est normal d'avoir mal, surtout au début », et elle lui donnait du Doliprane. Ça ne vous rappelle rien ? Mais Marie souffrait tellement que certains jours, elle était incapable d'aller à l'école. Elle passait des nuits à se balancer dans son lit, elle prenait des bains bouillants pour essayer d'endormir la souffrance qui résistait aux antalgiques. Un peu inquiète, sa mère a fini par consulter le vieux médecin de famille de leur ville de province. L'expertise maternelle, ancestrale, avait été confirmée : « C'est normal de souffrir quand on est une femme. » Les années passant, la douleur augmenta. Vers l'âge de quinze ans, il arrivait à Marie de passer des récréations prostrée dans un coin de la cour, hébétée, incapable de retourner en classe quand sonnait la cloche. Sa mère s'inquiéta, elles retournèrent chez le médecin de famille, qui prescrivit une batterie de tests. Les échographies se révélèrent normales – il faut savoir que les lésions d'endométriose peuvent ne pas dépasser deux millimètres, ce qui les rend très difficiles à déceler lorsqu'on n'est pas informé. On constata bien un épaississement de la muqueuse utérine, mais qui parut sans gravité. On chercha du côté des reins, des intestins, de la vessie, car Marie enchaînait les cystites. En vain. À tout hasard, on la gava d'antibiotiques. Elle subit une première opération, une cœlioscopie de diagnostic pratiquée par un chirurgien très âgé qui ne trouva rien… si ce n'est quatre trompes, ce qui est bien sûr à peu près impossible. C'était déjà, plus probablement, des excroissances causées par la maladie.

Cela dura des années. Marie devait avoir vingt-trois ans quand sa colocataire qui la regardait se tordre de douleur dans le salon finit par lui dire : « Les médecins que tu as pu consulter ne sont peut-être pas à la hauteur. Ce n'est pas normal de souffrir comme ça. Tu devrais essayer de consulter un spécialiste à Paris. »

Quand on souffre beaucoup, on s'habitue, on finit par accepter la douleur comme une fatalité. Alors entendre simplement une amie prendre son problème au sérieux suffit à remonter le moral de Marie qui se renseigna et obtint un rendez-vous avec un gynécologue parisien réputé bien connaître la pathologie.

Dès le premier examen, il posa le diagnostic et lui dit très franchement :

« Vous souffrez d'endométriose, une maladie chronique encore très mal connue. Je vais être clair, vous allez être mon cobaye. Nous allons essayer ensemble différents traitements pour tâcher d'éviter d'avoir recours à la chirurgie. »

Enfin, un mot sur des maux ! Marie ne savait pas de quoi il s'agissait, mais son mal avait un nom et c'était déjà beaucoup. Le médecin lui prescrivit d'abord du Danazol, un médicament qui n'est quasiment plus prescrit aujourd'hui en raison de ses effets secondaires. En effet, en quelques mois, Marie passa d'une taille 36 à un bon 42 et se couvrit d'acné. Puis il provoqua une ménopause artificielle au moyen de piqûres effectuées chaque mois au premier jour du cycle. À vingt-trois ans, Marie qui venait de trouver son premier travail et de rencontrer l'homme de sa vie, se retrouvait comme une femme de soixante ans atteinte de bouffées de chaleur, de migraines et de douleurs articulaires. Mais l'endométriose était jugulée – pour l'instant. Comme je l'ai déjà dit, c'est une maladie hormono-dépendante, elle dépend donc des hormones féminines pour se développer et évolue ainsi par à-coups au fur et à mesure des cycles menstruels.

Dans la foulée, le médecin pratiqua tout de même une opération pour coaguler les lésions restantes et dit à Marie, lorsqu'elle se réveilla, qu'elle ferait mieux de ne pas tarder à essayer d'avoir des enfants. La région gynécologique ayant été nettoyée par l'intervention, c'était le moment.

Marie n'était pas prête à avoir un enfant, et si elle avait eu le choix, elle aurait sûrement attendu quelques années avant de se lancer. Mais elle et son compagnon décidèrent d'écouter le conseil du médecin et se retrouvèrent jeunes parents à vingt-quatre ans à peine.

On ne guérit pas de l'endométriose, qui est une affection chronique. Mais on peut la juguler. On apprend à vivre avec et, quoi qu'il arrive, on en gardera des séquelles psychologiques et/ou physiques. Il y a des périodes de latence qui permettent heureusement de reprendre goût aux choses simples de la vie. Au point que Marie, lorsqu'elle tomba enceinte, ne jugea pas nécessaire d'informer le gynécologue qui la suivait de sa maladie. Après son accouchement, ce médecin lui prescrivit une pilule très dosée en progestatif, qui s'avéra par chance bénéfique pour elle, et trois années s'écoulèrent sans douleurs excessives.

Marie se croyait tirée d'affaire. Elle voulait oublier.

Lorsqu'elle et son mari décidèrent d'avoir un second enfant, elle arrêta la pilule, tomba enceinte rapidement et accoucha d'un beau bébé, un second petit garçon. Malheureusement, elle prit alors une décision qui allait s'avérer très néfaste pour sa santé. Prenant la pilule depuis plus de dix ans, gavée de médicaments, elle avait le désir de revenir à un mode de vie plus naturel. Elle demanda à son médecin de lui poser un stérilet en cuivre, c'est-à-dire qui ne diffuse aucune hormone. Elle voulait maigrir, retrouver sa taille de jeune fille – qu'elle était encore il n'y a pas si longtemps – et arrêter les cachets. Tout ce qu'elle réussit à provoquer, c'est une véritable descente aux enfers. La douleur revint. Les spasmes provoqués par la présence d'un corps étranger dans l'utérus, qui passent presque inaperçus chez la majorité des femmes, augmentèrent le phénomène de reflux à l'intérieur des trompes et la dissémination anarchique des cellules de l'utérus dans les autres organes. Pendant quatre ans, elle tenta de supporter la douleur alors que celle-ci devenait de plus en plus invalidante. Peut-être aussi parce qu'elle ne voulait pas y croire : l'endométriose était revenue et la grignotait de l'intérieur.

Marie finit par craquer et alla voir son médecin, qui pratiqua une échographie. L'examen révéla la présence d'un énorme kyste sur un ovaire.

« Voilà ce qui vous fait souffrir ! », s'exclama le praticien.

Dans la foulée, Marie subit une nouvelle opération. Mais un kyste, quand on souffre d'endométriose, ce n'est qu'un symptôme. C'est le signe qu'il y a, quelque part, bien profondément enfoui, un nodule. Le kyste n'est que le fruit du nodule. On peut bien le couper, le fruit repoussera tant qu'on ne réglera pas le problème de fond.

En effet, six mois plus tard, Marie, pliée en deux par la douleur, était de retour dans le cabinet du médecin. L'échographie révéla un nouveau kyste, aussi gros, exactement au même endroit. Et Marie de repasser sur le billard. Six mois après cette nouvelle opération, la douleur s'était encore intensifiée et Marie était de retour dans le cabinet. Le médecin, incrédule, l'écouta énumérer la liste des symptômes dont elle souffrait : cystites à répétition, saignements hémorragiques pendant les règles et intempestifs pendant le reste du mois, douleurs insoutenables au moment des rapports sexuels, et puis la sensation d'avoir comme une sciatique, mais sur le devant des cuisses et non seulement à l'arrière. Cette douleur s'appelle une cruralgie, apprit alors Marie... L'échographie révéla aussi la trace de sang dans les trompes. « J'ai souffert d'endométriose dans ma jeunesse », avoua enfin Marie, qui s'était crue guérie et n'en avait donc jamais parlé.

Elle subit une cinquième opération au cours de laquelle on confirma le diagnostic. De nombreux kystes et lésions furent supprimés. À ce moment-là, on ignorait que chaque opération est susceptible d'accélérer la propagation de la maladie. Des micro-éclats de lésions peuvent ainsi être libérés dans le sang et véhiculés vers d'autres organes. Mais Marie l'ignorait.

Maintenant que le médecin avait compris de quoi il s'agissait, Marie se vit de nouveau proposer une ménopause artificielle. Le médecin lui recommanda également de consulter un chirurgien spécialisé car, pendant l'opération, il avait repéré un nodule près du rectum. Il ne se sentait pas de taille pour s'y attaquer. C'était de la chirurgie de grande précision et il préférait s'en remettre à un confrère.

La ménopause artificielle ne fonctionna pas comme la première fois. La douleur ne cessait plus. Il arrivait à Marie de ne plus pouvoir marcher. Elle ne pouvait pas rester debout plus d'un quart d'heure d'affilée, ce qui n'est pas très pratique quand on a deux petits garçons et un travail, ainsi qu'elle me le fit remarquer dans un éclat de rire. Pendant quinze mois, elle prit de la morphine à haute dose.

On testa un nouveau traitement, elle repassa sur le billard et, cette fois, on lui retira des ligaments utéro-sacrés. Ces ligaments sont très importants car ce sont eux qui soutiennent l'utérus. Mais ils étaient pleins de nodules qui provoquaient justement les très vives douleurs pendant les rapports et lors de la marche. L'intestin également était sur le point d'être touché, lui apprit-on au réveil. « Je l'ai échappé belle », se dit Marie qui n'était pourtant pas au bout de ses souffrances.

Quelques mois plus tard, elle était en effet de retour chez le médecin et l'échographie révélait une récidive. « L'endométriose est vicieuse, me dit-elle un jour. Elle se réinstalle là où on aura du mal à la trouver. Sur les cicatrices des précédentes opérations, près des nerfs également. C'est une maligne… »

Marie avait suivi tant de traitements différents, dont certains très invasifs et virulents, et pris tellement d'antidouleurs variés depuis son adolescence, qu'elle avait développé une résistance à la plupart des médicaments. La douleur ne cédait pas un pouce de terrain.

Un jour qu'elle était chez elle avec ses deux garçons, Marie, incapable de monter l'escalier pour aller les coucher, s'était roulée en boule au bas des marches en gémissant. Son plus jeune fils, âgé de cinq ans, la regarda, terrifié.

« Tu vas mourir maman ? interrogea-t-il.

– Ne dis pas ça, le coupa l'aîné avec toute la sagesse de ses huit ans. Je vais t'aider à monter, maman. Respire bien fort », dit-il, connaissant les techniques dont elle avait souvent fait usage devant eux.

« Cette fois ça suffit, décida Marie. Je ne veux plus leur imposer ça. »

Quelques jours plus tard, elle faisait face à son médecin : « Je veux que vous m'enleviez l'utérus. » Car en plus, elle souffrait d'adénomyose, une forme rare de la maladie qui se développe dans l'utérus et qui provoque des hémorragies et des douleurs très violentes.

L'endométriose touche les femmes dans leur féminité. Il est terrible, à seulement trente-trois ans, de se résoudre à une ablation de l'utérus. Mais Marie était absolument certaine, sûre d'elle. Elle ne voulait pas que ses garçons grandissent en la regardant souffrir. Elle était prête. Et elle n'en pouvait plus de souffrir.

Le médecin renâcla. Il lui proposa une fenêtre thérapeutique de six mois, qu'il prolongea une fois, deux fois. Il tenta d'adapter les traitements. Rien n'y fit. Deux ans plus tard, Marie se faisait retirer l'utérus.

C'est à ce moment qu'elle a rejoint l'association, découvrant ainsi qu'elle n'était pas seule. Elle comprit que les sept années qui s'étaient écoulées avant qu'on pose le diagnostic de récidive de la maladie venaient de lui coûter très cher, mais elle refusa de s'appesantir là-dessus. Ce qui était fait était fait. Le plus important c'était surtout que ça ne se reproduise pas. En effet, on dit qu'il faut six ans en moyenne pour que soit diagnostiquée l'endométriose. C'est beaucoup trop long.

Marie, n'ayant plus d'utérus, n'avait plus de règles. Pourtant, les douleurs n'avaient pas pour autant totalement cessé. En effet, ses ovaires continuaient de libérer chaque mois, comme ils sont programmés pour le faire, des hormones. Et l'endométriose s'est à nouveau développée. Cette fois, autour de la vessie. Les symptômes digestifs sont apparus, ainsi qu'une incontinence. À même pas quarante ans, il faut avoir du répondant pour surmonter ça. Heureusement, Marie, grâce à l'association, rencontra de nouveaux chirurgiens installés plus près de chez elle, ce qui rendit également le suivi plus facile. Ils avaient une solide connaissance de la maladie, et leur approche différait de ce que Marie avait expérimenté jusqu'à présent.

Elle subit, à quarante ans, une septième opération, au cours de laquelle on lui retira des nodules dans le vagin et le rectum. La vessie étant atteinte, le geste chirurgical était très difficile. L'opération dura cinq heures. Le risque, en cas d'échec, était que Marie soit condamnée, à vie, à ne plus pouvoir uriner sans se servir d'une sonde.

Heureusement, le chirurgien avait des doigts de fée et le pire fut évité. Marie entama une très longue rééducation de la vessie qui porta ses fruits.

La poche intestinale lui fut également évitée car le nodule était placé très bas, près du vagin. Le chirurgien parvint à couper le muscle du rectum dans l'épaisseur et non dans la longueur. Mais il lui apprit, au réveil, qu'il avait dû raccourcir son vagin de deux centimètres, laissant une très grosse et très sensible cicatrice interne. Les douleurs de Marie pendant les rapports ne s'apaiseraient enfin que cinq ans après cette opération. Les ovaires ayant aussi été retirés, la ménopause biologique allait survenir, à tout juste quarante ans.

Après cette septième opération, Marie fit un break dans son travail de responsable de la communication dans une grosse société. Elle avait beaucoup de responsabilités, elle gérait une équipe de quatre personnes. Mais elle ne s'en sentait plus capable. Les séquelles de ses multiples opérations étaient lourdes. De plus, le nerf qui fait le tour du périnée était atteint lui aussi, et Marie dut subir une huitième opération, plus complexe encore que les autres. Au réveil, la douleur était atroce. Aujourd'hui encore, elle doit s'asseoir sur un coussinet fait sur mesure. Ce nerf resté à vif provoque une douleur qui est devenue chronique. Lors d'une dernière opération, les chirurgiens ont tenté une méthode novatrice : ils ont prélevé des couches de graisse qu'ils ont réinjectées tout autour du nerf, comme pour reconstituer une barrière protectrice naturelle.

Marie a appris à gérer la souffrance et ne se ménage pas. Elle prend des médicaments et, tout comme moi, pratique l'autohypnose. Cette technique qui me soulage m'a également appris à moi aussi à prendre du recul sur la maladie : on n'a qu'une vie, je ne vais pas la passer à me plaindre. Il y a des femmes qui ont le cancer, ou qui perdent un enfant. Moi j'ai une maladie bénigne. Chronique, invalidante, mais bénigne. On n'en meurt pas, de l'endométriose. Alors, ça aurait pu être pire !

– 12 –

« Ça marchera pour vous aussi… »

Je fais la connaissance d'Isoline lors d'un événement organisé par l'association. Je suis venue à la fois pour m'informer et pour prêter main-forte. Je m'installe pour suivre les conférences. Plusieurs femmes montent également à la tribune pour témoigner de leur parcours avec autant de courage que d'humour et de sobriété. Je suis très émue.

À la fin de la journée, un petit cocktail est organisé pour que nous puissions nous rencontrer, échanger et partager nos expériences. Isoline est parmi nous. Elle a trente et un ans et attend son deuxième bébé. Comme elle sait bien ce que je traverse, elle m'affirme : « Écoutez, si j'avais dû en croire la dernière gynécologue que j'ai rencontrée, je n'en serais pas là… » Et, de sa voix juvénile et riante, elle me raconte son parcours qui me donne beaucoup d'espoir.

Isoline a eu ses règles précocement, ce qui est peut-être un point commun à beaucoup de femmes atteintes par cette maladie. Dès le début, elle a enduré le martyre chaque mois. Douleur ou pas, elle allait à l'école. Dans sa famille, on n'a pas pour habitude de se plaindre. Sa mère, qui avait elle-même eu des règles douloureuses, pensait que c'était normal et la rassurait en lui disant que cela s'apaiserait en grandissant. Alors Isoline alternait toute la journée Doliprane, Spasfon et Nurofen.

À seize ans, on l'a mise sous pilule et les douleurs ont un peu diminué. Pas tant que ça, pourtant, car cette excellente élève inscrite en section scientifique a complètement raté son épreuve de maths au baccalauréat. Elle souffrait tellement qu'elle dut quitter la salle d'examen au bout d'une heure à peine. Avec un coefficient neuf, la mauvaise note fut fatale… Et Isoline se retrouva, à la stupéfaction de ses professeurs, au rattrapage. « Par chance, en septembre, l'examen n'est pas tombé pendant mes règles et j'ai cartonné. Je me souviens que l'examinateur me dévisageait : "Mais qu'est-ce qui vous est arrivé en juin ?" Je ne pouvais quand même pas lui répondre "J'avais mes règles." Alors j'ai juste dit que j'étais malade… »

Après, la douleur n'a jamais cessé. Isoline a rencontré celui qui allait devenir son mari. Un jour qu'elle était en consultation chez sa gynécologue – elle choisissait toujours des médecins femmes, pensant qu'elle se sentirait plus à l'aise et mieux comprise par une femme… alors que c'est loin d'être automatique ! –, elle se confia sur les douleurs qu'elle ressentait quand ils se faisaient des câlins.

« Vous savez, c'est souvent dans la tête. Peut-être que c'est la façon qu'a trouvé votre corps pour vous faire savoir que vous n'êtes pas vraiment amoureuse », asséna le médecin avec toute l'autorité que confère la science.

Interdite, Isoline n'osa rien rétorquer. Elle s'interrogea sur ses sentiments, incertaine. Et si c'était vrai ? Si elle n'était pas vraiment amoureuse ? Infiniment troublée, elle fit part à son petit ami de ce qu'avait dit la gynécologue. Perturbé, peiné, le jeune homme lui demanda :

« Mais tu crois que c'est vrai ? Tu ne m'aimes pas ? »

Les deux amoureux ne savaient plus quoi penser. Pourtant leur relation perdura et ils finirent par… se marier. « On devait bien être un peu amoureux quand même », commente Isoline en riant !

Un déménagement dans une autre région ayant logiquement entraîné un changement de gynécologue, Isoline consulta dans sa ville de Chartres.

Maintenant qu'elle était mariée, elle avait envie d'avoir des enfants. Mais elle tardait à tomber enceinte. Et, depuis qu'elle avait arrêté la pilule, les douleurs étaient revenues, plus virulentes que jamais. (Encore une fois, Isoline n'est pas du genre à se plaindre.) Elle partit travailler tous les matins, elle s'occupa de ses élèves – elle est professeur des écoles –, elle serra les dents et avala des cachets pour tenir le coup.

Elle finit par faire des recherches sur Internet et découvrit le terme d'endométriose sur des forums. Les informations étaient confuses, contradictoires, floues. Mais ça l'interpella. Elle se reconnut dans certains symptômes. Aussi, lors d'une nouvelle visite chez le gynécologue à qui elle fit part de sa difficulté à tomber enceinte, elle mentionna le nom de la maladie.

« Qu'est-ce que c'est, exactement, l'endométriose ?

– Pourquoi vous posez cette question ? Quelqu'un en souffre dans votre famille ?

– Non, pas à ma connaissance… répondit Isoline, hésitante.

Car après tout, sa mère avait mis quatre ans à concevoir et n'était plus jamais tombée enceinte par la suite. Ce pouvait être une forme relativement bénigne de la maladie…

– Bon, alors ne vous préoccupez pas de ça, ça ne vous concerne pas. C'est beaucoup dans la tête, vous savez, les grossesses. Il ne faut pas se focaliser là-dessus. Ça finira par venir. »

Dans la tête… Devant l'insistance d'Isoline, la gynécologue prescrit tout de même des examens de fertilité, mais à son mari d'abord, sous le prétexte que « c'est plus simple ».

« Moi je savais bien que c'était de mon côté que quelque chose n'allait pas. J'en avais l'intuition. Je souffrais trop, ça ne pouvait pas être normal. Mais devant le corps médical, on se sent tout petit. On a fait ce qu'elle nous disait, mon mari a subi toute une batterie d'examens, et on a encore perdu du temps. »

Deux mois plus tard à peine, Isoline fut prise de douleurs telles qu'elle se rendit aux urgences de l'hôpital de Chartres, où on lui découvrit un kyste ovarien de dix centimètres de diamètre. Pas besoin de faire dix ans d'études pour le voir sur l'IRM, il était aussi gros qu'un rein… « Mais vous devez souffrir terriblement ! », dit le médecin, consterné. En effet… Il l'adressa à un confrère parisien. Elle rencontra un professeur, le premier qui allait cesser de nier sa douleur et ses symptômes, le premier qui allait la traiter comme une adulte, actrice de sa propre santé, même s'il ne prenait pas de gants. Il lui annonça qu'elle souffrait d'endométriose et qu'il fallait l'opérer. Pour Isoline, c'était en fait un soulagement. Enfin, sa maladie avait un nom. Elle n'était pas folle. Elle ne souffrait pas parce qu'elle n'aimait pas assez, elle n'avait pas de difficultés à avoir un bébé parce que quelque chose clochait dans sa tête. Non, elle était atteinte d'endométriose. Quand on a une maladie, on peut se battre. Enfin !

« Est-ce que vous me donnez l'autorisation de retirer complètement l'ovaire et la trompe si je les trouve trop abîmés au cours de l'opération ? interrogea le professeur. Ce ne sera pas un obstacle à une grossesse, au contraire peut-être. On peut très bien concevoir avec un seul ovaire. »

Isoline prit une profonde inspiration. Elle avait confiance en ce médecin austère. Elle aimait qu'il lui demande de se positionner sur son traitement. « Allez-y », trancha-t-elle.

Sur le chemin de l'hôpital, son mari fit alors à Isoline la plus belle des déclarations. Il lui dit : « Quand on s'est mariés, c'était pour le meilleur et pour le pire. Je ne savais pas que tu étais malade. Si on n'arrive pas à avoir un enfant, tant pis. C'est que la vie n'est pas écrite comme ça. Je ne cesserai jamais de t'aimer. »

L'opération se passa bien et l'ablation de l'ovaire fut évitée, bien qu'il n'en reste pas grand-chose. Mais une atteinte digestive sérieuse avait pu être repérée à la faveur de l'intervention. Des lésions d'endométriose étaient fixées sur les intestins. Une nouvelle intervention s'imposait mais elle serait autrement plus délicate. Il faudrait couper le tube digestif et le reconnecter. Le passage par le port d'une poche pour les selles durant plusieurs mois serait incontournable et la rééducation, longue.

« Quelle est votre priorité ? demanda le médecin.

– Avoir un bébé, répondit Isoline sans hésiter.

– Alors, repoussons la chirurgie. »

Ensemble, le professeur et elle examinèrent toutes les options, tous les scénarios. Ils prirent la décision de retarder cette intervention très lourde pour permettre à Isoline et à son mari de concevoir. Le médecin proposa de réserver deux des quatre FIV remboursées par la Sécurité sociale à cette première fenêtre. Mais si ça ne marchait pas au bout de deux FIV, il recommandait de procéder à l'opération. Une grossesse aurait plus de chances de se produire ensuite.

Isoline fit une première FIV.

« Ne t'inquiète pas, ça va marcher, lui dit son mari.

– Les chances sont faibles, tu sais, répondit Isoline, terrifiée à l'idée que ça ne marche pas et que la déception les terrasse.

– Ça va marcher. Crois-moi. »

Et il avait raison. Isoline tomba enceinte du premier coup et accoucha d'un beau petit garçon en décembre 2013, un an après avoir été opérée.

Lors de la visite postaccouchement, on constata que la maladie n'avait pas évolué, car la grossesse est finalement la meilleure des thérapies même si, de manière très pernicieuse, toutes les femmes atteintes d'endométriose qui souhaitent procréer courent le risque de relancer la progression du mal en stoppant toute contraception durant les mois avant la conception.

« N'attendez pas trop si vous comptez avoir un autre enfant. Vu l'état de vos ovaires… »

« Eh bien au moins c'était clair », lance Isoline. Bien que pas spécialement prêts, les jeunes parents décidèrent d'écouter ce conseil. Ils repassèrent par la case FIV et la voici de nouveau enceinte.

Isoline sait qu'il lui faudra, après la naissance de son deuxième bébé, affronter cette opération de l'intestin qui lui fait si peur. Mais elle est du genre à serrer les dents et à attendre le plus longtemps possible. Pendant ce temps, la maladie risque de progresser, certes, mais c'est aussi le cas de la médecine. Les techniques chirurgicales s'affinent de mois en mois. Isoline espère que, lorsqu'elle passera sur le billard, on la préservera le plus possible.

En attendant, lumineuse et tranquille, Isoline clame qu'elle a de la chance. Elle a une famille. Son rêve d'avoir des enfants s'est réalisé et elle en mesure le prix. Elle a écrit, après la naissance de son premier fils, une lettre sans aigreur, comme elle, à la gynéco qui lui avait dit : « C'est dans la tête. L'endométriose, ça ne vous concerne pas. » Cette lettre, accompagnée de prospectus informatifs, elle est allée la déposer en personne dans la boîte aux lettres du médecin, car elle ne pouvait supporter l'idée qu'elle risque de se perdre. Ce n'était pas une lettre pour se venger. C'était un courrier bien réfléchi pour contribuer à éviter à d'autres femmes d'être traitées comme elle l'avait été. « Tout était pardonné. Mais quand même, ça m'a fait du bien ! »

Ce qui a le plus touché Isoline, dans son parcours de la maladie, ce sont les quelques mots que lui a adressés sa mère : « Pardon de ne pas avoir su entendre ta souffrance. Je ne savais pas. »

En me quittant, elle me saisit la main et me dit, le visage lumineux : « Je ne sais que trop bien à quel point c'est dur, le désir d'enfant contrarié. Mais vous verrez, ça marchera pour vous aussi… »

– 13 –

« Il y a tant de façons de devenir maman… »

Le témoignage d'Isoline m'a touchée au cœur et m'a donné de l'espoir. Malgré une atteinte sévère, Isoline a réussi à fonder une famille. Son courage et son caractère positif me plaisent. Mais toutes n'ont pas autant de chance qu'elle.

Marlène, elle, n'a pas réussi à devenir maman. « Du moins pas comme ça, corrige-t-elle aussitôt. Il y a tant de façons de devenir mère… »

L'histoire de l'endométriose de Marlène commence alors qu'elle est au lycée, en section sportive de basket-ball. Ses règles sont tellement douloureuses qu'elles la font vomir, voire parfois s'évanouir de souffrance. À plusieurs reprises, elle est évacuée par les pompiers.

Incapables de trouver la cause de ces douleurs si violentes, les médecins qu'elle consulte alternent entre le paternalisme – « C'est normal de souffrir pendant les règles mais il faut quand même prendre un peu sur vous » – et une légère inquiétude qui les pousse à la mettre sous pilule, ce qui a pour effet de rendre les règles plus supportables mais ne suffit pas, malheureusement, à stopper la maladie.

Les années passent, Marlène travaille dans une banque à Libourne et rencontre son compagnon actuel. Ils aimeraient bien avoir un enfant mais ils ne s'affolent pas, ils ne sont pas pressés. Ils travaillent tous les deux beaucoup, subissent un stress professionnel intense, ont une vie sociale bien remplie, bref, ils pensent que ça viendra quand ça viendra.

Mais la douleur, au fil des années, revient, de plus en plus forte. Le cauchemar de l'adolescence reprend, encore plus cruel. Marlène ne compte plus les nuits passées dans des bains brûlants, ou couchée sur le carrelage, à vomir, à pleurer, à se bercer doucement pour faire cesser les spasmes. À plusieurs reprises, son compagnon, inquiet, la conduit aux urgences… d'où elle ressort quelques heures plus tard avec une ordonnance pour du Spasfon. Elle lit alors le doute dans son regard. Les médecins le lui répètent : « C'est dans la tête. » Selon eux, la douleur intense qu'elle ressent pendant les règles, pendant les rapports, ça n'existe pas ailleurs que dans sa tête. Marlène finit par y croire. Elle n'en peut plus d'entendre ou de deviner ce que pensent les gens : « Encore malade ? Quelle chochotte ! Elle a encore ses règles !? Il faudrait qu'elle voie un psy à la fin… » Heureusement, j'ai la chance d'avoir toujours été prise au sérieux par mes proches, c'est-à-dire par mon mari et par ma mère. Je n'ose pas imaginer à quel point il doit être perturbant, humiliant et destructeur d'être considérée comme une folle ou une enquiquineuse quand on souffre à ce point !

En mai 2013, une douleur nouvelle, assimilable à un point de côté qui ne passerait pas, tenaille Marlène. Elle pense à des calculs rénaux. Elle souffre au point d'avoir du mal à marcher, mais comme elle rentre de vacances, elle essaie de faire bonne figure au travail. Jusqu'au jour où un client médecin qui la connaît bien, voyant qu'elle boite, l'interroge. Devant l'explication qu'elle avance, celle des calculs rénaux, le médecin prend un air dubitatif. « Passez me voir dans trente minutes à mon cabinet pour que je vous examine. Ça me paraît un peu bas pour un calcul rénal. »

Marlène se rend au cabinet et le médecin, alarmé par l'auscultation, lui prescrit une échographie en urgence. Dès le lendemain, elle se rend à l'hôpital et là, elle n'a pas besoin d'entendre le diagnostic pour deviner qu'il y a quelque chose de grave : le médecin se décompose littéralement. Elle a trois kystes aux ovaires, de sept, six et quatre centimètres.

Quand elle repense que quatre mois avant, elle ressortait des urgences avec une prescription de Spasfon…

Soulagée, bien qu'un peu inquiète de devoir subir une opération, Marlène croit que ce sera somme toute relativement bénin. Des kystes, après tout, elle n'est pas la seule à en avoir, même si les siens sont particulièrement importants.

Marlène est hospitalisée. On lui dit qu'elle devrait se réveiller vers midi. Quand elle émerge de son sommeil artificiel, elle demande l'heure à une aide-soignante : il est 15 h 30.

« Mais qu'est-ce qui s'est passé ? Pourquoi ça a duré aussi longtemps ? Il y a un problème ?

– Le médecin va venir vous voir.

– Mais tout va bien ?

– Le médecin va venir… »

Quelque temps plus tard, le médecin entre dans la chambre. Visage fermé, les mains dans les poches, visiblement nerveuse et mal à l'aise, elle n'y va pas par quatre chemins :

« Il va falloir faire le deuil de la maternité, je vous préviens. Pendant l'opération, tout a suivi : les trompes, les ovaires, tout. »

Hébétée, Marlène balbutie :

« Mais je ne comprends pas…

– Vous souffrez d'endométriose, d'adénomyose

interne, votre vessie et votre rectum sont atteints… On n'a pas d'autre choix que de vous placer en ménopause artificielle. »

Marlène, à trente-quatre ans, apprend donc qu'elle vient de passer directement à la case ménopause, qu'elle n'aura pas d'enfants, que tout son ventre est gangrené… En l'écoutant me confier tout cela d'une voix claire et calme, j'ai la gorge qui se serre. Mais je comprends son sentiment lorsqu'elle m'explique que malgré l'horreur de la situation, une forme de jubilation la gagne, presque un sentiment de victoire : elle n'est pas folle !

À la suite de cette expérience traumatisante, Marlène fait ce qu'elle n'a jamais pensé à faire auparavant, elle commence à surfer sur Internet, se documente sur la maladie et découvre qu'elle n'est pas seule, loin de là. Elle participe à des forums, à des rencontres amicales. Échanger, enfin, être comprise, c'est pour elle une véritable libération. Comme je la comprends, moi qui trouve aussi un grand soulagement à échanger, lorsque j'en ai le temps ou l'occasion, avec d'autres femmes qui connaissent cette maladie.

Lors de ces rencontres, on recommande à Marlène de s'adresser à l'hôpital de Rouen où exerce une équipe très au fait de la maladie. Une opération est programmée. Le médecin lui a prescrit de consulter auparavant un urologue pour se faire poser une sonde urinaire. Elle prend donc rendez-vous. Le spécialiste les reçoit à son cabinet, elle et son compagnon, et après avoir examiné Marlène, il décrète que ça ne servirait à rien. « De toute façon, vous êtes morte à l'intérieur. »

Comment peut-on dire des choses pareilles !

Marlène est dans un tel état psychologique qu'elle n'a même pas la force de répondre. Mais son compagnon, bouleversé, a blêmi : « Vous n'avez pas le droit de dire des choses pareilles ! »

Marlène part, seule, pour Rouen, sans la sonde que le médecin lui avait prescrite mais que son urologue avait refusé de poser…

L'hospitalisation dure deux semaines durant lesquelles Marlène est seule, loin de chez elle. Le lien de confiance avec le corps médical est très abîmé mais l'équipe, polyvalente, dévouée et formée à ce que cette maladie a de particulier, sait se montrer si convaincante, aux petits soins, que Marlène pleure au moment de les quitter. Et en premier lieu ce chirurgien qui a rédigé une magnifique lettre à l'urologue pour lui reprocher son attitude…

« Morte à l'intérieur. » Des mots qui la hantent alors qu'elle se remet des suites de l'opération. De retour auprès de son compagnon, elle a des crises d'angoisse quand elle est seule, le soir. Il faudra toute l'affection d'un groupe d'amis qui ne la laissera pas tomber pour l'arracher à sa tristesse.

Le soutien d'autres femmes victimes de la maladie fait également beaucoup. Marlène essaie de suivre une thérapie mais l'approche du psychologue, qui veut la pousser à rechercher la source de ses difficultés dans des rapports difficiles avec sa mère, la heurte. Elle trouve finalement plus de soutien dans un investissement associatif, en partageant son expérience et sa connaissance de la maladie pour éviter à d'autres femmes d'endurer ce qu'elle a vécu.

Marlène souffre encore, malgré la pilule qu'elle prend en continu et l'ablation de ses ovaires. Mais les femmes touchées par l'endométriose ont un rapport particulier à la douleur. Elles apprennent à vivre avec. Le plus important, c'est avant tout de ne plus douter de soi. C'est également que les autres non plus ne doutent pas de la réalité de la maladie. Tout au long de ce parcours du combattant, ce qui a sauvé Marlène, c'est le soutien inconditionnel de son compagnon, de ses collègues de travail, de sa famille et de ses amis. Marlène se dit aujourd'hui plus forte, plus riche qu'elle ne l'était autrefois. La vie n'a pas pris la tournure qu'elle avait imaginée, mais elle a rendez-vous la semaine prochaine en vue de préparer une adoption. Être mère, c'est autre chose qu'un lien biologique. Marlène deviendra bien maman, n'en déplaise à ses médecins…

– 14 –

Un si long diagnostic

Les histoires d'endométriose se suivent mais ne se ressemblent pas. Il y a autant de formes de la maladie qu'il y a de femmes qui en sont atteintes… C'est pour cela que je tiens tant à faire entendre leurs voix et leurs histoires, dans toute leur diversité. Chaque parcours est unique et ils sont tous, je trouve, une leçon de courage et de dignité.

Et puisque l'endométriose touche une femme sur dix, je rencontre, depuis que j'ai rendu publique ma maladie, énormément de femmes qui sont dans mon cas. Ainsi, il y a quelque temps, je donnais une interview à une journaliste sympathique et dynamique. Nous étions installées dans mon salon et nous discutions avec une grande complicité quand elle m'a avoué qu'elle aussi souffrait d'endométriose. Aussitôt, nos liens se sont encore davantage resserrés ! Elle m'a raconté son histoire.

À l'université, les règles de Maya étaient parfois très douloureuses, la contraignant à garder la chambre plusieurs jours d'affilée, une bouillotte sur le ventre. Puis la douleur sembla avoir un peu reflué jusqu'au jour où, alors qu'elle était allée rendre visite à ses parents avec son petit ami, elle a eu un rapport sexuel qui lui a causé une douleur soudaine, violente, aiguë, qui l'a pliée en deux. Suffoquée, Maya s'est mise à crier, incapable de se retenir.

Ses parents, affolés, réveillés par ses cris, se sont précipités dans sa chambre. Pliée en deux, incapable de parler, elle ne pouvait que gémir et hurler alternativement.

Ils se sont immédiatement rendus aux urgences de l'hôpital le plus proche, où le médecin de garde a conclu que c'était dans sa tête… Elle n'avait rien. Elle était peut-être bien un peu plus sensible que la moyenne, voilà tout.

Maya est ressortie de l'hôpital honteuse et bouleversée… Elle avait vingt-cinq ans.

Malheureusement, les douleurs ne firent qu'augmenter à tel point que Maya était convaincue d'avoir une tumeur. Elle voulait se faire soigner et qu'on trouve l'origine de son mal. Elle prit rendez-vous chez un gynécologue qui la reçut trois jours plus tard.

Elle n'oubliera jamais cette consultation. Elle était allongée sur la table d'examen pendant que le praticien réalisait une échographie vaginale, discutant pour la mettre à l'aise tout en regardant son écran vidéo.

« Alors, vous êtes journaliste ? Ma fille aussi… »

C'est à ce moment qu'il s'interrompit. Maya le vit littéralement se décomposer et blêmir : elle avait un kyste de la taille d'un œuf d'autruche sur un ovaire.

Pour Maya, le diagnostic d'endométriose, nom qu'elle n'avait jamais entendu, fut un double soulagement. Un peu comme pour moi, d'ailleurs. Nous ignorions tout de cette maladie, elle ne devait donc pas être très grave. Ce n'était pas une tumeur mortelle. Et puis Maya, elle aussi, se dit qu'elle n'était pas folle. La douleur n'était pas dans sa tête…

Le médecin prescrivit une intervention en urgence. Le kyste, le plus gros qu'il ait vu de sa carrière, était sur le point d'exploser, avec le risque de provoquer une septicémie.

Quand Maya se réveilla de l'opération, le chirurgien lui dit :

« Si vous avez envie d'avoir des enfants, je vous conseille de ne pas tarder. La maladie va progresser tant qu'on n'arrêtera pas complètement l'ovulation. Si vous ne prenez pas la pilule, des kystes vont se développer à nouveau et il faudra vous réopérer. »

Maya n'avait encore jamais pensé à avoir des

enfants. Elle ne se sentait pas particulièrement prête. Mais il lui suffit de se voir interdire peut-être cette possibilité pour en avoir soudain très envie… et réussir à en convaincre son compagnon.

Maya eut la chance de tomber très vite enceinte d'un petit garçon qui fait depuis la joie de ses parents. Elle n'aura pas d'autre enfant et prend une pilule qui arrête complètement les règles. « Pas besoin d'avoir ses règles, pas besoin d'avoir un utérus ou des ovaires pour être une femme… Je n'aurai plus jamais mes règles, je n'en suis pas moins femme. »

Depuis, Maya est suivie de près. Il n'y a eu aucune récidive de la maladie mais en aucun cas elle ne se rend chez son gynécologue sans être accompagnée de son compagnon, avec une sourde inquiétude. Et jamais elle n'oubliera le visage du médecin, décomposé, devant son échographie. Comme je la comprends… Moi non plus, je ne vais plus chez mon gynécologue sans être accompagnée par Badri.

– 15 –

Une maladie de couple

J'ai rencontré Gul grâce à EndoFrance, où elle milite très activement en faisant partager son histoire pour faire bouger les choses. Elle me l'a racontée à son tour.

Gul a ses règles à l'âge de dix ans. Dès le début, elle souffre le martyre. D'une famille de quatre filles dont toutes ont des règles difficiles, elle est pourtant la seule à souffrir autant. Sa mère, désemparée, la conduit plusieurs fois chez le médecin. On lui dit : « Madame, voyons, vous savez bien ce que c'est. Les règles, c'est douloureux. »

Gavée d'antidouleurs plusieurs jours par mois, elle voit pourtant ses douleurs refluer un peu à partir du moment où on lui prescrit la pilule. Elle arrête de consulter, s'allonge quarante-huit heures quand elle n'en peut plus, et serre les dents pour l'essentiel.

Quand Gul a une vingtaine d'années, les douleurs franchissent un cap. Mais les médecins ne trouvent rien. À plusieurs reprises, elle se rend aux urgences, en vain. Cela se reproduit, encore et encore. On fait des échographies qui ne décèlent rien d'anormal. Gul se tape la tête contre les murs et, comme toutes les autres femmes victimes de cette terrible maladie, se demande : « Est-il possible de souffrir autant s'il n'y a rien qui cloche ? Est-ce que je suis folle ? » Encore une fois, en entendant cet aveu bouleversant, je remercie mentalement Badri et ma mère d'avoir toujours cru en moi ! Comme on doit se sentir seule lorsqu'on souffre sans que les nôtres nous croient…

Le soir de son mariage, les rapports provoquent une véritable hémorragie. Et en guise de nuit de noces, c'est de nouveau à une nuit aux urgences qu'elle a droit…

Peu après, Gul consulte une nouvelle gynécologue qui, en l'entendant décrire ses symptômes, suspecte enfin une endométriose et lui prescrit une IRM. Là, c'est le choc. L'endométriose de Gul est très avancée. Immédiatement, pour stopper les dégâts, on la place sous ménopause artificielle. Elle en endure tous les symptômes : sautes d'humeur, dépression, bouffées de chaleur, baisse de la libido, douleurs articulaires, durant une année entière. Mais les examens sont malgré tout alarmants. La maladie s'est propagée partout, sur ses ovaires, dans ses intestins, dans le cul-de-sac de Douglas (un repli du péritoine), sur le rectum, la vessie. Elle souffre mille morts quand elle doit aller à la selle. L'opération est inévitable. Malheureusement, insuffisamment informée, Gul ne demande pas qu'on congèle ses ovocytes – et on ne le lui propose pas non plus. Elle se réveille avec une probabilité quasi nulle d'avoir un enfant naturel, alors que des solutions auraient pu être trouvées. Car Gul est également atteinte d'adénomyose. Cela rend la fécondation in vitro impossible. Et avec seulement un ovaire, qui est de plus un peu amoché, elle n'a pas beaucoup d'espoir…

Malgré la colère qu'elle ressent face à cette injustice et à la légèreté dont peut faire preuve le corps médical s'agissant d'une maladie pourtant très grave, Gul montre une force de caractère peu commune qui se révèle à chacun de ses mots. Loin de se laisser abattre, cette jeune femme admirable se consacre à des actions de communication autour de la maladie, pour éviter que d'autres ne soient victimes des mêmes erreurs. Quand on est malade, inquiet, isolé parfois, c'est une chance de rencontrer une tornade comme Gul.

Après dix jours d'hospitalisation, Gul sort de l'hôpital avec une poche, et elle enchaîne les infections durant quatre mois. À l'issue de cette période, la dérivation intestinale s'achève correctement. En revanche, sa vessie, trop abîmée, ne se remettra jamais à fonctionner. Gul est contrainte de pratiquer des autosondages au moins six fois par jour pour la vider. C'est à ce moment que, par conscience professionnelle, cette jeune femme démissionne de son poste d'éducatrice spécialisée auprès des enfants. Son état de santé ne lui permet pas des longues stations debout. Et elle ne veut pas prolonger son congé maladie qui empêche son employeur d'engager quelqu'un d'autre à sa place de façon pérenne.

Gul m'explique que pour elle la particularité de l'endométriose est d'être une maladie de couple. La femme atteinte souffre souvent pendant les rapports. Elle est malade plusieurs jours par mois. Elle est atteinte dans une certaine idée de sa féminité. L'impossibilité d'avoir des enfants parfois, l'impuissance face à la douleur de l'être aimé sont de grandes blessures pour un homme. Gul avoue sans fard que son mari et elle, malgré tout leur amour, en sont parfois venus à penser au divorce. Mais ils ont tenu le coup et en sont ressortis encore plus forts.

En pensant à toutes ces difficultés partagées, je mesure à quel point j'ai de la chance d'être accompagnée par un homme tel que Badri, à quel point il est important de trouver une épaule, une écoute. Nous avons certainement nos difficultés mais nous sommes unis, soudés, solidaires dans l'adversité. Notre union ne consiste pas seulement à partager les moments agréables et les bons côtés de l'existence. Nous affrontons ensemble les coups durs. Sans lui, tout cela serait insupportable.

Gul et son mari, avant même de savoir qu'enfanter serait difficile, avaient pensé à l'adoption. Ils en aimaient l'idée, ils avaient envie d'accueillir un enfant qui en aurait besoin dans leur foyer. Mais aujourd'hui, ils hésitent. L'état de santé de Gul, très détérioré, ne lui permettrait peut-être pas de s'occuper d'un enfant comme il se doit. Pour gérer la douleur, qui n'a jamais reflué, elle prend de la morphine ou des traitements employés dans le traitement de l'épilepsie, qui sont très puissants et dont les effets secondaires sont parfois gênants. Elle s'efforce de réduire les risques d'accoutumance et n'en prend pas quand elle a besoin d'avoir la tête claire, mais elle en a néanmoins besoin. Heureusement, elle est très suivie et entourée par sa famille, par ses sœurs en particulier. Et elle trouve un soulagement à s'investir pour aider les autres. Il y a peu, lors d'une visite de suivi à l'hôpital, elle est tombée sur une infirmière qui ne savait pas ce qu'était l'endométriose. Cela paraît impensable, sachant qu'il s'agit d'une maladie qui touche tant de femmes. En même temps c'est malheureusement normal car, comme me l'a expliqué un médecin, l'endométriose n'est pas abordée dans le cursus des études de médecine. Il y a un module entier consacré au cancer du sein ou aux grossesses extra-utérines, par exemple. Mais, dans le module général consacré aux douleurs pelviennes, l'endométriose n'est évoquée qu'une fois, au détour du chemin, comme l'une des causes possibles. C'est peu pour une maladie dont la prévalence est si importante.

Très calme et pédagogue, Gul le lui a expliqué. « Voilà une personne de plus qui ne commettra pas les erreurs qui ont été faites avec moi », me dit-elle. Et récemment, alors qu'une personne de son entourage lui faisait part de ses symptômes (alternance de diarrhées et de constipation, douleur inexplicable dans l'épaule – c'est l'un des symptômes récurrents, m'apprend-elle, même si on ne le comprend pas encore très bien), elle a su la diriger vers un service compétent où elle sera, elle l'espère, traitée à temps. En passant, elle lui a glissé un conseil : « Fais congeler tes ovocytes… »

– 16 –

Un arc-en-ciel sur la campagne

Bien sûr, il m'arrive parfois une baisse de moral, ou de me sentir découragée. Mais cela reste rare. Je n'y peux rien, je suis une optimiste pleine d'énergie et j'adore la vie ! Du coup baisser les bras, très peu pour moi ! Pour cela, j'ai la chance d'avoir quelques recettes, beaucoup d'aide, et un certain tempérament…

Je trouve toujours un grand réconfort dans le soutien de mes animaux. Ma chienne, fidèle et affectueuse, parvient toujours à me faire sourire. Lorsqu'elle me regarde, avec ses yeux brillants, sa bouche qui semble perpétuellement sourire, dressée sur ses pattes, avec une telle envie de jouer, je ne peux pas m'empêcher d'éclater de rire. Il est impossible de se laisser aller devant un tel pitre. C'est un vrai soutien. Je pars avec elle pour une grande balade dans la nature et le bon air, le vent, la douce lumière du sud me mettent du baume au cœur et chassent les idées noires. J'aime tellement les animaux que je soutiens un refuge à Cabriès. Régulièrement, je fais l'acquisition de paquets de croquettes pour chiens ou chats et je vais les leur apporter. Ça fait rire Badri qui me regarde partir en m'appelant Blanche Neige, comme quand je remplis l'hiver durant les mangeoires des oiseaux et des écureuils dans notre bout de jardin. Je n'ai pas pour habitude de médiatiser ces initiatives mais récemment, j'ai pris quelques photos des animaux du refuge. J'avais le cœur trop serré. Il y avait, par exemple, un berger allemand qui avait été brûlé par son ancien maître. De retour chez moi, j'ai aussitôt posté ces images et quelques jours plus tard, la directrice du centre m'appelait : « Laëtitia, tu n'y croiras jamais ! Le téléphone n'arrête pas de sonner. Il y a déjà 38 des bêtes qui ont été adoptées !! » Voilà le genre de choses qui me donnent du courage, du bonheur, de l'énergie. « Et le berger allemand ? avais-je demandé ?

– Adopté ! » avait répondu, heureuse, la responsable du centre.

Quand par malchance il pleut et qu'on ne peut pas sortir, je m'occupe à l'intérieur. Je fais un gâteau dont la bonne odeur emplit la maison et j'invite ma mère ou mon père à venir prendre le thé. Ou alors je mets un tagine à mijoter pour notre dîner, à Badri et moi. Je suis toujours occupée, toujours en mouvement.

Il y a tant de belles choses, la vie a tant à offrir qu'il serait dommage de se laisser désespérer. Bien sûr, il y a des épreuves, et l'endométriose en est une. Mais comme me l'a dit Florence, une des jeunes femmes de l'association, « L'endométriose fait partie de moi mais je suis plus forte qu'elle. » Cette phrase m'a touchée. Il ne s'agit pas de nier la difficulté de cette maladie, mais de ne pas se laisser submerger. On peut rester soi-même, ouverte, forte et joyeuse. C'est ce que je m'applique à faire.

Et pour cela, j'ai le soutien du plus magnifique des hommes. Notre complicité, à Badri et moi, est telle que grâce à elle j'ai l'impression d'être un roc. Nous sommes totalement unis, solidaires. Nous nous disons tout. Nous partageons tout. J'ai une chance folle. Nous ne sommes pas du genre à broyer du noir ou à prendre la vie au tragique. Tous les deux, nous aimons rigoler. Quoiqu'il arrive, il parvient à me faire rire, et je lui rends la pareille.

Quand nous avons construit notre maison, nous étions toujours sur la même longueur d'ondes, et heureusement parce que je ne veux pas imaginer la galère que cela peut être dans le cas inverse ! Nous, nous avions les mêmes goûts, les mêmes envies. Mais pas vraiment la même méthode… Pour ma part, j'ai tendance à toujours dire ce que je pense, je suis franche et très directe. Badri, lui, est beaucoup plus diplomate. À nous deux, on formait un sacré tandem quand il s'agissait de négocier quelque chose. On s'est bien amusés !

Tous les deux, on se connaît tellement bien qu'on se devine l'un l'autre. Récemment, mon mari m'a offert un Polaroïd. Il faut dire que je suis vraiment Miss Photo. Je passe mon temps à tout mitrailler. Je prends tout, nos animaux, notre famille, nos amis. Je fais, depuis des années, des albums par année que je mets en page sur Internet. Ce sont les souvenirs tout simples de notre vie, de nos bons moments. J'aime m'y replonger, parfois, surtout en famille, quand ma mère vient me voir, ou bien mes neveux. J'ai hâte de pouvoir les feuilleter avec nos enfants et de pouvoir leur montrer ainsi comment était notre vie, avant eux, comment nous l'avons construite. Avec mon tout nouveau Polaroïd, j'ai fait des dizaines de selfies lors de la fin de tournage de mon dernier film, *La Vengeance aux yeux clairs*. Je me suis prise en photo avec tous les membres de l'équipe, sous l'œil rigolard de Badri et des producteurs. On s'est bien amusés.

Un jour, lors d'un de mes anniversaires, nous n'avons pas pu partir en vacances car un tournage tombait à ce moment-là. Le jour dit, je me réveille, nous prenons notre petit déjeuner ensemble, mais rien de spécial ne se produit. Je commence à me dire, « Tiens, tiens, c'est bizarre… » quand soudain, on sonne au portail. Badri, les yeux plissés d'un sourire, me regarde alors que je découvre… un piano ! Mon mari avait fait une véritable folie. Sachant que j'avais joué, enfant, au conservatoire, et que je caressais le rêve de m'y remettre, il avait acheté un piano et me l'avait fait livrer. J'étais tellement émue, tellement touchée, que j'en ai pleuré sous l'œil ébahi des déménageurs.

Je voudrais aussi parler de tous les amis qui nous entourent. Dès que je ne tourne pas, nous aimons organiser des fêtes et des dîners chez les uns et chez les autres. À partir du printemps, c'est apéro ! Et quand nous ne faisons pas de soirées déguisées, c'est jeux de cartes, karaoké et même, comme nous l'avons fait pour le Noël des amis, super loto avec lots à la clef. Toutes les occasions sont bonnes pour rire, nous amuser et décompresser.

Ce sont des moments comme ceux-ci, des attentions aussi merveilleuses, qui font que je ne me permets jamais de me lamenter ! Malgré toutes les épreuves, la vie est trop belle. Et je savoure chaque jour la chance d'avoir à mes côtés un homme aussi merveilleux que mon mari. Notre amour est solide et plein de joie.

– 17 –

La vie à bras-le-corps

Selon les projets auxquels je participe, les lettres du public que je reçois changent du tout au tout. Par exemple, lorsque le thème de la drogue est évoqué dans *Plus belle la vie*, il m'arrive de recevoir des témoignages bouleversants de gens dont l'un des proches a été emporté par ce fléau. Quand je donne une interview sur un thème plus léger, par exemple : « Comment entretenir son corps pour garder la forme tout en restant gourmande », cela se ressent aussi dans les lettres qui me parviennent. Et ainsi de suite. Alors, évidemment, depuis que j'ai évoqué publiquement mon endométriose, j'ai reçu beaucoup de courriers de femmes qui me racontaient leur propre histoire. Rachel est l'une d'entre elles. Nous avons correspondu et son parcours m'a beaucoup touchée. À travers chacun de ses mots, on pouvait ressentir sa formidable énergie.

Nous sommes très proches en âge (elle a trente et un ans) et j'ai reconnu en elle une forte personnalité. Rachel est décidée à foncer, prête à prendre la vie à bras-le-corps, déterminée et volontaire, alors qu'elle se relève à peine d'une année de cauchemar qui n'a pas réussi à entamer sa joie de vivre, qui a forgé son courage sans avoir raison de sa détermination. La maladie, c'est quitte ou double, on en sort grandi ou brisé et dans le sourire de Rachel, je me reconnais et me ressource à la fois.

Rachel a depuis l'adolescence des douleurs dans le dos et des dérèglements intestinaux, mais elle n'est pas du genre à s'écouter. Elle prend des antidouleurs dont elle constate l'inutilité, serre les dents et attend que ça passe. Ça dure quelques jours tous les mois, à peu près autour de la période d'ovulation, se dit-elle sans toutefois savoir s'il y a un lien. Elle en a parlé lors d'une visite annuelle à sa gynéco que ça n'a pas eu l'air d'intéresser particulièrement. Alors elle gère comme elle peut, sans en faire tout un plat. Elle n'a jamais raté une journée de travail et n'y accorde pas plus d'importance que ça.

Mais vers l'âge de vingt-cinq ans, la souffrance augmente d'un cran. Il lui arrive de pleurer de douleur. Elle a parfois du mal à se lever. Sa digestion se détraque complètement. Elle consulte son généraliste, sa gynécologue, un gastro-entérologue. Rachel vient d'un milieu privilégié, elle a fait de longues études, est soutenue et bien conseillée. Elle voit les meilleurs médecins qui soient. Passé les quelques examens de base, qui ne permettent pas de déceler quoi que ce soit d'anormal, on lui demande avec sollicitude si elle a des difficultés particulières en ce moment. On a tous, toujours, des difficultés particulières... Lorsqu'elle dit au gastro-entérologue que ses parents sont en pleine séparation, il lui répond de chercher de ce côté-là. Ses douleurs seraient psychologiques. Elle aurait du mal à « digérer » le divorce parental... Rachel, qui se décrit elle-même comme une « bonne élève », fait ce qu'on lui dit et cherche donc de ce côté-là. Elle n'a rien, puisque les médecins le disent. C'est forcément eux qui ont raison...

Pourtant, la douleur se fait de plus en plus forte. Elle a, tout au fond d'elle, l'intuition que quelque chose ne va pas. On lui conseille de ne pas chercher la réponse à ses inquiétudes sur Internet, où les témoignages sans filtre ne feraient qu'accroître son angoisse. Elle obtempère. Elle change de gynécologue. Mais on ne lui trouve toujours rien. Les médecins qu'elle consulte successivement évoquent de possibles allergies au gluten, des polypes, des amibes attrapées lors de séjours en Asie et, toujours, des raisons psychologiques... Elle essaie tout. En vain.

Son entourage, pourtant compatissant et inquiet, finit par lui dire qu'il est inutile de changer trente fois de médecin. S'ils disent tous qu'elle va bien, c'est que c'est dans la tête. Pourtant, la douleur s'installe, devient chronique. Pour la première fois, elle se fait porter pâle au travail. Au moment des règles, elle reste quarante-huit heures au fond de son lit, fiévreuse et gémissante, secouée de coliques et de diarrhées dévastatrices. Elle vomit, sanglote, incapable désormais de feindre.

Pendant six mois, Rachel endure, mais elle finit par craquer un matin et par appeler sa mère en pleurant. Elle n'en peut plus.

Affolée, sa mère se renseigne et obtient un rendez-vous chez une gynécologue à l'excellente réputation qui est, sans que la mère et la fille le sachent encore, spécialiste de l'endométriose.

Quelques jours plus tard, dans le cabinet, Rachel décrit ses symptômes par le menu et avant même de l'examiner, la gynécologue lui dit : « J'ai une forte suspicion d'endométriose. »

Rachel n'a jamais entendu ce mot, mais elle est soulagée – comme moi et tant d'autres avant elle… Certaines étapes se retrouvent dans de nombreuses histoires. Elle n'est pas folle, elle a bien une maladie. Et maintenant qu'on sait ce que c'est, il ne reste plus qu'à la soigner et on n'en parlera plus. C'est bien comme ça que les choses sont supposées se passer, n'est-ce pas ?

La première étape consiste à passer une IRM. Rachel comprend que c'est sans doute plus grave que ce qu'elle espérait lorsque le radiologue lui dit : « C'est mieux que ce soit votre médecin qui vous explique. » Rachel apprend alors que l'endométriose a tout attaqué : ses ovaires, bien sûr, mais aussi ses reins, sa vessie, son estomac. On la dirige vers un professeur spécialisé dans cette maladie, dans un hôpital parisien qui lui dit sans ménagement que la situation est grave et qu'il y a dix pour cent de risques qu'elle ne puisse plus jamais pouvoir faire pipi toute seule.

« Ça veut dire qu'il y a quatre-vingt-dix pour cent de chances que je puisse !, répond Rachel avec un enthousiasme déterminé.

– Mademoiselle, dix pour cent en médecine, c'est un risque considérable », tacle le médecin.

Bon, au temps pour l'optimisme. La dialyse à vie plane sur la vie de cette jeune femme qui vient de décider de se marier. « Je n'ai pas vu d'atteinte aussi sévère depuis plus de dix ans », lui dit le professeur, estomaqué.

Ce jour-là, Rachel est venue seule, malheureusement. Elle a casé dans un emploi du temps surchargé ce rendez-vous à l'hôpital en plein après-midi et imagine retourner travailler après. Elle est sous le choc. Mais elle se tient. Elle essaie de poser des questions pragmatiques, elle encaisse silencieusement les mauvaises nouvelles. Elle ne pleure pas dans le cabinet du professeur…

La première opération est programmée en urgence pour sauver sa vessie. Réalisée sous anesthésie générale, cette technique consiste à poser une sonde appelée double J pour débloquer le rein – cette sonde est un petit tuyau placé entre le rein et la vessie qui permet à l'urine de s'écouler librement. Elle porte ce nom à cause de la forme recourbée de ses deux extrémités. L'opération ne dure pas plus de trente minutes et est réalisée par un urologue de l'hôpital. Les médecins en profitent pour établir un diagnostic un peu plus précis. Au réveil, Rachel apprend qu'il va falloir couper des bouts de son estomac et établir de nouvelles jonctions. Elle n'aura pas autant de chance que moi et n'échappera pas à la poche.

Pour la visite suivante chez le professeur, au printemps, Rachel a demandé à sa mère de l'accompagner. Catastrophée, malade d'inquiétude, en colère devant le temps perdu, sa mère part dans des envolées furieuses tandis que Rachel essaie d'encaisser les mauvaises nouvelles qui pleuvent quand le professeur énumère les conséquences de l'opération : elle devra porter une poche pour la vessie et une poche intestinale pendant plusieurs mois. Par ailleurs, elle ne pourra probablement pas avoir d'enfants naturellement car ses ovaires sont en bien mauvais état. Des fécondations in vitro peuvent être envisagées, mais le parcours sera de toute façon difficile. À la fois réconfortée par la colère impuissante de sa mère et infantilisée malgré elle, Rachel repart tendue comme un arc de cette consultation.

L'opération est fixée à l'automne car le professeur est très occupé et son planning rempli, ce qui arrange bien Rachel, qui veut se marier et profiter de l'été avant d'entamer son chemin de croix. Avec son futur mari, elle aborde les difficultés à procréer qui peuvent se présenter. Ils évoquent l'adoption. Ils sont unis et solidaires.

Après l'été, Rachel commence un traitement hormonal qui consiste à provoquer une ménopause artificielle au moyen de piqûres mensuelles. Elle essaie de ne pas trop penser qu'à même pas trente ans, la voilà ménopausée. Je la comprends. Mais Rachel est résolue à endurer sans flancher. Elle veut que ça aille vite et bien, pour pouvoir se consacrer de nouveau à ce qui devrait être sa vie de jeune mariée. Il est prévu qu'elle soit opérée fin novembre 2014. Elle devrait rester dix ou douze jours à l'hôpital, ressortir avec une poche, le temps que la dérivation intestinale cicatrise. Trois mois plus tard, on refermera et Rachel reprendra le travail. Elle est prête. Elle vient de changer de poste et a annoncé avec une boule dans le ventre la durée du congé maladie qui s'annonce mais a la chance de faire partie d'une grosse structure, capable d'encaisser son départ et d'assurer son remplacement temporaire. Son équipe la soutient et ses collègues lui envoient à l'hôpital un pyjama et des chocolats… qu'elle ne pourra malheureusement pas manger.

L'opération va durer huit heures. Les tissus sont tellement atteints que le travail du chirurgien s'apparente à de la haute couture. On enlève à Rachel un bout d'estomac, l'appendice, l'ovaire et la trompe gauche…

Mais à partir de là, les choses ne vont pas tourner comme l'espérait Rachel. Depuis son réveil, complètement assommée, elle plane sur un nuage provoqué par la morphine quand, cinq ou six jours après l'opération, les coutures cèdent. « Comme un vieux jean trop usé pour être recousu », écrit-elle dans sa lettre. Elle fait une péritonite suivie d'une hémorragie interne et repasse au bloc en urgence. Complètement shootée, elle n'a aucune conscience de la terreur dans laquelle ses proches, son mari et ses parents sont plongés. Une nouvelle dérivation intestinale est faite. L'intervention porte le nom de Hartmann. Rachel est placée en soins intensifs.

Une semaine après, une nouvelle complication survient. On doit la réopérer d'une fistule. Elle passe au bloc une troisième fois en quelques jours.

Divaguant, vomissant, elle passe trois semaines en réanimation, vivant au rythme des soins. Plus de jour, plus de nuit. On prend ses constantes toutes les deux heures. Elle est sous morphine. On lui place une sonde gastrique sans anesthésie, pour épargner son corps qui a déjà reçu trop de produits.

Le 18 janvier, elle sort enfin de l'hôpital avec trois sondes sur le corps. La sonde urinaire « en mode James Bond girl en moins sexy », comme elle me le dit avec cet humour que j'admire, est fixée sur le haut de sa cuisse. Elle a tellement maigri à l'hôpital que la sonde et les tuyaux tiennent à l'intérieur de ses jeans. Les deux autres, pour les selles et les glaires, sont sur son ventre.

Les premières semaines s'écoulent dans une sorte d'abrutissement rythmé par les soins qu'elle doit s'administrer elle-même : changer les poches, nettoyer, désinfecter, rincer, recommencer. Et, comble du malheur, les poches fuient. Rachel finit par appeler l'hôpital à l'aide. L'infirmière, un peu pète-sec, lui répond qu'il va falloir prévoir des changes. « Alors là, ça ne va pas être possible. Je ne suis pas un nourrisson. On trouve une solution pour les poches parce que je ne compte pas passer ma vie comme ça. » Une dizaine de jours, cataclysmiques, s'écoulent, avant qu'on trouve le bon modèle. Rachel peut enfin commencer à essayer de reprendre le cours de sa vie. Pour favoriser la cicatrisation et récupérer des forces, on lui a conseillé de manger beaucoup, et surtout des protéines. Elle qui est gourmande s'en donne à cœur joie ! Elle se fait des plateaux de fromages ou de fruits de mer. Sa sœur, qui vient de rentrer en France, est au chômage et elles en profitent pour rattraper le temps perdu. Elles passent leurs journées ensemble, à papoter. Rachel reçoit aussi la visite de ses amies qui sont en congé maternité. Elle se bat contre la tristesse et le découragement avec courage, et un certain succès, même si elle a des moments d'abattement.

Les trois semaines de réanimation ont complètement détraqué son sommeil. Elle n'arrive plus à dormir. Trop fatiguée pour lire, elle s'abrutit devant des films ou des séries, sans parvenir à fermer l'œil. Épuisée, elle erre comme un zombie dans son appartement. Le psychologue de l'hôpital veut lui prescrire des antidépresseurs mais son mari et ses parents s'y opposent. Rachel n'est pas dépressive, elle traverse une épreuve difficile. Elle consulte un autre médecin qui lui prescrit… le tricot. Et c'est une réussite. Elle apprend à tricoter et se lance dans des confections ambitieuses pour les bébés à venir chez ses amies. Ce courage et cette générosité, ce refus de s'apitoyer sur soi me parlent. Mais quand Rachel revient sur cette période difficile, elle n'en a même pas de mauvais souvenirs... Elle en a tiré le meilleur, comme elle le fait de chaque étape de sa vie. Je me sens admirative et inspirée.

En avril, on ferme une des ouvertures et on lui retire l'une des deux poches gastriques. Puis elle passe une nouvelle fois sur le billard et promet au professeur de donner son prénom à son fils s'il arrive à ne pas la rouvrir en entier. Motivé, il y parvient.

On lui retire ensuite sa poche urinaire, mais sa vessie, qui n'a pas été utilisée depuis des mois, ne fonctionne plus. Elle doit pratiquer des autosondages pour la vider régulièrement. « C'est à peu près aussi contre nature que de se mettre le doigt dans l'œil pour mettre ses lentilles. La première fois qu'on le fait, tout en nous se révolte à cette idée. Le corps s'y refuse. Puis on s'habitue. » Mais le risque d'infection est grand, la manœuvre doit donc être réalisée dans des conditions d'hygiène irréprochables, ce qui continue de réduire sa liberté de mouvement. Et puis Rachel recommence à uriner sans aide. Ses muscles sont encore très faibles, elle doit donc encore s'autosonder pour vérifier que la vessie est complètement vide, mais c'est déjà un progrès. Elle a décidé de profiter de l'été pour retrouver sa vie. Elle fait tout ce qu'on lui demande, appliquée, soigneuse.

Mais un matin, alors qu'elle s'apprête à faire les soins de la poche gastrique, elle remarque que le petit bout de côlon a énormément grossi. « On s'habitue jamais à voir ce petit bout de tuyauterie sortir de son ventre. C'est tellement évidemment fait pour être à l'intérieur… » Elle n'arrive plus à replacer la poche, le côlon est trop gros. Elle se rend aux urgences, où on lui apprend que c'est une complication prévisible. Le côlon, hors de son élément naturel, se distend… Il faut le remettre à l'intérieur en le compressant manuellement et c'est loin d'être une partie de plaisir.

En juin, enfin, le professeur lui retire la poche intestinale et ressoude le système. Les jours suivants, Rachel est malade comme un chien, alterne vomissements et diarrhées, le temps que son estomac réapprenne à fonctionner en autonomie.

Depuis, les dérangements intestinaux sont nombreux et elle doit beaucoup surveiller son alimentation. Mais elle refuse de tomber dans l'obsession de la nourriture saine, elle ne se prive ni de restaurants ni de dîners entre amis. Elle ne veut pas renoncer au plaisir.

Peu avant l'été, elle commence la rééducation et le kiné, stupéfait, lui dit :

« On dirait que vous avez accouché dix fois sans faire de rééducation…

– Encourageant », souffle Rachel.

En somme, elle a passé cette année 2015 à l'hôpital, soumise à l'examen d'internes d'à peu près son âge… Elle a souffert le martyre, connu bien des déceptions, encaissé et digéré. Elle n'y a perdu ni sa fierté un peu altière ni son pragmatisme. Avec son mari, ils ont entrepris le parcours chaotique des FIV et envisagent également l'adoption. Elle n'est en tout cas pas prête à pleurer sur son sort.

Pour ma part, je ne suis pas encore prête à passer aux FIV. Je devrais peut-être m'y résoudre un jour mais je n'ai pas perdu l'espoir de tomber enceinte naturellement.

Même si elle a à redire sur certains aspects de la médecine – lenteur du diagnostic, médecins pas toujours très fins psychologues, brutalité du système –, Rachel reconnaît l'excellence des soins dont elle a bénéficié ensuite. Et, comme elle a l'esprit pratique, elle s'est penchée sur l'aspect économique de la chose : « Une journée en réanimation coûte des milliers d'euros. J'ai passé six mois en arrêt maladie, j'ai reçu des indemnités journalières – certes toujours en retard et ne représentant que cinquante pour cent de mon salaire –, j'ai été opérée cinq fois, je bénéficie d'une rééducation de pointe… C'est tout de même un beau système ! » dit-elle avec son optimisme qui se loge dans les considérations les plus inattendues.

Dans la maladie, au fil de toutes ces épreuves, ce qu'elle aura trouvé de plus dur, c'est le début. Pas la souffrance, mais l'absence de réponse, la minimisation des symptômes par son entourage et par le corps médical. La confiance en soi finit par vaciller et on ne la retrouve jamais complètement… Aujourd'hui, bien que sachant que la maladie est chronique et ne cessera donc vraiment qu'avec la ménopause, Rachel ne se sent plus malade. Elle a quelques séquelles : un estomac déréglé, une vessie pas très solide, des ovaires abîmés. Mais elle m'écrit qu'elle se sent en parfaite santé, prête à reprendre la vie à bras-le-corps. Elle aimerait juste ne pas traîner son « casier médical » à vie et pouvoir emprunter, comme n'importe qui, pour s'acheter un appartement. Or les assurances lui font payer un forfait prohibitif parce qu'elle est déclarée en maladie de longue durée auprès de la Sécurité sociale. Autant d'aspects auxquels on ne pense pas toujours tant qu'on est en bonne santé…

– 18 –

Ne pas laisser la maladie dicter sa loi

Quand je rencontre Anne-Charlotte à la suite d'un événement consacré à l'endométriose, elle me fait l'effet d'être une boule d'énergie. Elle a vécu au Canada et au Sénégal, est maman de deux fillettes et est à la tête d'une petite entreprise de conseil en communication… On pourrait croire que la vie lui a toujours souri. Mais c'est alors qu'on aperçoit sur son bureau les badges d'associations américaines de victimes de l'endométriose ou qu'on remarque que son profil Facebook est lié à celui de plusieurs associations françaises et internationales de lutte pour faire sortir la maladie de l'ombre…

« Aux États-Unis, ils n'ont pas peur de faire du lobbying pour faire bouger les choses. J'y crois beaucoup pour la France aussi. Il faut prendre la parole, témoigner, faire connaître. Et ça marche. En quelques années, je constate déjà un changement dans l'attitude du corps médical face à l'endométriose. C'est très encourageant », assène-t-elle avec l'enthousiasme solide de ceux qui ont su surmonter des épreuves sans s'y briser.

L'endométriose d'Anne-Charlotte prend une forme peu courante qui en a rendu le diagnostic encore plus difficile. Anne-Charlotte ne souffre pas au moment des règles, mais au moment de l'ovulation, ce qui explique qu'on ait mis encore plus longtemps à poser le bon diagnostic. À partir de l'âge de dix-huit ans, elle est souvent malade, très fatiguée. Elle a mal au ventre de façon chronique mais elle se plaint peu. Sans le savoir, elle a développé une résistance à la douleur dont elle ne prendra conscience que beaucoup plus tard, lors de son premier accouchement…

De vingt à vingt-six ans, Anne-Charlotte a une petite santé. Dans son entourage, on dit qu'elle s'écoute un peu trop, qu'elle a toujours quelque chose qui cloche… Petit à petit, c'est ainsi qu'elle-même commence à se percevoir. À défaut d'être repérée et traitée, sa maladie devient un trait de personnalité. Elle s'envisage comme une petite nature, une fille fragile et souvent patraque.

À vingt-six ans, la douleur est devenue tellement insupportable qu'elle provoque une petite dépression. Le médecin qui reçoit Anne-Charlotte lui conseille le Prozac. Au fond d'elle-même, Anne-Charlotte a la conviction que le problème n'est pas d'ordre psychologique. Mais ses perceptions, ses intuitions, son autoévaluation sont en permanence remises en cause. C'est à cette époque qu'elle part aux États-Unis pour le travail. La douleur ne la laisse pas en paix. Elle finit par se faire hospitaliser en urgence, alors même qu'elle n'a pas de couverture médicale suffisante pour couvrir ses frais et qu'elle sait que tout son salaire va y passer. Bien que les recherches soient en avance aux États-Unis, le diagnostic n'est pas posé à cette occasion et Anne-Charlotte repart sans savoir de quoi elle souffre. La solution viendra de sa famille. Un de ses oncles, médecin généraliste curieux des avancées dans le domaine médical et au courant des problèmes de santé de sa nièce, dit à ses parents qu'elle devrait se renseigner au sujet de l'endométriose. Nous sommes en 2001, Anne-Charlotte a vingt-sept ans, elle souffre depuis neuf longues années…

La gynécologue de ville qu'elle consulte une fois de retour en France lui confirme ses soupçons et la dirige vers Cochin où officie un spécialiste de cette maladie. Dans la foulée, Anne-Charlotte se retrouve les pieds dans des étriers, une sonde vaginale posée pour une échographie, avec le célèbre spécialiste qui dispense un cours entre ses jambes à cinq étudiants en médecine… Personne ne lui parle. Elle apprend ainsi qu'elle a un énorme nodule sur l'intestin et qu'elle va devoir être opérée.

Le jour venu, juste avant de passer au bloc, le chirurgien lui dit, comme en passant, qu'il va peut-être falloir lui retirer une trompe. Elle a à peine le temps de digérer l'information qu'elle plonge dans un sommeil artificiel. Le chirurgien mettra deux jours avant de venir la voir dans sa chambre pour lui faire le compte rendu de l'opération. Comparée à Anne-Charlotte, j'ai eu énormément de chance car j'ai été étroitement associée à toutes les décisions concernant mes soins. Le protocole a été établi en concertation. Les médecins ont intégré les spécificités de mon métier en décidant, par exemple, de tout faire pour m'éviter le port d'une poche. Tout au long du processus, qui n'a pourtant pas toujours été facile, je réalise qu'on m'a respectée. En entendant ce à quoi sont confrontées d'autres femmes, je découvre que ce qui me paraît normal n'est pas acquis pour tout le monde. Ainsi, il faudra qu'Anne-Charlotte questionne avec anxiété son chirurgien sur le sort de sa trompe pour qu'il daigne lui répondre d'un désinvolte : « Ah non, en fait on a pu la garder. » Comme si la question n'était pas d'importance pour une jeune femme qui n'a pas encore d'enfants…

Une fois le nodule retiré, on cherche un protocole médicamenteux pour enrayer la maladie. Anne-Charlotte ne supporte pas le Surgestone, un progestatif qui lui met la libido en berne. Elle part en Inde pour son travail et là-bas, assez vite, se retrouve en panne de médicaments. Elle n'avait pas anticipé la difficulté à s'en procurer à l'étranger. Dans l'incapacité de s'en procurer, elle arrête le traitement et constate que son moral s'en porte bien mieux. Mais la maladie revient avec le rétablissement des cycles hormonaux…

Anne-Charlotte tombe alors enceinte naturellement de son premier enfant. Coupant les cycles hormonaux, la grossesse est une période de grâce chez les femmes qui souffrent d'endométriose. La maladie cesse de progresser, les douleurs disparaissent. Les petits maux classiques d'une grossesse apparaissent ainsi à Anne-Charlotte comme un véritable nirvana… Le jour de l'accouchement, lorsqu'elle se rend à l'hôpital, les contractions sont déjà très rapprochées.

« Pourquoi n'êtes-vous pas venue plus tôt ? l'interroge la sage-femme.

– Parce que je n'avais pas senti… », répond-elle, perplexe.

On la place sous monitoring. Elle peut suivre, sur le petit graphique que dessine l'aiguille, les vagues des contractions. « Ouh là, celle-là est très forte, ça doit faire mal. » Mais elle secoue la tête : elle ne sent presque rien, à peine une tension. On lui explique alors qu'il s'agit d'une résistance à la douleur, une réaction de son corps qui n'en pouvait plus de n'être pas écouté mais qui n'a pas que des bons côtés car la douleur est un signal d'alerte qui permet de repérer les problèmes…

L'accouchement ne se passe pas bien, le bébé se présente par le siège. On décide donc de pratiquer une césarienne. Anne-Charlotte n'est pas près d'oublier le cri de l'obstétricien lorsqu'il lui ouvre le ventre : « Mais c'est quoi cette merde ! Vous avez de l'endométriose partout… » Un peu dans les vapes, principalement concernée par l'état de santé de son nourrisson, elle suppose qu'il a profité de la césarienne pour nettoyer un peu les atteintes les plus visibles, mais elle n'en sait rien, n'ayant jamais eu de compte rendu de cette opération. Elle n'a eu aucun suivi postopératoire. C'est elle qui me parle la première du travail du Dr Chavanaz, qui contribue justement à remédier à de telles aberrations. Mais je vais y revenir.

À partir de là, l'estime de soi d'Anne-Charlotte remonte un peu. Elle n'est pas une petite nature puisqu'elle n'a pas bronché devant les plus fortes des contractions. Elle se perçoit de nouveau comme une personne forte et intuitive, et non plus comme une faible petite chose à protéger.

La maladie reprend sa progression. Il n'y a aucune continuité dans le suivi médical d'Anne-Charlotte, elle ne revoit pas les mêmes médecins, sa maladie n'est pas traitée en continu. Chaque spécialiste s'occupe de sa partie, sans s'occuper de ce qui se passe à côté... Trois ans après son accouchement, la douleur est revenue à son maximum. Des nodules ont attaqué le nerf sciatique, elle ne peut plus bouger. À l'hôpital, on la met sous traitement sans lui expliquer qu'il s'agit en fait de la ménopause artificielle utilisée en désespoir de cause par les médecins. Anne-Charlotte prend huit kilos, elle a des bouffées de chaleur, des sautes d'humeur. Mais le traitement est efficace et la douleur reflue. Pourtant, elle le supporte si mal psychologiquement qu'elle décide de l'arrêter. En 2006, elle est réopérée et le chirurgien lui dit qu'il n'a pas trouvé grand-chose. Il faut savoir que les lésions, bien que microscopiques, peuvent avoir un effet inversement proportionnel à leur taille quand elles se trouvent sur les terminaisons nerveuses. Bien que le médecin paraisse un peu déçu par les résultats de l'opération, Anne-Charlotte, elle, en éprouve un très grand soulagement. Deux ans plus tard, elle tombe de nouveau enceinte et accouche naturellement cette fois. Après cette nouvelle grossesse, elle reprend la recherche d'un protocole acceptable. Les traitements hormonaux sous forme de micropilule ont une certaine efficacité car, stoppant les règles, ils diminuent les douleurs, mais ils provoquent chez elle des déprimes et des sautes d'humeur. À tel point qu'elle décide de se concentrer sur l'aménagement de la douleur. Elle alterne le Nurofen, le Tramadol et un médicament puissant à base d'opiacée. Son mari plaisante, le soir, en lui proposant son cocktail personnel : le tramadol-rosé, et elle en rit également. Mais elle passe désormais dix jours par mois roulée en boule au fond de son lit, tendue à craquer. Les médicaments antidouleurs qu'elle ingurgite à haute dose provoquent un ulcère, et une troisième opération n'a que peu d'effet sur ses douleurs. Elle a trouvé une pilule dont les effets sont acceptables et elle a monté sa propre boîte car elle peut ainsi aménager ses horaires en tenant compte de sa maladie.

Pour finir, Anne-Charlotte me confie que sa fille aînée, âgée de onze ans, sera probablement bientôt réglée. Elle connaît la maladie de sa mère et s'inquiète beaucoup d'en être atteinte également. Comme je l'ai dit, on sait encore peu de choses du déclenchement de l'endométriose. On ignore comment elle se transmet. Anne-Charlotte n'a donc aucun moyen de rassurer sa fille…

En attendant que progresse la recherche, et tout en faisant suivre sa fille du mieux possible aujourd'hui, elle milite et pousse des coups de gueule quand elle peut tout en gérant ses affaires parfois du fond de son lit…

Comme moi, Anne-Charlotte, qui n'était pourtant pas forcément à l'aise pour partager les aspects intimes de cette maladie dont il n'est pas facile de parler avec délicatesse, a trouvé un soulagement en découvrant qu'elle faisait partie d'une communauté. Pas une communauté de victimes ou de pleureuses. Au contraire, une communauté de femmes courageuses et dignes, déterminées à éviter à d'autres les erreurs qui les ont ralenties dans leur parcours de soins. Des femmes dont les témoignages m'accompagnent et m'encouragent.

– 19 –

Faire connaître la maladie

Le 28 mai 2014, lors de la Journée internationale d'action pour la santé des femmes, Najat Vallaud-Belkacem, qui est alors ministre des Droits des femmes, de la Ville, de la Jeunesse et des Sports, a saisi l'occasion et évoqué publiquement la maladie. Elle a eu ces mots très importants qui ont sans doute dû toucher beaucoup de malades : « Une femme qui souffre d'endométriose n'est pas douillette. » Le soulagement d'être enfin prise au sérieux vaut pour nous toutes le meilleur des traitements. Cette prise de parole d'une ministre a été très importante pour la reconnaissance de la maladie. On sent que les choses évoluent dans le bon sens. Même si beaucoup reste à faire, la maladie est en train de sortir de l'ombre.

Grâce à l'association EndoFrance, j'ai été informée du projet porté notamment par le Dr Chavanaz, son équipe et ses collègues de l'hôpital universitaire de Rouen. Ce projet redonne espoir aux femmes et prouve que les mentalités sont en train de changer, même si pour certaines, telle Anne-Charlotte, il y a comme une misogynie du corps médical… Il y a, c'est vrai, une attitude un peu désinvolte devant la douleur des femmes. Mais si c'est vraiment de la misogynie, c'est méconnaître à quel point c'est une maladie qui est dure à vivre pour les hommes, aussi. Et cela, toutes les femmes qui en sont atteintes vous le diront.

Le Dr Chavanaz, gynécologue obstétricien spécialisée depuis dix ans dans l'endométriose, a attiré l'attention des pouvoirs publics sur la nécessité de créer un centre de référence consacré à cette maladie. Globalement, ce centre aura deux principales missions. D'abord, il devra faire une étude sur la situation et les besoins à travers toute la France. Toutes les informations les plus à la pointe sur la maladie seront répertoriées et on pourra donc à la fois s'y informer et, surtout, se voir proposer des protocoles complets qui incluront les diverses disciplines nécessaires. J'apprends que de telles réunions de concertation pluridisciplinaire existent pour bon nombre de maladies. Dans l'endométriose, ce n'est pas le cas, comme on le voit dans toutes les histoires que j'ai recueillies. On ne devrait donc plus se retrouver livrée à soi-même après une opération de l'intestin, sans aucun traitement hormonal adapté ! On ne vous retirera plus les ovaires ou les trompes sans vous avoir proposé auparavant de congeler vos ovocytes. Un accompagnement psychologique pourra aussi être proposé aux femmes qui le souhaitent, ou un rendez-vous avec un nutritionniste pour apprendre comment s'alimenter au mieux lorsqu'on a un bout d'intestin en moins et que le système est loin de fonctionner au mieux… La prise en charge sera globale, on fera du sur-mesure et non plus du prêt-à-porter. Car il n'y a pas un, mais des traitements. Je sais que cela existe déjà dans certains hôpitaux mais c'est loin d'être la règle.

L'endométriose ne tue pas. Elle a beau fonctionner un peu à la manière d'un cancer et causer des dégâts parfois irréparables, on n'en meurt pas. De plus, les médecins qui sont passés à côté du diagnostic l'ignoreront le plus souvent. Ils ne sauront jamais, dans la plupart des cas, que cette patiente qu'ils ne reverront pas souffrait d'endométriose. Car la plupart des femmes ne font pas de scandale. Elles ne reviennent pas vers les médecins qui ont échoué à les diagnostiquer. Elles ne vont pas agiter sous le nez des internes, qui leur ont prescrit du Spasfon, l'échographie de leur énorme kyste… Elles ont mieux à faire, elles sont occupées à se faire soigner. Aucune de celles que j'ai rencontrées n'était dans l'aigreur ou la revendication. C'est pour cela qu'il est très important de faire entendre leur voix différemment, pour mieux les défendre.

Les jeunes générations de médecins sont mieux formées et plus au fait de la maladie. Ils savent en poser le diagnostic clinique au moyen de quelques simples questions que tous les médecins généralistes et gynécologues devraient poser à leurs patientes et dont la première et la principale est la suivante : « Souffrez-vous durant vos règles ? Si oui, est-ce au point d'avoir parfois dû rater l'école ou le travail ? Au point que les traitements classiques contre la douleur (type Doliprane) soient inefficaces ? » Souffrir excessivement pendant ses règles n'est pas une fatalité féminine, cela peut être le signe d'une maladie !

Tout cela est de mieux en mieux connu. Ainsi, le 10 avril 2015, Marisol Touraine, ministre des Affaires sociales, de la Santé et des Droits des femmes, a annoncé la saisie du Haut Conseil de la Santé publique sur ce sujet.

Comme il n'y a pas de registre de l'endométriose (alors que des registres sur d'autres maladies existent depuis des dizaines d'années), on n'a aucun moyen de savoir si la maladie évolue. On sait qu'elle touche une femme sur dix, mais le chiffre est peut-être encore plus élevé car beaucoup de femmes en souffrent sans le savoir.

Mais, je l'ai dit, les choses commencent à bouger dans le bon sens. Enfin !

– 20 –

Mon combat pour les femmes

J'ai toujours eu une sensibilité exacerbée concernant les violences qu'on fait subir aux femmes. Au-delà de l'histoire de ma maladie, je suis sensible à toutes les violences qu'endurent les femmes de par le monde. Le viol en premier lieu.

J'ai écrit sur ce sujet qui me tenait à cœur. Afin de toucher le plus grand nombre, j'ai choisi la forme du roman. Je crois fermement au pouvoir qu'ont la littérature, le cinéma, la fiction en général, de changer le monde. On ne peut pas transformer les gens, mais on peut éveiller les sensibilités, on peut faire passer des messages très forts par le biais d'histoires palpitantes et populaires. J'ai toujours eu envie d'écrire un roman.

Dans *Plus belle la vie*, Mélanie est présente depuis le début de l'aventure. C'est très rare, dans mon métier, de jouer le même rôle pendant tant d'années. La plupart des acteurs se laissent habiter durant deux ou trois mois, le temps d'un tournage, jusqu'à six mois, pour une tournée théâtrale, avant de passer à autre chose. Pour les rôles récurrents dans les séries, le défi est très différent. Il faut savoir se renouveler tout en restant fidèle au personnage. Cela n'est pas toujours facile. Les scénaristes nous y aident bien en proposant des intrigues haletantes, mais il faut pourtant toujours trouver également une ressource intérieure. Et surtout, il ne faut pas se lasser.

Ce n'est pas un poids pour moi de continuer à interpréter le rôle de Mélanie, car je l'aime et il a énormément évolué depuis sa création. Le lien entre le public et ce personnage est très fort. Je le ressens quotidiennement dans la chaleur des échanges que j'ai avec les téléspectateurs. On est tous attachés à Mélanie… Il y a une alchimie très forte et positive qui est un énergisant puissant pour une actrice, mais aussi une pression : il ne faut pas décevoir ! Heureusement que *Plus belle* est une série où il se passe toujours quelque chose.

Cependant les producteurs savent aussi qu'on ne peut pas consacrer douze ans de sa vie à interpréter la même chose si l'on n'a pas la possibilité de se nourrir ailleurs, de s'améliorer en se frottant à autre chose, de recharger ses batteries avec de nouveaux défis. Ils m'ont donc permis de travailler ailleurs sans quitter la série. Ils m'ont laissée avec intelligence et générosité aménager mon temps pour pouvoir m'occuper de mes nouveaux projets. Pour cela, comme je l'ai déjà dit, il a fallu trouver des solutions narratives : un mariage, un voyage… afin d'expliquer les longues absences de Mélanie qui me laissent le temps de monter ces projets.

Des projets comme… l'écriture d'un livre. Je portais cette envie au fond de moi depuis longtemps, j'en parlais souvent à Badri, à qui je disais : « Tu verras, j'écrirai bientôt une histoire. » Je savais depuis le début de quoi je voulais parler. Sans hésitation, c'est le thème du viol que je désirais aborder. En France, aujourd'hui, seize pour cent des femmes déclarent avoir subi un viol ou des tentatives de viol au cours de leur vie, selon le Haut Conseil à l'égalité entre les femmes et les hommes, et cent pour cent des femmes, selon un sondage effectué récemment, ont déjà été harcelées dans la rue. Les chiffres laissent sans voix. Nous sommes toutes et tous concernés. Je me sens très touchée par cette question.

Je crois que beaucoup de femmes subissent encore des violences sans oser les dénoncer. Quand on en parle, dans un article, dans un livre ou dans un film, on contribue à briser un tabou. On libère la parole. Et on participe ainsi, modestement, à changer le monde.

Je portais donc en moi ce livre, un peu comme en gestation. J'attendais seulement le bon moment. Je n'étais pas inquiète, je savais que ça viendrait. Les choses finissent toujours par arriver… J'ai eu raison d'avoir confiance car un matin, au réveil, quand j'ai ouvert les yeux, tout était là, comme si j'en avais rêvé. L'histoire s'était imposée à moi à mon insu. Elle avait grandi à l'intérieur pendant que je menais ma vie, et enfin, elle était née.

J'ai attrapé un carnet et un stylo, et je me suis mise à noter à toute vitesse.

« Mais qu'est-ce que tu fais ?, m'a demandé Badri d'une voix ensommeillée.

– Chut, chut, j'écris mon livre ! »

Cela l'a fait rire, mais il m'a laissée faire car il sait que lorsque j'ai quelque chose en tête, il est difficile de m'en détourner…

D'un seul jet, j'ai écrit toute l'histoire, dans ses grandes lignes, sur quelques pages. Puis j'ai appelé mon amie Johanna à la rescousse. Je connais Johanna depuis des années maintenant. À l'époque, elle était journaliste pigiste pour *Télé Poche*. Assez vite, elle était devenue « la » spécialiste de *Plus belle la vie,* dont elle suivait les aléas pour son magazine. C'est à elle que j'ai donné mes premières interviews et nous avons tout de suite noué une belle relation. Quand j'ai écrit mon premier livre, *Je voulais te dire…*, c'est avec elle, et d'après son idée, que j'ai pris la plume. Nous avions imaginé cet ouvrage comme un magazine, avec différentes rubriques, des interviews, des conseils, des anecdotes. Je m'étais basée sur les lettres que je reçois dans lesquelles les mêmes interrogations reviennent sans cesse. En général, ce sont des questions sur mon enfance, sur mes débuts dans le métier, sur mon régime alimentaire, les épreuves que j'ai pu traverser, et sur mes goûts en matière de littérature, de musique, de cinéma et de nourriture. J'avais voulu y répondre, partager avec ceux qui me suivent des petits détails de mon quotidien, des choses dont je pensais qu'elles pourraient intéresser les amoureux de Mélanie… C'est un livre léger et sincère, pour donner de l'espoir aux gens, mené sous forme d'interviews conduites par Johanna. À présent que j'ai un vrai roman en tête, un projet autrement plus ambitieux, c'est à elle aussi, mon amie que j'adore, que j'ai envie de m'adresser une fois de plus. Je décide donc d'écrire ce récit à quatre mains avec elle.

C'est ainsi que va naître *On se retrouvera*. L'histoire d'une jeune femme pleine de vie et d'avenir qui découvre, à la mort de sa mère, le terrible secret de sa naissance : elle est le fruit d'un viol collectif et ne sait pas lequel des agresseurs est son véritable géniteur. Elle se lance dans une quête sur son passé qui l'entraînera également à la découverte d'elle-même.

Cette expérience de la création littéraire est galvanisante pour moi, je prends un grand plaisir à nos séances de travail. La construction d'un personnage tient quasiment de la magie. On finit par avoir l'impression de le connaître aussi bien qu'une personne réelle.

J'ai la chance que le livre soit un vrai succès. *On se retrouvera* est très bien accueilli. Lors de ma première séance de dédicaces sur un Salon littéraire, des centaines de personnes m'attendent pour une signature. C'est une montée d'émotion incroyable. Je les regarde en me disant qu'ils sont venus pour moi et je suis bouleversée. Cet après-midi, alors que je signe à tour de bras les premières pages de mon roman – je me souviens encore de ma panique lors de mon premier autographe. Heureusement que je vais plus vite aujourd'hui… –, je me dis que c'est la raison pour laquelle je fais ce métier : pour apporter du bonheur aux gens.

Le sujet de mon livre est très lourd et beaucoup de gens y reconnaissent malheureusement des parties de leur propre histoire. À chaque fois que je rencontre le public, des femmes m'abordent des larmes dans les yeux pour me dire à quel point la quête de Margot les a touchées. Souvent, c'est le début d'une conversation très intime, où les lectrices finissent par me raconter le viol ou l'agression qu'elles, ou une de leurs proches, ont subis. Je suis très touchée de ces marques de confiance. Je savais, en écrivant cette histoire, que je faisais quelque chose de juste.

J'aimerais pouvoir me servir, à mon petit niveau, de ma notoriété pour aider les autres. Les gens s'accrochent parfois à une personne médiatique ou même à un personnage de fiction pour continuer à avancer. C'est pour cela qu'il est très important, quand on occupe cette place, d'oser aborder des sujets difficiles. On peut aider beaucoup. Je le sais d'autant mieux que j'ai été moi aussi dans cette position. Quand on souffre, c'est capital de rencontrer des gens qui connaissent les mêmes difficultés, qui essaient d'aller dans la même direction que nous et qui, parfois, ont réussi à inventer des solutions. Depuis que je sais que je suis malade, j'éprouve à chaque fois un grand soulagement à rencontrer des femmes qui savent ce que je vis pour avoir traversé exactement la même épreuve. Nous nous reconnaissons chaque fois d'une manière bien plus intime, bien plus profonde. C'est bon de se sentir comprise. C'est toujours un soulagement. À partir de là, on peut suivre des modèles ou bien tracer sa route à sa façon, mais au moins, on sait qu'on n'est pas seule. Si à mon tour et à ma manière je peux jouer ce rôle pour quelqu'un j'en serai heureuse et fière.

– 21 –

Les signes

On se retrouvera est une merveilleuse aventure qui va m'ouvrir bien des portes. D'abord, grâce à son succès, il attire l'attention d'un producteur qui en achète les droits pour en faire une adaptation télévisée. Je saute de joie à travers toute la maison. Une adaptation, c'est un peu une seconde vie pour un roman, qui en renaissant sous une autre forme peut toucher un public encore plus large. Comme je le dis souvent, je crois au destin, aux signes. L'adaptation de mon livre à la télévision, sur une autre chaîne que France 3 pour qui je tourne depuis douze ans, est un signe.

En France, les acteurs de télévision ont longtemps été soumis à un ostracisme de la part du milieu du cinéma. Ce n'est plus le cas. Le milieu est aujourd'hui beaucoup moins figé, les acteurs peuvent passer plus aisément de la télé au cinéma. J'ai voulu montrer, au fil des années, que j'étais capable de camper d'autres personnages que celui de Mélanie, et c'est la raison pour laquelle j'ai participé à des aventures théâtrales ou encore à *Danse avec les stars*. Mais je sens que je touche quelque chose de nouveau à présent car la production me demande d'interpréter le rôle de Margot dans l'adaptation télévisée de mon roman !

Je suis tellement excitée à cette idée. C'est une véritable chance d'interpréter un grand rôle dramatique. Le personnage de Margot est central dans le film, tout repose sur elle. J'ai beau l'avoir créée, ce n'est pas la même chose que d'enfiler ses vêtements. Incarner, c'est vraiment devenir l'autre. Entrer dans la peau d'un personnage. Je me sens exaltée en même temps qu'effrayée par ce défi. Le projet est énorme et je suis en première ligne. C'est mon histoire et ce sera mon jeu, mon visage. Bien sûr, un film est vraiment une œuvre collective, nous sommes nombreux sur un tournage et tout le monde a son importance. J'y ai pris tellement de plaisir, ce fut une expérience d'une force absolue.

– 22 –

Pression ?

Ces derniers temps, je ne me sens pas très bien. Les douleurs se font de plus en plus fortes. Je passe des journées entières, quand je ne tourne pas, allongée dans mon lit, à gémir entre mes dents serrées. L'arrivée de mes règles est chaque fois une double déception. D'abord, cela signifie que je vais souffrir, encore, pendant plusieurs jours. Et puis cela veut dire que le bébé n'est pas en route.

Tous les mois, j'y crois. Et tous les mois, lorsque les symptômes prémenstruels se font sentir, lorsque les contractions dans mon bas-ventre me forcent à me plier en deux parfois alors même que je suis en train de marcher dans la rue, malgré moi, les larmes me montent aux yeux. Ce ne sont pas des larmes de douleur, il y a longtemps que je ne pleure plus dans ces moments-là. Ce sont les larmes que je verse sur cette grossesse qui se fait tant désirer.

C'est très dur pour des amoureux de ne pas voir leur amour se matérialiser dans un enfant qui serait un peu de l'un, un peu de l'autre. Comme le disent toutes les femmes que j'ai rencontrées et dont j'ai écouté l'histoire, l'endométriose est vraiment une maladie de couple. Les jours noirs du mois, Badri, même si je sais qu'il est déçu lui aussi, tait ses sentiments et m'accompagne du mieux qu'il peut dans ce petit deuil de mes espoirs, durant cette période traversée de fièvre et de vomissements, de contractions qui me donnent parfois l'impression qu'un poing s'est refermé sur mes entrailles et les serre, les serre, les serre jusqu'à ce que je crie merci.

Parfois, je n'arrive pas à contenir ma mauvaise humeur. Badri la supporte parce qu'il sait que je suis malheureuse. Et lui tait son sentiment d'impuissance. Ces jours-là, nous sommes comme deux chats misérables, tournant de pièce en pièce, inséparables et indispensables.

À la longue, ces périodes qui durent de plus en plus longtemps ont atteint de manière très profonde mon moral. Moi qui ai toujours été joyeuse et pleine d'énergie, même dans les moments les plus durs de ma vie, je me sens comme siphonnée.

Aujourd'hui, je ne sais pas comment nommer le mal qui m'habite. J'ai l'impression qu'une chape de plomb s'est abattue sur moi, comme un voile qui éteindrait les couleurs du monde, pesant comme un manteau trop lourd qui entraverait mes mouvements. J'essaie de regarder vers le futur, d'imaginer ce qui m'attend, mais tout me paraît bouché. J'ai l'impression que je n'y arriverai pas. Que je ne suis pas à la hauteur.

Les dates du tournage d'*On se retrouvera* approchent, France 3 et l'équipe de *Plus belle la vie* ont accepté de me voir partir pour cette nouvelle aventure avec beaucoup de générosité. Je sens que la pression monte autour de moi. Toute l'histoire repose sur moi, il faut que mon jeu soit à la hauteur. Je dois encore une fois faire mes preuves, prouver que l'on a eu raison de me faire confiance. Le panel d'émotions que vit Margot est très large, c'est le rêve pour tout acteur de jouer cela. Je suis pleine de doutes.

Ma bonne humeur habituelle laisse parfois place à des coups de blues. Dans ce cas-là, moi qui ai le rire facile, l'espace d'un instant, je peux trouver à redire à tout. Mais je finis toujours par reprendre le dessus et par mordre la vie à pleines dents.

Quand, comme par magie, la joie me revient, je suis impitoyablement rappelée à l'ordre par une douleur aiguë dans le ventre. Quand on se lance dans la vie, quand on est jeune, on croit que les étapes s'enchaîneront. On imagine bien qu'il y aura des épreuves mais on espère qu'elles seront périphériques. On ne peut pas concevoir qu'elles ne seront pas extérieures à soi mais qu'au contraire elles attaqueront l'essence même de ce que l'on est. On a la foi, on est sûr d'être assez fort pour déplacer des montagnes, traverser des océans, sauver l'amour et vivre ses rêves. Alors on se bat. On vit et on s'aime. On est heureux.

Une vie sans devenir maman, cela me paraît impensable. J'attends ce cadeau, je l'attends avec ferveur. Je ne me décourage pas, je ne cesse jamais d'y croire. Toutes les femmes atteintes d'endométriose doivent faire face, à un moment ou à un autre, à cette hypothèse. Pour toutes, je le sais, c'est le moment d'une très profonde remise en question. J'ai entendu de beaux témoignages de femmes tombées enceintes miraculeusement alors que plus personne n'y croyait. Je les ai lus ou écoutés avec avidité, je me suis réjouie pour elles et de l'espoir qu'elles donnent. J'ai également eu vent d'histoires de FIV réussies. J'ai écouté des femmes me parler de leur deuil de maternité. Et du très grand bonheur qui, parfois, avait suivi, avec l'arrivée d'un enfant adopté. Il y a beaucoup de façons de devenir mère, comme le dit Marlène, je le sais, je l'entends, je le ressens aussi.

Pourtant, pour une comédienne, une grossesse est toujours problématique. On se casse la tête pour savoir si c'est le bon moment. Arrivera-t-on à la caser entre deux projets ? Aura-t-on le temps de perdre tous ses kilos avant la reprise d'un tournage tant attendu ? Ne risque-t-on pas de rater le rôle qui aurait fait décoller notre carrière ? Le casting du siècle ? On imagine plus facilement la vie avec un bébé, du moins tant qu'il est petit, puisqu'il pourra éventuellement nous accompagner sur les tournages. On sait qu'on se débrouillera toujours. Alors qu'avec les changements physiques qu'implique une grossesse, encore plus quand on est gourmande comme moi, on se pose des tas de questions, qui finalement n'en sont pas.

– 23 –

Biarritz !

Enfin, le tournage d'*On se retrouvera* arrive. Badri est inquiet pour moi. J'ai des douleurs très fortes qui ne me laissent aucun répit. Moi qui déteste les médicaments, je suis obligée de prendre des remèdes très puissants pour soulager mes migraines en particulier – personne ne sait exactement à quoi elles sont liées mais elles sont de plus en plus pénibles. Le tournage va durer un mois et promet d'être très intense. Mais je suis au comble de l'excitation.

Nous arrivons à Biarritz, où va se tourner *On se retrouvera*, sous un soleil radieux. Le soir, je fais une promenade sur la plage et je regarde l'océan gris, énervé, les mouettes qui se laissent bercer et s'élèvent parfois en criaillant de leurs voix aiguës. Le vent emmêle mes cheveux. Je suis envahie d'une grande joie : je réalise qu'enfin Margot, le personnage que j'ai rêvé et créé dans mon roman, va prendre vie. Plus encore j'ai la chance immense de jouer son rôle grâce à TF1. Y a-t-il un sens ? Mon parcours obéit-il à une logique qui m'échapperait ? Je me sens toute petite. J'aimerais pouvoir déchiffrer les signes qui m'entourent. J'ai toujours eu conscience d'avoir de la chance, car mes malheurs et mes épreuves débouchent souvent sur de belles choses. Il y a forcément une raison à tout cela. Grâce à Yannis, j'ai rencontré Badri. C'est en quittant le Sud que j'ai obtenu un rôle emblématique. Sans *Danse avec les stars*, qui a été ma première collaboration avec TF1, jamais mon roman n'aurait été adapté sur cette chaîne. Sans ma rencontre avec une jeune journaliste pigiste il y a dix ans, je n'aurais peut-être pas osé franchir le cap de l'écriture. Sur chacune de ces petites marches, sur chacune de ces rencontres, ma vie s'est construite. Je me demande ce qui m'attend encore.

Je suis au Pays basque une semaine avant le tournage et l'ambiance très particulière de cette belle région contribue à me projeter dans l'histoire de Margot. Arrive enfin le premier matin de tournage. J'ai le trac. Lorsque je m'assieds devant la grande glace de la maquilleuse, pour la toute première séance de maquillage, je lui dis : « Transforme-moi en Margot ! »

Tandis qu'elle travaille, dans le bourdonnement de ruche qui règne dans le studio en ce premier jour où tout le monde est à la fois stressé, angoissé, exalté, mes pensées vagabondent. Les lignes de dialogues que je connais si bien que je pourrais les réciter en dormant m'envahissent. Petit à petit, sans que je m'en rende compte, elles colonisent l'espace. Sans en avoir conscience, alors que la maquilleuse passe et repasse sa petite éponge couverte de fond de teint sur mes joues, sur mon front, alors que j'obtempère docilement, prévenant même ses demandes tant j'ai l'habitude du maquillage – « Lève les yeux, voilà, encore un peu, ferme, très bien » –, je me vide de moi-même. Laëtitia s'efface sans un bruit tandis que Margot arrive et s'installe.

Lorsque je quitte le maquillage, déjà, quelque chose a changé. Je ne suis plus tout à fait moi.

Durant ces quatre semaines de tournage, bien sûr, je ne suis pas devenue une autre. Je continue de blaguer avec les techniciens, de discuter avec la réalisatrice, Joyce Bunuel, de passer mon temps libre avec Badri quand il vient me voir, ou d'appeler ma mère le soir au téléphone. Je ne suis pas schizophrène, il n'y a bien qu'une seule Laëtitia. Et pourtant, je suis aussi Margot. Elle est en moi, je la sens. Je n'ai pas d'efforts à faire, au moment de tourner, pour jouer.

Je n'ai qu'à être. Elle vit en moi, elle parle à travers moi, elle s'exprime à travers mes gestes.

C'est une expérience très troublante, à laquelle j'ai pris goût au fil des années et qui est aujourd'hui plus forte que jamais parce que l'histoire le veut. *On se retrouvera* est un drame humain dont les enjeux résonnent profondément pour mon personnage. On ne peut pas le prendre à la légère. Je suis Margot, elle habite en moi et tout ce qu'elle ressent, je le ressens également.

Cela me permet de traverser ces quatre semaines non pas sans ressentir la douleur – la maladie ne s'est pas arrêtée parce que je jouais, malheureusement – mais en y trouvant un exutoire. Ma sensibilité, démultipliée par le travail d'acteur que je fournis, fait feu de tout bois. Mon spleen, mes douleurs, mes déceptions, tout est brûlé au feu sacré. Toutes mes questions, mes doutes, mes angoisses de ne pas être à la hauteur, tout cela s'envole en fumée.

Toutes les comédiennes rêvent de connaître de telles épiphanies, c'est ce qui fait le sel du métier.

Sur ce tournage, il y a eu beaucoup de premières fois pour moi. C'était la première fois que j'incarnais le personnage principal d'une fiction. Et c'était également la première fois que je jouais une scène d'amour. Le film commence par une scène de viol collectif très pénible, presque insoutenable, aussi avais-je tenu à montrer aussi une belle scène d'amour, tendre, lumineuse. Je ne voulais pas que le film soit trop noir. C'est une histoire dure, mais qui débouche sur une rédemption. Pour moi, c'est très important. Je tiens à faire réfléchir les gens, à faire bouger les choses, à briser les tabous, mais je veux aussi apporter autant de plaisir, de bonheur et d'espoir que possible. C'est pour cela qu'il était très important à mes yeux de montrer l'amour consenti et partagé. J'ai donc dû tourner ma première scène d'amour. Cela n'a pas été évident pour moi. Bien sûr, j'avais déjà eu à embrasser des partenaires, au théâtre notamment, mais c'était encore différent. Très vite l'instinct de comédienne a repris le dessus. Il faut savoir tout jouer et tout interpréter.

On puise toujours un peu en soi, quand on joue, on exploite ses propres ressources. Alors jouer l'amour, le feindre, l'incarner, c'est une chose terriblement intime. J'avais la boule au ventre plusieurs jours avant cette scène dont je savais, grâce au plan de travail, quand elle était prévue. Cette scène était capitale pour l'héroïne dans le livre comme dans le film, j'étais donc prête à la jouer. L'histoire d'amour entre Margot et le personnage de Gabriel est essentielle, elle apporte l'espoir et la lumière.

J'ai découvert que ce n'était finalement pas plus difficile à faire que bien d'autres choses. L'appréhension qui avait précédé ce tournage avait été plus difficile à gérer que la scène elle-même. Bien sûr, il y a une espèce de gêne, de pudeur. Mais le professionnalisme total de mon partenaire et de toute l'équipe a permis de surmonter ce moment avec efficacité. Et Badri, évidemment, avec son intelligence coutumière, n'a pas émis la moindre réserve…

On se retrouvera est un thriller haletant plein d'action et de rebondissements. J'ai adoré jouer dans ce film. L'équipe au complet était formidable. On entend souvent des comédiens dire cela, un peu comme si c'était un passage obligé en promotion, mais il faut comprendre que pendant un tournage, on vit durant des semaines avec des gens qu'en général on ne connaissait pas la veille. On passe quasiment vingt-quatre heures sur vingt-quatre ensemble. On a des horaires lourds, on se lève fréquemment à cinq heures du matin tout en se couchant très tard. Quand on joue, on est dans un état psychologique de grande sensibilité, voire de fragilité. On absorbe tout, comme une éponge. Avec la fatigue, la tension, le stress partagé, des liens qui peuvent être extrêmement forts se tissent. C'est un peu quitte ou double. Quand ça ne tourne pas rond, ça peut vite devenir l'enfer. Mais quand tout se passe bien, c'est une espèce de paradis. On devient, pour quelques mois seulement, une grande et chaleureuse famille.

Sur les tournages, je fais toujours très attention aux figurants. J'avais profité d'*On se retrouvera* pour faire engager plusieurs membres de la *team* Laëtitia Milot des réseaux sociaux pour faire de la figuration, afin de les remercier de leur indéfectible soutien. Certains n'ont pas le rêve de jouer la comédie, ils savouraient juste l'expérience et le plaisir d'être là. Mais je sais qu'il y a beaucoup d'aspirants acteurs parmi les figurants. J'ai moi-même fait partie du lot autrefois. Je sais ce qu'il en coûte, combien de déceptions on doit surmonter. C'est un métier difficile, on attend beaucoup, on est mal considéré. Souvent, on a froid, on s'ennuie, rien ne se passe et on finit avec sa scène coupée… C'est pourquoi je prends bien garde de toujours saluer tout le monde et d'avoir une attention pour chacun. Je n'ai pas oublié d'où je viens. J'essaie de donner de l'espoir car je sais qu'à force de persévérance, on peut réussir à décrocher de très beaux rôles. Je pense souvent à l'attitude de Patrick Bruel. Lui qui est pourtant une super star s'était montré pour moi simple et prévenant. Je l'avais rencontré pour la première fois alors que je faisais de la figuration sur un tournage où il tenait le premier rôle. C'était il y a longtemps, en 2003, pour *Une vie à t'attendre*. Un jour, il était venu discuter avec moi, pour tuer le temps entre deux prises. J'étais évidemment aux anges ! Il avait été gentil, s'était intéressé à moi, m'avait posé des questions et donné quelques conseils.

Des années plus tard, alors que je participais aux NRJ Music Awards où je devais remettre un prix avec une partie de l'équipe de *Danse avec les stars*, nous attendions dans les coulisses qu'on nous fasse signe d'entrer quand nous nous sommes croisés. Lui aussi venait remettre un prix et comme nous, il attendait son tour. Nos regards se sont croisés, il m'a souri et, à ma grande surprise, il m'a reconnue. « Bravo pour ce beau parcours, tu t'es bien débrouillée », m'a-t-il lancé… Nul besoin de dire qu'au moment d'entrer sur la scène, j'étais tout simplement sur un nuage de félicité !

Au cours de ce tournage, je me suis rendu compte que je me sentais plus proche de Margot que de Mélanie. J'ai, comme Margot, une part d'ombre, un côté écorchée vive que les gens ignorent le plus souvent. Comme Margot, je suis têtue, déterminée, et assez téméraire. Même si je suis taraudée par le doute, je vais toujours foncer vers la prise de risque. J'adore ce personnage et je l'ai joué avec mes tripes, avec mon cœur et avec tous mes sentiments. J'espère que cela s'est ressenti.

Les semaines se sont écoulées à toute vitesse et en même temps comme si elles ne devaient jamais s'achever. Deux, trois, puis quatre semaines ont passé en un clin d'œil, puis il a fallu se séparer. Les comédiens, dont Joy Esther et Alexandre Varga, Mathilda May ou Annie Grégorio, l'équipe technique, la réalisatrice Joyce Buñuel, tout le monde a dû se séparer après une ultime soirée pleine d'émotion. Chacun est reparti vers sa vie, ses projets, sa famille et ses futurs tournages.

Après ce film que j'ai porté un peu comme un bébé, c'est une espèce de baby-blues que je ressens. Une sensation de vide. Pour lutter contre, je multiplie les projets. Je me dis que plus je remplis mon existence, moins il restera de place à la tristesse. Je me jette à fond dans le travail pour la faire refluer. Heureusement je peux aussi compter sur Badri et sur ma famille pour me redonner envie d'avancer.

Je sais à quel point mon métier est difficile, exigeant, à quel point on doit pomper dans ses ressources.

Entre ma maladie et les tournages, j'ai peu de répit et être comédien est un métier incroyablement stressant. On est jugé, décortiqué, inspecté sous les moindres coutures. On ne peut jamais se reposer sur ses lauriers ou refaire deux fois exactement la même chose. Être comédien, c'est une remise en question personnelle et permanente, une des plus complètes qu'on puisse imaginer…

Bien sûr, il y a de merveilleux côtés à cette passion, heureusement !

Les souvenirs heureux des belles rencontres sur les tournages m'aident à repartir du bon pied quand je suis fatiguée. Mais quand je craque, je trouve refuge auprès de mes animaux. Car les animaux, qui sont toujours les mêmes avec vous que vous soyez connu et auréolé de succès ou fatigué et laissé pour compte, m'aident beaucoup à me remettre d'aplomb. Quand je vois ma chienne japper d'impatience à la porte de la maison, prête à aller faire un tour, je me secoue, je me lève et je sors. Chaque fois je reviens revigorée de ces promenades au grand air. Les pitreries de ma chienne me font rire et l'exercice me fait du bien.

Je m'occupe de ma maison et de mon homme. Mais je trouve un véritable apaisement dans ces petites tâches quotidiennes.

– 24 –

Le bébé qui n'arrive pas…

J'ai toujours cru qu'il y avait un Dieu, quelque part, une puissance immanente qui nous entoure. Mais il m'arrive désormais d'en douter. Il y a trop de cruauté dans le monde, des choses terribles se produisent à chaque instant. Longtemps, j'ai réussi à garder l'espoir ; aujourd'hui, cela devient de plus en plus dur.

Cependant ma foi en l'existence d'un ange gardien pour chacun d'entre nous n'a jamais vacillé. Pour ma part, j'en suis certaine, c'est Yannis qui veille sur moi de là-haut. Parfois je fais le point, pour me remonter le moral je me remémore toutes mes belles aventures. Je sais qu'elles me viennent de lui. Mais j'aimerais tant, un jour, pouvoir les raconter à mes enfants et à mes petits-enfants.

Notre vie est belle. Je sais que nous avons de la chance, je ne veux pas me plaindre, j'ai trop conscience de l'état de misère et de dénuement dans lequel vivent tant de gens sur cette terre. Toutefois c'est justement ce bonheur que j'aimerais offrir et partager.

Nous sommes tellement prêts à accueillir un bébé que je ne me décide pas, malgré les conseils répétés de mon médecin, à reprendre la pilule. Je sais que pendant ce temps, la maladie continue d'évoluer. Mais j'ai tellement envie de tomber enceinte que je suis prête à prendre ce risque.

Cela fait sept ans à présent que nous essayons. Voilà notre combat. Et ici, on est totalement impuissants. Il n'y a rien qu'on puisse tenter pour forcer le sort.

Bien sûr, j'ai bien la possibilité des FIV que j'ai refusées jusqu'à maintenant et j'y aurai d'ailleurs peut-être recours. Il ne faut jamais dire jamais. Mais j'aimerais laisser à la vie une chance de se manifester toute seule.

Je crois au pouvoir de l'amour, à l'importance d'être soutenue, accompagnée et écoutée par mes proches.

Quand j'étais petite, à Limoges, je suis tombée sur une institutrice un peu butée avec qui le courant ne passait vraiment pas. Du coup, je ne faisais rien.

Elle a convoqué mes parents et lui a dit que j'avais des difficultés d'apprentissage. C'est très dur pour un enfant de ne pas suivre à l'école et d'être stigmatisé pour cette raison.

J'étais si malheureuse que j'ai dit à ma mère : « C'est pas que je comprends pas, maman. C'est juste que ça ne me plaît pas. » Mes parents, voyant leur petite fille si abattue, ont décidé de me faire confiance. Dès l'année suivante, ils m'ont changée d'école et m'ont inscrite en sport-études puisque tout ce que j'aimais faire, c'était danser ! À partir de là, tout s'est arrangé pour moi. Je passais mes matinées à l'école et mes après-midi au conservatoire municipal. J'ai d'abord fait de la danse classique, puis du modern jazz. Enfin, j'étais heureuse, je m'épanouissais. Dans ces domaines, j'étais douée et je travaillais dur sans économiser ma peine, comme je l'ai toujours fait depuis. Je n'ai jamais été feignante. Simplement, je n'étais pas faite pour les études.

J'ai toujours été très reconnaissante envers mes parents d'avoir su m'écouter. Ce n'est pas facile de prendre une telle décision. Nul ne connaît l'avenir. Elle n'avait aucun moyen de savoir, à l'époque, qu'elle faisait le bon choix. Combien d'enfants malheureux y a-t-il dans les écoles, à qui on rabâche qu'ils sont des imbéciles tout simplement parce que leurs goûts et leurs centres d'intérêt les portent ailleurs que vers les mathématiques ? Quand un clou ne ressemble pas aux autres, que de coups il se prend sur la tête… En repensant à ces années, mon cœur se serre et j'espère que je saurai, moi aussi, avoir confiance à mon tour en mes enfants.

– 25 –

Chacune son protocole

Comme beaucoup des femmes que j'ai rencontrées, j'ai développé mon propre protocole pour aménager la maladie. Après beaucoup d'errances – j'ai vu des spécialistes de la médecine asiatique, des praticiens de la médecine énergisante qui soignent sans toucher, des kinésithérapeutes et des microkinésithérapeutes, des guérisseurs qui m'ont trouvée peu réceptive… –, j'ai découvert un traitement à base d'oligo-éléments. Il doit s'étaler sur six mois et je le suis avec assiduité. Je veux tout essayer, je ne veux laisser aucune place à l'erreur. Je sais que ce traitement a marché pour certaines femmes, qui ont ensuite réussi à avoir un bébé. Cela prouve que c'est possible.

L'oligothérapie est une médecine naturelle dont les racines remontent loin dans le temps. L'importance des oligo-éléments est connue depuis longtemps. Dans l'Antiquité déjà, on avait observé que l'eau contenue dans des récipients d'argent restait potable plus longtemps. On ne savait bien sûr pas pourquoi, mais on ne se privait pas de cet effet bénéfique. On utilisait le soufre pour assainir les habitations ou le zinc pour aider à la cicatrisation des plaies. Au Moyen Âge, on guérissait les goitres grâce à l'iode contenu dans les éponges marines… Tout cela, c'est déjà de l'oligothérapie.

Il y a vingt ans, un médecin a fondé le principe de la nutripuncture, qui consiste à prendre des oligo-éléments comme du zinc, du manganèse, du fer, pour traiter certaines affections. À partir de cela, une technologie a été mise au point qui permet de réactiver, dans le corps, le courant électrique qui fait fonctionner les cellules et, surtout, qui les fait fonctionner ensemble. Dans le cas de l'endométriose, maladie causée par l'installation anarchique de cellules qui quittent leur emplacement d'origine, c'est évidemment très efficace puisqu'on peut, d'une certaine façon, réveiller ces cellules et leur faire reconnaître qu'elles n'ont rien à faire là où elles se trouvent… Du moins, je l'espère, et je suis assidûment un traitement. Matin et soir, j'avale, dans l'ordre, dix petites granules. C'est assez proche de l'homéopathie car c'est cent pour cent naturel, sans effets secondaires ni contre-indications ! Pourquoi se priver d'essayer ? L'oligothérapie ne doit bien entendu pas se substituer à la médecine classique. Mais elle peut venir la compléter.

Dans la veine des traitements parallèles et autres médecines douces, je m'en remets aussi à ma mère. Elle s'est formée à la sophrologie. Elle trouve des points d'acupuncture dans les pieds qui lui permettent de détecter et de régler des difficultés qui résident ailleurs dans le corps. Elle parvient ainsi à repérer et à soulager, avec un talent certain, les migraines, le stress, les douleurs d'estomac. La sophrologie lui permet de leur apporter un grand soulagement. Lorsqu'elle me masse et me soigne, ma mère parvient à me détendre si complètement qu'il m'arrive ensuite d'aller directement me coucher. Elle me transforme en un véritable Chamallow et ça fait un bien fou quand on est aussi tendue que moi !

Mais chacune d'entre nous développe ses propres méthodes. On ne peut pas souffrir pendant des années sans expérimenter quelques remèdes ! Florence, dont j'ai raconté l'histoire plus haut, a par exemple fait appel plusieurs fois à un magnétiseur. Je l'aurais fait aussi si l'on m'en avait recommandé un. Quand on souffre et que les médicaments classiques n'aident plus, on est vraiment prête à tout… Une fois qu'elle a commencé à militer, elle a retrouvé de l'énergie et a mis au point un véritable arsenal – puisque le magnétiseur n'avait pas marché… Elle utilise la phytothérapie, et consomme matin et soir des jus de plantes qui lui apportent naturellement de la progestérone. Elle consulte régulièrement un ostéopathe qui l'aide à améliorer la mobilité de ses organes. Un acupuncteur l'accompagne pour vaincre sa fatigue chronique. Elle fait des cures thermales et surveille son alimentation. Il n'y a pas de remède miracle mais sa thérapie personnelle l'aide à tenir le coup et elle m'affirme que la douleur diminue de plus en plus.

Anne-Charlotte aussi s'est intéressée aux effets de l'alimentation. Elle a arrêté le gluten ainsi que les produits laitiers, dans le doute, et elle me confie qu'elle s'en porte mieux. Sur certains forums, elle a trouvé des témoignages de femmes qui racontaient avoir trouvé un soulagement en arrêtant complètement de consommer du lactose et elle a décidé de les imiter, avec succès. Elle n'est pas certaine que cela ait un rapport avec l'endométriose mais puisque personne ne peut rien affirmer de certain, elle se fie désormais à ses propres intuitions. C'est le plus important avec cette maladie : réapprendre à se faire confiance.

Et comme elle, je continue de suivre les traitements qu'on me propose en me fiant à mon instinct. Je me tiens au courant des évolutions en essayant de ne pas me montrer obsédée par ma santé, car je suis convaincue qu'en ce domaine, comme en beaucoup d'autres, le moral fait beaucoup. Je compose comme je peux entre les exigences de mon métier et les périodes d'incapacité qu'entraîne l'endométriose. Dans l'ensemble, je serre les dents et je continue d'avancer.

Mais ce que je ne veux plus faire, c'est me taire. Cette maladie doit être connue et prise au sérieux par les autorités et par la médecine. Il faut qu'aujourd'hui cette attitude où se mêlent indifférence et paternalisme, ou carrément la négation de la douleur, cesse. On doit écouter les femmes qui se plaignent de leur souffrance. Je ne veux plus que des jeunes filles errent des années de généralistes en gynécologues en passant par les services d'urgence sans jamais se voir proposer autre chose que du Spasfon alors même que leurs organes sont attaqués. Je ne veux plus que des femmes, comme moi, soient privées du bonheur de la maternité par un retard de diagnostic.

Si les témoignages de ces femmes courageuses que j'ai recueillis, si mon histoire personnelle, que j'ai livrée ici, doivent servir à quelque chose, c'est à lutter enfin contre cette maladie et ses terribles séquelles qui pourraient – qui devraient – être évitées. Pour que les choses changent…

Épilogue

Parfois, je me dis qu'inconsciemment, depuis que j'ai connaissance de la maladie dont je souffre, je fais tout pour remplir ma vie à ras bord et même encore plus haut. Pour ne pas y penser. Je me surcharge de travail. J'accepte les projets qui me plaisent, même si ça fait trop, même si ça n'est pas raisonnable. L'an dernier, en septembre 2015, j'ai tourné *Meurtres à Avignon,* un téléfilm policier avec Catherine Jacob – pour lequel je me suis bien amusée, d'ailleurs, car, jouant une commandante de police spécialisée en criminologie comportementale, j'ai dû apprendre tout un vocabulaire spécifique ! En octobre, j'étais tous les jours sur le tournage de *Plus belle*. En novembre, j'ai commencé le tournage d'une grande saga dans laquelle j'ai le rôle principal, *La vengeance aux yeux clairs*. Pendant quatre mois, nous avons tourné dans la région de Nice. Il s'agit d'une série de huit épisodes de cinquante-deux minutes dans laquelle j'incarne une femme forte qui revient pour rendre justice à sa famille. J'ai adoré jouer ce personnage très fort et très complexe, à la fois mère exemplaire, courageuse, et justicière… C'est une histoire de vengeance et de manipulation dans laquelle je me suis donnée à fond. En avril, j'enchaînerai directement avec un autre film unitaire pour la télévision avant de retourner au printemps et en été sur *Plus belle…* où le chien de Mélanie, Bobby, tient l'affiche en m'attendant. Oui, ça fait beaucoup, mais j'adore mon métier et il faut dire que plus je remplis mon emploi du temps, plus je me remplis la tête, aussi…

Je continuerai à travailler, à enchaîner les projets, à rire et à profiter de la vie avec Badri, en rêvant à notre avenir…

Remerciements

Je tiens d'abord à remercier les femmes qui ont accepté de me confier leur histoire :

Marie, Isoline, Marlène, Rachel, Anne-Charlotte, Gul, Maya, Florence... Bravo pour votre courage et votre générosité.

Je remercie également Yasmine Candau et toutes les bénévoles de l'association EndoFrance pour leur engagement.

http://www.endofrance.org

Toutes les associations qui se consacrent à cette maladie. Notre combat est le même.

Le Dr Chavanaz, pour son engagement.

Les médecins qui se sont occupés de moi.

Laurent Savry.

Ma famille, mes parents, mes frères et mes amis, toujours là pour moi.

Johanna pour m'avoir donné goût à l'écriture.

Et enfin, Badri, pour sa patience !

Table des matières

Mise en pages PCA
44400 Rezé

Imprimé en Espagne

Dépôt légal : avril 2016
N° d'impression : 01
ISBN : 978-2-7499-2857-9
LAF 2172

rororo

Zu diesem Buch

«Mann sucht Frau ohne Scham, welche willens ist, die Hauptrolle in seiner Phantasie zu spielen.» Der Anfang von Hansjörg Schertenleibs «Der Lesesaal» könnte – so oder mit vertauschten Rollen – als Motto über zahlreichen Geschichten dieses Bandes stehen. Geschichten, in denen die Liebe Pause vom Alltag macht und den sexuellen Phantasien freien Lauf läßt. Geschichten voller Leidenschaft, Sinnlichkeit und Lust, «heiß und innig» erzählt von dreiunddreißig Autorinnen und Autoren.

Die Herausgeberin

Bettina Hesse wurde 1952 in Düsseldorf geboren. Nach dem Studium lebte sie elf Jahre in Italien. Sie hat zwei Söhne und arbeitet als Autorin und Lektorin in Köln. Als Herausgeberin hat sie Werkausgaben von de Sade, Sacher-Masoch und Goethe betreut.

Bettina Hesse (Hg.)

HEISS UND INNIG

Ein erotisches Lesebuch

Rowohlt
Taschenbuch Verlag

Originalausgabe
Veröffentlicht im Rowohlt Taschenbuch Verlag GmbH,
Reinbek bei Hamburg, Mai 1999

Umschlaggestaltung C. Günther / W. Hellmann
(Foto: Lars Hinsenhofen)
Satz Stempel Garamond u. Univers condensed PostScript, PageOne
Gesamtherstellung Clausen & Bosse, Leck
Printed in Germany
ISBN 3 499 22557 3

Inhalt

Vorwort

Erotik

Dem Mythos nach befruchtet der Wind die Urnacht, diese legt das silberne Ei in den Riesenschoß der Dunkelheit und heraus tritt *Eros*, ein Gott mit goldenen Flügeln. *Eros* bringt als Sohn des wehenden Windes und erstgeborener Gott ans Licht, was im silbernen Ei verborgen lag: nämlich die ganze Welt. Damit bewirkt er, daß Himmel und Erde sich begatten. Der Liebesgott hat einen Doppelgänger mit dem bezeichnenden Namen *Himeros*, Sehnsucht. *Eros*' Kräfte sind somit älter als das Menschengeschlecht und verbinden die sinnliche Liebe mit dem Geistig-Seelischen. Heute nennen wir sie Erotik, und mit ihr, der Liebeskunst, haben wir es zu tun. HEISS UND INNIG! Vielleicht ist es jene Verbindung von Eros und seinem Doppelgänger, der Sehnsucht, wodurch sich Erotik von Pornographie unterscheidet.

Die Stimme der Erotik, die süße Lust begleitet uns ein Leben lang. Nirgends scheint der Mensch verwundbarer zu sein als am Geschlecht – daß es jeden betrifft, ist eine tröstliche und zugleich aufregende Vorstellung. Und es macht neugierig. Was Erotik für jeden ganz persönlich bedeutet, wollte ich gerne wissen. Tritt sie als Wunsch auf, als Verbot, als Obsession oder ist es eher Neugierde, Sinnlichkeit, zärtliche Erinnerung? Erleben Frauen und Männer die Erotik unterschiedlich, und wo liegen ihre Grenzen? Mitten im Tabu fängt vielleicht für andere die Wollust erst an. Und wenn sich ihre Umrisse endlich abzeichnen oder wir sogar in ihren Genuß kommen, bleibt noch die Frage, in welches literarische Gewand sie zu kleiden wäre. Wie enthüllt soll sie dastehen: als Bild der Pflaume, als feuchter Mund oder muß man die Schamlippen erkennen können. HEISS UND INNIG versucht diesen Rätseln auf die Spur zu kommen. Wie und was Erotik bewegt und hoffen läßt, davon erzählen die 34 Geschichten.

Weit spannt sich der erotische Kosmos zwischen Alltag und Wunder. Schon in diesem kleinen literarischen Ausschnitt offenbaren sich erstaunliche Spielarten und geben den Blick frei in verborgen schillernde Räume. Die Extreme reichen von subtil erotisch aufgeladener Stilistik einer flüchtigen Begegnung in Paris bei Raphael Gaszmann über die kürzeste Prosa männlicher Eitelkeit von Werner Kofler bis hin zum abgeklärten Bericht eines per Anzeige arrangierten SM date von Susan Köpke. Die Liebeslust – ob kurz oder lang – kommt feinsinnig oder leidenschaftlich daher, skurril, prall, komisch, quälend, abgründig, halluziniert oder schlicht unerfüllt. Und dann geschieht etwas Erstaunliches: nach mehr und mehr Geschichten macht sich eine Färbung in hell und dunkel bemerkbar. Die Stimmen gehen auseinander, der unsterbliche Gesang teilt sich tatsächlich in einen weiblichen und einen männlichen Klang. Von versuchten oder geglückten Begegnungen erzählen die Frauen, von der vitalen Seite des Eros – wie Stefanie Menzinger –, während die Männer überwiegend flüchtige Szenarien, Erlittenes und das Scheitern beschreiben oder den Abstand – bei Gerd-Peter Eigner wird er so fühlbar wie Stein. In den Geschichten der Männer schwingt Sehnsucht mit, Eros' Doppelgänger!

Im Vordergrund von HEISS UND INNIG steht das Erzählen. Die faszinierende Vielfalt von Texten habe ich nach zwei Aspekten versucht zu ordnen: sie sollten untereinander kommunizieren können und spannend zu lesen sein. So beginnt es mit den frühen erotischen Erfahrungen, wie sie noch im Unbekannten tastend bei Christoph Peters und als peinigende Erinnerung bei Peter Henning erscheinen und sich als mal scheues, mal keckes Frühlingserwachen in den Texten von Ute Teigler und Dietlind Rank weiterentwickeln. Nicht das erste Mal, aber der Reiz des Fremden animiert Peter Tschiche zu einer Begegnung in Afrika. Da ist der seltsam spannende Spaziergang mit der älteren Frau – eine wahrhafte Etude – von Marcus Braun. Die Lust gönnt unzählige Reize: ob sich wie bei Katja Meyer zu Heringdorf eine verheiratete Frau dem Klang der Bratsche hingibt oder dem schwierigen Fremdgehen wie bei Hans Jürgen Kolvenbach. Lisa Böll erzählt von einem Maler und seinem Modell, Friedhelm Karges von dem liebeshungrigen Schauspieler, der die Angebetete dem spanischen Tanzlehrer entreißt, Jörg Berger von dem unerwarteten Erlebnis, das einen Schwimmer unter Wasser zieht, und Anna Immergrün, was in der Hitze Südfrankreichs mit den Sinnen passiert. Eine «Frau ohne Scham» wird per Annonce gesucht und Hansjörg Schertenleibs Protagonistin fühlt sich angesprochen. Oder die melancholisch lüsternen Gelüste der Onkels von Franz-Maria Sonner.

Dann klingen die Geschichten sehnsüchtig, wie bei Sabine Reber oder phantastisch in der Andersen-Travestie von Martin R. Dean. Gaby Lutterbeck wandert durch ihren Garten der Lust, und mit einem Witz leitet sie hin zur Komik. Während sich Bärbel Nolden fragt, was war eigentlich mit unseren Armen, beschreibt Detlev Meyer den Versuch, die gute Anzughose im Darkroom auf der schwarzen Lederjacke des Partners abzulegen. Ein Postbeamter läßt sich bei Isa Lux von seiner Domina als Paket verschnüren, und Herbert Genzmer erzählt, wie die schlecht geleckte Sekretärin beherzt ihren Chef aussitzt.

Das Komische hat auch eine zynische Perspektive: «Morgens ist es am härtesten» beginnt der kokainsüchtige Erfolgsautor bei Wolfgang Mock das schnoddrige Resumé seines Tagesablaufs. Einen Toten auf der malerisch am Flügel gefesselten Frau gibt es im bösen Eifersuchtsdrama von Margit Schreiner. So was regt an zum philosophischen Gespräch über die Frauen, die Existenz und Aufgabe von Geliebten – ein eleganter Ritt durch erotische Problemfelder, die Zügel geführt von Alban Nikolai Herbst. Und in die harte Welt hinter den goldenen Nägeln läßt uns Alissa Walser schauen. Bevor die Windbraut ihrem Lucky die Hand reichen kann, schlägt sie ihm eine gewagte Wette vor; die Geschichte der unstillbaren körperlichen Leidenschaft komponierte Leander Scholz. Mit dem Wind wieder bei Eros' Vater angelangt, können wir uns getrost Raphael Gaszmanns Engel anvertrauen. Er hebt über das Dunkel der Erotik hinweg.

Bettina Hesse

Raphael Gaszmann

Paris

Alles begann in Paris, und als es endete, habe ich mich gefragt, ob die Stadt daran beteiligt gewesen sein mag. Die Orte waren erfüllt von Bildern aus einer Zeit, die mit der Gegenwart nur mehr entfernte Ähnlichkeit besaß und doch in meiner Erinnerung lebendig war, so daß ein Licht auf die Dauer meiner Anwesenheit fiel. Dieses Licht, jetzt beinah gasgelb hell, rief die Schatten der Nacht, betonte ihre matten Kontraste. Derart hell war die Nacht, daß man sie für Tag ansehen mochte, hätte sie nicht beinah leere Straßen beschienen.

Tatsächlich hegte ich in diesem Moment keine feste Vorstellung von den Dingen, so daß mir ihre beleuchtet unklare Gestalt entgegenkam. Meine Schritte erzeugten meine neuen Schritte die neue Schritte erzeugten und das geriet in dieser Stimmung schnell zu einem Gang, der nicht enden wollte, nicht konnte und nicht mußte und ziellos war. Sie mögen denken, daß wir uns in einigen Momenten größerer Einsamkeit bewegen und werden sich darin kaum irren, wenn ich Ihnen auch auf das Äußerste widerspreche. Ich nämlich hörte Leder unter meinen Füßen auf das Pflaster schlagen und sah immer neue Dinge strahlen und gasgelb beleuchtet und ich spürte deutlich die noch vom Tage erfüllte Luft. Ich roch den Dunst längst verschlossener Autos und die unbewegt schwebende Mischung aus beworbenen Düften und menschlichen Sonderheiten. Unter den Wagen mögen einige orangefarbene Sportwagen gewesen sein und unter den späten Menschwolken manch bemerkenswerte. Nicht viele von jenen und diesen, doch immerhin. Und wenn ich im Vorbeigehen meine Hände an Häuserwänden rieb, dann spürte ich auf der Grenze zwischen geringer Lust und feinem Schmerz. Alles gab sich also durchaus lebendig und meine Sinne wach. Das werden Sie unmöglich als einsam ansehen, jedenfalls nicht auf die Art, auf die meine Einsamkeiten mich anzuschleichen belieben.

Als ich vielleicht eine Stunde oder zwei gegangen war und kaum eine Stimme gehört und kaum einen Menschen gesehen, bat man mich um Entschuldigung und um die Zeit. Können Sie mir sagen, wie spät es ist? haben Sie Feuer? wissen Sie einen schnellen Ort? Klare Fragen. Diese klare Frage war dunkel und groß und schien mir schön und ich dachte, daß die Wahrscheinlichkeit solcher Begegnung in dieser Nacht aus dem Bereich eines Winzigen ans gasgelbe Licht hervorgekrochen sein mußte und daß die Haut dieser klaren dunklen Frage ohne jeden Zweifel von gewisser Zartheit und hinter den Ohren und in anderen Falten von feinem Geschmack wäre und zwischen diesen Gedanken und einer Bewegung ist nur eine dünne Linie und das gab zu aller Vorsicht Anlaß. In meinen Gedanken bewegte sich meine Zunge bereits mit Neugier, vielleicht auch schon in meinem Mund. Ich sah zugleich einen weißen Schwan mit goldener Schrift auf seiner Flanke *Imperial*. Das war eine Reklame und die strebte meinem Blick folgend aufwärts zum Horizont, was mich erstaunte. Doch galt nun alle Aufmerksamkeit Ihr und dabei war ich einer Antwort außerstande und auch, mit aufsteigenden Schwänen anzubandeln. Gleich mir blieb Sie für einige Augenblicke beinah unbewegt; zu lang, um sich dann wortlos abzuwenden und dann wandte Sie sich ab und folgte der Richtung, aus der ich gekommen und daher wußte, was auf Sie zukam. War Ihr so nah, oder meinte es zumindest.

Das war die erste Begegnung in dieser Nacht und blieb die einzige, was sich erst später offenbarte. Als Sie weiterging, sog ich Ihren Duft, bis bloß noch Straßengeruch zu riechen blieb. Sie roch nach Oleander und etwas Salz, nach Wäsche und wenig frischem Schweiß. Und aus dieser Mischung und aus einem Polaroid von Ihr vor meinen Augen wurde ein Film, der die Leinwand des Himmels zu füllen vermochte. In diesem Film bewegte Sie Ihren Kopf und lächelte mir mit geschlossenem Mund entgegen, wandte sich dann ab und ging. Darauf erschien Sie erneut, lächelte unbewegt, ging, und so fort. Wir sprechen von einer madonnengleichen Erscheinung, die mir von allen denkbaren gewiß die liebste war, den Schwan am Horizont für einmal ausgenommen. Dort stand er in manchen Momenten dieser Nacht, schien reglos bewegt auch, wie von Maschinen gezogen oder getrieben, füllte die weite Ebene vor meinen Augen. Manches Mal trieb er in seiner unmäßigen Reglosigkeit himmelwärts bis über meinen Kopf. Seine Flügel waren angelegt. Das heißt, er vermochte nicht zu fliegen oder versuchte es bloß nicht. Aber das ist eine andere Geschichte. Wieder Sie und wieder bewegte Sie Ihren Kopf und lächelte mir mit geschlossenem Mund entgegen, wandte sich ab. Ruhe kam von meinen einsetzenden Schritten.

Christoph Peters

Die Wölfe

Vor kurzem erst waren wir aus Ungarn gekommen. Über die Alpenpässe, dann in nächtlichen Eilmärschen, fünfzig Kilometer pro Nacht flußabwärts bis hierher. Sie würden wohl bleiben. Viola wußte nicht, wo Ungarn lag, aber es klang finster und wild in ihren Ohren. Kein Zweifel, daß es dort Wölfe gab. Er behauptete, die Meute selbst gesehen zu haben. Neulich hatte ihn ein grauenhaftes Heulen geweckt. Er war unbemerkt aus dem Schlafzimmer geschlichen, aus dem Fenster geklettert und mit dem Fahrrad durch die angenehm kühle Nacht zum Röderer Forst gerast, so schnell er konnte. Der Mond schien hell, der Wald fiel als langer Schatten auf das Zuckerrübenfeld. Da hockten sie. Einige lungerten satt und gelangweilt etwas abseits herum, vermutlich Wachen. Nur die Alphawölfin heulte, die anderen ahmten ihre Heulbewegung bloß nach, indem sie immer wieder ruckartig den Kopf in den Nacken warfen, bleckten die Zähne, knurrten ein rauhes Knurren. Speichel troff die Lefzen herunter. Er warf das Fahrrad ins Gras – bis jetzt hatten sie ihn nicht bemerkt –, unterdrückte das Keuchen, robbte bäuchlings bis auf zwanzig, dreißig Meter heran, wie er es von den Soldaten im Manöver kannte. Sechzehn Stück genau. Jungtiere hatte er nicht gesehen. Natürlich gab es morgens wegen des völlig verdreckten Pyjamas fürchterlichen Ärger mit Mutter, aber er hatte auf alle Nachfragen beharrlich geschwiegen.

«Warum denn?»

«Doofe Frage. Was meinst du, was dann passiert? – Wenn du dich nicht von mir beschützen läßt, werden sie über dich herfallen. Die lauern jetzt überall. Gleich, zwischen Bushaltestelle und zu Hause vielleicht schon. Bei mir bist du sicher. Ich weiß, was man machen muß.» – Sie fraßen am liebsten zartes weißes Mädchenfleisch.

«Aber meine Mutter hat nichts davon erzählt.»

«Ich sag dir doch, ich bin der einzige, der sie gesehen hat. – Glaubst du nicht? Du kannst mir ruhig glauben. In der Pause paß ich doch auch auf, daß dir niemand was tut, oder?»

«Ja.»

In der Pause trat er sie in die Kniekehlen, so fest es ging, mit der Schuhspitze, daß sie fast hinfiel, manchmal lief ihr Blut das Schienbein herunter, weil sie auf den Asphalt oder aufs Pflaster geschlagen war. Das wollte er nicht. Nur so fest, daß sie weinte. Sie weinte meistens. Oder er kniff sie in den Rücken, oder stach mit einem spitzen Bleistift. Im Gedränge an der Bushaltestelle konnten es viele gewesen sein. Bis sie sich umgewandt hatte, stand er längst palavernd zwischen seinen Klassenkameraden. Ihre dünnen Beine zitterten unter dem schäbigen karierten Röckchen. Sie trug auch im Winter oft Kniestrümpfe. Da fror sie vielleicht. Viola kreischte aber nicht auf, wie die anderen Mädchen – höchstens ein kurzer Schmerzensschrei. Lautes Heulen hätte doch bloß Schadenfrohe und Nachahmungstäter angelockt. Ein leise kullerndes Wimmern. Und viele Tränen, die helle Spuren mit grauen Rändern ins Gesicht zogen, weil ihre Mutter sie am Morgen nicht gewaschen hatte. Sie weinte so bitterlich, so wunderbar verlassen. Viola war ganz allein auf der Welt. Drehte sich hilfesuchend im Kreis, aber von wo sollte Hilfe kommen. Nicht einmal vom Herrn, sie ging ja nicht zur Kirche. Oder um wenigstens zu wissen, wer so gemein war. Dann konnte sie sich beim nächsten Mal in Acht nehmen. Ihre Augen flatterten wie junge Amseln, die aus dem Nest gefallen waren. Drehte sich wieder und wieder. ‹Es tanzt ein Bi-Ba-Butzemann in unserm Kreis herum videbum.› Aber niemand interessierte sich dafür. Sie war auch viel kleiner als die anderen. Winzig klein und dünn, fast unterernährt. – «Dirk Reuter war's, ich hab es genau gesehen. Aber Reuter ist viel stärker als ich.» – Dann nahm er sie tröstend in den Arm. Tupfte ihr behutsam mit dem Taschentuch die Tränen ab. Ihr Gesicht sah danach immer verschmiert aus. Streichelte ihr sachte übers Haar, das selten nach Shampoo roch.

Als Reuter und Lackmann ihn hämisch der Verliebtheit bezichtigten, zog er lässig die Brauen hoch und kündigte für die nächste Gelegenheit einen besonders kräftigen Tritt an. Die Aktion verlief planmäßig, alle lachten, kurzfristig wuchs sein Ansehen, er wurde in Ruhe gelassen. Viola verstand nichts.

«Mein Vater hat gesagt, es gibt hier keine Wölfe.»

«Ich warne dich, Viola, du wirst es bereuen, wenn du mir nicht glaubst. Außerdem kann ich's beweisen. Aber du traust dich ja doch nicht in den Röderer Forst.»

«Trau ich mich wohl.»

«Also heute nachmittag. Drei Uhr.»

Über dem reifen Getreide flirrte die Luft. Er bog in den Feldweg ein. Viola auf dem Gepäckträger klammerte sich an ihn. Er hatte ein langes Seil über die Schulter geworfen, Vaters Fernglas schlug abwechselnd gegen Brustbein und Lenkstange. Manchmal traf es ihre Hand, dann zuckte sie kurz, ohne ihn jedoch loszulassen.

Sonst traute sich niemand in den Röderer Forst, obwohl er nicht einmal besonders groß war. Ein Wäldchen nur inmitten Kuhweiden und Ackerland. Es gab keinen

Weg, das Unterholz wucherte, man konnte nur wenige Meter hineinsehen. Ein furchteinflößender Ort, an dem man von fremden Männern umgebracht wurde, die unvermutet neben einem anhielten und süße Versprechungen machten, wenn man zu ihnen ins Auto stieg. Ihm war mulmig. Weniger wegen der Wölfe. Alle Verantwortung hing an ihm. Auf Viola brauchte er bei Gefahr nicht zu rechnen. Die konnte nicht einmal Fahrrad fahren. Wenn wenigstens Ulrich dabeigewesen wäre, doch der hätte ihn womöglich irgendwann verraten. Von dem morschen Hochstand aus wäre das Gelände sicher besser zu überblicken, aber unten war ein Schild ‹Betreten verboten› angebracht, dem gehorchte er lieber. Viola vertraute ihm blind. Ein Hundevertrauen. Er brach einen kräftigen Ast ab, um die Brennesseln niederzuschlagen, durch seine dünnen Socken stach es trotzdem. Nach wenigen Schritten standen sie an einem schwarzen See. Jemand hatte seine alte, rostige Waschmaschine ins Wasser gekippt, Teile einer Kommode verrotteten, Reifen, Wellpappe, Kleidersäcke. Einer war aufgeplatzt, zerrissene Hemden hingen wie Vogelscheuchen im Gestrüpp, mit Haaren aus Pappmaché. So weit er sehen konnte, standen die Bäume in einem flachen Tümpel durch den ein in längst vergessenen Zeiten aufgeschüttetes Deichnetz führte.

«Viola, zieh dein T-Shirt aus, mit dem Rot verscheuchst du doch alles.» Nach kurzer Zeit war ihr schmaler, bleicher Oberkörper mit roten Brennesselpusteln übersät. Die Rippenbögen zeichneten sich deutlich ab unter der Cellophanhaut. Aber es gab kein Zurück. Auf eigene Faust fände sie den Heimweg aus dieser Wildnis nicht. Da stürbe sie mutterseelenallein, und die Krähen pickten ihr das Fleisch fein säuberlich von den Knochen. Er arbeitete sich mühsam vorwärts. Viola stapfte drei, vier Schritte hinter ihm, blieb dann wieder stehen und wartete, bis er das nächste Stück freigeschlagen hatte. Unter der Anstrengung verflüchtigte sich für Momente die Angst.

Er hatte noch niemals so schwarzes Wasser gesehen. Schwarz wie alles Motoröl und vermutlich ebenso dickflüssig: Der Sündenpfuhl, in dem man leicht versinken konnte, wenn man sich nicht in Zucht nahm, und auf dessen Rückseite sich die Pforten der Hölle auftaten. Er wühlte mit dem Stock im Grund, stocherte, Blasen stiegen an die Oberfläche, es roch nach faulen Eiern, wie die Stinkbomben, die Reuter manchmal in die Schulflure warf, am Stockende klebte ein zäher Schmier.

Dann sah er das Reh. Keine drei Meter vor sich. Ein Lauf starrte aus dem Wasser, so daß man ihn erst für einen Ast hielt, aber die Hufe waren deutlich erkennbar. Kein Gehörn, offenbar eine Ricke. Das Auge schaute stumpf weiß und ohne Scheu in die rauschenden Pappelkronen, deren silberne Blätter durch die Dreckbrühe ihm wohl bloß noch grau erschienen. Dazwischen zerfetzter Himmel. Aber traurig sah es eigentlich nicht aus. Im Fell hatten sich winzige Luftbläschen verfangen, die mußten jetzt Totenwache halten, bis sich alles aufgelöst hatte. An seiner höchsten Stelle ragte der aufgeblähte Leib als eine leicht gewölbte nasse Haarinsel aus dem Wasser. Er sah nirgends Würmer. Vielleicht konnten Würmer unter Wasser auch nicht atmen – wie Menschen. Keine Blutegel, die gab es in diesem Loch bestimmt, die gab es ja sogar in sauberen Seen. Man mußte den Stock nur lange genug reinhalten, dann saßen welche dran. Sicher war das Blut in den Adern längst geronnen oder sie kamen ohne Zähne einfach nicht durch die Decke und hatten sich wieder in den Schlamm gewühlt. Die tödliche Bißwunde war nicht zu erkennen, auch an der Kehle nicht. Vermutlich befand sie sich auf der Rückseite.

Er zog Viola heran, damit sie die Beute mit eigenen Augen sah.

«Ganz frisch gerissen. Vermutlich kurz bevor wir gekommen sind. Guck: da unten läuft Blut ins Wasser.» Sie nickte. «Ich hab dir's ja gesagt. Glaubst du mir jetzt?»

«Ja, aber ich hab so Angst. Laß uns nach Hause, bitte, Heinrich, laß uns hier weg.»

Am anderen Ufer plötzlich ein Rascheln, dann klatschte etwas aufs Wasser, zwei, drei Schläge, ein flüchtiger Umriß huschte ins Gebüsch, es spritzte, Zweige brachen, die Sträucher knickten, ein grauer Schatten, schäferhundgroß oder wie eine Ziege oder kleiner, vielleicht auch nur ein aufgescheuchter Reiher, nicht zu erkennen, verschwand endgültig im Dickicht.

«Da! Siehst du ihn? Da hinten.» Viola schüttelte den Kopf. «Schon weg. Aber da war einer. Ich hab ihn genau gesehen. Klar. Die warten, daß wir abhauen, damit sie endlich fressen können. Sei froh, daß du das T-Shirt ausgezogen hast. Wölfe mögen kein Rot.» – Der schmächtige, bloße Oberkörper auf dem kurzen Rock, ihre zerkratzten Storchenbeine mit den heruntergerutschten Kniestrümpfen: Ein durchgehendes nicht mehr beherrschbares Schlottern. Sie krampfte die Händchen ineinander, das half nicht, der viel zu große Kopf ruckte wie unter Strom. Viola weinte mal wieder. Dazu gab es nun wirklich keinen Grund. Sabber in den Mundwinkeln, am Kinn. Heulsuse. Schnotter in der Nase. Wie ein Baby. Dabei war sie schon sieben. Er nahm sie in den Arm. Sie fühlte sich seltsam an. Als hielte er ein überdimensionales hartgekochtes Ei zwischen den Händen, vorsichtig gepellt, die Schalenhäute sorgfältig abgezogen, aber im Innern schlug noch das Kükenherz. Die Luft war knapp. Das Schnäbelchen hackte wild auf glasig geronnenes Weiß ein, auf eine poröse Membran, elastisch wie eine

Gummiwand, die sich einfach nicht durchstoßen ließ, jedem Schlag nachgab, wie ein Trommelfell, gerade durchlässig genug, daß die andauernde Atemnot nicht durch Ersticken beendet wurde. Ein Keuchen, ein Pochen, ein Zucken unter seinen verdreckten, rauhen Händen. Drüsen sonderten Schleim ab, der die Fingerspitzen gleiten ließ. Wie auf einem Fettfilm rutschten sie davon, ganz schwerelos, ohne Eile, über Hügel, Senken, Spalten, Wülste, gelangten dann unvermutet auf ein Noppenfeld, dicht an dicht kleine helle Pickelchen, rosa umkränzt, überhitzt, fast glühend, stolperten, knickten um, denn der Schleim war plötzlich aufgetrocknet und einer dünnen, zähen Feuchtigkeit gewichen, und die Kraterwüste aus Brennesseleinschlägen, verkrusteten Dornrissen warf schmale Fältchen unter der drängenden Hand, verfärbte sich, die Krusten platzten, sowie sie zusammengepreßt wurden, das Faltenmassiv wollte fliehen, wurde eingeholt, überrollt, hinterließ eine Spur winziger schwarzer Würstchen, bröselige Wickel aus Haut und Schmutz, wie Radiergummiabrieb, er wollte sie fortschnippen, da blieben sie haften, an den Noppen in Ritzen, an seinen Fingernägeln, am Handballen, klebrige Schmutzschweißhautkrumen, er schnippte fester, ohne Rücksicht, wischte sich die Finger an der Hose ab, kratzte, zog lange weiße Striemen, die sich sofort röteten, manchmal bis aufs Blut, wischte wieder und wieder, kniff, schlug, der fahle, nach Schimmel und Lumpen duftende Eikörper vollführte merkwürdige Verrenkungen, ächzte, stöhnte auf, preßte sich an ihn, pulste, dehnte sich aus, umhüllte ihn, bis er fast ganz eingeschlossen war, von einer festen, dehnbaren Kunststoffolie, wie Mutter sie über die Schüsseln mit Essensresten zog, ehe sie in den Kühlschrank kamen, nur nicht so durchsichtig, milchigtrüb, mattschimmernd, er mußte sich befreien, losreißen, sonst würde es ihn verschlingen, durchkauen, herunterwürgen, ätzende Säfte dauten ihn an, fraßen Löcher in seine Haut, ein fleischfressendes Veilchen, Viola carnivora, würde ihn sich einverleiben, ihn zu einer dicken Nährlösung verarbeiten, zu süßlichem Proteinbrei, aber er hatte Zähne. Im Unterschied zu den Blutegeln, zu dem panisch hackenden Küken hatte er Zähne, scharfe Schneidezähne und spitze Reißzähne – er biß zu. Mitten hinein in einen Schrei, schrill, fremd, die Pappeln hörten zu rauschen auf, die Grasmücken, Gelbspötter, Teichrohrsänger brachen ihren Gesang ab. Salz, ranzige Butter zuerst, dann platzte die Haut auf, das Innere stülpte sich hervor, eine glitschige Masse quoll in seinen Mund, fest und weich, warm, faserig, ekelhaft wohlschmeckend. Für einen Moment gab die Umklammerung nach. Er riß sich los, sprang auf, stand schon, spürte die Brennesseln nicht, noch die Zweige, die ihm ins Gesicht schlugen, nur daß er kaum schneller wurde, als rannte er unter Wasser, ein böser Zauber hatte die Luft in Gelatine verwandelt, in den Muskeln dieselbe Zähigkeit wie in Alptraumfluchten, und der Feind kam unaufhaltsam näher, er trat in ein Sumpfloch, würde ihn einholen, knöcheltief, stolperte, fiel hin, überwältigend. Er griff nach Steinen, Blechdosen, schleuderte alles, was er zwischen die Finger bekam, was er irgendwie erreichen konnte, in die Büsche, kam wieder auf die Beine, fand kein Gleichgewicht, strauchelte erneut, krallte sich in die Hecke, um nicht fortgerissen zu werden, weggespült von einem Strom geronnener Luft, zog sich von Stamm zu Stamm, klammerte sich fest, so weit waren sie doch gar nicht gekommen, vierzig, fünfzig Meter doch höchstens, sah endlich die Rüben, wenige Schritte entfernt, den schmalen Streifen Gras am Rand, sah sein Fahrrad, Gott sei Dank, das Fahrrad lag noch da.

Peter Henning

Der Schwimmer

Nach der zehnten oder elften Bahn habe ich aufgehört zu zählen. Anfangs glitten meine Arme leicht und wie von selbst durch das dunkle Wasser, das mich bis unters Kinn umschloß und in dessen Tiefe normalerweise Seitenlämpchen brannten. Denn bald schon ließ die Kraft nach, das Chlor brannte in den Augen, und mir war, als drückte ich meinen Körper gegen flüssiges Glas. Mein Gleiten war längst ein Dagegenankämpfen geworden.

Ich hatte dieses Schwimmtraining nicht gewollt, damals, in jenem Jahr, in dem Vater für sechs Monate in die Vereinigten Arabischen Emirate geflogen war. Mein Vater ist Bewässerungsingenieur. Immer wieder schickt ihn seine Firma monatelang ins Ausland. Anfangs sind mir die Abschiede schwergefallen. Doch wenn wir ihn abends gemeinsam zum Flughafen brachten und Mutter ihren Mini Cooper anschließend wortlos durch den Abendverkehr zurück in die Stadt lenkte, schoben sich die Bilder der Nacht eine Zeitlang vor das Gefühl, das ich hatte, wenn ich an die Zeit ohne Vater dachte.

Mutters Idee hatte mich sofort beunruhigt. Gegen meinen Willen brachte sie mich schließlich dazu, mit ihr – noch dazu spätabends – in die Schwimmhalle rauszufahren. Doch erst später begriff ich, welches Spiel sie mit mir trieb.

Einmal hat sie ihn im Stehen gewichst. Seine muskulösen Arme nach vorne gegen die Glasscheibe seines hellerleuchteten Büros gestützt, bearbeitete sie ihn, bis sein

Sperma in ruckartigen Schüben gegen das Glas spritzte und in dünnen Fäden daran herunterlief.

Ich durfte nicht eher aus dem Wasser, bis Mutter mir mit einem Trillern seiner Pfeife die Erlaubnis dazu gab. Anfangs schwamm ich mit Schmerzen in den Armen und im Genick und mit schweren Beinen und brennendem Gesicht so lange weiter, bis mich das Trillern erlöste. Meter um Meter, Bahn um Bahn. Später aber hielte ich mich immer wieder am Beckenrand fest und legte kleine Pausen ein, ohne daß sie es bemerkten.

Noch heute glaube ich das Trillern dann und wann zu hören, ein spitzes Rasseln, das damals im Hämmern meines eigenen Pulsschlags in den Ohren unterzugehen drohte. Dann tauchte ich mehr zum Beckenrand, als daß ich schwamm, und Mutter wirkte aus der Froschperspektive wie eine Fremde.

Ihren Rock oder ihr Kleid behielt sie auf seinem Schreibtisch immer an, und jedesmal wenn er kam, preßte er seinen Atem in die Trillerpfeife, die ihm Mutter in dem Moment in den Mund rammte, sobald er «Jetzt, jetzt, jetzt!» brüllte, und das Trillern die allein von meinem Schnaufen unterbrochene Stille brach und in der weiten Leere widerhallte.

Nicht einmal versuchte sie, ihr gieriges Verlangen vor mir zu verbergen. Ganz im Gegenteil: meine keuchende Zeugenschaft schien sie geradezu anzustacheln.

Mutters Gestöhne verriet ihre lustvollen Fehltritte, die ich an Stelle meines Vaters mit jeder Schwimmbewegung als scharfes Stechen in den Lungenflügeln spürte; von der Büroglasscheibe gedämpfte, an- und abschwellende Laute, die wie schwere Steine an meinen Händen und Füßen zogen, als wollten sie mich hinabreißen in die Finsternis.

Viel später, Vater war längst aus den Emiraten zurück, hat sie nur sanft gestöhnt, als ich einmal aus Versehen die

Tür zu seinem Arbeitszimmer öffnete. Mit hochgeschobenem Rock saß sie im Sessel und sah mich über seine rechte Schulter hinweg ruhig an, während mein Vater halb entkleidet vor ihr kniete und sich zwischen ihren gespreizten Beinen mit seinem Mund zu schaffen machte.

Vorsichtig zog ich die Tür wieder zu, ganz leise, so daß man nicht hören konnte, wie sie ins Schloß fiel. Und auch die Haustür habe ich ebenso leise zu schließen versucht.

Verschwörerisch hatte sie mich mit katzenhaft verengten Augen angelächelt. Auf ihrer leicht flatternden Oberlippe standen kleine Schweißperlen, und da war es unversehens zurückgekehrt, das Trillern in meinen Ohren und damit auch der Schmerz, der mich zurücktrug in die Schwimmhalle zu dem Schreibtisch des Mannes, dessen Shorts in den Kniekehlen hingen. Zurück zu ihrem Keuchen und seinen rudernden, nacktglänzenden Armen, die aussahen, als hätte er sie mit Olivenöl eingerieben, seinem aus dem weißen, ärmellosen Unterhemd hervorquellenden dunklen Brusthaar und dem rhythmischen Schrillen seiner Pfeife, die ihm Mutter zwischen die Lippen stieß, wenn er «Jetzt, jetzt, jetzt!» schrie. Damals, als Vater in den Emiraten war, das Wasser nur das hereinschimmernde Licht der Straßenlaternen reflektierte, Mutter mit zerwühltem Haar am Beckenrand stand und ich unter hallender Kuppel der Schwimmer war, der seine Bahnen zog durch eine dunkle, kalte Flut.

Ute Teigler

Brando

Am besten einfach liegenbleiben, dachte sie. Als mit dem entfernten Donnergrollen die ersten Tropfen fielen, raffte Katharina ihre Kleidung zusammen und lief zu den Umkleidekabinen. Von allen Seiten rannten die Besucher des Freibads unter das schmale Vordach am Eingang. Der Regen prasselte los und Katharina fand einen Platz neben einer Gruppe lärmender Jugendlicher. Sie schaute hinüber und überlegte, wieso sie anders waren als ihre Schulkameraden in der Kleinstadt. Irgendwie selbstbewußter, cooler sehen sie aus, diese Städter mit der supermodernen Badekleidung, dachte sie. Aber vielleicht bildete sie sich das auch nur ein.

Katharina sah sich die anderen Leute an. Die, die alleine waren, starrten in den Regen, andere standen in kleinen Gruppen, redeten und lachten. Ihr Blick fiel auf einen älteren Mann, etwa 50 Jahre. Graue, längere Haare, kräftiger Körper mit leichtem Bauchansatz, schwarze Badehose. Er stand ganz vorne unter dem Dach, etwas abseits der Menge. Sicher wurde er naß. Er war versunken in die Betrachtung des Regens, der langsam die Wiese aufweichte und in Rinnsalen in einen Gulli floß.

Würdevoll sieht er aus, dachte sie. Die gebogene Nase und die Körperhaltung erinnerten sie an Marlon Brando im «Letzten Tango in Paris». Vergangenen Sommer war sie im Kino gewesen und hatte mittendrin angefangen zu weinen, stille, leise Tränen, die niemand bemerkt hatte. Nachher wußte sie nicht mehr warum; es war eine Art

Sehnsucht in ihr aufgestiegen, die sie noch nie zuvor gespürt hatte. Sehnsucht nach einem Mann war es gewesen, nach Männlichkeit überhaupt. Sie versetzte sich in die Rolle der jungen Frau im Film, spielte in Gedanken Szenen nach, ein fremder Mann und sie, allein in einer leeren Wohnung, und das erregte sie sehr. Sie hatte mit niemandem darüber gesprochen und jetzt, als es ihr wieder einfiel, schämte sie sich ein wenig.

In dem Moment drehte sich der Mann um, sah ihr gerade in die Augen, 2,3 Sekunden vielleicht, dann änderte sich sein Gesichtsausdruck, seine Augen wurden schmal und er lächelte sie an. Sie registrierte es genau, war gebannt von diesem Blick, und als sich die Spannung löste, schoß ihr das Blut in den Kopf. Sie guckte schnell zu Boden und ärgerte sich über ihr Erröten.

Der Regen hatte nachgelassen, Katharina ordnete ihr Bündel Kleidung und schaute vorsichtig noch einmal hoch zu dem Mann. Er starrte wieder in den Regen. Sie sah ihn nun mit anderen Augen, die Faszination hatte sich verändert. Sie spürte ein Kribbeln im Bauch und betrachtete ihn genau. Ihr Blick glitt seinen Körper entlang, und als ihr aufging, daß sie an der Badehose stockte, errötete sie und senkte ihre Augen schnell. Jetzt fielen nur noch einzelne Tropfen. Sie machte einen Schritt nach vorn und bemerkte, daß der Mann direkt auf sie zukam. Was will er? dachte sie erschrocken. Er blieb vor ihr stehen. «Jetzt kann man ja nicht mehr hierbleiben. Darf ich Sie zu einem Kaffee einladen? Sie gefallen mir.» Katharina konnte den Blick nicht vom Boden lösen. Er hatte sie etwas gefragt, aber sie bekam keine Antwort raus. Eine Welle von Panik erfaßte sie. Sie fürchtete sich. Sie sah in seinem Gesicht nur noch ein Grinsen, nichts war mehr wie vorher. Kurz stammelte sie: «Ich kann nicht, keine Zeit», drehte sich um und lief zum Ausgang.

Dietlind Rank

Liebe und Frösche in Südtirol

Unser erster Nachkriegsurlaub ging nach Hafling und Meran. Vaters langjähriger Freund Fritz hatte zwei Cousinen, die mit Italienern verheiratet waren. Mir schien dies eine glanzvolle Entscheidung der Damen gewesen zu sein. Nach dem ersten Umzugswinter in Kassel, den wir mit unseren leichten Klamotten aus der Pfalz durchschlottert hatten, sollten wir jetzt doch noch die Sonne sehen. Vielleicht würde auch im übertragenen Sinn für unsere Familie eine schönere Zeit anbrechen. Nach all dem Nachkriegsgehungere, den schrillen Nachhol-Partys der Erwachsenen zu Beginn der Fünfziger, bei denen Walzer und Foxtrott auf dem Couchtisch getanzt und die knapp bemessenen Weinflaschen reihum gereicht wurden, wollten auch wir Jugendliche tanzen gehen, Coca-Cola trinken und Petticoats über die Straße schwingen.

In Hafling hatte Onkel Fritz noch eine dritte Cousine, bei der wir Logis nehmen sollten. Über diese Cousine wurde nur in gedämpftem Ton gesprochen. Sie wohnte in einem Holzhaus hoch über Meran, hatte keinen Mann, aber zwei Kinder und schlug sich mit Zimmervermietung und Pferdeverleih an Touristen durch. Ihre Kinder, zehnjährige Zwillinge, waren nach Onkel Fritz' Ansicht völlig unerzogen, ja fast verroht! Onkel Fritz dröhnte das Wort heraus, Mutter wiederholte es im doppelt kindergesicherten Flüsterton.

«Verrohte Kinder», speicherte mein Kopf, «einsam gelegenes Holzhaus, umgeben von Wald und Pferdeställen». Ein bißchen nach Hexe klang das alles, aber man war ja seit dem Krieg an vieles gewöhnt, familiäre Tragödien straßauf, straßab von Aufhängen bis Totprügeln, Ehefrau-Erschießen mit alter Armeepistole und ähnlichem mehr.

Meran stellte ich mir nach den Schilderungen der Erwachsenen elegant und lichtdurchflutet vor, die Einkaufsarkaden mit ihren tiefen, steinernen Bögen und luxuriösen Geschäften schattig, damit die Lust am Flanieren nicht getrübt wurde. Onkel Fritz erzählte, daß man das Eis in der Gelateria aus Silberschalen aß, man stundenlang in Trattorien speiste und plauderte – gar «Dolce-far-niente» trieb! Das sprach Mutter nur hinter vorgehaltener Hand aus und simulierte zugleich ein leichtes Hüsteln.

Und dann war alles genau so wie gerühmt, geflüstert und vorgestellt: Die dritte Cousine trug ihr langes, dünnes, leicht grau schimmerndes Haar offen über den Schultern, ritt früh morgens auf ihren Haflingern aus, bevor die Reisenden aufwachten und den Pferden Langeweile bescherten aufgrund ihrer mäßigen Reitkünste. Die Zwillinge waren frech wie aus einem phantasievollen Kinderbuch, warfen Steine vom Zweiten-Stock-Balkon, wenn wir unten auf unserem Ersten-Stock-Balkon saßen, Halma spielten oder in das Tal nach Meran hinunterblickten. Diese Biester warfen sogar gezielt nach uns, und wir trauten uns nicht, sie zurechtzuweisen. Dabei waren Lisa und Hans zwei Jahre jünger als ich; blickten aber dermaßen finster bei jeder Begegnung, daß wir fürchteten, einen Stein an den Kopf zu bekommen, wenn wir auf der Wiese vorm Haus artig Federball spielten. Solche Kinder hatten meine Schwester und ich noch nie gesehen. Wir kannten nur so gedrillte Kinder wie wir, die beim Abendessen auf einer dünnen Brotscheibe herumschneiden mußten, wobei sich Messer und Gabel auf keinen Fall berühren durften. Eine Ohrfeige war angesetzt bei jedem Messer-Gabel-Knirschen.

Am zweiten Ferientag wanderte unsere Familie auf schmalem Bergpfad nach Meran hinunter. Wir trafen uns mit Onkel Fritz und seiner Lieblingscousine: Marianne Pratelli hatte lila gefärbte Haare, rauchte auf offener Straße Zigarillos, trug ein wahnsinnig elegantes Kostüm und ging mit uns ein Glas Wein trinken, bis ihr Mann und die beiden Söhne sie an der Osteria abholen würden ... Und dann kamen Signore Pratelli, Fabrizio und Luca. Ich sperrte vor Bewunderung Mund und Nase auf. Unmittelbar vor mir stand Luca – selbstverständlich hatte er schwarze Haare und dunkle Augen –, und war vom ersten Handschlag an für mich bestimmt. Was immer ich mir im Alter von zwölf Jahren damals vorstellte. Allerdings wäre ich bei dieser ersten Begegnung mit Luca am liebsten im Boden versunken. Unförmige, bottichartige Shorts hatte meine Mutter für den Urlaub im Süden erstanden. Diese Reinwachs-Shorts reichten mir fast bis in die Kniekehlen, was bei uns zu Hause noch durchging – aber hier?! Und Luca in schmaler, heller, seidig glänzender Hose und dunkelblauem Polohemd mit Alligator! Mir verschlug es die Sprache. Dreizehn Jahre und überhaupt nicht schüchtern; aber auch nicht dreist, sondern «kühn und weltoffen». Mir fielen keine anderen Vokabeln mehr ein, obwohl sich sonst in meiner Phantasie ganze Wortgebirge türmten und mir bei unseren Sonntagsspaziergängen mit der Nachbarsfamilie niemals die Worte ausgingen.

Jetzt fürchtete ich um meine theoretische und praktische Wortgewandheit. Dieser Junge mit seiner olivfarbenen Haut, den – für mein Empfinden – tiefschwarzen Augen, hakte mich wandelnden Ballonshort unter und meinte: «Wir gehen schon mal voraus ins Ristorante.» Die Erwachsenen waren immer noch mit Begrüßen und Vorstellen beschäftigt. Auch meine zweieinhalb Jahre ältere Schwester stand dabei und knickste öfter. Aber dies bekam ich nur noch aus den Augenwinkeln mit, da ich bereits an Lucas Seite ins Ristorante ging. Wie ein Liebespaar in den Filmprogrammen, die es für zwanzig Pfennige bei den Abendvorstellungen zu kaufen gab. Wenn er nur keinen Blick auf meine Shorts warf und sich an dem weißen Piquéblüschen festhielt! Und hoffentlich an meinen graublauen Augen, die ich weit aufriß, auf daß sie größer wirkten.

Allmählich folgte uns die Erwachsenengruppe, und ich setzte meine Füße wie eine Ballettänzerin leicht nach außen gedreht, als ich Mutters durchdringenden Blick in der Wirbelsäule spürte. Im Garten-Ristorante «Giovanni» angekommen, orderte Luca weltmännisch einen Tisch für neun Personen und natürlich per favore im Schatten und erklärte ganz souverän für meine «prüfenden Argusaugen» – diesen geheimnisvoll klingenden Ausdruck hatte ich kurz vor unserer Abreise in den fesselnden illustrierten Lesemappen, die stets ein halbes Jahr alt waren und daher nur eine Mark pro Woche kosteten, entdeckt –, daß der Rest gleich nachkäme und wir schon mal eine Limonade – fragender Blick zu mir! – trinken würden. Rot oder grün, hörte ich Luca sagen, und ich meinte: «Rot, nein, doch lieber grün», obwohl ich außer gelblich-orangefarbener Limonade noch nie eine andere gesehen hatte. Ich war froh, meine Beine plus Shorts unter den langen Holztisch strecken zu können und war nun oberhalb der Tischplatte mit meinem auf jeden Fall adrett aussehenden ärmellosen, recht eng sitzenden Oberteil gut im Bild.

Luca sprach als Südtiroler fließend deutsch und italienisch. Sein Blick blieb tatsächlich an meinem Piquéoberteil hängen, während er mir freundlich erklärte, daß Irmhild kein einfach auszusprechender Name sei und ob er mich Donatella nennen könne? Donatella? Genausogut hätte er Schneewittchen oder Prinzessin Piqué vorschlagen können. Ich nickte stumm, was mir sehr erwachsen vorkam, und hielt zugleich Ausschau nach der aufregend farbigen Limonade.

Wir saßen brav, einen halben Meter Abstand zwischen uns, an einer Längsseite des Gartentisches, als «der Rest» eintraf: Lucas Eltern, sein älterer Bruder Fabrizio, meine Schwester, meine Eltern. Lucas Vater war Commissario bei der Polizei. Er blickte erwartungsgemäß streng in die Runde, strich sich die schwarzen, glattanliegenden kurzen Haare (benutzte er ebenfalls Wasser und einen feinen Kamm hierzu wie Vater, oder griff er zu Mandelöl?) noch glatter an die Schläfen, wobei sich seine Augen leicht verengten. Mein Gott, alles wie im Film! Sah er etwas Beunruhigendes? Vermutete er, daß wir eine abgerissene Nachkriegsfamilie waren, deren jüngste Tochter auf keinen Fall für seinen geliebten zweiten Sohn Luca als Tischnachbarin in Frage kam? Wie auch immer. Er rückte den metallenen Gartenstuhl für seine Frau zurecht, machte eine einladende Handbewegung in Richtung Gruppe. «Ausgezeichnetes Benehmen», würde Vater sagen. Klar, daß sie nicht mit der Cousine in Hafling und ihren verrohten Kindern verkehren konnten.

Der Commissario hatte bestimmt etwas dagegen. Bei ihm mußte alles korrekt zugehen, auch im privatesten Bereich, da gab es keine Ausnahmen. Ich sah gleich, wie ihm der Sinn stand – polizeilich und familiär. Hoffentlich hat Marianne Pratelli kein Poussier-Verhältnis, schoß es mir durch den Kopf, denn da würde der kleine Commissario – er reichte mit dem Scheitel haargenau an den lila Haaransatz seiner stets lächelnden und rauchenden Gattin heran – zur Pistole greifen. Signore Pratelli stammte aus dem tiefen Süden Italiens und war außergewöhnlich leidenschaftlich! Das stand alles fest für mich, als die von Luca bestellte Limonade serviert wurde. Luca und ich versanken mit den Köpfen in unserer roten beziehungsweise grünen Limonade auf Eis. Der Rest der Gruppe bestellte, plauderte, wischte sich die Stirn, freute sich über die schattenspendenden Bäume im Garten und war augenscheinlich zufrieden.

Luca und ich hatten jeder in Windeseile das Glas ausgetrunken. Wir starrten uns über den leeren Gläsern an und brachen in Lachen aus. «Entschuldigung», murmelte Luca zum Tisch allgemein, und zu mir: «Gehen wir ein wenig im Garten spazieren?» Meine mittlerweile bestimmt tiefblau schimmernden Augen wurden zu Riesenrädern. «Gern», gab ich reserviert zurück, «wir sind den anderen ja einen Schritt voraus.» Wir liefen zur Umfassungsmauer und versuchten, uns auf den für meine Beinlänge leicht überhöhten Steinsockel zu hieven. Luca umfaßte mich in der Taille (wenigstens saß der Shortgürtel eng) und setzte mich auf den grauweißen gewölbten Mauerrücken. Unsere Augen waren jetzt in gleicher Höhe und sein Mund dicht vor meinem. Lucas linker Arm lag – wie war er so schnell dahingekommen? – auf meinen Schultern, und ich spürte leichte Bewußtseinsschwankungen, als ich ihm starr und intensiv in die Augen schaute. Genau wie die Leinwandgöttinnen im «Filmpalast».

Anscheinend wirkte mein Blick tatsächlich, denn Luca begann, mich einige Zentimeter oberhalb des Shortsgürtels zu streicheln. Blieb jedoch immer unter den kargen Brustansätzen.

Aber wie ging es jetzt weiter? Er streichelte, kreiselte,

verweilte, und ich sah ihm noch tiefer in die Augen. Sollte ich auch irgend etwas tun? Guter Rat war teuer, ich hatte hierüber noch nichts gelesen. Mein Kopf neigte sich gnädiger Weise von selbst Lucas Gesicht entgegen, und wie durch ein Wunder trafen sich sogar unsere Lippen. Als sich unsere Ober- und Unterlippen leicht geöffnet berührten, hielt ich vor Schreck und Freude die Luft an. Beinahe wäre ich vom Sockel gefallen. Luca fing mich auf, was unsere Lippen schier endgültig zueinander brachte. Wir preßten die Münder aufeinander, und durch unsere Körper fuhr ein Blitz, so stark wie ein Gewitter entlang der ganzen Mittelmeerküste. Meine Finger streichelten seinen Nacken dicht am Haaransatz, und ein warmes Gefühl durchfloß uns beide, als ob wir galvanische Röhren oder Kathode und Anode mit hoher Voltzahl oder etwas Vergleichbares aus dem Physikunterricht wären. Wir saugten uns wie Tintenfische aneinander fest. Elternkaffee, Limo- und Weintafel versanken in meinen Bottichshorts, die Luca plötzlich zu inspirieren schienen.

Ganz und gar nebenbei fühlte ich Lucas Hände in meinem fülligen Beinkleidstoff. Sie trafen sich über dem «Schritt», wie meine Mutter zu sagen pflegte, denn hier «durfte eine Hose niemals zu eng sein!», was ich im Augenblick nur unterstreichen konnte. Lucas weiche Finger fanden Platz und bewegten sich wie – aber nur «wie» – freischwebend umher, fanden da eine Mulde zum Bleiben, dort einen leicht hervorragenden Körperteil zum Streicheln und Überwinden, bis er ganz dicht an meinen Haarflaum kam, diesen umrandete und wie ein Vogel auf Nahrungssuche in meinen Schamlippen versank. Mein Mund öffnete sich vor Erstaunen. Ich bemühte mich um Haltung – schließlich waren wir in einem öffentlichen Raum und ich noch Jungfrau – und blieb dann einfach mit hoch erhobenem Kopf sitzen. Lucas Körper war ganz dicht an meinem, und er streichelte alles, was er da so fein und unberührt vorfand. Wir lächelten uns an: wissend, wie ich meinte, und zärtlich. Luca und ich. Irgendwann hob er mich vom Steinsockel herunter, drückte seinen Körper noch einmal an meinen. Wir liebten uns, das war klar. Lächelnd spazierten wir um das Gartenlokal herum, die Hände fest ineinander gepreßt.

Ein Blick zurück beruhigte unsere aufgewühlten Nerven: Die Erwachsenen samt Lucas Bruder und meiner Schwester hatten die Köpfe dicht zusammengesteckt und lauschten einer Erzählung des Commissario. Wahrscheinlich, wie er einen Gangster auf offener Straße gestellt hatte! Jedenfalls blickte sich niemand nach uns um, und ich schwang mit der freien rechten Hand meinen roten Lederbeutel – ein Geschenk von Lucas Mutter – keß über die Schulter.

«Wir werden nicht vermißt», flüsterte ich Luca ins kitzelige Ohr, worauf er mich fest um die Taille faßte und einmal um sich herumschwang, als ob ich aus Papier wäre. Auch noch stark wie King Kong, folgerte ich, wieder fest auf dem Boden stehend, und strahlte meinen Helden unverwandt an … Blicke, die ihm alles sagen mußten. Auch das schien zu klappen, denn er küßte mich jetzt, indem er meinen Oberkörper ein wenig nach hinten bog, seinen Unterkörper an meinen drückte, aber genau so, daß Außenstehende nichts Besonderes bemerken konnten – also ganz wie Erwachsene in alten Hollywood-Filmen und genauso prickelnd und aufregend. Jedenfalls ging es wieder los mit diesem Kathode-Anode-Gefühl und der hohen Voltzahl. Mein Gott, ich stand von den Haarspitzen bis zu den brennenden Fußsohlen unter Strom und preßte all meine Zärtlichkeit in diesen Kuß. Er mußte sie spüren! Ich spürte seine ja auch.

Dann war der Kuß mit den kleinen Zungenerkundungen zu Ende, und wir standen schwindlig nebeneinander. Als ich mein Gleichgewicht wiedergefunden hatte, legte ich beruhigend eine Hand auf Lucas Stirn und eine auf meine eigene. Das wirkte wie eine stumme Übereinkunft und machte mich doppelt froh. Ich umarmte Luca so heftig, daß ihm die Luft wegblieb. «*Tesoro mio!*» stöhnte er. «Du bist stark wie eine Germanin.» Das war mir nun doch zu deftig, und ich ließ ihn beleidigt stehen. Nur für eine Sekunde, und wir liefen wie auf Befehl im gleichen Augenblick auf den Steinlöwen am Eingangsportal zu.

Luca schwang sich auf den Löwenrücken, hielt sich an der steinernen Mähne fest und rief, er fühle sich wie Prinz Eugen, stark und mutig im Kampf für das Edle und Gute. Mein Herz flog und flog ihm entgegen. – Was für ein Junge, zärtlich, sexy und obendrein gebildet. Ich setzte mich hinter ihn auf den Tierrücken und drückte meinen Kopf an seine Schultern, als müßte er mich von den anrückenden, Säbel schwingenden Türkenheeren beschützen. «Ein Königreich für eine Limo!» rief da mein Prinz Eugen in letzter Sekunde, bevor der Film mit den aufeinander zurasenden Heeren des Abend- und Morgenlandes in meinem Kopf starten konnte.

«Realitätssinn hat er!» würde mein Vater anerkennend sagen, und nicht wie seine Kleine zuviel Phantastereien im Kopf. Aber die Kleine hatte meinen Prinzen gefunden und würde ihn für den Rest der Ferien behalten, wie immer das gehen würde.

Es klappte hervorragend. Schon am folgenden Nachmittag hatte ich auf der Wäscheleine drei weiße Bettücher gespannt, die dem Ferienhaus der Pratellis auf dem gegenüberliegenden Hügel signalisierten: Alles ausgeflogen, du kannst zu mir kommen. Und Luca hißte ein Bettuch, was hieß: Verstanden, ich eile.

Wir trafen uns am Bach hinter unserem Feriendomizil.

Hier bildete das Wasser kleine, mit Dotterblumen und Schafgabe übersäte Inseln. Zwischen den bemoosten Steinen laichten Frösche. Immer wieder suchte ich einige Kaulquappen zu fangen oder am liebsten einen ganz jungen Grasfrosch, der schon vier Beine hatte, aber noch für kurze Zeit den Kaulquappenschwanz trug. Auch zu Hause züchtete ich Frösche, Eidechsen und Höhlenmolche in Feucht- und Trockenterrarien. Meine Finger glitten durch das Wasser und flugs barg ich fünf schwarze Wuseltierchen in den gewölbten Händen. Im nächsten Moment zappelten sie auf Lucas Haut, dicht unter dem Hemdenstoff, und drohten trotz Hosengürtel weiter nach unten durchzurutschen.

Luca schrie vor Vergnügen, als ich sein Hemd aufknöpfte und unter zartem Berühren seiner weichen braunen Haut versprach, ihm die nassen Quappen herauszufischen. Luca führte eine Art Veitstanz auf, riß sich Hemd und Hose vom Leib und stand in Unterhose vor mir. Ich sah mit geübtem Froschzüchterblick, daß sich zwei Quappen darin tummelten. Die blanke Überraschung hielt mich davon ab, unvermittelt in Lucas Slip zu greifen und die zukünftigen Frösche herauszuangeln. Luca rannte zum Bach, schöpfte Wasser und einen ganzen Quappenschwarm in seine Hände und verfolgte mich damit. Ich lief freiwillig mit Shorts und Bluse in den Bachlauf, um nicht von Luca «besiegt» zu werden. Er sprang hinterher, ließ sich mit seinem ganzen Gewicht gegen mich fallen. Ich kam mit dem Oberkörper unter Wasser, die Bluse blähte sich auf, und er konnte mir die Quappen genüßlich auf die Brüste setzen. Blitzschnell hob er mich wieder aus dem Wasser, knöpfte die Bluse auf und schaute neugierig den sich auf meiner Haut windenden Kaulquappen zu.

Zum erstenmal spürte ich, wie meine Brustwarzen

plötzlich hart wurden und in der Tiefe meiner Shorts ein Zittern einsetzte. Das war es!

Luca klaubte dann die Quappen von Schlüsselbeinen, Brustwarzen und Achselbeugen ab und trug sie in ihr Element zurück. Ich zog mir die nassen Kleidungsstücke aus – hierzu war ich geradezu verpflichtet, da Mutter mir die durch feuchte Bekleidung drohenden Erkältungen stets anschaulich beschrieben hatte –, legte mich ausgestreckt auf den Rücken und bedeckte meine Augen mit beiden Handflächen, wie ich es als Kind immer getan hatte, um mich für meine Eltern schlafend zu stellen. Luca kam zu mir, nahm mir nicht die Hände ab, um zu sagen, daß ich noch nicht schliefe, sondern küßte atemlos darüber hinwegfliegend meine Hände und mein Gesicht ab. Ich spürte Lucas Lächeln und verzog gleichfalls amüsiert den Mund. Ich lag blank und bloß da, ertrug tapfer den elektrischen Strom, der in der Bauchgegend zu takkern anfing wie eine zum Abwurf vorbereitete 40-Zentner-Bombe, und machte mich ganz steif und rührte mich nicht. Jetzt war Nervenstärke gefragt, und das hieß Ruhigbleiben. Im Angesicht dieser harten Prüfung lief noch einmal ein Zittern die Wirbelsäule hinunter, und ich spürte, daß ich zwischen den Beinen feucht geworden war. Verdammt, was sollte das jetzt? Brennend heiß wurde es mir bis in den Bauch hinein. Wenn Luca mich jetzt anfaßte, würde ich explodieren.

Luca zog sich nach einer nicht enden wollenden Zeitspanne ebenfalls aus und legte sich millimeterdicht an meine Seite. Wie siamesische Zwillinge, gluckste es in mir, bevor die tiefe Wärme, die durch unsere beiden Körper pulsierte, mich glücklich die Augen unter den schützenden Handflächen schließen ließ ... Ich wachte und träumte in einer neuen Dimension, gekitzelt und gestreichelt von den Sonnenstrahlen und Lucas Beinhärchen, die sich dicht an meiner Haut aufstellten. Wir drückten unsere schmalen Körper ganz fest aneinander und blieben kerzengerade liegen, die Arme dem anderen um den Hals gelegt. Ein Außenstehender hätte uns für ein Relief auf einem altägyptischen Sarkophag gehalten.

Ein die Sommerhitze durchschneidender Regenschauer löste uns aus unserer Starre. Wir sprangen auf wie Dilldops, schlüpften in die Kleider und liefen, uns fest an den Händen haltend, zu meinem Ferienhaus. Vor dem Pferdegatter machten wir halt. Die Regenwolke war hinter dem Hügel verschwunden, und die Sonne fingerte sich am Rande des dunklen Wolkenknäuels wieder heraus. Die Kleider trockneten an unseren Körpern, während wir stark gewachsene Gräser sammelten, um darauf Musik zu machen. Wir klemmten die Halme straff zwischen unsere Daumen, bliesen darauf und nahmen es als gutes Zeichen für unsere junge Liebe, daß jeder diese Musik auf Anhieb beherrschte. Natürlich würden wir uns nach den Ferien schreiben und uns so oft wie möglich besuchen.

Luca musizierte jetzt auf dem Taschenkamm. Er komponierte unser Luca-Donatella-Lied, als ihn ein kraftvoll geworfener Granitbrocken an der rechten Schläfe traf. Hinter dem Balkongeländer im zweiten Stock sah ich einen Schatten untertauchen. Einer der Zwillinge hatte dieses Mal unfehlbar getroffen.

Luca sah ich noch ein einziges Mal. In der Trauerhalle des Friedhofs von Meran. Seine Haut war eigenartig gelb geworden. Er lag in weiße Lilien gebettet – schön und sanft, wie ich ihn liebte und erinnerte. Ich dachte mich zu ihm in seinem jetzigen Seelenzustand und zugleich an unser gemeinsames Liegen auf der Froschwiese – ganz dicht und stumm beieinander.

Peter Tschiche

Und Yo spuckt in hohem Bogen

Die Baracke hat Fenster nach drei Seiten, dahinter liegt der Hof, in dem die Frauen sind, die Kinder und die Tiere.

Den Hof umgibt eine grobe graue Mauer. Oben drauf ein Zickzack aus Scherben. Den einzigen Zugang bildet ein schiefes Tor, das Daniel zusperrt, wenn es Nacht wird, und das er aufsperrt, wenn morgens die Männer gehen.

Die Matratze ist durchgelegen, das Schaumstoffkissen riecht muffig. Es ist zu heiß, um draußen zu sein. Erst gegen Abend wird es erträglicher, kurz bevor die Fliegen und die Mücken kommen. In der Baracke ist es gerade noch auszuhalten. Es gibt keinen Ventilator, es fehlt Strom. Strom gibt es manchmal und nur für ein paar Stunden, wenn die Männer zurückkommen und den Generator anwerfen, um eine Fußballübertragung zu sehen. Aber jetzt ist Tag.

Yo kam aus dem Wasser auf mich zu. Abu, der mich zum Strand geführt hatte, lag in der Hütte und schlief. Abu badete nicht gern, mochte seinen Leib nicht zeigen, fand seine Hüften zu weiblich. Yo kam aus dem Wasser. War noch Saison oder war sie vorbei? Die Wellen rollten träge an den verlassenen Strand. In der Ferne ein paar Fischerboote wie Nußschalen. Die Sonne leuchtete matt, als würde sie hinter einer Milchglasscheibe hängen. Vom Meer her ein angenehmer Wind. Yo kam und lächelte mir zu. Er konnte niemanden anderes meinen als mich, der Strand war ja leer, und Abu lag schlafend in der Hütte. Yo winkte nicht, wie es die Leute taten, denen ich auf den Straßen begegnet war. Ständig winkten sie, aber er zeigte mir nur ein breites Lächeln. Entblößte weiße, schief stehende Zähne, über denen das Zahnfleisch orangerot strahlte, als würde es von innen her beleuchtet. Yo war nicht den Strand entlang gekommen und nicht den Weg zwischen den Hütten, das hätte ich bemerkt. Es war bis dahin ein öder Tag gewesen. Wieso hatte mich Abu an diesen einsamen Strand gebracht, wenn er sich weigerte sich auszuziehen und zu baden? Selbst in der Hütte ließ er mich nicht an sich ran. Hatte er wirklich so große Angst?

Ich lernte Abu über eine Kontaktanzeige kennen. Seine Briefe verblüfften mich. Er beschrieb ohne Umschweife, wie er mich befriedigen wollte, und erklärte mir immer wieder, daß er mich liebte. In seinem letzten Brief stellte er eine Liste von den Dingen auf, die ich ihm mitbringen sollte. Dieser Brief rückte meine Erwartungen an Abu zurecht. Mir blieb zumindest die Gewißheit, nicht völlig auf mich allein gestellt zu sein und am Flughafen von jemandem abgeholt zu werden, der mir nicht völlig fremd war. Denn ich würde ein Land betreten, von dem ich nur dumpfe Vorstellungen hatte. Abu war mein einziger Anhaltspunkt.

Ich hockte vor der Hütte, blickte den Strand auf und ab und schließlich verlor sich mein Blick in den Wellen. Jede Veränderung, jedes Zeichen von Leben wäre mir aufgefallen. Yo mußte die ganze Strecke geschwommen sein. War er von einem der Fischerboote aus ins Meer gesprungen? Ich habe ihn nicht kommen sehen. Plötzlich war er da. Ein kostbares Treibgut, das die Wellen angespült hatten. Ebenholz, das die Gischt vor meinen Augen zum Leben erweckte. Er kam auf mich zu. Das Wasser stand mir bis zu den Knien. Er griff spielerisch zwischen seine Beine, zupfte, spritzte mich naß. Wassertropfen rollten seinen Körper hinab. Kleine Perlen. Seine Brustwarzen waren wie schwarze Perlen.

Yo brachte mich in seine Baracke und zeigte auf das Bob Marley-Plakat überm Bett. Er stellte mich niemandem vor. Er führte mich an einer Frau vorbei, die gebückt den Hof fegte, ohne ihr Beachtung zu schenken, und blaffte im Vorübergehen einem Jungen etwas zu, der sofort vom Hof rannte. Jetzt weiß ich, daß die Frau seine Schwester war, der Junge brachte uns später frische Ananas.

Abu hatte mich gleich seiner Familie vorgestellt und mich dafür durchs halbe Viertel geschleppt, immer neuen Leuten mußte ich die Hand geben, die er wieder und wieder als Brüder oder Schwester oder Vater oder Mutter bezeichnete. Die Menschen waren freundlich. Ich setzte mich auf ihre Couchgarnituren, sie stellten mir ein Glas Wasser hin. Und während sie sich miteinander unterhielten, schaute ich mich um und fragte mich jedesmal, ob das nun Abus Zuhause war, wo wir uns endlich zurückziehen konnten. Da waren immer so viele Leute. Doch ich mußte warten, bis ich mit Abu wieder im Hotel war. Es war kein Problem, ihn in meinem Zimmer schlafen zu lassen.

Es war dunkel, als ich zum erstenmal in meinem Leben afrikanischen Boden betrat. Vor der Flughafenhalle wurde ich sofort von Gepäckträgern und Taxifahrern bestürmt, die an meinen Koffern zerrten und auf mich einredeten. Ich war erleichtert, als mir aus dem Gewühl heraus zaghaft ein Foto entgegengestreckt wurde, auf dem ich abgebildet war. Abu war kleiner, als ich mir ausgemalt hatte, und blickte mich von unten her an. Ernst, aus

Augen, deren Weiß getrübt und furchteinflößend war. Wortlos griff er nach meinen Koffern und bahnte sich einen Weg durch das Menschengewimmel.

Abu verhehlte nicht, daß ihm das Telefon nicht gefiel, das ich gebraucht für ihn gekauft hatte. Er drehte ein paarmal die Wählscheibe und spielte dann mit seiner neuen Digitaluhr, einem McDonald's-Schnäppchen für 9 Mark 90. Abu war ein stiller Typ und hatte etwas Geducktes an sich, was zu seinen Augen paßte, nicht aber zu seinem Körper. Er war schön. Schon auf dem Weg zum Taxi hatte ich seine sehnigen Arme betrachtet, vor allem aber seinen Hintern. Wenn Abu auch nicht viel redete, so war er doch ganz nett. Auf der Fahrt vom Flughafen zum Hotel taute er allmählich auf. Und jetzt war er enttäuscht. Meine anfängliche Beklommenheit war dem Gefühl gewichen, bei ihm in guten Händen zu sein. Deshalb tat es mir leid, Abu mit den Mitbringseln keine rechte Freude gemacht zu haben. Doch schließlich wuchs meine Ungeduld. Wann würde er endlich von dem unbequemen Hotelzimmerstuhl aufstehen und die Uhr Uhr sein lassen? Ihr Piepen ging mir auf die Nerven. Außerdem war ich von der Reise abgespannt und müde, aber nicht so müde, um darauf zu verzichten, in meiner ersten Nacht in Afrika meinen afrikanischen Brieffreund beim Wort zu nehmen und danach in seinen Armen einzuschlafen. Doch er blieb sitzen, endlos, wie mir schien. Schließlich legte er sich neben mich aufs Bett, in voller Montur, ganz an den Rand. Abu rührte sich nicht, als ich seine Hose herunterzog und in ihn eindrang.

Der Hof ist zubetoniert. Es gibt nur wenig Grün innerhalb der grauen Mauern. Nur da, wo die Palme steht, und neben der Abflußrinne vom Badehaus stehen ein paar Blumen oder Büsche. Wir haben Angst vor Schlangen, erklärte Daniel, schlug mit der Machete eine Kokosnuß auf und ließ mich daraus trinken. Daniel ist Yos ältester Bruder, Gesicht und Brust kunstvoll mit Narben verziert. Weil ich der Älteste bin, erklärte Daniel stolz. Wenn er lacht, ist sein Gesicht ein einziges Lachen, und wenn er schimpft, eine furchtbare Fratze. Afrikanische Kriegermaske, denke ich dann. Auch Yo hat Narben, aber keine rituellen. Sein Körper ist übersät mit Narben, großen und kleinen, die von der täglichen Arbeit stammen. Yo ist Fischer genau wie Daniel und die anderen Männer. Sie sind draußen auf dem Meer. Deshalb bin ich jetzt der einzige Mann im Hof. Nur die Frauen, die Kinder und die Tiere sind noch da. Ich liege in der Baracke und warte auf Yo.

Bis zum Abend warte ich. Wie viele Tage ist es schon her, daß Yo mich zu sich nach Hause nahm? Ich habe Abu zurückgeschickt und bin bei Yo geblieben.

Jetzt ist außer mir noch ein anderer Mann im Hof. Der Lehrer. Er hat Pult und Tafel hinter das zweite Fenster gerückt und erteilt den Kindern Unterricht. Er schreibt Worte auf und liest sie vor und die Kinder sprechen sie ihm nach.

Nachdem wir den Strand verlassen hatten, kaufte Yo an einem Stand grüne Apfelsinen und zeigte mir, wie man sie ißt. Die Händlerin hobelte die äußere Schale weg, bis die Apfelsine weiß und weich war. Dann wurde sie an einem Ende eingeschnitten und aufgeklappt. Yo stülpte seine Lippen über das Fruchtfleisch und saugte den Saft. Dabei drückte und knetete er die Apfelsine. Er wollte, daß ich ihm zusehe: Yo spuckte – in hohem Bogen – eine Flut heller Kerne – auf den Weg – und grinste.

Abu stand abseits. Seitdem wir in die Strandhütte kamen und ihn weckten, hatte er kaum ein Wort gesprochen. An der Haltestelle wollte er den nächsten Bus nehmen.

Ich habe Batterien für Yo gekauft, damit er Bob Marley hören kann, wenn er nach Hause kommt.

Zuerst wäscht er das Salz von seiner Haut. Im letzten Tageslicht stehe ich am Fenster und warte darauf, daß er aus dem Badehaus tritt. Nur mit einem Handtuch bedeckt, schlüpft er in seine Sandalen und geht über den Hof. Im Hof sind viele Leute, an denen er vorübergeht und die ihn sehen, aber keiner sieht ihn an, wie ich ihn ansehe. Er streift die Sandalen ab und kommt herein. Ich sehe, wie er sich streckt, um das Handtuch an einen Fensterladen zu hängen. Dann kremt er sich ein und die Luft beginnt nach Kakao zu duften.

Yo setzt sich zu mir aufs Bett und raucht Ganja wie Bob Marley auf dem Plakat. Wenn er die Kerze anläßt, werde ich nach neuen Narben suchen.

Jeden Abend, wenn Yo aus dem Badehaus kommt und sich vor mich an den Rand des Bettes setzt, dreht er den Kopf und Hals nach allen Richtungen. Dann krachen die Wirbel und Gelenke. So vertreibt er die Anstrengungen des Tages aus seinen Gliedern. Die Wülste seines Nakkens erinnern mich an Robben. Wenn er unter mir liegt, betrachte ich ihn von vorn. Dann muß ich wieder an Robben denken. Denn seine Ohren sind klein und liegen so dicht an, daß sie hinter seinen breiten Kieferknochen verschwinden.

Der breite Kiefer. Die üppigen Lippen. Ich liebe es, wenn sie sich öffnen und die schief stehenden weißen Zähne entblößen. Das Zahnfleisch orange. Die rosa Zunge. Und noch einmal Weiß: eine Spur auf seinen Lippen, auf seinem Rosarot, Weiß von mir. Und Yo spuckt in hohem Bogen.

Die Matratze ist durchgelegen, das Kissen riecht nach Blut. Ich schrecke auf, lege Batterien in den Recorder, höre Yos Musik. Ich will den Traum vergessen. Yo hat sich die Narben gar nicht auf See zugezogen. Abu hat ihn denunziert. Daniel wirft Yo in die Zelle, wo Männer mit Macheten über ihn herfallen, mit Macheten aus Fleisch und Stahl. Erst am Morgen schließt Daniel, Polizist und Bruder, die Tür wieder auf, damit die Männer zur Arbeit gehen.

Das Vorhängeschloß rastet ein. Die Tiere haben sich irgendwohin verkrochen. Die Frauen räumen ihr Kochgerät zur Seite, während die Männer essen. Die Kinder sind still geworden, liegen im Hof auf ihren Matten. Mein Warten ist vorbei.

Yos Baracke hat Fenster nach drei Seiten. Wenn er die Kerze brennen läßt, klappt er die Läden herunter. Wenn er Batterien hat, wird er Bob Marley spielen. Yo wird alles machen, damit niemand sehen und hören kann, was wir in seiner Baracke tun. Niemand darf es erfahren, sonst wird der Traum wahr.

Später klappt er die Fensterläden wieder auf, damit der seichte Zugwind, der durchs Zimmer streicht, unsere Körper kühlen kann.

Marcus Braun

Etude

All diese Martern nur des Lesers wegen.
Jean Paul

Gerne hätte ich sie durch die Brennesseln geführt, doch sie trug Strümpfe, es mag eine Frage der Zähmung des Feuers sein, sie werden sich viel ersparen, wenn sie verstehen, was Freud sich zusammengesponnen hat, der Rhythmus ist der Rhythmus der Füße, seit fünf Minuten spazierten wir zusammen am Bach entlang, nachdem ich sie nach einer Zigarette angeschnorrt hatte, vielleicht ist also das Leben unendlich, aber das sind unzulässige Übertragungen, sie hätte meine Mutter sein können, dieses kleine, zierliche Wesen, der Gedanke kam mir in den Kopf, weil es wirklich nur rein theoretisch vorstellbar war, wir blieben auf der Brücke stehen, und ich spuckte ins Wasser, legte wie unabsichtlich einen Moment meine Hand auf ihren Hintern, sie ignorierte das, nichts Menschliches sei mir fremd, hörte ich jemanden sagen, ein Mann sah hinten aus meinem Kopf heraus, sah mich fragend an, über seinen Schultern endlos das Meer, nicht endlos, sondern bis zum Horizont in Höhe seiner Augen, mir schwindelte, ich bewegte mich nicht, um das Gesicht nicht zu verschrecken, wir tauschten unsere Namen, gingen weiter, ihre Blase drückte, ich fragte, ob ich sie abhalten sollte, sie lehnte lächelnd ab, kokett, ein andermal vielleicht, ich erzählte ihr von einem Schwangerschaftstest am Wehr und von unserer unverfärbten Begeisterung, Blut und Erlösung, sie ließ mich mit jeder Geste merken, wie jung ich war, sein sollte, ich formulierte Frau als Fixpunkt, formulierte Fels in der Brandung, formulierte zentrales Erlebnis, dafür sei ich auf der Welt, dafür sei ich nicht auf der Welt, alles hat einen Grund, nichts einen Sinn, Madame, Filzläuse sind wir, Filzläuse eines bösen Demiurgen, sie erzählte von ihren Vorlieben und meine Unbefangenheit war leider nur verbal, sie liegt darin, daß die Geliebten in der Hölle ungetrennt bleiben, ein Hauch von der Gnade Gottes, um aus der Hölle erlöst zu sein, müßten sich beide aber trennen, da sie nicht genug Zeit hatten zu bereuen, von Teufeln vorwärts gepeitscht im Kot watend, ich wollte ganz Frankreich stehlen, um es an ganz Frankreich zu verschenken, der Rhythmus ist der Rhythmus der Hüfte, ausgelöst durch das schrecklich frustrierte und unterernährte Schreien der Vögel, wie in N.s *Ada*, denn die Wahrheit bedarf der Wiederholung, bekam ich plötzlich Angst, flüchtete mich unter dem Vorwand, telefonieren zu müssen, in eine Telefonzelle, du triffst sie auf dem Gang, sie tut Gutes oder belehrt, füttert die Vögel, du greifst ihren Arm, sie sagt, sie sei älter, du hältst ihren Arm, er ist soundso viele Jahre älter als der deine, sie spricht von Unmöglichkeit, von ihrer Gefährdung durch dich, selbst von Lebensgefahr, du legst deine Hand zwischen ihre Beine, sie preßt sie zusammen, verweigert sich, in ihrer Stellung sei es unvorstellbar, sie füttert weiter die Vögel, Madame wartete einige Meter vor der Zelle, ich stellte mir vor, sie hielte nach einem Freier Ausschau, sondierte die Männer, die an ihr vorbeigingen, ich legte auf, ging zu ihr, der abstrakte Gedanke, sie in der Art eines Freiers anzusprechen, ging mir durch den Kopf, schlimm genug für das Holz, das als Geige erwacht, ich nahm mich zusammen, sagte, es ist etwas Schreckliches passiert, griff ihren Arm, ein guter Freund sei gestorben, sie schwieg, und das war mir angenehm, als wäre wahr, was ich sagte, wir saßen immer dort unten am Bach und sahen den Wolkenbildungen zu, ich dachte mir, jetzt müßte sie mich auslachen, auf der anderen Seite des Wehres saß öfters ein Mädchen, zu dem wir hinüberschauten, der Gipfel der Lächerlichkeit, wie er gestorben sei, ich brüllte sie an, das sei völlig egal, die Nerven, so bieten sich die Toten den Lebenden als edelste Speise dar, ich hatte schon so etwas geahnt, mit trauriger Stimme, sie legte tröstend den Arm um mich; zusammen in der Kneipe, heller Nachmittag, abschätzende Blicke der Bedienung, Braueireiausstattung, ich möchte sagen, mein Freund ist heute gestorben, darf ich sie zu etwas einladen, bestelle aber schlicht zwei Bier, draußen beginnt es wie auf Verabredung zu regnen, er lag schon länger im Sterben, ich entzünde eine Sterbekerze auf dem Tisch, sie nippt nur an ihrem Bier, ich befehle ihr, richtig zu trinken, ich töte die Fische, ich töte auch die Fische, die sie fängt, ich töte und zerschneide, weide im Bach aus, mit blutigen Fingern greif ich der jungen Mutter unter den Rock, unterdessen begannen einige reine und frische Gesänge in Konzerten und privaten Gesellschaften zu zirkulieren, ich lasse abzählen und erspare mir nichts, es gibt eine Erzählung, die beginnt mit stillem Elend in einem Zimmer, so selbstverständlich, als wenn das nicht immer der Fall wäre, was ich von Kokain halte und von Sex und Kokain, ich kenne weder das eine noch das andere, und die Kombination von beidem ist mir gänzlich unbekannt, sie lacht, und ich sehe sie streng an, sie streicht mir eine Haarsträhne aus dem Gesicht, und ich drücke einen Daumen unter dem Tisch in ihre Kniekehle, will die Schmerzgrenze erreichen, aber sie verzieht keine Miene, ich lasse nach, ziehe meine Hand den Oberschenkel entlang zurück, sie hat Strapse an, sie spürt, daß ich das spüre, kann mich dem Reiz nicht entziehen, bestelle noch Bier und Whisky, die Tiger stürzen sich auf die Frau, wir warten auf die asymmetrische Schlange eines anderen Verlangens, sie trinkt ohne Widerrede, nein, diesen Jugendtraum werde ich mir nicht zerstören, durch diesen Schacht mußt du kommen, die Situation macht mir angst, wie sollte sie nicht, die Überfülle nach all der Erwartung, das Experiment abbrechen, ich stelle die falschen Fragen, sie schaut tatsächlich verlegen auf die Tischplatte, denke schon in Verkleinerungsformen von ihr, keine Verharmlosungen, mir fällt ein Bierdeckel unter den Tisch, als die Bedienung zwei neue Gläser hinstellt, diese fürchterlichen Füllsel das ganze Leben lang, Angaben über den Schlaf, die Intensität des Lichts, die Jahreszeit, Anzahl der Töchter, Name des Schiffes, philosophische Betrachtungen zur neuen Musik, Wassertemperatur, überholte Pläne, Akkordfolgen, Kannibalismus und Skrjabin, wobei letzteres am wenigsten langweilt, ich habe dagegen nichts einzuwenden, bestärke sie aber nicht in ihrem Ressentiment, um ihm nicht zum Opfer zu fallen, ich bücke mich unter den Tisch, fremde Welt, die Frauen fallen über den Tiger her, das sind alles Ordnungen und Ordnungsvorstellungen, die der Welt nicht gerecht werden, ich sehe, wie sie langsam die Beine öffnet und sich mit den Händen an den Schenkeln entlangstreicht, diese Stammhirnkaschierung erträgt doch kein Schwein, ich tauche auf, habe den Bierdeckel vergessen, sinngemäß, wenn ich alt bin, werde ich mich der Malerei widmen, die Bedienung hat nichts zu tun und uns scharf im Auge, wohl auch wegen meines ungerechtfertigt langen, verträumten Abtauchens, Madame legt eine Hand zwischen meine Beine und macht einen Schmollmund, es mag eine Frage der Zähmung des Feuers sein, sie öffnet den Reißverschluß, die Werke reagieren auf das direkte Leiden am dialektischen Zwang, alles im Leben ist selbstverschuldet, davon bin ich in diesem Augenblick einmal mehr überzeugt, ich zwinge eine Hand durch ihren Gummibund, taste mich vor und hinunter, zu Beginn und am Anfang ist nichts, das unüberschaubare Chaos herrscht und ängstigt, bevor die ordnenden Kräfte sich Bahn brechen, wir vergrößern die Summe, zählen hinzu, meterhohe Flammen schlagen aus dem Gebälk, das kann kein Mensch spielen, nur der, der's spielt, die Forellen beißen, fraglos tun wir, was wir nicht lassen können, und lassen, was wir hier nicht tun können, die Thekenfrau räumt ab, läßt mich unter ihre Arme, nimmt meinen Wunsch entgegen, man braucht nicht viel Phantasie im Leben, sage ich, als sie gegangen ist, wir laufen zum Auto, ich ergebe mich meinem Schicksal, wir klagen die Menschenrechte ein, berauben uns unserer Kleider, nach kurzer Fahndung ein Finger in ihrem Schritt, das Wegrecht über ihr Land, ich werfe mich in sie hinein, ihre kleinen Füße sind gegen das Autodach gestemmt, der Rhythmus ist der Rhythmus der Schläge.

Katja Meyer zu Heringdorf

Andante e Rondo ungarese

«Heute abend gehe ich mit Ines in das Konzert», erinnerte Astrid ihren Mann beim Frühstück. «Ach ja», erwiderte er, ohne von seiner Tageszeitung aufzublicken. «Schön, daß du dich endlich auch einmal für Klassik interessierst.»

Astrid betrachtete die Rückseite seiner Zeitung, aufs neue überrascht von seinen Worten, seinem Ton. Sie war erst Ende Vierzig, wie viele Tage noch würde sie morgens so frühstücken, den Haushalt machen, in die Stadt gehen und abends dem heimkommenden Ehemann das Abendessen servieren. Seit die Kinder aus dem Haus waren, lief das Leben ihr durch die Hände, nirgendwo hin. Heute jedenfalls würde sie etwas unternehmen, da konnte es ruhig ein klassisches Konzert sein. Sie stand auf. «Bist du fertig?» – «Mmh», murmelte ihr Gatte, und sie begann, den Tisch abzuräumen.

Die Konzertatmosphäre umfing Astrid und Ines schon beim Eintreten in die Wandelhalle der Philharmonie. Wann war sie das letzte Mal in einem Konzert gewesen? Es war mindestens zehn Jahre her, eins von diesen Barockkonzerten, die Hans so gern hörte. Corelli, Vivaldi, Pachelbel. Sie hatte dem nie etwas abgewinnen können. Heute würde es anders sein. Das Programm war moderner: Edward Elgar, Enigma-Variationen; *Andante e Rondo ungarese* für Viola und Orchester von Carl Maria von Weber und Mozart, Sinfonie Nr. 41 in C-Dur, *Jupitersinfonie*. Mozart kannte sie natürlich, die beiden anderen Komponisten waren ihr neu. Ein gutes Zeichen. Die Plätze, die Ines und ihr Mann abonniert hatten, waren recht weit vorn. Sie würden gut sehen können, dachte Astrid. Freudige Erwartung lag über dem Konzertsaal, als das Orchester auf die Bühne kam und vom ersten Applaus begrüßt wurde. Die Enigma-Variationen begannen.

Wie schön es ist, hier zu sitzen und etwas zu erleben. Das Stück ist mir ziemlich fremd, aber nicht unangenehm. Ein Blick in etwas vollkommen Neues. Ein bißchen bombastisch an manchen Stellen, aber auch mitreißend. Ines scheint es auch zu genießen. Sie sitzt ganz entspannt in ihrem Konzertsessel. Endlich spüre ich mal wieder etwas von meinem Leben.

Als die Variationen zu Ende waren, fühlte sich Astrid angenehm aufgenommen in die Welt von orchestralem Klang. Der Bratschist kam auf die Bühne. Der Dirigent hob den Taktstock, die Konzentration des Orchesters legte sich über den Zuschauerraum, das Stück begann.

War für eine Wärme. Die Bratsche singt in den weichesten Tönen. Ich fühle mich eintauchen in ein Meer von Klang und den Rhythmus des Orchesters, die durch die Pause getrennten aufeinanderfolgenden Doppelschläge klopfen wie an eine lange verschlossene Tür. Es ist, als könne die Bratsche sprechen, wehmütig und sehnsuchtsvoll singt sie immer weiter. Die Geigen greifen ihr Lied auf und die Bratsche spinnt darum herum ihre Melodien, sie immer neu erfindend, wie selbstvergessen. Die Bratsche übernimmt wieder die Führung, entwickelt ihr Lied in den höheren Tönen, etwas dringender. Wieder die Geigen mit der Antwort, wieder die Bratsche, die darum herum ihre jetzt bewegteren Phantasien entwickelt. Irgend etwas passiert mit mir. Ich atme mit der Bratsche mit und ihre kraftvoll und schnell auf- und absteigenden Tonfolgen rufen eine Unrast in mir wach, von der ich nicht wußte, daß sie in mir ist. Nur ganz am Schluß beruhigt sich dieses Andante. Das Rondo ungarese beginnt und die Bratsche singt nicht mehr, sie tanzt jetzt fast, heiter und unbeschwert im Allegretto. Endlich kann ich aufatmen. Alles ist wie immer. Die Bratsche legt jetzt große Tonsprünge zurück, leicht, aber energiegeladen. Der Bratschist wiegt sich im Takt und seine linke Hand gleitet den Bratschenhals hinauf und hinunter. Warum spüre ich plötzlich ein feines Rieseln auf meiner Haut? Die Streicher haben das Thema übernommen. Die vielen Stimmen nehmen ihm die Leichtigkeit, und als die Bratsche wieder einsetzt, ist ihr Gesang um so weicher. Sie wechselt jetzt ab zwischen einem sanften Lied und kraftvollen, aufsteigenden Einwürfen, spinnt sie weiter und nimmt das tänzerische Spiel mit dem Orchester wieder auf, einen resoluteren Ton anschlagend, nur kurz ins Heitere wechselnd, dann wieder im resoluten Tanzthema, diesmal in Moll. Schon ist die sehnsüchtige Viola wieder da, die Leichtigkeit fort. Die dunkle Tonlage hat etwas Beunruhigendes. Ich spüre wieder diese Atemlosigkeit. Das Anfangsthema des Rondo klingt danach fast spöttisch und seine Wiederholung durch das Orchester hat gar nichts Unbeschwertes mehr. Die Bratsche schließt daran an mit schnellen Bewegungen, von ganz unten bis in die höheren Lagen, wieder in die Tiefe, wieder in die Höhe, ich fühle es wie Wellen in mir aufkommen, die Bratsche wechselt in einen härteren Rhythmus, in die Tiefe, in die Höhe, jetzt abrupter als vorher, spielt jetzt Arpeggien, erst noch gebunden und fast leicht, dann einzeln, schnell wechselnd zwischen Tiefe und Höhe, mein Puls ist fast im Takt mit ihr, ich halte den Atem an, die Bratsche stößt sich in ihren schnellen Läufen jetzt nur noch auf den tiefen Tönen ab, um von oben herabzuperlen, und endet in kraftvollen Akkorden. Der Applaus bricht los.

Pause.

Ein Glück, ich konnte mich erst einmal auf die Toilette zurückziehen. Ich muß meine Gefühle sortieren. Ines wäre ziemlich erstaunt, wenn sie wüßte, wie es mir geht. Aber ich muß jetzt zu ihr. Hoffentlich ist die Pause bald zu Ende.

Endlich. Es geht weiter. Die Jupitersinfonie kenne ich, sie wird mich sicher nicht aufwühlen. Immer noch spüre ich den Atem der Bratsche auf meiner Haut, den pulsierenden Rhythmus in meinem Körper. Applaus? Ach, das ist schon der Schluß. Wie schnell das ging. Ich muß mit meinen Gedanken zwischendurch ganz weggetaucht gewesen sein. Ines fragt mich, wie es mir gefiel, und ich kann außer «Gut» gar nichts sagen.

Als Astrid nach Hause kam, saß Hans vor dem späten Fernsehkrimi. Ihr «Hallo» erwiderte er kaum. Einen Moment lang überlegte sie, sich zu ihm zu setzen. Bei der Vorstellung hatte sie das Gefühl von einem Stein in ihrem Magen. Sie ging ins Schlafzimmer und entkleidete sich langsam. Sie war sich dieser Tätigkeit bewußt wie schon lange nicht mehr. Sie zog ihr Nachthemd an und legte sich ins Bett. Ich könnte noch lesen, dachte sie, griff nach einem Band Erzählungen, kam aber über die ersten Sätze nicht hinaus. Astrid legte das Buch zur Seite und schloß die Augen. Die feinen Härchen der Frotteebettwäsche prickelten auf ihren bloßen Armen und Beinen. *Immer noch sehe ich es vor mir, die Bewegung des Körpers dieses Bratschisten, im Rhythmus der Musik, eingetaucht in den warmen Klang.*

Hans kam. «Was machst du da?» fragte er. «Du schläfst nicht und du liest nicht? Was tust du?» – «Ich denke nach», antwortete sie in der Gewißheit, daß er nichts weiter würde wissen wollen. Er legte sich neben sie, löschte das Licht im Schlafzimmer und schlief bald darauf ein.

Lange noch lauschte sie seinen vertrauten Atemzügen, dem leisen Schnarchen.

Am nächsten Morgen wartete Astrid, bis Hans aus dem Haus gegangen war. Sie nahm die von ihm zerlesene Zeitung und blätterte im Kulturteil, um eine Rezension zu finden. Die Kritik war gut und lobte besonders den Bratschisten. Es wurde angekündigt, daß er das Stück von Weber am nächsten Tag und am kommenden Freitag in zwei nahe gelegenen Großstädten ebenfalls spielen würde. Kartenreservierung telefonisch möglich.

Ihn noch einmal hören. Das wäre reizvoll. Vielleicht legt sich dann auch meine Ruhelosigkeit, meine Atemnot, wenn ich an das Konzert zurückdenke. Vielleicht bin ich diese Obsession, die mich seit gestern ergriffen hat, diesen Bratschenton im Ohr, im Herzen und überall, wo er nicht hingehört, endlich los. Vielleicht fühle ich mich wieder so warm, so angeregt, aufgeregt.

Astrid griff zum Telefonhörer. Ja, es gebe noch Karten für den nächsten Tag, auch noch ganz vorne, die erste Reihe koste allerdings achtzig Mark. Sie bestellte die Karte. Hans teilte sie am nächsten Morgen nur kurz mit, daß sie abends nicht dasein würde. Sein Abendbrot, einen Schnittchenteller, werde sie in den Kühlschrank stellen. Er fragte nicht, wohin sie ginge.

Die Beethovenhalle war nicht schwer zu finden. Seit mindestens zwanzig Jahren war ich nicht allein in einer Veranstaltung. Wie gut sich das schwarze Abendkleid auf meiner Haut anfühlt. Der Mann, der neben mir an der Garderobe stand, hat mir nachgeschaut, als ich in den Konzertsaal ging, ich habe es aus den Augenwinkeln gesehen. Ein guter Platz ist das hier vorne. Ich werde den Bratschisten voll im Blick haben.

Endlich geht es los. Zuerst Ottorino Respighi, Antiche Danze ed Arie per liuto No. 3. Der zweite Satz beginnt mit einem Solo der Bratschengruppe. Da ist er wieder, der warme Klang. Schon jetzt kann ich mich dem nicht mehr entziehen. Applaus. Jetzt kommt der Weber. Der Bratschist betritt die Bühne. Mein ganzer Körper ist angespannt. Mein Herz schlägt im Rhythmus der orchestralen Doppelschläge und meine Seele will davonfließen. Ich spüre, wie ich mit der Bratsche atme. Die schnellen Bewegungen im ersten Satz berühren mich an den unglaublichsten Stellen. Das Rondo, beim letztenmal noch spielerisch am Anfang, versetzt meinen Puls augenblicklich in eine höhere Frequenz. Die Hand des Bratschisten streichelt den Bratschenhals, als er die großen Tonsprünge überwindet, und ich spüre es wie eine Berührung auf meiner Haut. Die Cantilene der Bratsche nach dem Orchestereinwurf fährt wie ein warmer Wind über mich hinweg, die aufsteigenden Einwürfe sind wie ein Spiel, bei dem eine Hand von unten an meinem ganzen Körper entlang hinaufstreicht. Die Leichtigkeit danach wiegt meinen Körper ein, ich fühle mich jetzt fast schwerelos, bis zum resoluten Tanzthema. Plötzlich stelle ich mir vor, auf einem Fest zu sein, auf dem Land, einen Bauern im Arm, der mich kraftvoll im Rhythmus führt, unter uns dunkelbraune Muttererde. Dann wieder die leichte Melodie. Der Wechsel steigert meine Erregung noch. Meine Blutbahn ist wie mit dem Bratschenklang verbunden und dunkle Ströme durchpulsen mich bei dem Tanz in Moll. Das Rondothema reicht nicht mehr zum Luftholen, und schon sind da die Arpeggien, die schnelle Bewegung, vorwärts treibend, keine Zeit mehr zum Atmen, nur noch loslassen, auf, ab, auf, ab, und die Schlußakkorde, gewaltig, endlich. Pause. Ich kann mir jetzt unmöglich noch eine Symphonie anhören. Was mache ich also? Nach Hause gehen. Jetzt durch die Straßen zu irren wäre schrecklich. Zu Hause ist Hans. Macht nichts. Vielleicht kann ich ja noch etwas än-

dern zwischen uns. Ich fühle mich wahnsinnig erregt, vielleicht kann ich ihn anstecken, unsere Flamme neu entzünden.

Astrid kam ins Wohnzimmer. Hans saß im Sessel und las *Die Anhörung im Verwaltungsverfahren.* «Hallo, Schatz.» Sie ging auf ihn zu, setzte sich auf die Armlehne seines Sessels. «Da bist du ja wieder», erwiderte er ohne von seinem Buch aufzuschauen. Astrid lehnte sich zu ihm hinüber, schmiegte sich an seinen Arm, streichelte mit der rechten Hand seinen Brustkorb. Hans wendete sich ihr zu. «Was ist denn mit dir los?» – «Ich möchte einfach ein bißchen mit dir schmusen.» Astrid beugte sich zu ihm hinüber, um ihn voll und warm auf den Mund zu küssen. Hans wendete den Kopf ab. «Du siehst doch, daß ich lese», antwortete er. *Wie kann er das tun. Hier sitze ich, trage meine Stimmung zu ihm nach Hause wie einen Schatz, und was tut er? Er liest seinen Verwaltungskram.* Sie stand auf, ging ins Bad und stellte sich unter die Dusche. Die Wassertropfen perlten auf ihrer Haut, beruhigten sie wieder ein wenig. Sie rieb sich trocken, schlüpfte in das Nachthemd, legte sich in ihr Bett, löschte das Licht und spürte der Musik nach.

Gleich am nächsten Morgen, als Hans aus dem Haus war, bestellte sie eine Karte für das Konzert am Freitag.

Ich muß verrückt geworden sein. Dreimal in einer Woche dasselbe Stück, das viele Geld dafür, die Fahrten. Aber meinen Körper zieht es dort hin. Ich kann nichts mehr dagegen tun.

Am Abend fragte Hans sie, ob sie am Freitag mitkommen wolle zu der Einladung eines Kollegen. «Ich habe schon etwas anderes vor», erklärte sie. Hans nickte nur. «Ist gut.»

Da bin ich also bei den Symphonikern, auch hier in der ersten Reihe. Den Mann auf dem Platz neben mir kenne ich. Er hat mir in der Beethovenhalle hinterhergeschaut. Ob er auch wegen des Bratschensolos da ist? Oder läßt er einfach kaum ein Konzert aus? Er schaut mich an, an meinem Abendkleid entlang, dem schwarzen, das sich anfühlt wie eine zweite Haut. Er läßt sich Zeit dabei. «Haben Sie Bruno Kaufmann schon einmal gehört?» fragt er mich. Wer ist Bruno Kaufmann? Ach ja, der Bratscher. Daß er auch einen Namen hat, hatte ich längst vergessen. «Ja», höre ich mich antworten. «Er spielt die Bratsche großartig», erklärt mein Nachbar. «Wenn ich kann, lasse ich keines seiner Konzerte in unserer Region aus.» Ein leidenschaftlicher Zuhörer also. Er ist mir sympathisch. Seine Augen sind dunkel, seine Gesichtszüge nicht mehr ganz jung, aber lebendig. «Verstehen Sie etwas von Musik?» frage ich, um zu testen, ob er mir jetzt einen Vortrag hält, wie Hans es täte. «Ich spiele selber Bratsche, aber nicht professionell», antwortet er. Ich betrachte seine Hände, seine langen Finger, stelle sie mir an einem Bratschenhals vor und spüre die Erregung auf meiner Haut unter dem schwarzen Kleid. Der Applaus setzt ein, das Orchester ist auf der Bühne.

Das Konzert beginnt. Endlich der Weber. Der Bratschist atmet ein, ich mit ihm, und die Bratsche beginnt das mir inzwischen vertraute Lied. Mein Körper reagiert sofort, ganz ohne mein Zutun. Ich spüre den sehnsuchtsvollen Klang wie warme Tropfen in meine Hände fallen. Meine Phantasie wird mit den Figuren der Bratsche bewegter, ich spüre jetzt deutlich Verlangen, dunkel, tief in mir, so tief wie die untersten Töne. Das tänzerische Rondothema schiebt das Bedürfnis nur auf, erlöst mich diesmal nicht, läßt nur Zeit, den Drang deutlich zu spüren. Die großen Tonsprünge greifen tief in mich hinein, ich sinke in meinen Sessel. Plötzlich fühle ich in meinem Dunkel eine Hand auf meinem Arm. Eine sehr starke

Phantasie ist das. Ich muß hinschauen, um mich zu vergewissern. Da ist tatsächlich eine Hand! Mein Nachbar schaut mich an, er hat seine linke Hand mit den feingliedrigen Fingern auf meinen Unterarm gelegt. Ich bin verwirrt. Was soll ich tun. Er schaut mich weiter an. Er muß meine Verwirrung bemerkt haben. Er hebt seine Hand und ich spüre den Verlust. Er greift nach meiner Hand, ich umklammere seine wie einen Rettungsring, wie kann ich das tun? Ich kenne ihn gar nicht. Sein Händedruck ist fest und dringend. Die Bratsche ist schon im resoluten Tanz angekommen. Ich will mit dieser Hand im Rücken, von ihr geführt, der Musik folgen, diese Hand auf mir spüren, leicht und schwer, im mollartigen Begehren, dunkel, stark, heftig wechselnd zwischen Höhe und Tiefe. Die Arpeggien treiben nicht nur mich, sondern auch ihn davon. Seine Umklammerung wird stärker, wir können uns kaum noch auf dem Sitz halten, schauen uns an, im gleichen Rhythmus pulsierend, der gleiche Starkstrom fließt durch unsere Adern, gespeist von dem Steigen und Fallen der Bratsche, schneller, schneller und der Schlußakkord. Luftholen.

Noch immer Hand in Hand mit dem Unbekannten stand Astrid auf, gemeinsam gingen sie aus dem Konzertsaal, durch die Halle und nach draußen. Astrid winkte einem Taxi. «*Hotel Wagner*», sagte der Mann, als sie eng aneinander gelehnt auf der Rückbank saßen. Das Taxi fuhr an.

Hans Jürgen Kolvenbach

Annäherungen

Für Anne

Sie hatten sich beim Einparken kleine Dellen in ihre Familienkombis gefahren und sympathisch gefunden. Auf eine Schadensaufnahme hatten sie verzichtet. Sie waren nicht so weit gegangen, miteinander zu einer Tasse Kaffee ins Allkaufrestaurant hochzugehen. Jeder hatte einen Einkaufswagen ausgelöst. Wie geplant. Getrennt hatten sie sich an den üblichen Wochenendeinkauf gemacht, unauffällig darauf geachtet, bei der Rundfahrt den anderen nie ganz aus dem Blick zu verlieren. Sooft es sich ergab, schoben sie ihre Drahtkorbwagen nebeneinanderher, ließen sich ohne Gegenwehr von Dränglern trennen und vom Zufall wieder zusammenführen. Das schien beiden hinreichend unanstößig gegenüber dem unbekannten Unfallgegner, unverfänglich, auch für den Fall, daß ein guter Bekannter ins Blickfeld getreten wäre. In aller Öffentlichkeit fand ihre erste gemeinsame Einkaufsfahrt statt, ohne Austausch weiterer Wörter, in parallelen Bewegungen, wie sie in großen Einkaufszentren üblich sind.

Nur die junge polnische Verkäuferin, die mit den Kunden Blickkontakt zu halten angewiesen war und den Griff nach der geordneten Wurst von der mit einer transparenten Gefriertüte überwölbten Hand erledigen ließ, hielt die beiden bereits am Unfalltag für ein Paar, in den folgenden Monaten immer mehr. Ihr konnten Kunden nichts vormachen, die freitags mit Geduld an der großen Wursttheke anstanden. Die zufälligen Berührungen, mit der sie sich eine Position weiterschoben, wenn eine Kundin mit ihrem Wurstpaket von der Theke sich abstieß, schienen der Verkäuferin nicht ohne Zärtlichkeit.

Mit einem Anflug von Schadenfreude hatte sie ihrem Mann den beschädigten Wagen in die Garage gesetzt. Sie hatte nicht vor, ein Wort über die Delle zu verlieren, am ersten Abend jedenfalls nicht.

Ihr Unfallgegner hatte darauf verzichtet, sich unter den Augen seiner Frau über gewissenlose Autofahrer zu erregen, die fremdes Eigentum beschädigten, ohne eine Nachricht zu hinterlassen. Er wollte das Ereignis für sich behalten, aber nicht verleugnen.

Die beiden Unfallgegner beobachteten nicht ohne Vergnügen, wie das Autoblech im Laufe der Zeit nicht mehr stillhalten wollte, unter dem abgestoßenen Lack Rostfarben auflegte. Ihre Partner fühlten sich gestört von den Stellen, versuchten Reparaturmaßnahmen ins Gespräch zu bringen. Aber die Unfallgegner wichen aus, verfielen in nichtssagende Blicke. Es blieb nicht bei der rostigen Verfärbung. Winzige Beulen stiegen aus der Rostfläche auf, platzten, zogen größere Wucherungen nach sich, führten ein sich beschleunigendes Eigenleben im Autoblech und ruinierten den Wiederverkaufswert der Autos, noch ehe sie aus der Kreditfinanzierung hatten ausgelöst werden können.

Ihre Einkaufsfahrten waren so regelmäßig, wie geldsparendes Einkaufen in einer mittelgroßen Stadt eben zu sein hat, weitgehend wortlos. Höchstens tauschten sie Entschuldigungen oder kurze Fragen. «Wo liegt das Tomatenmark?» Das war auch unter fremden Kunden üblich. Die beiden Unfallgegner allerdings setzten ihre Sätze auf werbende Untertöne und luden Bedeutungen auf, die nur von ihnen erkannt wurden. Vielleicht wäre für sie dieses wöchentliche Einkaufen alltäglich geworden, vielleicht hätten sich ihre gemeinsamen Bewegungen auch wieder verloren. Aber irgendwann fühlte sich nicht nur ihr Mann zu ihr, sondern auch seine Lebensgefährtin zu ihm so hingezogen, daß diese nicht davon abzubringen waren, ihre Partner auf dem lästigen Einkaufsgang zu begleiten und sich an ihrem freien Arm einzuhängen. Obwohl freitags das Durchkommen schwierig genug ist, gelang es den Unfallgegnern während des gesamten Rundlaufes nicht, ihre Ehepartner abzuschütteln.

Daher sah sich die polnische Wurstverkäuferin, während sie ihre rechte Hand die Bestellungen scheibchenweise oder in großen Lagen abarbeiten ließ, dazu genötigt, eine neue Hypothese über die Zusammengehörigkeit ihrer Freitagskunden aufzustellen. Schwer und liebevoll hingen ihre Partner ihnen am Arm, die beiden Unfallgegner vermieden trotzdem nicht, einander, wenn auch nur kurz, zu berühren.

Noch nie hatten sie den Allkaufladen so gemocht wie an diesem Tag. Unabsehbar dehnten sich die Entfernungen zwischen spanischen Erdbeeren und Toilettenwatte, Parmaschinken und der *Frankfurter Rundschau*, Teelichtern und Billigsocken im Dreierpack, Qualitätskassetten und Mummsekt. Immer neu aufeinanderzufahren, anecken, sich verlieren, plötzlich unvorhersehbar finden hinter Essig und Öl oder bei tiefgefrorenen Silbersardinen mit erloschenen Milchaugen. Im Gedränge, im Augenblick des Aneinandervorbeigeschobenwerdens konnten die getrennten Hände der Partner nicht anders, als übereinanderherzustreicheln.

Ihren Partnern hatte die ausgedehnte Einkaufsfahrt mit den überlangen Umwegen gut gefallen. Sie hatten mitbekommen, wie, trotz ihres festen Armgriffs und obgleich der Einkaufswagen mehr und mehr mit den wenig überraschenden Dingen gefüllt werden mußte, neben ihnen ein vertrauter Mensch weicher atmete als gewohnt, sich in warmen Düften aufzulösen und vorauszuschweben schien. Das hatten sie als die erwünschte Antwort gedeutet. Hatten sie doch selbst wie schon lange nicht mehr ihre Partner an diesem Tag anziehend gefunden. Und so blieben zwei Kombis über mehrere Stunden in zwei weit auseinanderliegenden Stadtteilen derselben mittelgroßen Stadt achtlos geparkt auf der Straße stehen, unausgeladen.

Sieben Tage später öffnete sich Allkauf wie gewohnt gut sortiert. Die Wagen der Unfallgegner näherten sich nicht wie gewohnt zur Öffnungszeit, aber doch zugleich dem Areal, stießen im selben Augenblick aus der Zubringerstraße auf die Parkflächen vor, bogen wie üblich in die dritte Parkgasse unter den Regendächern nahe dem Haupteingang ein, besetzten aber nicht wie üblich zwei der am vorgerückten Morgen noch freien Plätze, sondern fuhren zögerlich alle überdachten Gassen ab, entfernten sich vom Eingangsbereich mit Fischbude und Blumenangebot, bis sie endlich dort, wo sich die nicht mehr markierte Asphaltfläche unmerklich in das haltlose Grau des Himmels verlor, zum Stehen kommen mußten.

Sie hielten das fällige Markstück für den Einkaufswagen nicht bereit und verzögerten den nächsten Schritt.

Durch zwei ungeputzte Seitenfenster tauschten sie ein Lächeln voll Einverständnis. Er stieg aus seinem Familienkombi und stieg in ihren Traum. Sie tauschten noch einmal ein Lächeln, aber keine Berührung, kein Wort. Sie fuhr los, unbeachtet ließen sie seinen Wagen in ihrem Rückspiegel verschwinden. Die Autofahrt verlief ohne Absprache. Sie redeten nicht, sie legte keine Kassette ein.

Die Stille war schwer auszuhalten. Versuchsweise folgte sie dem ersten Auto mit ausländischem Kennzeichen. So kamen sie auf die Autobahn Richtung Lüttich und darüber hinaus.

Vielleicht hätte sie den Abzweig Paris gewählt, aber ein Rückstau machte das Ausweichen auf die freie Strecke Richtung Brüssel zwingend. Als sie zum zweitenmal in einem zähen Fließstau festsaßen, war Brüssel noch längst nicht in Sicht, und sie entschieden sich für die nächstbeste Ausfahrt. Die Landstraße führte sie parallel zur Autobahn. Die kleinen Orte zogen schnell vorbei, bekamen keinen Namen und hatten nur selten mehr als zwei große Kreuzungen. Die Natursteine der Häuser, grau, vom verflossenen Durchgangsverkehr angerußt. Die aufgestrichene Großwerbung, verwittert, blätterte ab von ungeschützten Giebelwänden freistehender Häuser. Frisch plakatiert war nur die Aufforderung zu wählen. Die Köpfe der Kandidaten wiederholten sich. Manchmal wurde vor der lädierten Fahrbahn gewarnt. An dieser Straße hätten sie niemals ein Hotel vorbestellt, aber ihre Ungeduld beendete ihre Fahrt vor einem bockig in die Landschaft gesetzten Hotel.

Sie hatten bis zu diesem Augenblick nichts von ihrer Ankunft gewußt. Die Männer, die schon den ganzen Vormittag wie alle Tage vorher vor dem einzigen Straßeneckcafé saßen, erwarteten die Fremden, die aus ihrem Alltag getreten waren. Die beiden mußten durch den Blick der Männer. Daß sie in der Mittagszeit das leere Hotel betraten, reichte den Beobachtern, ihnen Geschichten anzuhängen.

Die Männer konnten, ohne ihre Zigaretten aus dem Mund zu nehmen, dem Pärchen bis zur Rezeption neben dem Treppenaufgang hinterhersehen. Die Glastür, immer gerade frisch poliert, ließ den Blick beinahe ungehindert durch. Keine Fachkraft an der Rezeption, nur die Tochter des Besitzers und das Aufwartemädchen für die Zimmerarbeiten, in unverständlichem Französisch albernd. Ihr Zimmer war frei.

Ohne Begleitung stiegen sie in die erste Etage. Als die Treppe einen schroffen Knick machte, verloren sich ihre Hochhackigen bonbonrot aus dem Blick der Männer. Um alle Zimmer lief ein breiter Balkon, angebaut, noch unverputzt. Blicke von der Straße warf er schroff zurück. Sie waren die einzigen Gäste, am Abend würde das Licht verraten, welches Zimmer sie bezogen hatten.

Sie waren ohne Gepäck. Sie blieben im Raum stehen. Es gab kein Telefon. Es gab keinen Grund, sich erst einmal auf die Bettkante zu setzen und zu telefonieren. Es gab keinen Fernseher, aber wie hätten sie den auch einschalten sollen. Von überall fiel Sonnenlicht aus einem beinahe fleckenfrei blauen Himmel, den sprunghafte Hügelketten schmalgedrückt hielten.

Er versuchte, die orangefarbenen Vorhänge vorzuziehen. Sie nutzte diese Gelegenheit, ihre Hand auf seine Hand zu legen und das Vorziehen der Vorhänge sanft abzubrechen. Ein Teil des orangen Vorhangs blieb ein kurzes Stück weit aufgezogen. Der Balkon war erst bei der letzten Modernisierung angebaut und durch große Türfenster von zwei Zimmerseiten aus begehbar gemacht worden. Die Liegestühle standen vergeblich leer. Das Zimmer war umgeben von Doppelverglasungen. Die zwei übriggebliebenen Wände zeigten die alten Muster auf einer dunklen Textiltapete. Die Zimmerwände hielten nur wenig Dunkelheit im Raum, die alte Stuckdecke stieß hart an die goldenen Alurahmen der Glasinstallation. Die linke Fenstertür zeigte hinter dem Balkon den Hof des Nachbarn. Knallroter Lastwagen, frisch gewaschen, Frau im roten Rock, er mit freiem Oberkörper. Liebte gerade sein Auto.

Die Frau aus dem Nachbarhof blickte zu der Bewegung am Fenster hoch. Die beiden traten etwas vom Fenster weg und standen jeder für sich im Zimmer.

Er hätte sie jetzt hinter dem Hauptausgang von Allkauf in den leerstehenden Personaleingang ziehen mögen, einfach nur hinter die Tür, um sich an ihr rauf und runter zu küssen, oder sie hinter der Fischverkaufsbude abrupt vom Boden reißen und über ihr zurückfallendes Gesicht herküssen wollen.

Sie hätte gerne seine Hand mit den langen ausgeprägten Fingern über den grünen Marmortisch eines Wiener Kaffeehauses auf sich zu ziehen mögen, aber sie sah nur einen schweren Eichentisch mit rotem Läufer und gelben Wachsblumen.

Ihm fiel ein, daß es sinnvoll sein könnte, nach der langen Fahrt erst noch zur Toilette zu gehen. Im Zimmer kein Bad, keine Dusche, bloß ein Waschbecken, das bewegungslos auf seinem kurvigen Abflußrohr durchs Zimmer schwebte, knapp unter dem kleinen Spiegel her.

Toilette auf dem Gang gleich nebenan. Die Spülung würde man im ganzen Haus hören. Der enge Kloraum war frisch renoviert, neben dem Hängeklo ein Urinierbecken. Das Pinkeln schien ihm unpassend, aber ihm wurde überraschend bewußt, daß jeder Mensch alle vier Stunden zur Toilette mußte, daß ständig und überall Menschen für einen Moment von ihren Tätigkeiten, egal wie feierlich oder alltäglich sie waren, Abstand nehmen mußten, und ihn überkam das Gefühl, einen neuen Gedanken zu denken.

Sie hörte die Wasserspülung, die er mehrfach in Gang setzte. Ihr Blick blieb bei dem Schlüssel in dem veralteten Türschloß. Sie überlegte, daß es eigentlich komisch wirken müßte, sich mit einem fremden Mann einzuschließen. Die Tür nicht abzuschließen, hätte sie unerträglich gefunden. Sie wollte aber nichts tun, was in irreführender Weise eindeutig hätte erscheinen können. Das war schwer zu vermeiden, wenn sie nach seiner Rückkehr die Tür abschließen würde. Als er wieder ins Zimmer trat, fiel ihr nichts Besseres ein, als ebenfalls einen Gang zur Toilette einzuschieben.

Sie hätte es nicht gut gefunden, wenn er bei ihrer Rückkehr schon ausgezogen im Bett gelegen hätte, trotzdem hätte das die Sache erleichtern können. Noch schlimmer die Vorstellung, er mit einer Flasche Champagner vom soliden Tisch aus sie anmachend.

Er war weder im Bett noch am Tisch. Er sah einem Triebwagen hinterher, der vom nahen Zwergbahnhof kommend quer durch das bergige Feld fuhr und, als sie eintrat, kurz aus dem Blickfeld verschwand, dann wieder schräg in der Kurve liegend im rechten Fenster länger zu sehen war, bergwärts fahrend, eine Kreuzung passierte, schließlich, schon sehr geschrumpft, unmerklich in den Hügeln verlorenging. Sie hätte den Schlüssel umdrehen können, das wäre ein Signal gewesen. Sie ging aber zum Fenster und verfolgte das Wiederauftauchen und Verschwinden der Schmalspurbahn. Sie fragte ihn, ob er lieber mit dem Zug hergekommen wäre. Er fragte sie, ab wann sie ihren Mann nicht mehr für einen fremden Mann gehalten habe. Sie sagte ihm, daß sie sich nicht daran erinnern könne. Vielleicht war kennen immer wieder sehen, mehr nicht. Er wußte selber nicht, warum er seine Frau nicht fremd fand. Sie standen immer noch im Raum, fanden es nicht mehr so unangenehm. Sie dachten darüber nach, wie lange man es schafft, sich fremd zu bleiben. Im Nachbarhof wurde der Lastwagen gestartet. Der Mann mit dem freien Oberkörper beugte sich im Abfahren aus der Fahrerkabine, vermutlich schrie er der Frau etwas zu.

Die Frau war sehr jung, ihr roter Rock bewegte sich in das schattige Haus zurück, nicht ohne zu wissen, daß das Mittagspärchen ihn nicht aus den Augen lassen konnte. Beifallssüchtig kam der Rock gleich schon wieder ins Bild. Der kleine gelbe, schaukelnde Plastikeimer, den die junge Frau trug, zwang sie noch stärker, ihr Becken gegen das lastende Gewicht hochzudrücken. Das bekam dem roten Rock.

Er blieb am Fenster stehen, aber sagte ihr, daß er sie so schön finde. Der Satz war nicht sehr neu. Sie hatte ihn lange nicht gehört und wollte es glauben. Sie sagte nichts, bekam etwas weichere Empfindungen. Sie wollte ihm zeigen, daß sie es sich nicht so schwer machen müßten. Sie fand die Lösung für das Türverschließen. Sie nahm ihn bei der Hand und forderte ihn auf, die Tür abzuschließen.

So machten sie es gemeinsam und hatten Spaß daran. Beinahe im selben Augenblick mußte das Mädchen die Treppe hochgekommen sein. Es wollte etwas von ihnen in unverständlichem Französisch. Sie antworteten nicht. Die Türklinke bewegte sich zweimal nach unten. Das Schloß hielt. Das Mädchen schien sich zu entfernen. Sie tauschten einen Blick, in dem Verschwörung blinkte. Es wäre das einfachste gewesen, es in diesem Augenblick erst einmal zu machen. Das *grandlit* quietschte etwas, war im übrigen fest. Als sie sich auf die Bettkante niedergelassen hatte, war ihr nicht mehr so klar, ob sie sich mit ihm in ein unglaubliches Erlebnis hatte stürzen wollen oder ob sie erst noch einen Spaziergang in das Hügelland vorschlagen sollte.

Während er sich im Bereich ihrer Hochhackigen zu schaffen machte, überschlug sie, wie lange sie mit ihrem

Mann noch die Hypothek für die Eigentumswohnung abtragen mußte.

Er hoffte, daß es bei ihm nicht zu schnell gehen würde. Ein Spaziergang in das Hügelland hätte ihm ermöglicht, unauffällig die Frage nach AIDS und Verhütung zu stellen. Das hatte er sich fest vorgenommen. Als er merkte, daß die Zeit drängte, entschied er sich für das Risiko, das ungeplante und überraschende Ereignisse nun mal mit sich bringen. Er war bereit zu sterben, also liebte er sie heftig.

Sie hätte auf gar keinen Fall sterben wollen, konnte sich aber in diesem Augenblick nicht einig werden, ob sie in dem Leben, wie es sich mit ihrem Mann so ergeben hatte, noch länger aushalten mußte, sie fand es einfacher, erst einmal leidenschaftlich zu sein.

So hätte etwa neun Monate nach dem ersten Zusammenstoß auf dem Allkauf-Parkplatz ihr ungeschütztes Aufeinanderprallen in einem routinierten *grandlit* seinen Lauf nehmen können, wenn nicht in diesem Augenblick von rechts der rote Rock langsam ins Bild geglitten wäre. Die junge Frau vom Nachbarhof hatte begonnen, die lange Glasfassade mit einem Fensterputzgerät zu bearbeiten. Die beiden vermuteten, daß das Mädchen von der Rezeption sie auf dieses Ereignis hatte hinweisen wollen.

Die Fensterputzerin nahm Blickkontakt auf. Durch etwas überhastet ersonnene Aufräumbewegungen versuchten sie der sehr jungen Frau klarzumachen, daß sie überhaupt nicht störe. Es schien ihnen zu spät, die Vorhänge vorzuziehen, und der Gedanke, die Liebe vor den Augen der schönen jungen Frau einfach zu machen, tauchte bei ihnen beiden zwar im selben Augenblick in den hintersten Ecken ihrer Phantasie auf, aber die hatten sie selbst noch nie betreten, den anderen hätten sie da auf keinen Fall hineinziehen mögen.

Die Fensterputzerin hatte Routine. Der Tag war immer

noch zu hell, als die Fensterflächen frisch geputzt waren. Es erschien ihm günstiger, die orangefarbenen Vorhänge vorzuziehen, obwohl das im Nachbarhof als Geständnis gedeutet werden mußte. Nun hinderte sie ihn nicht daran. Verdunkelt war das Zimmer dadurch immer noch nicht. Es gab keinen Grund mehr, die Sache hinauszuzögern. Entschieden stürzten beide sich in unbekannte Küsse, nahmen sich den Abstand weg und wechselseitig die Kleidung. Die Luft umfloß sie warm. Sie rieben ihre Nacktheit aneinander heiß, mischten, während ihnen die Augen verlorengingen, ihre Körper in ungeordnete Erregungen.

Als sie aufwachte, versuchte sie zuerst die Uhr zu lesen. Es war nach zehn. Ihr war sofort klar, in welcher Lage sie sich befand. Als sie von der Toilette zurückkam, zog sie die farblos und schwer lastenden Vorhänge beiseite. Er erwachte mit dem Geräusch. Vor ihren Augen stürzte sich die Dunkelheit über weiße Laternen, Fledermäuse hinter sich herziehend. Die größte Laterne hielt vor ihrem rechten Fenster, in weitem Abstand zogen die anderen die Feldstraße entlang in die Hügel, zerflackerten im mondlosen Dunkel.

Sie mochten beide nicht sagen, daß sie Hunger hatten. Sie ging zurück zum *grandlit* und legte sich zu ihm unter das Bettuch. Für einen Moment hatten sie Spaß daran, herauszufinden, auf welche Weise sie sich liegend im Arm halten könnten. Ihm kam der Verdacht, daß sie an zu Hause denken könnte. Mit ihrem Mann hatte sie bestimmt schon längst die optimale Liegestellung herausgefunden. Er traute sich nicht zu fragen. Sie meinte für einen Moment, daß sie beide wirklich Tomas und Teresa wären und von nun an immer und immer wie die beiden sich ihre Hände im Schlaf halten dürften. Sie war sich plötzlich sicher, daß er in diesem Augenblick an denselben Roman und dieselbe Stelle denken mußte wie sie. Sie hätte ihn gerne gefragt, fürchtete aber, ihn zu kränken. Sie fragte ihn, was er gerade denke. Sie blickten beide vom Bett aus hoch zu der wegdämmernden Stuckdecke. Er antwortete nicht. Sie fühlten ihre Haut aufdringlich, fremd, weich und sanft. Sie freute sich, daß der Mann keine reibige Haut hatte. Beide fühlten sich gut in dem unvertrauten Geruch des anderen. Sie überlegten, ob sie nicht doch vorbeugend irgendein Parfum hätten auflegen müssen.

Auf der Landstraße mußten Straßenrennen ausgebrochen sein, schrille Jungen spielten im engen Nachbarhof Fußball, ein Zwingerhund bellte hinter jeder Ballabgabe her, aus den Hügelketten jaulten andere Zwingerhunde. Immer wieder hielt ein Wagen oder ein Moped bei der Eckbar, Motoren liefen oder wurden hochgedreht oder neu angeworfen.

Er erinnerte sich, daß er in einem Abenteuer steckte. Er fühlte sich genötigt, etwas zu unternehmen und machte sich daran, in noch unbestimmter Absicht über sie herzutasten. Da sagte sie: «Erzähle mir eine Geschichte!» Seine Annäherungen brachen ab. Er fühlte sich ertappt. Das Bett fiel unter ihm weg. Er sah, wie unwirtlich das Zimmer war, in dem er lag. Sie genoß, daß sie ihn in Zugzwang gebracht hatte. Sie war neugierig, wie er sich freikämpfen würde. Sie ließ sich nicht anmerken, daß sie wußte, worum es ging. Er dachte keinen Augenblick, daß sie im Unrecht sein könnte. Er versuchte erste Sätze, merkte, daß sich an ihnen keine Geschichte aufziehen ließ.

Er sah im dunklen Laternenlicht ihren Kopf an der hochaufgereckten Nase dicht neben sich durch das Zimmer dahingleiten. Ihr Mund ein wenig offenstehend, unbewegt wie die Öffnung zu der Totenmaske, die nach ihrem Tod anzufertigen sein würde. Alle Farben in die

Dunkelheit verflossen, still drückten sich die Schädelknochen durch die erstorbenen Wangen, um so lauter hörte er die Geräusche von draußen und dagegen an, nur ganz vage, wie nicht, aber doch erschreckend, einen Seufzer oder Angstschrei aus ihrem Mund.

Beide horchten ins Treppenhaus. Sie sprachen nicht darüber, was der andere gehört haben könnte.

Sie zweifelte einen Moment, mit wem sie sich wohl eingelassen hatte, ihre linke Hand tastete an den Strukturen der eher kühlen Textiltapete nach irgendeinem Anhaltspunkt, unvermittelt trat ihr beruhigend der Vater zur Seite. Sie erinnerte sich, wie ihr Vater so oft die Ungeheuer, die sich beim Dunkelwerden aus den Mustern ihrer Kinderzimmertapete herauslösten und über ihr Bett hermachten, verscheucht hatte.

Sie fühlte sich plötzlich sehr stark und sehr, sehr groß, sie setzte sich auf, befeuchtete ihren rechten Zeigefinger mit Spucke und rieb dem Mann neben sich satte, nasse Kreuzzeichen erst mitten auf die Stirn, auf die Stelle, wohin die Gewehre der Erschießungskommandos in Filmen immer gerichtet sind, dann abwärtsgleitend erst auf das linke, dann auf das rechte Augenlid. Ihr Finger ließ sich auf den Augen nieder, folgte der still kreisenden Form und geriet in Bewegung.

Die kreisende Reibebewegung machte ihr Spaß. Sie ermahnte ihn, die Augen zu schließen und geschlossen zu halten. Über ihn gebeugt rieb sie seine Geister aus. Er mußte sie immer wieder loben mit geschlossenen Augen. Sie wollte wissen, daß es ihm gut tat. Ihm fiel plötzlich auf, daß sein Mund nicht mehr trocken war und daß er hätte beginnen können, eine Geschichte zu erzählen. Aber er hatte keine. Er hatte sein Leben geordnet, hatte die vielen Ein- und Ausgänge, die zwischen dem großen Urlaub und der Steuererklärung zu bewältigen waren, pünktlich erledigt. Er hatte sich von dieser Fahrt einiges versprochen, aber nicht damit gerechnet, auch noch Geschichten erzählen zu müssen.

Wie sie über sein Gesicht herrieb und mit ihren Brustwarzen geheime Zeichen einritzte, unlesbar und doppelt dazu über seine Haut hin, quer und unsortiert und aus allen Linien springend, und die Punkte durch ein kurzes Aufdrücken ihrer Brüste setzte, verlor sich seine Bitterkeit, die sich gegen sie zusammenzuziehen begonnen hatte. Die Vorstellung, daß er neben einer fremden Frau im Bett lag und sich auf etwas eingelassen hatte, von dem er schon nicht mehr wußte, ob er es überhaupt wollte, verlor an Kontur. Ihr Geruch breitete sich über ihn, er vergaß, gab sich unbestimmten Bildern hin und schickte statt einer Geschichte erneut seine Hände vor, denen sich auch sogleich die erhofften Antworten mitteilten.

Für einen Moment faßte ihn die undankbare Erinnerung an die sprödere Haut seiner Frau, die sich noch nie so weich hatte anfühlen lassen. Warum wurde in Heiratsannoncen nie etwas für geschlossene Augen verraten.

Es konnte nicht mehr dunkler werden, aber die Jungen spielten weiter Fußball, die Gäste des Straßencafés hatten den Tag noch lange nicht aufgegeben. Es wäre nicht übel aufgenommen worden, wenn das Mittagspärchen noch einmal sein Hotelzimmer verlassen hätte, um sich unter die Gäste an der Bar zu setzen.

Die rundum verspiegelten Wände vermischten die Männer an den Tischen mit den Reisenden, die meist weitergingen zu den Hockern an der Bar. Obwohl beide Fernseher Sportnachrichten brachten, hätten die Männer sympathisierende Blicke oder interessiertes Getuschel für das ausländische Pärchen freizumachen gewußt.

Der Schritt aus ihrem Hotelzimmer hinaus schien in diesem Augenblick nicht angebracht. Sie hatte seine Handbewegungen erhofft und wollte nicht mehr auseinanderhalten, wo seine Fingerkuppen anfingen und ihr Körper endete, allerdings hatte er begonnen, an anderen Stellen ihres Körpers andere Geschichten zu erzählen, als sie sich erträumt hatte. Einen Augenblick dachte sie an die vertrautere Hand ihres Mannes, dann fiel ihr die große, tröstende Hand ihres Vaters ein. Seine Geschichten hatten ihr immer gefallen. Sie spürte ihren Körper zurückkehren und bei ihr stillstehen. Er hatte nichts bemerkt, seine Fingerbewegungen wollten nicht aufhören. Sie fragte ihn, ob er die Geschichte vergessen habe, ermahnte ihn, endlich zu erzählen, drehte sich von ihm weg auf ihre Bettseite. Da lag er alleine mit all seinen Gefühlen, fühlte sich nicht im Unrecht, genoß es, beleidigt Bitterkeit in sich aufsteigen zu lassen. Zu gerne hätte er sie angesehen und sie gefragt, auf welche Weise sie am liebsten beerdigt werden würde.

Die Geräusche der Straße wurden leiser, um Mitternacht beendeten die Jungen mitten im Schuß ihr Ballspiel. Die Stuckdecke kaum noch zu sehen, die Straßenlaternen dunkel. Sie fragte ihn, ob er gekränkt sei. Er konnte nichts antworten.

Er überlegte, ob sie in ihrer Ecke geweint haben könnte. Vielleicht hatte sie sich belustigt. Er wünschte sich den Morgen. Er wußte nicht, warum er weiter in diesem Zimmer liegen sollte. Er fühlte sich auf das Bett genagelt, wie er das nur in seiner Kindheit erlebt hatte. Er wollte sich ihr nicht soweit ausliefern. Er wollte ihr nicht verraten, wie sie ziemlich schöne Hoffnungen abrupt enttäuscht hatte. Es schien ihm ein kluger Schritt, ihr mitzuteilen, daß er sich angenagelt fühle wie ein Kind und daß er sich wohl in seiner Kindheit, aber seitdem schon lange nicht mehr, so mies gefühlt habe im Bett. Sie reagierte nicht darauf.

Sie hatte zugehört und wollte nun wissen, warum er sich in der Kindheit im Bett wie angenagelt gefühlt habe. Sie konnte das nicht verstehen. Sie liebte das Träumen im Bett, hatte sich versteckt und hineingekuschelt in warme Bettwäsche als Kind und später und wollte sich nicht vorstellen, daß es unangenehme Lagen im Bett überhaupt geben konnte.

Er dachte einen Moment, daß ihr Interesse nicht in die Richtung ging, in die er es hatte lenken wollen. Er hatte sich von seinen Sätzen eine andere Wirkung erhofft, aber es tat ihm trotzdem gut, zu erzählen, woran er sich in diesem Augenblick zum erstenmal seit vielen Jahren erinnerte.

Oft hatte er sich als Kind mit ganzer Ohnmacht zwischen seinen Vater und seine Mutter geworfen. Erfolglos. Nicht einmal hatte er seine Mutter vor den ziellosen Schlägen des Vaters schützen können. In so vielen schwarzen Nächten hatte er in seinem Kinderbett gelegen, angenagelt durch die von weit her herantobende Stimme des Besoffenen. Am nächsten Morgen konnte sich sein Vater an nichts erinnern, schob alles auf den Alkohol und ließ sich von der Mutter mit nassen Tüchern pflegen. Wenn er wollte, konnte sein Vater auch charmant sein. Nur eins duldete er nicht, daß die Mutter rauchte, was sie gerne getan hätte und heimlich auch tat.

An einem schönen Sommerabend suchte sein Vater einen Grund zu neuem Streit, gab vor, Zigarettenrauch zu riechen. Er bot dem Jungen an, länger aufbleiben zu dürfen, wenn er zugeben würde, daß die Mutter an diesem Tag geraucht hatte. Er konnte sich von dem Licht und der Wärme nicht trennen. Die Mutter war von dem Sommertag nicht beeindruckt, unnachgiebig wollte sie ihn zu Bett schicken. Der Vater versicherte dem Jungen, daß er länger aufbleiben dürfe, wenn er die Wahrheit sage. Die Mutter hatte an diesem Tag geraucht. Der Junge sagte die Wahrheit. Der Vater hatte den Grund, den er gesucht hatte. Der Junge durfte länger aufbleiben.

Während er erzählte, hatte sie sich ihm zugewendet. Sie versuchte, sein Gesicht in der Dunkelheit zu sehen. Sie ahnte, daß ihr Abenteuer zu Ende ging. Sie sagte ihm, daß er diese Geschichte bestimmt gerade zum erstenmal in seinem Leben erzählt habe. Er wunderte sich, woher sie das wissen konnte. Sie hatten doch noch kaum miteinander gesprochen. Sie erschraken beide und freuten sich.

Sie setzte sich gegen die Rückwand und brachte ihn dazu, daß er seinen Kopf in ihren Schoß legte. Sie lagen im dunklen Licht der mondlosen Nacht. Sie spürte zwei Narben auf, die sich über seinen Nasenrücken zogen. Sie wußte, daß sie in diesem Augenblick alles entscheiden konnte, sie hatte ihn in der Hand. Sie zögerte, während ihre Finger über sein Gesicht hinstreichelten, ob sie nicht doch die Dinge lassen sollte, wie sie waren. Sie versuchte, sich an ihren Mann zu erinnern. Sie ahnte, daß sie dem Mann, der ihr gerade im Dunkeln seine Geschichte ausgeliefert hatte, bald antworten mußte. Sie sagte nichts.

Sie fühlte, daß seine Ohren verschlossen waren. Er mußte beinahe jede Antwort fürchten. Der Kettenhund vom Nachbarhof heulte zu ihnen hoch, sie erinnerte sich an den roten Rock und verlor alle Einzelheiten, an die sie gerade noch gedacht hatte. Sie nahm den fremden Mann in ihre Hände und machte sich ohne Scham über ihn her.

Irgendwann ließen sie wortlos und ohne einen Gedanken für den nächsten Tag den Schlaf über sich gleiten.

Peter Bosch

Das Magnesiumbergwerk

‹Sugana› sagten sie zu ihr, denn wie sie wirklich hieß wußte keiner. Sugana, die Prinzessin des Magnesiumbergwerkes. Staublungen hatte sie, wie alle die Kerle hier. Rum schüttete sie in sich hinein, wie andere Wasser, denn sonst hätte sie es dort nicht ausgehalten. Sie war die einzige Frau, und die Männer standen bei ihr an. «Sugana», grölten sie, «Prinzessin», und griffen ihr zwischen die Schenkel, denn meistens waren sie genauso besoffen wie sie. Sie bezahlten, und Sugana kaufte neuen Rum.

Am Wochenende fuhren sie heim, nur Sugana blieb. «Wir kommen wieder!» riefen sie zum Abschied, und Sugana wußte, daß es wahr sein würde.

Am Samstag kamen die Vögel, tauchten auf am Himmel, der an manchen Tagen sogar blau wurde, der Staub senkte sich, legte sich auf die Felder, weißlich, und die Schwalben konnten wieder freier atmen. Für drei Nächte und zwei Tage blühten wieder Blumen auf den Feldern, und die Straßen rochen nicht mehr nach Schweiß. Die Stahlseile wurden kalt, und in den Aufzügen der Schächte nisteten die Mäuse. Am Morgen war der Himmel wie braunes Packpapier, Wolken mit schwachen Linien darauf gezeichnet. Sugana ging auf die Felder und nahm die Zuckerrüben mit nach Hause.

Kein Buch war da zu lesen, keines, das sich gelohnt hätte. Für die, die da waren, war sie zu müde, und die, die sie wollte, waren nicht da. Und wenn sie doch da gewesen wären, wäre sie dafür wahrscheinlich auch zu müde gewesen. Anscheinend gab es kein geeignetes Buch für eine wie sie, und am Montag, noch vor Tagesanbruch, waren die Männer wieder zurück und verschwanden im Loch, im Berg.

Am Abend kamen schon wieder die ersten und legten sich auf sie.

Die Wäsche wurde nicht sauber auf der Leine und kaum trocken im Winter. Die Wege voll Schlamm und gefroren, eine zerbrechliche Eisschicht lag über allem, und hätte einer ihren Kopf berührt und nicht nur ihre Scham, er wäre genauso zersprungen, klirrend, wie die dünnen Eiskristallplatten über den Fußspuren der brüchigen Stiefel.

Zum Büro der Gesellschaft führte ein Steg aus gutem Holz, mit einem notdürftigen Geländer, und Brennesseln standen am Rand, die einzigen, die auch unter der Woche nicht aufgaben. Doch nie setzte sie einen Fuß darauf, geschweige denn hinüber. Wenn sie schon Prinzessin zu ihr sagten, so war das verbotenes Gelände, wie in den alten Sagen, doch nicht weil hier ein Schild stand, kein «Betreten verboten» und keine Wache, kein Fluch oder Zauber versperrten diesen Weg, nur ihre Vorstellung von denen, die dort drüben waren. Das waren die, die nie zu ihr kamen, die sie wahrscheinlich nicht einmal kannten, die jeden Tag nach Hause fuhren und ihre Schuhe putzen ließen, wenn sie versehentlich einen falschen Schritt gemacht hatten, einen abseits der schmalen, trockenen Wege. Und wenn sie sich zu einer wie ihr legten, dann taten sie's in der Stadt bei den Parfümierten und zahlten das Zehnfache.

«Niacin heiße ich», sagte er zu ihr, schwarze Lackschuhe und Krawatte, so stand er vor ihr auf der Brücke und streckte ihr seine Hand entgegen. Sein Hemdkragen war weiß und die Augenbrauen blond und jung. «Niacin», und er lächelte dabei.

«Prinzessin, komm!» packte sie grob eine Stimme von hinten an der Schulter. «Ein Hunderter, und du machst mir's so wie immer, ja?!»

Lisa Böll

Die Frau mit der Handtasche

Sie sind der Herr vom Rundfunk? – Ach, bitte, kommen Sie doch herein. Ja, hier. Ihren Mantel, bitte. Ja, und nun ‹rein in die gute Stube!›, Sie sehen schon, ein Männerhaushalt … Aber bitte, nehmen Sie doch Platz. Ja, dort.

Nun, da sind Sie also. Tja, etwas erzählen sollte ich Ihnen. Wissen Sie, ich bin ein einfacher Mann. Aber gut. Um die «Geschichte eines Bildes» hatten Sie gefragt. Na denn. Bevor ich es vergesse: Kaffee? – Ja, Sie haben recht, nicht das Bild, das überm Sofa hängt, sondern das, was vor Ihnen steht, habe ich für diesen Anlaß ausgesucht. Also –

Es war ein Morgen so wie dieser. Mit diesem Wetter so wie jetzt, daß man eigentlich nicht weiß, ob's Frühling oder Herbst ist. Ich räumte gerade den Frühstückstisch ab. Da klingelte das Telefon. Am anderen Ende der Leitung war eine Frau. Josephine Godehard hieße sie, und ohne viel Umschweife zu machen, fragte sie mich, ob ich sie malen wolle.

Nochmals, ohne Ihnen eigentlich erklären zu können, warum die Leute nun einmal so verrückt auf meine Bilder sind, die Frage an sich ist für mich – nun – doch beinahe ‹alltäglich› geworden.

Ich wußte doch, daß etwas fehlte. Die Plätzchen!

Sehen sie, es hat alles angefangen mit einem meiner bevorzugten Indianerköpfe. Der hatte das Titelblatt einer Literaturbeilage geschmückt. Und plötzlich war ich – ‹entdeckt›! Galeristen schlugen sich um mich. Verlage baten mich, Bücher zu illustrieren. Bekannte und weniger bekannte Leute wollten von mir porträtiert werden.

Ja, die erste Zeit schon. Da dachte ich: Jungejunge, Josef, da hast du dich ja ganz schön getäuscht in dir. Das kam durch die Leute, mit denen ich plötzlich zu tun hatte, wissen Sie? Alle so wichtig. So voller vieler Worte.

Sie dürfen nicht vergessen, das Malen war ein Hobby gewesen. Mit Mitte Vierzig arbeitslos werden, das ist schon Mist. Da ist der Zug abgefahren. Schluß, Punkt! Da braucht man schon was, was einem Spaß macht. Wovon man am Abend müde ist und wofür man am nächsten Morgen ohne Kater und vor zwölf aus dem Bett steigt. Ich bin allein, verstehen Sie? Und so war das, ich meine, so ging das eben. Das Malen hat mir ganz einfach Spaß gemacht. Und plötzlich war es was! War der Indianer Kunst und ich ein Maler!

Selbstverständlich, Notizen machen dürfen Sie.

Ja, es hat mich verführt. Bitte, schreiben Sie's nur auf! «Zuschlagen» dacht ich und hab am Anfang wie wild produziert. Bis ich mich immer leerer fühlte. Vom sogenannten ‹Kunstbetrieb›, in dem ich mich doch tatsächlich im ersten Rausch zu Hause geglaubt hatte. Zu schämen begann ich mich. Nicht vor den anderen. Vor mir selbst.

Jedenfalls, ich begann wieder da, wo ich vor dem Erfolg aufgehört hatte. Und wie vorher ging ich abends wieder hier in Hein's Eckkneipe und dachte mir: eh du dich versiehst, wird es sich auch alles wieder gelegt haben.

Sie auch noch einen Kaffee?

Natürlich, hinterher habe ich mich gefragt, ob mir schon während des Telefongesprächs etwas aufgefallen ist. Aber im Nachhinein, finde ich, neigt man schnell dazu, das ein oder andere hinzuzudenken. Der Ehrlichkeit halber muß ich darum sagen: ich war grad fertig mit dem Frühstück, da klingelte das Telefon, ich nahm ab, es meldete sich eine Frau und alles war wie gewöhnlich.

Obwohl …

Als es dann soweit war, an dem Tag, an dem wir uns für die erste Sitzung miteinander verabredet hatten, war ich auf unerklärliche Weise aufgeregt. Ich sehe, Sie schmunzeln: nein, das war es nicht. Ja, ich bin ein ‹alleinstehender Mann mittleren Alters›, das schon, aber ich bin keiner, der sich Phantasien macht. Kein leidenschaftlicher Mensch, jedenfalls keiner, der aus dem Moment heraus … Sie wissen schon.

Ich kann begehren, ja, das ja, aber doch nur, wenn ich verliebt bin, eine Zeitlang geguckt habe. So, wie ich nach Heins Schwester geguckt habe. Zum Beispiel.

Ja, nach der habe ich geguckt, Abend für Abend. Und an sie gedacht. Tagaus, tagein. Wie von Hunger erfüllt nach ihr war ich. Nicht so sehr sexuell, nein, hier: einen Hunger des Herzens hatte ich. Einen, der ausstrahlt in die Hände, die berühren möchten. In die Eingeweide, die verschlingen wollen. Verrückt gemacht hat es mich … Aber Josef kriegt ja sein Maul nicht auf. Stehe nur da und sehe zu, wie sie andere bedient, mit anderen spricht, sich zu anderen setzt. Bis Hein «Feierabend» ruft, meinen Deckel abrechnet und ich nach Hause gehe.

Und dann arbeitete sie plötzlich nicht mehr bei Hein. War in eine andere Stadt gegangen, wo sie mehr verdienen konnte als bei ihrem Bruder in der Kneipe. Das war übrigens vor meiner ‹Entdeckung›. – Was meinen Sie, ob sie dort, wo sie nun lebt, von mir, dem ‹Künstler›, gehört hat? Ob Hein es ihr erzählt hat …? – Nein, ich bin nicht gut in diesen Dingen. Mein Kaffee ist kalt geworden, Ihrer auch?

Das also war es nicht an jenem Morgen. Auf die Gesellschaft von Frauen verzichte ich schon lang. Vermisse sie nicht. Bis auf Rosa, ich meine Heins Schwester. Ihr Lachen. Die lacht, daß es in einem reißt. Kennen Sie das? Wirft den Kopf in den Nacken und ihr Lachen lauthals aus sich heraus.

Warum ich immer wieder von der einen zur anderen abschweife ...? Weil, sehen sie, Josephine Godehard, die lacht nicht. Die lächelt noch nicht einmal. Weil, wenn sie lächeln würde, ihr Gesicht zerbräche. Einsamkeit preisgäbe. Furcht. Leid. Da war etwas. Ich spürte es, kaum daß ich ihr die Tür geöffnet, diese etwas zu große, etwas zu kantige Frau hereingebeten hatte. Etwas Starres, Ungesagtes. Und im Nachhinein denke ich, daß ich das gefühlt haben muß während des Telefongespräches. Nicht die Stimme war's, nicht die Worte, nein, das Ungesagte. Und so war es nicht ihre Erscheinung, die mich erschreckte, sondern die Tatsache, daß ich ohne es zu wissen irgend etwas erwartet hatte.

Ich bat sie hier zu mir herein. Ein kleiner Hund folgte ihr. Einer von der Sorte, die alle gleich aussehen und doch keine Rasse sind. Sie wies auf ihn und sagte, der gehöre zu ihr und der solle mit aufs Bild. Und ich hatte noch nicht genickt, da begann sie auch schon, an ihrer Handtasche zu nesteln – einem Modell, so wie man es auf Wohltätigkeitsbasaren noch manchmal finden kann –, und begann – Sie werden es nicht glauben – nach ihrem Portemonnaie zu suchen, mich haspelnd bittend, den Preis des Bildes zu nennen, um ihn sogleich bezahlen zu können. Und so verrückt das alles war, so hastig und ungeschickt – ich war erleichtert, verstehen Sie? Weil die Frau mit etwas beschäftigt war! Denn das hatte ich in diesen wenigen Minuten bereits begriffen: nichts war Josephine Godehard wichtiger, als jede Aufmerksamkeit von sich abzulenken.

Wie sie sich gab. Wie sie gekleidet war. Auf dem Kopf eine graupelzige Kappe, die weder Hut noch Mütze war.

Um den Hals ein geblümtes Tuch, die Farben verschossen. Eine silbriggrüne Jerseyjacke, der Rock rein und faltenlos, schildpattfarbene Schnallenschuhe, in denen knochige Füße steckten. – So sehen arme Frauen aus, die zum Arzt gehen, um zu hören, ob sie Brustkrebs haben.

Und all das lähmte mich, bannte mich. Warum? Weil es wie Requisite wirkte: falsch und doch am rechten Platz. Und plötzlich fühlte ich mich, wie ich so dastand mit dieser Frau und ihrer Tasche und ihrem Hund, wie ein Schauspieler; aber einer, der seinen Text vergessen hat und vergeblich auf ein Stichwort von der Souffleuse wartet.

Erst als sie meine Hand ergriffen hatte und mir mehrere Hundertmarkscheine hineinzudrücken versuchte, kam ich wieder zu mir. Wehrte ab. Fand meine Sprache wieder: nein, Geld im Vorhinein, das nähme ich nie!, und geleitete sie behutsam zum Sessel am Fenster: … nein, übers Honorar, da solle sie sich nun wirklich keine Sorgen machen, das regelten wir schon noch später und gewiß zu beidseitiger Zufriedenheit. – Darum, wissen Sie, liegt es nicht am Geld, daß sie das Bild, das nun doch seit Wochen fertig ist, nicht abgeholt hat.

Ich begann also mit den Vorbereitungen. Sie sehen, mein Stil ist denkbar einfach, auch meine Technik und die Mittel sind es. Ein paar Tuben, Pinsel, Palette und eine grundierte Leinwand, und es kann losgehen.

Frau Godehard hatte inzwischen Platz genommen, die Tasche neben sich abgestellt, den Rock glattgestrichen, mit den großen, schmucklosen Händen den Sitz der Kappe kontrolliert – der übrigens tadellos geblieben war – und sich den Hund, der abwartend und still zu ihren Füßen gesessen hatte, auf den Schoß gehoben.

Ich muß Ihnen ehrlich sagen, daß wirklich selten ein Modell meiner Arbeitsweise so entgegengekommen war wie dieses Paar. Ihre Reglosigkeit, das schnörkellose Äußere. Mit dunklen Pinselstrichen versuchte ich, die Umrisse von Frau und Hund festzuhalten. Besonders gut gelang mir der Hund, der, wie Sie sehen, ja eigentlich aus nichts weiter bestand als schwarzen Flecken auf weißem Fell mit spitzer Schnauze. Die Frau dagegen bereitete mir ‹bei näherem Hinsehen› stets mehr Schwierigkeiten. Ich empfand Unbehagen, vor allem wenn ich ihr Gesicht studieren wollte. Während ich den Schnitt ihrer Augen suchte, sahen sie mich mit beinahe lähmender Stummheit an. Und entsprechend geriet der Ausdruck, den ich vor mir auf der Leinwand von ihr eingefangen fand: entsetzt und zugleich kalt. Hinzu kam, daß es mir nicht möglich war einzuschätzen, wie alt Josephine Godehard nun eigentlich sein mochte. Was mich nicht nur ärgerte, nein, schlimmer noch, mich unsicher machte. Vierzig, fünfzig, sechzig Jahre alt ...? Das schien damit zu tun zu haben, daß sie im Gegensatz zu ihrer unauffälligen Erscheinung so stark geschminkt war. Aber nicht wie andere Frauen es sind: verführerisch, weich, geheimnisvoll, nein, während ich der Linie ihrer Nase folgte, den Schatten der Backenknochen, das Rot ihres Mundes zu bestimmen versuchte, mich mehr an die Maske eines Clowns erinnerte: Ein Gesicht, das mit wenigen, kräftigen Strichen, platten Farben und viel Puder nicht verlockend, sondern nur – tja, Sie sehen es selbst auf dem Gemälde – eigentlich nur Gesicht sein will. Als ob es sagen wolle: nein, mein Auge ist wirklich nur Auge, mein Mund wirklich nur Mund. Such nichts dahinter!

Ich hatte mich, um mich von all diesen Gedanken zu befreien, der Gestaltung der Jacke zugewandt, der Rükkenlehne des Sessels, dem Vorhang am Fenster. Erleichtert und mit einer Art kindlichem Eifer malte ich Flächen aus und wiederholte Muster für Muster das Motiv von

Bezug, Stoff und Faltenwurf. Hiernach säuberte und sortierte ich die Pinsel und fügte untersuchend mehrere Farbtuben zueinander. Vielleicht hatte ich sogar begonnen, leise vor mich hin zu summen, was ich manchmal zu tun pflege, wenn die Arbeit ihren eigenen Rhythmus gefunden hat und ihm bereitwillig folgt. Ich will damit sagen, es war wieder Ruhe eingekehrt. Absichtslos, verträumt beinahe sah ich noch einmal hinüber zu meinem Modell.

Und da war etwas geschehen.

Josephine Godehard starrte mich nun nicht mehr an, sie sah durch mich hindurch. Und so etwas wie Auflösung spielte in ihren Zügen. Nicht nur ihre Lippen waren jetzt leicht geöffnet, nein, auch ihr Blick hatte sich geöffnet. Ihre Seele. Und wieder war ich wie verzaubert, jetzt aber anders als in den ersten Minuten unseres Kennenlernens.

Denn ich sah nun eine andere Wirklichkeit von ihr. Und durch das, was ich sah, wußte ich auf einmal, mit welchen Farben ich sie auf meinem Bild kleiden würde: einem flachen Gelb, viel mildem Grau, einem verblichenen Blau und ein wenig, ganz wenig verstaubtem Rot, sanft, verstehen Sie, beinahe Rosa.

Und aufs Neue griff ich nach Tuben, drückte Farben aus, mischte, trug vorsichtig auf, schaute, prüfte, wischte weg, komponierte. Während ich darüber nachzudenken begonnen hatte, an welcher Welt diese Frau vor mir, die zu regloser Einheit mit ihrem Hund erstarrt war, nun teilnahm, welcher Kosmos sich ihr, weit, weit hinter meinem Rücken offenbarte. Ein All aus Wellen und Farben, aus Pflanzen und Steinen, oder gar bevölkert von Tieren und Menschen? Liebte man sich dort, sang man dort, lachte man? Wenn ich vorher gesummt haben sollte, jetzt war ich wieder verstummt. Und diese Stille war es, die mich jäh zurückversetzte in diese Wohnung, an diesen Ort. Wie um mich meiner konkreten Wirklichkeit zu vergewissern, warf ich einen Blick auf die Uhr. Und wirklich, wir hatten bereits mehr als eine Stunde zusammen in diesem Zimmer verbracht, ohne auch nur ein Wort miteinander gewechselt zu haben.

Plötzlich befiel mich das Gefühl, unnötig getrödelt zu haben. In einem Anfall von Tatendrang hielt ich darum meine Palette erst gegen das Modell, dann gegen die Leinwand und tauchte entschlossen einige Pinsel in die Farbe. Während ich versuchte, mich ihrer, aber auch meiner Stimme zu erinnern, probierte ich, ein unverfängliches Gesprächsthema zu ersinnen. Und gerade in dem Augenblick, in dem ich auf dem Bild vor mir damit begann, dem ersten Entwurf Leben zu verleihen, Tiefe, Wärme, Atem anzubringen, ließen mich die schwarzen Umrisse der Person, die mir von der Leinwand entgegenblickte, erstarren.

Und da wußte ich es. Wußte, daß wer da vor mir saß, wen ich beschützen wollte mit ausgeblühtem Ginstergelb, mit Kreidegrau, vergessenem Blau und Rot, der Erinnerung an Rosa, daß dieser jemand niemals tanzen, lachen, niemals lieben würde. Denn vor mir saß, den Straßenhund gegen die Brust gepreßt, die Handtasche neben den viel zu großen Füßen in schildpattfarbenen Schnallenschuhen – ein Mann.

Ich war, wie soll ich das sagen, ich war wie vom Donner gerührt. Einem Donner ohne Laut. Und doch hatten dessen unhörbare Schallwellen auf geheimnisvolle Weise auch mein Gegenüber am Fenster in der anderen Ecke des Zimmers erreicht. In welches Augenpaar ich auch schaute, das des Modells im Sessel vor mir oder das des Menschen, den ich auf der Leinwand eingefangen hatte, ich sah Schrecken.

Als sei ich Bestandteil eines unverstandenen Rituals,

wiederholte ich die Gebärde, die ich – wie viele Minuten waren seither vergangen? – noch eben ausgeführt hatte: hob wieder den Arm und schaute wieder aufs Zifferblatt. Jeglichen Zusammenhangs entbehrend, stammelte ich etwas, das an «Pause» und «eben aufs Klo gehen» erinnern sollte. Und verließ, fragen Sie mich nicht wie, den Raum.

Ja, ich fand mich wieder auf dem Klo. Die Pinsel noch in der Hand stand ich am Waschbecken und starrte mein Spiegelbild an. Als ob ich dort um meine Augen dieselben dicken schwarzen Balken, auf meinen Lippen dasselbe blasse Rot eines billigen Lippenstiftes entdecken könnte. Während es in mir hämmerte: Falsch, falsch, alles falsch.

Und dann …? – Ach, lächerlich, nicht wahr: lächerlich!? Wie ich die Pinsel in Klopapier wickle, neben das Waschbecken lege, den Klodeckel runterklappe, mich drauf setze, mein Gesicht in die Hände stütze … Warte … Lächerlich! Tatsächlich: einige Minuten warte, dann die Klospülung betätige, mir anschließend noch ausführlich die Hände wasche, sie mit übertriebener Pedanterie abtrockne. Nichts weiter als schäbiges Theater. Das doch nur dem einem Zweck diente: Josephine Godehard die Gelegenheit zu bieten, den Hund vom Schoß zu nehmen, sich aus dem Sessel zu erheben, den Rock glattzustreichen, den Sitz der Kappe zu kontrollieren, die Handtasche zu fassen, die Jacke zu packen – Sie erinnern sich noch: die silbriggrüne Jerseyjacke – und die Wohnung zu verlassen.

Erst nachdem ich die Tür hinter ihr ins Schloß hatte fallen hören, wagte ich es, einen Blick in den Flur zu werfen, zurück ins Wohnzimmer zu gehen. Leere war im Zimmer. Voll von Ungesagtem war es. Nur ihr Bild stand noch da. Mitgenommen jedenfalls hatte sie es nicht.

Ich setzte mich in den Sessel am Fenster. Und guckte. Eine Stunde lang, zwei? Nein, nicht auf das Bild, von dem ich Ihnen diese Geschichte erzählt habe. Ich betrachtete das Bild, das hinter Ihnen hängt, ja, das über dem Sofa. Das ist Rosa, Sie wissen schon, Heins Schwester. Das einzige Mal, daß ich sie zu mir eingeladen habe, geschah es unter dem Vorwand, ein Bild von ihr zu malen. Wie ich schon sagte, das war lange bevor ich ‹entdeckt› wurde.

Als es Mittag geworden war, schmierte ich mir ein Brot. Als es Nachmittag wurde, kochte ich mir eine Kanne Kaffee. Dann holte ich mir die Pinsel zurück, säuberte und sortierte sie. Zog, als es zu dämmern begann, die Vorhänge zu, schaltete das Licht an, setzte mich wieder hinter die Staffelei und mischte erneut die Farben, die inzwischen eingetrocknet waren. Und begann zu malen. Hier ein müdes Gelb, dort ein sanftes Grau und ab und zu eine Spur vergeblichen Rots. Bis es fertig war, das Bild. Und ich es Rosa gegenüber auf den Tisch gestellt habe.

Dann bin ich in die Küche gegangen und habe mir die Kartoffeln vom Tag vorher aufgebacken. Und sie direkt aus der Pfanne gegessen. Heiß und fett. Denn ich wußte, daß ich an diesem Abend viel trinken würde. Weil ich – vielleicht haben Sie es sich schon gedacht – danach nämlich zu Hein gegangen bin. Tja. Ich habe Ihnen soviel erzählt, da können Sie den Rest auch noch hören: dort habe ich mich so vollaufen lassen, daß ich, als er «Feierabend» rief, endlich genügend Mut hatte, mein Maul aufzumachen und Hein nach der Adresse seiner Schwester zu fragen.

Friedhelm Karges

Abgedreht

Die Sehnsucht hatte einen Namen. Mandana. Wie oft dachte ich an Mandana. An ihren Geruch, an ihren blutroten Mund und an ihre feuchten Küsse. «Sex ist doch nicht so wichtig», sagte Mandana. Nun, da war ich anderer Meinung.

Mandana war wie ich ein Kuß-Freak. Ich erinnere mich noch an unsere erste Begegnung. Oh, dieser Mund, immer blutrot geschminkt. Ich war sofort ganz hingerissen, einfach weg. Wir brauchten nicht viele Worte. Ich glaub, ich hätte sie auf der Stelle geheiratet. Eher flüchtig war unser erstes Treffen in irgendeiner Kneipe. Die Jungs drehten sich alle nach ihr um. Aber keiner sprach sie an. Und ich saß da nur mit offenem Mund und griff nach ihr wie ein Ertrinkender nach einem Strohhalm. Ich bekam sie zu fassen und zog sie zu mir her. Wir plapperten ein paar unwichtige Dinge, um uns herum Getuschel und Gekicher. Wir waren uns noch nie vorher begegnet und trotzdem war da so eine Vertrautheit. Ich beugte mich zu ihr rüber und sog ihren erregenden Geruch ein. «Ich habe so einen Hunger», hauchte sie mich an, dicht an meinem Ohr.

Gut, also mußte sie was essen, sagte ich mir. Ich nahm sie bei der Hand, rutschte von meinem Barhocker runter und zog sie hinter mir her, aus der Kneipe heraus.

«Wohin gehn wir?» fragte sie.

«Na, was essen, du hast doch Hunger», gab ich zurück.

«Ja, aber ich hab gleich noch ’ne Verabredung.»

Ach so war das! Na, egal. Wir gingen was essen. Sie

hatte etwas, was mich magisch anzog. War es die Nase? Leicht gebogen, fast schon eine Hakennase. Aber doch nur fast. Und dieser Mund, diese schwungvollen Lippen, wie sie die bewegte beim Sprechen. Kirschrot. Wenn ich sprach, wippte sie immer leicht mit, so wie wenn man beim Traben in die Steigbügel geht. Sie war so aufmerksam.

Schließlich mußte sie zu ihrer Verabredung, und ich fragte sie nicht, mit wem sie sich da traf. Wir küßten uns und ich wollte mich festsaugen an diesen Lippen. Aber wir waren beide so entsetzlich vernünftig und rissen uns voneinander los. Ich war mir völlig sicher, daß ich sie wiedersehen würde. Eine Frau, die so küßte und so wippte, wenn ich sprach, wie würde die erst wippen, wenn …

Ich war dann in guter Stimmung, um nicht zu sagen euphorisch, als ich zur Kneipe zurückkehrte. Schon auf dem kurzen Weg von dem kleinen Falafel-Imbiß, wo wir gegessen hatten, bis zur Kneipe konnte ich mich kaum zurückhalten.

Wenn ich so freudig erregt bin, begegnen mir immer drei Sorten von Menschen.

Die erste Kategorie: Hey toll, wie der Mann sich freuen kann!

Die zweite: Oh, der ist garantiert sehr bescheuert, kommt aus der Klapse und muß da auch wieder REIN!

Die dritte: denkt dasselbe wie die zweite, hat aber im Gegensatz zur zweiten Kategorie kein Mitleid, sondern reine Angst. Warum, war mir schleierhaft, und vielleicht gab's da individuelle Unterschiede, mit Sicherheit aber Arbeit für Therapeuten.

Die dritte Kategorie ignorierend betrat ich die Kneipe und suchte nach den Leuten, mit denen ich mich dort getroffen hatte. Wir lachten noch viel an diesem Abend. In den frühen Morgenstunden verabschiedeten wir uns dann und traten den Heimweg an. Es war ein kalter Januarmorgen, aber mir war warm.

Bewegt war ich, von Mandana, dieser Mund, diese Nase. Ich, ein Clown der Liebe. So grotesk und so leidenschaftlich, wollte ich doch nur Liebe schenken, mich verschwenden. Und geliebt werden natürlich. Wie wir alle auf diesem Planeten.

Die nächsten Tage geschah einiges, aber nichts Wesentliches. Im Schauspielbereich, was ich ja mal gelernt hatte, schien man mich völlig vergessen zu haben. Nur ein paar Anrufe wegen geplanter Projekte. Alles heiße Luft. Auf so was zu bauen war so absurd wie wenn man mit 'nem brennenden Streichholz nachsieht, ob der Benzinkanister leer ist. Um wenigstens am Ball zu bleiben, nahm ich einige Drehtage Komparserie an. Für eine TV-Serie, keine Daily-Soap, die Unterscheidung war wichtig.

Komparsen oder Statisten sind diese stummen Figuren, die beim Film oder Fernsehen schnell mal durchs Bild huschen. Oder an denen umgekehrt die Kamera vorbeistreift. Passanten, Publikum, Kneipengäste. Da tummelten sich Hausfrauen, Rentner, Arbeitslose, Studenten usw. Nur Schauspieler, also jene, die den Beruf erlernt haben, waren hier seltener anzutreffen. Natürlich gab's an jedem Set Schauspieler. Die waren als solche engagiert und hatten richtige Sprechrollen. Komparsen sprachen nicht, sie waren namenlos und stumm.

Es war verpönt, als Schauspieler eine Komparsenrolle anzunehmen. Man verderbe die Preise, hieß es, und es sei schlecht fürs Image. Ich ignorierte diese Bedenken wie die dritte Kategorie.

Gleich am ersten Drehtag tauchte am Set ein Jungregisseur auf, der den Hauptdarsteller für seinen Videoclip suchte. Ein Trailer, der als Vorspann für eine Erotiksendung im Nachtprogramm von RTL laufen sollte. Wir hatten gerade eine Drehpause, als ich im Hintergrund jemand sagen hörte: «Das ist doch genau der Richtige! Wie heißt der Mann?»

Na also, ich war im Geschäft. Aber die ganze Zeit mußte ich an Mandana denken. Meine Mandana. Und in jeder Drehpause und abends nach Drehschluß versuchte ich sie zu erreichen. Telefonisch, ihre Telefonnummer hatte ich über ihre Eltern herausbekommen. Die hatten mir erzählt, das sie ihre Tochter schon seit Monaten nicht mehr gesehen hatten.

Ein paar Tage später stand der erste Drehtag für den RTL-Trailer an. Im Vorfeld hatte es Verhandlungen wegen meiner Gage und über einen weiteren Kurzfilm gegeben. Auch an diesem Film sollte ich mitwirken. Wir drehten in einer Nachtbar nach Geschäftsschluß. Die Handlung des Clips war kurz und simpel. Das Thema: Seitensprung.

Der Mann (ich) und seine Frau sitzen zu Hause und langweilen sich vor der Glotze. Er schläft ein und träumt den Seitensprung.

Als wir nun am zweiten Drehtag den eigentlichen Seitensprung mit der obligatorischen Bettszene drehen wollen, stellt sich heraus, daß die Darstellerin tierisch verklemmt und zickig ist. Keiner will mit ihr arbeiten. Ich will meine Mandana. Also Regiebesprechung und ich schlage Mandana für die Bettszene vor. Der Clip läuft im Nachtprogramm, da muß man schon was bieten. Kein Porno, aber doch zumindest knisternde Erotik. Nach meiner Beschreibung sind Regisseur und Produzentin mit mir einer Meinung, daß Mandana die bessere Besetzung für die Rolle sei.

Die Produktion stellt mir einen Wagen samt Fahrer und Handy zur Verfügung, um Mandana sofort aufzutreiben und zum Set zu schaffen. Sie soll dieselbe Gage kriegen wie die andere. Gut. Daß ich gar nicht weiß, wo

Mandana wohnt oder wie ich sie erreichen soll, verschweige ich lieber. Daß die Produktion wahrscheinlich gestorben ist, wenn ich sie nicht finde, spornt mich allerdings an. Ich will mit der Süßen ja schließlich die Bettszene drehen. Wenn man etwas wirklich will, kriegt man es auch.

Die klassische Nacht-und-Nebel-Aktion. Nur diesmal mit Schnee. Ganz Köln liegt unter Puderzucker. Ich gebe dem Fahrer Anweisung, irgendwohin zu fahren. Das heißt, ich gebe ihm ein konkretes Ziel vor, um Zeit zu gewinnen. Zum Telefonieren. Als erstes wähle ich Mandana an, aber die ist natürlich nicht zu Hause. Oder sie geht nicht ran, die Schlampe. Auf den Gedanken war ich noch gar nicht gekommen. Tagelang versuch ich sie zu erreichen und die vögelt mit ihrem spanischen Tanzlehrer.

Ein Freund hatte mir erzählt, daß sie mit ihrem Tanzlehrer zusammen ist.

Sie ist Meisterschülerin des bekannten Spaniers Enrico Espandrol, in dessen Nobeltanzschuppen. Ich würde reinstürmen in diesen Laden, die kreischende Sekretärin links stehenlassen. «Da dürfen Sie nicht rein, Enrico Espandrol unterrichtet die Meisterklasse!»

Über das heilige Parkett des Tanzsaales würde ich trampeln und sie ihm aus seinen schmierigen Pfoten reißen. Lehrer grapschen ja immer an ihren Tanzschülerinnen herum. Bei der geringsten Gegenwehr seinerseits würde ich weit ausholen und ihn mit meiner flachen Hand schachmatt setzen.

Warum die flache Hand bei spanischen Tanzlehrern so wirkungsvoll ist?

In Spanien bekommen ausschließlich die Töchter von ihrer Mama Ohrfeigen. Niemals aber und unter keinen Umständen die Söhne. Söhne dürfen niemals geohrfeigt werden.

Deshalb hatte ich leichtes Spiel. Meine rechte Hand auf seiner fettigen Wange, und er war blamiert bis auf seine spanischen Knochen. Und das Ganze vor seinen Meisterschülerinnen. Wahrscheinlich würde er sich das Leben nehmen, der Arme.

Was aber, wenn Mandana sich weigern würde mitzukommen? Ich ignorierte den Gedanken wie die dritte Kategorie. Wieso klingelte jetzt das Handy, obwohl ich gerade wählte? Ah, der Fahrer hatte sein eigenes dabei. Die Produzentin war dran. Ich nahm das zweite Handy und beruhigte die Frau.

«In spätestens zwei Stunden sind wir zurück. MIT Mandana und dann können wir sofort anfangen.» Text gab es keinen für ihre Rolle. «Mach dir keine Sorgen, Ricci, Mandana und ich machen das schon.»

Woher nahm ich bloß diese Sicherheit?

Wir nannten Ricarda, unsere Produzentin, eine wirklich nette Mittvierzigerin, Ricci. Sie war es, die mir schon die nächste Rolle zugesichert hatte, wenn die gegenwärtige Zusammenarbeit gut klappen würde.

Ricarda war natürlich nervös, aber sie schluckte es und sagte noch, wir sollten trotzdem vorsichtig fahren wegen dem Schnee. Nach drei weiteren Telefonaten, die so gut wie nichts Konkretes gebracht hatten, und einer weiteren Stunde Irrfahrt durch dichtes Schneetreiben kamen wir endlich vor der Tanzschule an. Ich gab dem Fahrer zu verstehen, daß er im Auto auf mich warten solle. Dann stapfte ich raus durch den frischen Schnee in die Toreinfahrt rein. Ich war zu allem bereit, immerhin hing einiges davon ab, ob ich sie hier herausbekommen würde. Wenn sie überhaupt hier war.

Die Tür war nur angelehnt. Ich stieß sie auf und stand im Foyer. Unglaublich. Da stand sie. Ganz allein. Sie nestelte an ihrem Rucksack herum.

Jetzt ging mein Herz doch etwas schneller. Eine große Flügeltür auf der rechten Seite des Foyers stand so weit offen, daß man den Parkettboden sehen konnte. Der Tanzsaal mit dem heiligen Parkett. Und ich konnte den heiligen Schweiß der Meisterschülerinnen riechen. Geradeaus vor mir, etwa zehn Meter entfernt, stand Mandana. Die Neonsonne über ihr gab sich Mühe, ihre Nase gerade erscheinen zu lassen. Ich hatte die Hure der Heiligen immer vorgezogen, wenn ich die Wahl hatte. Freilich, manchmal mußte man zuerst den Tabernakel öffnen, um an den Leib Christi zu gelangen.

Ich breitete meine Arme aus und schritt wie dereinst Cäsar auf Cleopatra auf sie zu.

«Mandana!» hauchte ich ihr entgegen.

«Friedhelm!» stieß sie etwas erstaunt hervor.

Ich nahm sie in die Arme. War das schön. Ich faßte ihre linke Hand. Waren wir ein Liebespaar? Waren wir Hänsel und Gretel? Waren Hänsel und Gretel nicht Geschwister?

«Ich habe eine Rolle für dich.»

«Was hast du?»

«Wir drehen einen Videoclip und du sollst meine Partnerin spielen, meinen Seitensprung.»

«Ja, toll und wann? Und wissen die, daß ich keine Schauspielerin bin?»

«Ja, das wissen die, deine Rolle hat auch keinen Text. Wir müssen nur sofort los, wir drehen noch diese Nacht die Bettszene.»

«Oh, jetzt sofort?»

«Ja, komm, ich erzähl dir alles im Auto.»

War das nicht wunderbar? Ich hatte sie richtig eingeschätzt. Unkompliziert. Wir setzten uns beide auf den Rücksitz, und ich stellte sie kurz dem Fahrer vor, der gleichzeitig der Produktionsassistent war. Dann rief ich am Set an und gab durch, daß wir auf dem Weg zurück seien. Mandana war richtig erfreut, als ich ihr die näheren Umstände erklärte, wie es zu ihrer Wahl gekommen war. Ja, sie war dankbar und ließ mich wie ihren Wohltäter fühlen. Ich streichelte ihre Hand und war glücklich. Es war wie ein Rausch. Ich konnte es gar nicht glauben.

Wir kamen in Junkersdorf an, wo wir in einem Privathaus drehten. Es gab frischgebrühten Kaffee. Mandana hatte mir im Auto gestanden, daß sie ihren Enrico immer noch liebte und daß sie nicht wüßte, was aus uns beiden nach dieser Produktion werden würde. Sie fühle sich aber sehr zu mir hingezogen und war deswegen sehr verwirrt.

«Laß uns einfach sehen was passiert», hatte ich dazu gesagt. Zunächst drehten wir noch zwei kurze Szenen nur mit mir, so daß Mandana noch Zeit zum Duschen hatte.

Schließlich drehten wir die Kußszene vor dem Bett, in der wir beide noch angezogen waren. Wir küßten uns ausgiebig, während ich ihr mit der rechten Hand unters Negligé faßte. Ich genoß jede Sekunde und wurde auch noch bezahlt dafür. Cut!

Jetzt werden wir beide nachgeschminkt, die Bettszene ist dran. Wir ziehen uns beide aus. Mandana hat nur noch einen bonbonrosa Slip an. Ihr Busen ist wie in Gips modelliert und die Nippel stehen wie zwei kleine Dolche, einfach perfekt. Ich kann kaum meine Finger bei mir behalten. Mir wird fast schwindlig vor Erregung. Wir steigen unter die Bettdecke. Fummeln und Knutschen laut Drehbuch. Wir tun es. Wir knabbern uns an. Sie küßt einfach unvergleichlich. Meine Hände gleiten an diesem phänomenalen Körper auf und ab. Mandana fängt jetzt leise an zu stöhnen. Ich bin mir nicht ganz sicher, aber ich glaube, es ist echt. Cut! ruft der Regisseur immer wieder mal dazwischen und erinnert uns daran, daß wir keinen Porno drehen.

Gerade schiebe ich meine Hand unter ihren Slip zu ihrer pitschnassen Muschi, da meldet sich unser Jungregisseur wieder zu Wort.

«Schluß! Aus! Gestorben! Wir haben alles im Kasten! Ihr wart wirklich großartig. Jetzt kühlt mal langsam ab.»

Um uns herum wird geklatscht und Bravo gerufen. Die Vorstellung ist angekommen. Wir sind abgedreht.

Jörg Berger

Unter Wasser

Er haßte sie schon immer, Badeanstalten. Rote Augen, triefende Nase vom Chlor, blasierte Bademeister, die einem schon als Kind jeden Spaß – Sprünge von der Seite, das Spritzen im Wasser – weggepfiffen haben. Am schlimmsten, Hallenbäder aus den dreißiger oder fünfziger Jahren: grau-weiß-grün gekachelte Anstalten mit schleichendem Pilzbefall, Duschzwang, Desinfektionsmitteln und dennoch in jeder Kabine diesen subtilen Geruch von klebender Socke an ungewaschenem Fuß. Normiertes Schwimmbecken. Schwimmen nach Maß. Fünfzig Meter hin. Fünfzig Meter zurück. Dabei ständig dieses unausweichliche Gefühl verletzter Privatsphären, wenn man eine bereits belegte Bahn eingenommen hat.

Im Wasser: Sportköpfe mit eng anliegenden Badekappen und einschnürenden Tauchbrillen, die untertauchen und auftauchen, japsen, untertauchen und auftauchen, japsen und die nur einen Gedanken im Schädel transportieren, nur eine Zahl im Gedächtnis tragen: die der gerade wievielten Bahn auch immer.

Er hatte keine andere Wahl. Bandscheibenvorfall mit gut verlaufener Operation an den entsprechenden Einstiegswirbeln, jedoch einer zurückgebliebenen leichten Beinbehinderung, rechtsseitig. Damit verbunden war diese zwangsläufige Angst vor einem weiteren Vorfall, wie sie fast alle Opfer dieser meist selbst verschuldeten Attacke von hinterrücks haben.

Ärztliche Verordnung: Schwimmen, zwecks Stabilisierung der Bauch- und Rückenmuskulatur und, wenn überhaupt bei unseren eifrigen Schulmedizinern denkbar, vielleicht doch ein feinsinniger ärztlicher Hintergedanke – um einmal getragen zu werden, wenn auch nur für eine Stunde. Er hätte lieber Tennis gespielt oder Golf, aber Drehbewegungen waren ihm untersagt.

Seit sechs Wochen, alltäglich von 7.00 Uhr bis 8.00 Uhr schwamm er stur seine Bahnen. Seine Frau legte ihm jeden Morgen Handtuch, Duschgel und einen frischen Slip neben seine schlanke Ledertasche. Die Badehose zog er direkt an unter seinen Anzug und das täglich akkurat gebügelte Hemd.

Er schwamm, grätschte die Beine weit, zog mit den Armen besonders kräftig durch, morgendlich seine 25 bis 30 Bahnen.

An die Chlorbrille hatte er sich bereits gewöhnt, wenn auch das begrenzte Sichtfeld bei seiner Weitsichtigkeit – ab Vierzig geht es mit den Augen los – eine zusätzliche Einschränkung erfuhr, die ihn anfangs sehr verunsicherte.

Es hatte sich eingespielt, daß seine Bahn die Bahn fünf wurde. Bahn vier war seit circa zwei Wochen eingenommen von einer übermäßig sportiven Person, weiblich, rote Badekappe, grellgelbe Schwimmbrille. Schneller als er – es wurmte ihn doch – zog sie an ihm vorbei, kam ihm bereits wieder entgegen oder drohte ihn schon wieder zu überholen. Er betrachtete sie nicht als Person, eher als ein vertrautes Schwimmobjekt, das neben ihm nach und nach zur Gewohnheit geworden war. Ein Etwas, ein vor oder hinter ihm auf- und abtauchendes Rotgelb, naß, wie er, wie alle hier, und glatt.

Täglich, etwa zehn Minuten vor ihm, verließ sie das Becken. Ihm war nicht klar, wieso er dies überhaupt registrierte. War es ihr langer Rücken, der seinen Blick anzog, oder ihr Hintern beim Gleiten über die Beckenkante. Jedenfalls schwamm er seine letzten zehn Minuten gelassener, konkurrenzfrei.

8.00 Uhr war seine Zeit, das Bad zu verlassen. So kam er rechtzeitig in sein «Ambulatorium für Psychiatrie», um mit Renate, seiner Sekretärin, bei grünem Tee und Vollkornschnittchen die Liste der zu erwartenden Patienten durchzugehen. Um 9.30 Uhr kamen die ersten, also Zeit genug zum Sortieren, Zeit zur Einstimmung. Er liebte seine Arbeit und die ihm anvertrauten Menschen und saß, trotz anfänglicher Widerstände auf diesem verräterischen Keilkissen, das ihm einer seiner ebenfalls bandscheibengeschädigten Klienten per Post hatte zukommen lassen. Er hatte es widerwillig ausprobiert und war überzeugt.

An einem Freitag. Er schwimmt seine zweiundzwanzigste Bahn. Die Rotgelbe zieht an ihm vorbei mit kräftigen Tauchstößen. Kurz bevor er das Ende seiner Bahn erreicht hat, wechselt sie in seine Bahn über. Unmittelbar vor ihm, plötzlich, ihr Nacken, sauber rasiert, ein kleiner Kopf auf einem sanft gebräunten Hals. Bevor er überhaupt zu reagieren in der Lage ist, hat sie sich umgedreht, die Arme gestreckt den Beckenrand haltend, und lächelt ihn offen und herausfordernd an.

Noch bevor er Zeit hat zu wenden oder überhaupt zu reagieren, wird er von ihr an den Schultern gefaßt und mit Kraft untergetaucht. Unter Wasser nehmen ihre Hände seinen Kopf und drücken ihn fest in ihren Schoß. Ihre kühlen, weichen Oberschenkel halten ihn, rechts und links die Ohren pressend, fest. Sein Kopf ist fixiert. Er bekommt keine Luft, ringt danach. Strampelnd mit allen Gliedmaßen versucht er dem festen Griff ihrer Schenkel zu entkommen. Er gerät in Panik – Luftnot ist entsetzlich – und strampelt weiterhin, hilflos. Loslassen ist alles, denkt er, der feste Griff ihrer Schenkel bleibt. Zu seiner Überraschung spürt er zwischen seinen Beinen eine knallharte Erektion. Seine Luftnot wird Nebensache für einen Moment, ihr Schenkeldruck löst sich kurz, eine Hand schiebt den Badeanzug im Schritt zur Seite, eine andere Hand greift seinen Hinterkopf und führt ihn mit entschiedenem Druck in ihren nackten Schoß. Seine Nase spürt ihre weichen Schamlippen. Sie ist rasiert, denkt er, und atmet, dankbar für einen Gedanken in dieser panischen Position, erleichtert aus. Dem Geräusch seiner blubbernden Luftblasen nachsinnend gerät er in einen atemlosen Rausch. Ihr Schenkeldruck läßt nicht nach, und er hört sein eigenes Blut pochen. Ihre Hand gibt seinen Kopf frei, gleitet über seinen Rücken und greift von hinten zwischen seine Beine. Er genießt diesen sicheren Griff. Ihre Schenkel öffnen sich, sein Kopf schnellt, geführt durch den starken Griff an seinem Hintern, nach oben, durchtritt die Wasserfläche und wird von der anderen Hand über ihre linke Schulter gelegt.

Luft zieht er tief, er hechelt nach Sauerstoff und hört ihre gelassen gesprochenen Worte in tiefer, spröder Stimmlage: «Diesen Augenblick habe ich mir lange herbeigesehnt.» Der hellblau gekachelte Rand des Beckens zerfließt in seinen Augen, sein Kinn ist verkeilt in ihrer Schultermuskulatur. Im gleichen Moment spürt er ihre feste, kleine Hand, die entschieden sein Glied umfaßt und mit geschicktem Daumenzug seine hinderliche Badehose zur Seite streift. Ohne eigenen Impuls gleitet sein Schwanz in ihren engen, warmen Schoß. Der Kopf neben seinem haucht ein poröses O, ihre Beine schlingen sich um seine Hüften und diktieren einen zarten Takt, der seinem immer noch angestrengten Atemrhythmus folgt. Ein Wärmestrom dringt in seinen Beckenleib und schaudert wohlig durch seine Wirbel. Seine Zunge findet ihre Ohrmuschel und schließt den Wärmekreis mit rotierendem Zungenschlag. Sanfte Zeichen ihrer innigsten Wände werden ein Zucken und Saugen um sein Glied, und ein von tiefem Atem getragenes AAaaa bröckelt aus ihrem weiten Mund ins Wasser. Es überträgt eine Schwingung, die ihn seinen Samen nicht länger halten läßt. Ihre kräftig zugreifende Hand schließt sich wie eine kleine Krake um seinen von der Wassertemperatur zusammengezogenen Hodensack und provoziert eine ungewollte, tiefe Einatmung. Er kommt mit der folgenden Ausatmung gewaltig. Sie ist ein seehundartiges Röhren, das im Entstehen erstickt wird, denn sie drückt ihn an den Schultern unter Wasser. Er läßt sich fallen und preßt alle Luft der Lungen aus und taumelt und trudelt wie besinnungslos auf den Grund des Beckens.

Merkwürdigerweise fällt mir da unten mein Name ein. Georg. Und während ich, die Arme ausgebreitet wie ein Vogel, in einem unendlichen Glücksgefühl über dem Boden schwebe, denke ich an das Märchen von Grimm *Die Nixe im Teich*, dann an Blaubarts letzte Frau. Erst jetzt bemerke ich die Atemnot und stoße mich mit den Beinen vom Boden ab. Schnell geht es aufwärts, und indem ich auftauche, sehe ich sie, mein entzückendes Rotgelb, gerade noch hinter der Milchglasscheibe zur Damendusche verschwinden. Ihr Körperrand zerfließt im beschlagenen Glas. Meine Brille liegt auf dem Grund. Gelassen und wie in Trance schwimme ich gemächlich drei Bahnen und beeile mich, zur Arbeit zu kommen.

Er kam das erste Mal zu spät in seine Praxis, 8.47 Uhr. Renate, geschäftig wie immer, grüßte, reichte ihm die Tasse mit dem grünen Tee und übergab ihm zwei wichtige Telefonnotizen. Heute fielen ihm ihre feuchten Haare auf.

Anna Immergrün

Höhenweg

Gegen neun Uhr brach ich auf. Die Sonne strotzte schon vor Kraft, ich war froh über den Strohhut, den mir meine Wirtsleute aufgedrängt hatten. Es wäre gut, den Bergrükken noch vor dem Zikadengesang zu erreichen, hatte Jean gemeint, oben ginge immer etwas Wind. Er stand unter dem niedrigen Türsturz und betrachtete mich. Jean war es gelungen, aus der ehemaligen Meierei – sein Vater hatte sie noch betrieben – einen Gasthof zu machen, in dieser unwegsamen Gegend Südfrankreichs. Für die freundliche Atmosphäre sorgte seine Frau als Königin der Küche. Sie steckte mir Brot, Tomaten und Ziegenkäse in den Rucksack, während ich am langen Tisch saß und den Milchkaffee austrank. Keiner von beiden schien sich vorstellen zu können, warum ich über die Berge wollte. So als Frau alleine und ohne besonderen Grund. Zu Fuß waren die Leute aus Not gegangen oder wenigstens mit einem Esel, früher, bevor es die Straße gab. Daß Mountainbiker auf den Bergen herumfahren würden, hätte sich hier niemand vorstellen können. Ihr Horizont reichte bis in die Nachbartäler – die Küste hatten diese Menschen nie gesehen.

Das Licht war hell und klar, fünftes Element. Winzig klein sah ich den Gasthof werden, wie die Sterne über meiner Bettstatt, bis er in der Talsenke verschwunden war. Es gab mir ein gutes Gefühl. Auch wenn ich wußte, wie groß die Hitze um Mittag sein würde, ging ich unbeschwert. Irgendwo ließe sich ein Schattenplatz finden, und ich freute mich darauf wie auf den einzigen Apfel im

Kühlschrank. Endlich spürte ich ihn unter den Füßen, diesen Berg, hinter dem jeden Abend so schnell die Sonne verschwand. Dann wurde sein grüner Hang suppig blauschwarz, nur noch die bizarren Konturen auf der Kammlinie waren zu sehen. Dahinter strahlte ein blaues Nachtmetall. Wie eine träge Odaliske lag er da. Dort oben entlang zu wandern und alles von der anderen Seite zu sehen, allein die Vorstellung beflügelte mich.

Ich ging beschwingt, die Schuhe waren bequem. Ich spürte die Energie meiner Bewegung, dann wechselte der Eifer über in ein Suchen nach Rhythmus. Noch dachte ich an mein Ziel, an Wasser, an Schatten. Ich wurde ruhiger. Andere Gedanken tauchten auf. Mein Jugendfreund kam mir in den Sinn und unsere erste Wanderung in den Bergen, die Pause auf der Almwiese, ausgebreitet die Liebe unterm Himmel, bis später zur totalen Erschöpfung, als wir wieder heil im Tal waren – auch Jean und sein nachdenkliches Gesicht. Allmählich fand ich einen Rhythmus, einen südlichen Trott.

Der Anstieg hatte begonnen, die wildwachsende Macchia zerkratzte mir die Beine. Es roch unglaublich intensiv nach Kräutern und Hitze; eine Mischung starker, herber Gerüche, aus denen Majoran, Lavendel und Honig hervorstachen. So sollte ein Mann riechen! Bald war ich auf dem Bergrücken angekommen. Tatsächlich ging oben ein Lüftchen, kaum spürbar, aber der Schweißfilm auf meinen erhitzten Gliedern kühlte ab. Ich nahm einen Schluck Wasser aus der Flasche. Der Blick ins Nachbartal war überwältigend: weite Schwünge aus mediterranem Grün, die an buschigen Inseln oder Baumgruppen kurz zum Halten kamen, um gleich weiterzufließen. Das Tal sah viel lieblicher aus, als ich gedacht hatte, und es war unbewohnt. Völlig unvermittelt schlug mein Herz heftig. Es war schmerzhaft, da zu stehen und zu schauen, den

Anblick aufzusaugen. Als wäre man sein ganzes Leben gewaltsam davon ferngehalten worden.

Ich nahm den Weg über den Kamm, ein schmaler Trampelpfad, der aussah wie das abgewetzte Rückgrat eines Pferdes. Er stieg leicht an, ging dann wieder runter, um steil die nächste Bergkuppe zu erreichen. Ich beschloß, dort eine Pause zu machen, der ersehnte Schattenort. Wie wunderbar, hier zu sein! Nur die volle Blase störte mich. Eigentlich war Natur wie ein privater Raum, in dem man tun und lassen konnte, was und wann man es wollte. Ich sah mich um – mitten auf den Weg wollte ich mich nicht hocken –, als ich plötzlich auf dem Höhenzug eine Gestalt sah! Sie war noch ziemlich weit entfernt, doch deutlich als Mann erkennbar. Er kam aus derselben Richtung wie ich, befand sich aber noch vor der Stelle, an der ich auf den Höhenweg gestoßen war. Vielleicht kam er von weit her oder aus dem kleinen Dorf mit dem einzigen Krämerladen in der Gegend. Mir war heiß. Irgendwie schien es plötzlich noch wärmer geworden zu sein. Jetzt erst bemerkte ich, daß die Zikaden zirpten. Wieso hatte ich das vorher nicht gehört? Ich schaute zu dem Fremden, er bewegte sich gleichmäßig und ruhig. Ob er mich schon entdeckt hatte? Bei der Schnelligkeit, mit der er wuchs, würde er mich noch einholen, bevor ich an meinem Rastplatz angekommen war.

Ganz normal weitergehen, dachte ich mir. Mein Bedürfnis würde ich an einer blickgeschützten Stelle erledigen. Was es wohl für ein Mensch war? Wie ein Tourist hatte er nicht ausgesehen. Aber Einheimische würden kaum im Sommer über die Berge wandern. Außerdem war er zu groß. Der Hauch von Wind legte sich und hinterließ brütende Hitze. Ich fühlte den Schweiß aus meinen Poren dringen, die Haut heiß und ganz weich. Jetzt senkte sich der Weg wieder zu einer leichten Kurve. Ich blieb stehen, trank Wasser. Es war deutlich zu spüren, daß die Hitze in Wellen kam, und zwar von hinten. Ich wollte mich nicht umdrehen, tat es aber doch. Der Mann war ein gutes Stück näher gekommen mit seinen klaren Bewegungen voller Kraft. Sie schien von innen zu kommen. Ganz jung konnte er nicht sein.

Kurzentschlossen ging ich den Weg weiter und suchte seitlich im Gestrüpp nach einer freien Stelle. Mir fiel ein, daß ich gar nicht an Jeans Warnung vor Schlangen gedacht hatte – nun fehlte mir ein Stock, um auf den Boden zu schlagen. Das war jetzt nicht mehr zu ändern. Ich trat mit stampfenden Schritten ins Gebüsch, wo es mir schütterer vorkam, lauter Dornen und Stacheln ratschten die Beine blutig, und eroberte mir trampelnd ein kleines Fleckchen. Das störende Gewicht des Rucksacks abwerfend, hockte ich mich hin, erleichtert. Wenn er jetzt käme, war ich sicher nicht die erste Frau, die er so sah. Mit dem Handrükken wischte ich mir die letzten Tropfen weg – Papiertaschentücher hätte ich entwürdigend gefunden.

Die Sonne stand nun senkrecht. Im Französischen ist sie, wie in fast allen Sprachen, männlich. Und in heißen Ländern machen die Menschen Siesta, sobald die Sonne im Zenit steht. Sich auf die Hitze einlassen schien mir wie sich dem Schmerz fügen, was gut sein kann. Doch jetzt wünschte ich mir nur die Siesta, selbstverständlich und gelassen, ohne den Mann irgendwie aufzufordern. Aber wie ging das, wie begegnet man einem Unbekannten an einem Ort, wo Regeln nicht gelten? In der freien Natur, in der Hitze, welche Freiheit herrscht da? Was bleibt übrig von den gewohnten Fähigkeiten und vom Takt.

Endlich, bei meinen Schattenbäumen angekommen, höre ich einen Ton. Gesungen. Ich drehe mich um: da steht er! Unbemerkt hat er mich eingeholt, hinter mir gewartet.

Wahrscheinlich schon eine Weile. Er steht nur da und schaut mich an. Mit lautloser Energie; ein Lächeln, ein winziges, in den Augen. Schwarz sind sie wie die drahtig gelockten Haare. Seinem Körper sieht man an, daß er sich auf ihn verläßt. Wenn ich je ein Geheimnis besessen habe, ist es jetzt verschwunden.

Sprache gibt es nicht. Nur Blicke. Plötzlich bewegt er sich. Bestürzung: sein erster Schritt ist eine jähe Intimität. Er nähert sich. Seinen Mund spitzend. Spricht er? Ich kann nichts hören. Die Hitze. Doch, jetzt nehme ich ihn wieder wahr, diesen Ton. Er singt! Ist er verrückt? Der Mann singt, tief und leise. Ein sonorer Bariton mit Zikadenbegleitung. Töne, Ungehörtes und wunderschön. Zähmt die Angst in mir. Ich lausche. Meine Ohrmuscheln weiten sich. Ich fasse mir ein Herz, sehe ihn an. Unsere Blicke berühren sich. Mein Unbehagen schwindet, glättet den Widerstand. Wir schauen genau, ineinander. So kommt er näher. Die Hände. Seine Hände formen mich in der Luft. Behutsam folgt er seinen Händen. Und der Spur des Gesangs – Urton, der mich öffnet. Noch näher. Er riecht freundlich. Auch nach Oliven. Sein Atem wie ein junger Mann. Duftig, kastanienartig. Mein Staunen trägt mich. Irgendwo das Ziehen. Jetzt greift er nach mir – ich bin fast nicht mehr greifbar, beginne zu zerfließen, besungen. Verlangen. Es zittert. Nichts lindert. Da, die Berührung. Ein Knopf springt.

¡Hola! lächelt er, seine Zähne direkt vor meinen Augen. Nun singt er nicht mehr. Was soll ich sagen? Bin verwirrt. Ein schmales ‹Ja› bring ich zustande. Vielleicht ist alles Täuschung, habe ich eine Vision in der Hitze. Nein, ist es nicht. Sacht nimmt er mich bei den Schultern und dreht mich herum. Seine Energie, so spürbar, dicht hinter mir. Mir wächst der Wunsch, daran teilzuhaben, will von ihr aufgeladen werden. Jetzt summt der Mann ein ‹M›, es schwingt in mir mit. Er legt dabei seine Hände auf meinen Hals. Ich fürchte mich nicht. Mit den Fingern fährt er die Wirbelsäule entlang, treibt sie den Rücken runter. Der fügt sich im Schauder. Begnadete Finger. Will-ich, so fühle ich mich, betört. Habe alles vergessen.

Die Hitze ist jetzt geschmeidig. Innen wie außen, wechselwarm unsere Körper. Landschaft, Lust, leicht. Ein einziges Fließen, ein gleiches Gedächtnis. Vielleicht ist es eher Wonne als Genuß. Tag- und Nachtgleiche zwischen den Geschlechtern.

In weiter Ferne das Danach.

Hansjörg Schertenleib

Der Lesesaal

Ich bin jung, erfolgreich und attraktiv.

Und trotzdem bin ich einsam, denn die wenigsten Männer sind meiner Phantasie gewachsen. Meine Vorstellungskraft ängstigt sie, treibt sie in die Flucht. Deshalb fiel mir die Annonce auf, kaum daß ich die Zeitung aufgeschlagen hatte. Das Wort ‹Phantasie› sprang mich regelrecht an. Ich legte die Zeitung beiseite und rauchte meine erste Zigarette seit vier Wochen. Dann war ich bereit, die vier Zeilen erneut zu lesen:

> Mann sucht Frau ohne Scham, welche willens ist, die Hauptrolle in seiner Phantasie zu verkörpern. Angemessenes Honorar. Diskretion.

Ich schnitt die Annonce aus, las sie wieder und wieder und legte sie schließlich neben das Telefon. Die Erregung, in die mich der Anzeigentext trieb, gefiel mir genauso wie die Unruhe, in die ich verfiel. Ich wollte ihr nicht nachgeben, noch nicht. Erst am nächsten Tag wählte ich die angegebene Telefonnummer, die ich mittlerweile auswendig kannte. Schon nach dem zweiten Klingeln wurde abgehoben.

Ein Mann meldete sich, ohne seinen Namen zu nennen, und ich erklärte ihm, daß ich wegen der Anzeige anriefe. Die Stimme des Mannes war atemlos und leise. Fast klang es, als flüstere er. Er wollte weder meinen Namen noch mein Alter erfahren. Dafür bat er mich, sofort bei ihm vorbeizukommen.

«Nehmen Sie sich ein Taxi», sagte er, «selbstverständlich auf meine Rechnung. Und bitte tragen Sie nichts, was meine Vorstellungskraft über die Maßen anregen könnte, ja? Sind Sie neugierig?»

«Ja», sagte ich, «ich bin ausgesprochen neugierig.»

«Das ist gut. Denn es wird Ihnen helfen.»

Er legte auf, ohne sich zu verabschieden. Ich versuchte nicht, mir den Mann aufgrund seiner Stimme vorzustellen. Er hatte mehrmals gehüstelt und das S sehr weich ausgesprochen. Zuerst nahm ich mir vor, mich nicht nach seiner Anweisung zu richten und zog ein enges Stretchkleidchen und Schuhe mit Absätzen an. Doch dann entschied ich mich, ein Männerhemd, Jeans und Turnschuhe zu tragen. Meine Aufregung war so groß, daß ich den Taxifahrer so lange ignorierte, bis er es aufgab, mich in ein Gespräch verwickeln zu wollen. Ich wollte in Gedanken noch einmal den Dialog mit dem Fremden durchgehen, besessen von der Idee, daß es wichtig war, mich an jedes gesagte Wort erinnern zu können.

Das Haus des Mannes lag in einem der vornehmeren Viertel der Stadt. Aber nachdem ich durch den Garten mit dichten Hecken und verfilzten Büschen gegangen war, mußte ich feststellen, daß das Haus klein, ja fast schäbig war. Neben der Klingel war ein Namensschild angebracht, dessen Schrift aber so stark verblaßt war, daß es nicht mehr zu entziffern war. Ich hatte den Klingelknopf noch gar nicht berührt, da wurde die Tür bereits geöffnet.

Der Mann war um die Fünfzig, klein, schmal und vollständig ergraut. Er deutete eine Verbeugung an und bat mich herein, ohne mir die Hand gegeben zu haben. Sein Haar war dicht und sehr kurz geschnitten. Er trug einen nachtblauen Anzug, ein weißes Hemd mit Krawatte und war barfuß. Seine Füße waren schmal und sehnig, und es sah aus, als habe er sie mit Öl eingerieben. Seine Zehennägel dagegen wirkten ungepflegt. Sie waren ungeschnitten und gelb. Der Mann führte mich in ein Zimmer, in dem ein massiver Schreibtisch und zwei Ledersessel standen. Die Wände waren bis unter die Decke mit Gestellen bedeckt. Es sah so aus, als seien die Bücher nach der Farbe ihrer Umschläge in die Regale eingeordnet worden. Da die Gardinen geschlossen waren, herrschte ein diffuses, freundliches Licht in dem Raum. Es war sehr still.

«Ich freue mich, daß Sie gekommen sind», sagte er und setzte sich hinter das Pult, dessen Arbeitsfläche bis auf einen Umschlag und eine schwarze Füllfeder leer war.

Ich setzte mich in den anderen Sessel, obwohl er mich nicht dazu aufgefordert hatte. Wir schwiegen mindestens eine Minute lang. Während dieser Zeit studierte er ohne jede Zurückhaltung zuerst mein Gesicht und danach meinen Körper. Da sein Blick nichts Zudringliches hatte, ließ ich mir die Musterung gefallen und entspannte mich.

«Sie halten sich an Abmachungen, das ist gut», sagte er endlich. Seine Stimme klang heiser, aber er sah mich selbstsicher an. Wie ist es wohl, ein Mann zu sein? dachte ich. Als er mir seinen Namen nannte, war ich überzeugt davon, daß er log, und es war mir egal. Hätte er mich gefragt, wie ich heiße, hätte ich ihm meinen richtigen Namen genannt. Aber er fragte nicht. «Sie sind also neugierig. Das ist gut. Ich bin es nämlich auch. Wer nicht neugierig ist, hat kein Verständnis für die Welt der Menschen mit Phantasie.»

Erwartete er, daß ich eine Frage stellte? Seine Hände erinnerten mich an die Hände kleiner Jungen, an die Hände von Stubenhockern. Er trug keinen Ring, keine Armbanduhr. Neben dem rechten Auge hatte er eine sichelförmige Narbe. Seine Augen waren rehbraun. Was in den Köpfen anderer Menschen vorgeht, ist unergründlich. Es sei denn, sie erzählen es einem und lassen einen an ihrem Innersten teilhaben. Die Luft in dem Zimmer war stickig und roch nach Schweiß.

«Das sollten Sie nicht tun», sagte er und lächelte.

Ich sah ihn verständnislos an, und er beeilte sich, den Satz zu beenden:

«Sie sollten nicht derart häßliche Schuhe tragen.»

Er stand auf, ohne mich aus den Augen zu lassen, und kniete sich vor mich hin. Er nahm meinen rechten Fuß auf seinen Schoß und löste die Schnürsenkel. Dann zog er vorsichtig den Schuh von meinem Fuß, faßte die Spitze der Socke und streifte sie über Knöchel und Ferse. Er hatte keine Eile. Seine Handgriffe waren präzise und geübt. Er nahm meinen nackten Fuß in beide Hände, als wolle er ihn schützen. Seine Hände waren warm, und ich schloß die Augen. Meine Fußsohle schien zu glühen, ich mußte mich beherrschen, um sie nicht anzufassen und aufzustöhnen. Mir wurde schwindlig, ich drohte, den Boden unter den Füßen zu verlieren. Bevor er meinen Fuß freiließ, drückte er mir einen Fingernagel in die Haut. Vor Schmerz und Erstaunen gab ich einen Kiekser von mir, zog den Fuß zurück und öffnete die Augen. Der Mann stand dicht neben mir, beugte sich über mich und strich mir beruhigend mit einem Finger über die Wange. Dann setzte er sich wieder hin.

«Was erwarten Sie von mir?»

Meine Stimme klang unsicherer, als mir lieb war. Möchten wir nicht alle wissen, was wir für einen Eindruck auf andere machen, wie wir auf sie wirken, wer wir für sie sind?

«Sie sollen die Hauptrolle in einer meiner Phantasien spielen.»

«Und wie sieht diese Phantasie aus?»

«Haben Sie Zeit?» fragte er.

«Das kommt darauf an, wann.»

«Jetzt. Jetzt sofort und morgen um 14 Uhr. Dann freilich an einem anderen Schauplatz.»

«Ja, ich habe Zeit», sagte ich.

Ich schwitzte, fühlte leichte Erregung. Der Mann sah gut aus, und er wußte, was er wollte.

«Ich werde aber nicht mit Ihnen schlafen», sagte ich.

Es dauerte einen Moment, bis ich begriff, daß er nicht lächelte, sondern daß ein winziges Zucken seine Mundwinkel bewegte. Letztlich war es diese Unsicherheit, die mich dazu brachte, sitzenzubleiben. Er hatte sich sofort wieder in der Gewalt. Er lächelte abwartend. Jetzt hätte ich gerne mit ihm geschlafen. Plötzlich wünschte ich mir, diejenige zu sein, die ihn dazu brachte, die Beherrschung zu verlieren.

Ich wollte hören, wie er stöhnte und schrie, wie er murrte wie ein kleiner Junge, als sei ich die Frau Lehrerin, welche die Zensuren verteilt und Kopfnüsse und aufmunternde Worte.

«Ich möchte, daß Sie mir das hier vorlesen.»

Er schob den Umschlag über den Tisch. Seine Stirn glänzte.

«Hier?» fragte ich.

«Nein, nicht hier. Kommen Sie. Bitte.»

«Das ist alles? Sie wollen nur, daß ich Ihnen etwas vorlese?»

«Nein, das ist nicht alles. Sie lesen mir heute vor, was wir morgen Wirklichkeit werden lassen.»

«Und was bekomme ich dafür?»

«Das Geld liegt im Umschlag», sagte er sanft.

«Wieviel?» fragte ich sofort, obwohl es mir gleichgültig war.

«1000 D-Mark. Ich vertraue darauf, daß Sie morgen pünktlich sein werden. Kommen Sie.»

Er stand auf. Ich nahm den Umschlag vom Tisch und ließ mich von ihm in ein angrenzendes Zimmer führen. Der Raum war bis auf ein schmales Bett, eine Ledertasche und einen Schemel leer. Die Fenster des Zimmers standen offen, ich hörte das Zwitschern von Vögeln. Der Mann legte sich wortlos auf das Bett, rücklings, die Hände hatte er vor dem Geschlecht gefaltet, und ich dachte unweigerlich an einen Toten.

«Lesen Sie», befahl er.

Ich setzte mich auf den Schemel, hielt den nackten Fuß in die Sonne, die als breite Bahn über den Fußboden fiel. Als ich den Umschlag aufriß, fiel ein Bildchen heraus. Es zeigte die Mutter Gottes. Sie hatte die Hände zum Gebet gefaltet und den Blick voller Demut niedergeschlagen. Jetzt wußte ich, woher der leichte Schweißgeruch stammte. Es waren die Füße des Mannes, welche rochen. In dem Umschlag lagen zehn Hundert-Mark-Scheine und ein Manuskriptblatt, das beidseitig mit Schreibmaschine beschrieben war. Der Mann hüstelte. Er hatte die Augen geschlossen, und ich begann zu lesen, laut und deutlich zu lesen:

‹Ich werde Sie morgen Punkt 14 Uhr im Lesesaal der Universität erwarten. Ich werde an einem der langen Lesetische sitzen. Sie werden mir gegenüber Platz nehmen. Sie werden die Sachen tragen, die Sie in der Tasche finden, welche am Fußende des Bettes steht, in dem ich jetzt liege, um Ihnen zuzuhören. Die Wanduhr des Lesesaales wird deutlich zu hören sein, wahrscheinlich auch mein Atem, was Sie aber nicht stören soll. Sie tragen kein Parfum, werden aber dezent geschminkt sein. Wenn Sie Ihre Beine bewegen, werde ich das Knistern Ihrer Strümpfe hören können. Aber übertreiben Sie es nicht. Geben Sie mir vorerst nur den kleinen Finger und nicht die ganze Hand. Lassen Sie uns Zeit, ich vertraue auf Ihr Gefühl für das richtige Timing.

Dann werde ich Sie nach Ihrem Namen fragen.

Sie werden spüren können, welcher Name meiner Verfassung und meiner Erwartung entsprechen wird. Diesen Namen werden Sie mir nennen. Ich werde an Ihren Lippen hängen. Sprechen Sie nicht zu laut. Ihr Name wird unser Geheimnis sein. Keiner der anderen Besucher des Lesesaales darf ihn erfahren. Dann werden Sie das beigelegte Heiligenbildchen vor Ihren Füßen zu Boden gleiten lassen. Sie werden mich nicht darum bitten müssen, es für Sie aufzuheben. Ich knie nämlich bereits unter dem Tisch und halte das Bildchen in der linken Hand. Ich werde zwischen Ihren Beinen kauern und warten. Sie werden sich Zeit lassen. Ich werde geduldig sein. Dann werden Sie den Mantel aufschlagen wie die Gardine, die ein Fenster verschlossen hat, in welches ich schon immer sehen wollte. Sie werden die Beine öffnen, werden sich mir zeigen. Sie werden sich gründlich rasiert haben, ich werde den Rasierschaum riechen können. Ihre Fotze wird sich leicht öffnen, sie wird feucht sein und glänzen. Sie werden sich zuerst einen Finger hineinstecken, dann zwei und schließlich drei. Sie werden Ihre Finger mit den lackierten Nägeln nicht hin- und herbewegen. Gönnen Sie mir den Anblick keinesfalls zu lange. Ich werde Sie natürlich nicht berühren. Dafür werde ich Sie mir ganz genau ansehen. Ich will kein einziges störendes Schamhaar entdecken. Setzen Sie sich auf die vordere Kante des Stuhles, damit ich auch Ihr Arschloch sehen kann. Ich werde mich kaum beherrschen können, es nicht anzufassen. Auch Sie werden es nicht berühren. Dann werden Sie unvermittelt aufstehen und den Lesesaal verlassen. Das Votivbildchen werden Sie mir überlassen. Ich werde es zerknüllen und dann aufessen. Direkt vor dem Eingang der Uni wird ein Taxi auf Sie warten. Ich werde mir morgen untersagt haben, mich zu erregen. Gleichwohl wird sich mein Glied zu voller Größe und Härte aufgerichtet haben. Genau wie jetzt. Dafür werde ich Strafe verdient haben. Strafe, um die Sie sich nicht werden kümmern müssen.›

Ich hatte den Text fehlerfrei und ohne zu stocken vorgelesen. Der Mann hatte sich nur einmal bewegt: Er war sich über die Stirn gefahren. Dabei hatte er leise gestöhnt. Dann hatte er die Hände wieder über seinem Geschlecht gefaltet.

«Danke», sagte er, «ich möchte, daß Sie jetzt gehen. Vergessen Sie die Tasche nicht. Ich denke, daß Sie ohne meine Hilfe ins Freie finden, nicht wahr?»

Ich nickte, dabei hatte er die Augen noch immer geschlossen. Ich wartete einen Moment, aber da er sich nicht rührte, ging ich. Zwar war ich etwas unsicher auf den Beinen, aber erregt hatte mich der Text nicht. Erst unter der Haustür fielen mir mein Turnschuh und die Socke ein. Also ging ich in das Arbeitszimmer des Mannes zurück. Durch die offenstehende Tür sah ich, daß er weiterhin auf dem Bett lag. Er war jetzt nackt. Er lag bewegungslos auf dem Bauch, ich konnte nicht verstehen, was er murmelte. Ich sah ihm eine Weile zu, dann ging ich.

Am nächsten Tag rasierte ich mich und zog die Sachen an, die sich in der Tasche befanden. Unter dem Mantel, auch er lag in der Tasche, trug ich nichts als ein Korsett, das meine Brustwarzen freiließ, und hautfarbene Strümpfe. Die Pumps waren mir etwas zu groß, und es war nicht einfach, in ihnen zu gehen. Ich wartete mehr als zwei Stunden auf den Mann. Als sich meine Erregung endgültig in Wut verwandelt hatte, verließ ich den Lesesaal unverrichteter Dinge.

Stefanie Menzinger

Äpfel auf Straßen

Ich habe später nicht genau sagen können, wie ich dorthin gekommen bin. Ich habe unterwegs Felder gesehen und ein Dorf. Das ja. Dabei ist das Dröhnen und Tosen, ich erinnere mich, immer lauter geworden. Ich meine aber, daß man sich gut daran gewöhnen kann. Außerdem bin ich mit einer Aufgabe gekommen und sehr beschäftigt damit gewesen. Da stört auch das Tosen nicht mehr. Es haben immer, die ganze Zeit über, viele Autos gehalten. Lastwagen nicht so viele. Das hat mich auch unruhig gemacht. Dazu der Geruch von den Zapfsäulen her. Wie im Rausch habe ich an der Betonwand neben den Klos gelehnt und auf die ankommenden Autos geschaut.

Ich habe aber noch warten müssen. Es ist ja eben erst dämmrig geworden. Noch eine, zwei Stunden gewiß, ich habe noch Zeit und beschließe, meinen Posten vorübergehend zu verlassen.

Auf dem Weg an parkenden Autos und großen grünen Müllkübeln vorbei habe ich auch in Gesichter geschaut. Aber ich habe keine genaue Erinnerung daran. Ich habe mir bloß den Kaffee geholt und dabei eine Stimme gehört, die etwas sang, um zu erklären, wie ich annahm, warum sie Bier trinke, und daß sie nicht die einzige sei, der das so gehe. Nach ein paar Schlucken bin ich an einem Glaskasten mit Stofftieren vorbei, ein paar Treppenstufen hinab auf Toilette gegangen. Beim Händewaschen danach habe ich mich im Spiegel gesehen: die blasse, im Neonlicht vergröberte Haut, der schwarze Flaum über der

Lippe gestochen scharf. Es ist das Licht, denke ich; und lecke mir über die Lippe, als könnten die Härchen daran klebenbleiben wie die Fliegen im Sommer am Honig. Nachher wird es dunkel sein, habe ich, weiß ich noch, gedacht und die feuchte Türklinke gepackt.

Als ich wieder in den Gastraum getreten bin, haben die tief hängenden Lampen helle Lichtkreise auf die Tische geworfen, hinter denen die Gesichter der Gäste verschwunden sind. Es ist nun sehr schnell dunkel geworden, und die Kellnerin hat bereits die Vorhänge vor die Fenster gezogen und darauf geachtet, daß sie die Blätter der Gummibäume nicht bricht. Ich habe mich wieder gesetzt und flüchtig in einer Zeitung geblättert. Wir sind noch immer verrückt aufeinander, sagt Rod Stewart; und beide lachen auf dem Foto mit großen schwarzen, gerasterten Mündern. Es riecht nach Fett und Spiegelei, das, wie ich sehe, die Kellnerin an mir vorbei in die hintere Ecke des Raumes trägt. «Mir das gleiche», ruft eine Stimme. Kurz darauf wird, wie ich glaube, Besteck aneinander geschlagen. Als ich wieder aufschaue, hat sich der Raum gefüllt. Ein tiefstimmiges Murmeln jetzt, und ich ahne, daß es Zeit ist. Daß die ersten angekommen sind. Daß ich zurück auf meinen Posten muß, um ihn nicht zu verpassen. Für einen Moment habe ich geglaubt, daß er bereits unter den Männern hier im Raum sein könnte. Das wäre aber seltsam gewesen. Ich habe es dann sehr eilig gehabt und habe ihn später mehr zufällig an seinem Gang erkannt. Da habe ich schon nicht mehr geglaubt, daß er kommt. Natürlich bin ich sofort hinter ihm hergegangen. Sein Hintern groß wie die Radkappen seines Lasters ist von einem Schritt in den anderen gefallen. Er hat kleine Füße; wie ich bemerkt habe, stecken sie in ausgetretenen Turnschuhen, deren Marke man nicht mehr erkennen kann. Ich habe gewußt, daß er noch weiterfährt.

Als er die Tür zu seinem Laster aufschließt, frage ich ihn, ob er mich mitnimmt, bis zum nächsten Haltepunkt, frage ich ihn, ob das geht. Ich habe das sehr geduldig gefragt, überhaupt nicht drängend, sondern habe ihm alle Zeit gelassen. Das können Sie mir glauben. Und wenn Ludwig – wieso Ludwig? habe ich mich hinterher gefragt – Ihnen später etwas anderes erzählt, dann nur aus Verlegenheit, oder weil er sich schlecht an alles erinnert.

Er fahre nach Hamburg hoch, sagt er, schaut und schwingt sich die Stufen seiner Kabine empor. Ich habe mich dann einfach neben ihn gesetzt und meine Tasche zu meinen Füßen gestellt. Er dreht jetzt das Radio an, und eine zögernde Stimme verkündet die *Pop Night* bis fünf Uhr morgens. Ich betrachte die um das große Lenkrad geschlossenen Hände, wie sie in die Unterarme übergehen und sich von ihnen führen lassen, das gefällt mir.

Gewiß habe ich dann auch still und freudig in mich hineingelächelt. Nach unten und unauffällig habe ich gelächelt, damit Ludwig nichts davon merkt und sich nicht erschreckt. Ich habe ihn auch nicht ablenken wollen, weil er gerade begonnen hatte, den Lastwagen aus der Parklücke herauszukurbeln und mit kräftigen Tritten seines kleinen linken Fußes die Gänge hereinzuschlagen. Beim Fahren auf dem Beschleunigungsstreifen haben seine Augen auf dem großen Seitenspiegel geklebt, so daß ich ihn in aller Ruhe betrachten konnte. Dann habe ich die Geräumigkeit seiner Kabine bewundert und mich, ich gebe es zu, zum Schein erschrocken, als er auf den Vorhang hinter ihm verwies, wo man auch schlafen könne. Unbedingt hat Ludwig als erster die Kabine erwähnt. Vor uns auf der rechten Spur eine Lastwagenkolonne. Ludwig bremst ab, leicht; nach einer Weile setzt er den Blinker, der auf seinem Gesicht nachleuchtet. Wir scheren aus. Langsam drückt er die Geschwindigkeit hoch; ich kann über die Büsche in die Mitte der Fahrbahn schauen und sehe auf helle, blendende Lichter; eine sich aus der Tiefe erneuernde gelbperlige Schnur. Wir sind jetzt auf gleicher Höhe mit dem rechts von mir fahrenden Laster. Der Fahrer lächelt, als er mich sieht, und führt eine Hand zu seiner schräg sitzenden Mütze. Wir schieben uns vor und in die Lücke rechts vor uns hinein. So ist das noch ein paar Stunden gegangen. Hin und wieder bin ich eingenickt; mein Kopf ist vorgefallen, dann bin ich hochgezuckt und habe aus den Augenwinkeln auf Ludwigs rundes, ruhiges Gesicht gesehen.

Kurz vor Kassel habe ich ihm die linke Hand auf seinen festen, gespannten Jeans-Schenkel gelegt und auf eine Antwort gewartet. Nicht daß Sie glauben, daß mir diese Geste in einer solchen Umgebung unbedingt vertraut gewesen ist. Es ist doch jedesmal anders, und es hat noch kein Mal dem anderen geglichen. Unter meiner Handfläche ist es allmählich sehr heiß geworden. Ich habe aber dabei nicht so bequem gesessen. Er hat das bemerkt und dann, glaube ich, komm ruhig näher, gesagt, aber ich bin mir heute nicht sicher, ob ich wirklich ihn oder die Stimme eines Sängers im Radio gehört habe. Als ich meine Finger um die gebogene, feste Wurst unter dem Reißverschluß lege, fährt Ludwig den Bogen in den nächsten Parkplatz hinein. Muß pinkeln, sagt er und verschwindet hinter der Böschung.

Ich habe bis dahin übrigens noch nie eine Schlafkabine von innen gesehen. Als Ludwig zurückkommt, knie ich auf dem Sitz und spähe in die Kabine hinein. Mir scheint es möglich, auch heute noch, daß ich Ludwig gefiel. Ich habe den Türknopf auf sein Geheiß an meiner Seite runtergedrückt. Er hat auf seiner Seite das gleiche getan. Ich habe dann, um nicht alleine zu bleiben, seine Eier zu reiben begonnen. Ich habe aber durch die Hose nicht genau ihre Schalen fühlen können und habe ein paarmal ins Leere gerieben. Es hat mir gefallen zu kneten und dabei seinen Kopf gegen die gepolsterte Stütze fortfallen zu sehen. Ich habe in unregelmäßigen Abständen den Druck meiner Finger verstärkt, habe die Faust zwischen die Beine gedrängt und in dem warmen, pupsigen Nest ausgeruht und verschnauft. Ich habe den Hosenknopf aufzuknöpfen versucht; aber der Druck von Ludwigs Bauch war so stark, daß es mir lang nicht gelungen ist. Deswegen auch schämte ich mich im stillen.

Ich habe mich schließlich nochmals auf die Knie gesetzt und mit beiden Händen und fest an den Bund gefaßt und gezogen. Die Wucht, als dann der Hosenbund aufsprang, hat gleich – zu meiner Freude – den Reißverschluß mitgerissen. Ich habe über Ludwigs versunkenes Gesicht gestrichen und meine rechte Hand auf den wollenen Stoff seiner hell hervorleuchtenden Unterhose gelegt. Mit der linken habe ich mich halten müssen, daß ich nicht falle. Er hat «Eier» gemurmelt und ist dann unter den mal leichten, mal heftigen Bewegungen meiner Finger eingenickt, fortgeduselt. Sein mit einem Schnauzer umstandener Mund steht jetzt offen wie eine vergessene Kellertür, habe ich gedacht.

Es wird nun Zeit, denke ich, Ihnen zu erzählen, wie ich in Strümpfen, aber sonst von oben bis unten bekleidet, in die Kabine geschlüpft bin, mich unter der Bettdecke ausstreckte und hinter geschlossenen Lidern die Poster der Schlafkabine betrachtet habe: die aus der Spitzenwäsche hervorfallenden Titten, würde Ludwig sagen und seine Daumen auf die Warzen legen, Glocken oder, das hat er aber erst später, als er schon meine gesehen hat: kleine Äpfel, und einmal auch: Clementinen. Aus allen Ecken haben mir Zungen entgegengeleckt; feuchtfeuchte Zungen; die die gerundeten Oberlippen entlangfahrend an ihrem äußersten Punkt klebenblieben vor der Linse des Fotografen. Das muß ich Ihnen auch erzählen, weil das wie ein Fleischzaun war um diesen Liegeplatz; ein Lattenzaun Leiber, hinter dem ich mich mit Ludwig verbarg; als er endlich kam, hatte ich schon geschlummert und spürte, war es Atem oder ein Stoß?, Ludwig an meiner Seite und wie er sich auszog. Ich machte seinen breiten Bewegungen Platz; dem Hinunterruckeln der Hose, und sein Hintern, wie ich ahnte, sperrte dabei. Wie er sich dann aufsetzte, sah ich durch meine flatternden Lider im Schein einer kleinen Leuchte hinter seinem Kopf. Er stülpte die Hose über seine aufwärts gestellten, strumpfigen Füße. Er verlagerte sein Gewicht auf den Rücken und zog die weiße, wollene Hose über sein, wie ich bemerkte, noch helleres Gesäß. Ich besah den weißen, haarigen See seiner Haut und zog doch die Lider, wie Sie sich vielleicht denken können, gleich der Jalousien neugieriger Nachbarsfrauen, zu Schlitzen zusammen. Meine Augen durchschlitzten das Samt meiner Wimpern und kugelten Ludwigs Hüfte entlang, kreiselten um seinen erhöhten Beckenknochen rechts herum, kollerten zum Nabel hinab, den ich nicht sah, bis er endlich sein Hemd aufknöpfte und es sich überzog, verging eine Weile; dann raschelte es und Ludwig schlüpfte unter der Decke an mich heran. Ich habe dann auf Ludwigs Hände gewartet, wie ich manchmal auf eine Hand warte, wenn ich schreibe, die mich umfaßt, und habe mir in diesem Augenblick vorgestellt, müssen Sie wissen, wie es wohl wäre, dabei Röcke zu tragen. Nicht diese sperrigen Jeans. Statt dessen gleich mehrere hübsche Röcke übereinander. Natürlich wären sie warm wie zwei Unterhosen im Winter, würden sie spielend ersetzen, daß Ludwig die Röcke bloß hochschlagen müßte, wie man am Morgen die Bettdecke hochschlägt. So also aufgedeckt, hätte Ludwig mich flugs zudecken können, ohne den Umstand, der nun folgt. Denn er reißt mir die Jeans von den Beinen, während ich dabei die entblößten Frauen betrachte und meine Lippen schürze wie sie. Natürlich hat es mir weh getan. Es ist aber nicht die Schuld Ludwigs gewesen. Auch die Bluse hat er reißend geöffnet und dann, wie ein Bagger die Erde nach vorn schiebt, in Wellen mein Unterhemd mir bis zum Hals. Die Schaufel ist an den Bruststümpfen hängengeblieben und hat sich verhakt, hat rumgebuddelt und gescharrt wie ein Hund, denke ich und streichle Ludwig durchs Haar. Es ist feucht an den Schläfen. Und meine Fingerkuppen glänzen, als ich sie betrachte, zieht mir Ludwig das Höschen fort. Ich habe vergessen, welches Höschen ich heute morgen (wie lang ist das her?) nach dem Duschen übergezogen habe und schaue auf das kleine Stück Stoff, das Ludwig jetzt nach hinten zur Bettdecke wirft. Das hat aber lange gedauert, denke ich jetzt und warte ein wenig ab.

Er hat, erzähle ich später, als ich mit Kathrin Kekse knabbere und Tee dazu trinke, die Kleider sehr schnell von mir abgezogen, wie geübte Köche ritschratsch die Zwiebel enthäuten. Es hat keine Minute gedauert, erzähle ich weiter, da war ich schon nackt. Hätte ich Röcke getragen, so hätte Ludwig sie bloß umzuschlagen brauchen wie eine Decke. Und meine Augen würden unter dem schweren Stoff meiner Röcke geruht haben, nana, sagt Kathrin, wie schlafende Hunde.

Er sieht auf mein geöffnetes Schmuckkästchen dort, das Ludwig Ritze nennt, bevor er sie schließt oder: den Finger durchs Ringlein steckt. Sicher, es hat auch weh getan, als Ludwig den Fuß in den Schuh steckte und sagte: Wohl eine Nummer zu klein, hat er gesagt, und vom Gesäß her hat er gepreßt und nachgedrückt und hat dann die Hand, wie einen Schuhlöffel zu Hilfe genommen hat er sie. Und gedrückt hat er, bis er drin war sein trockener Fuß: Wie beim Kartoffelreiben, habe ich gedacht, am Sonntag, wenn es Pfannkuchen gibt; ein Auf- und Abhebeln der Erdäpfel, bis sie so klein werden, daß aus Versehen die Finger sich blutig reiben und die Kartoffelschnitzel rot färben, habe ich aber dabei an Ludwig gedacht und wie ich gelehnt habe dort und gewartet und ihn beinah verfehlt.

Darüber bin ich allmählich feucht geworden, während ich auf die Lichter schaue und wie sie an mir vorbeirasen, lege ich meine Hand auf sein Bein und werde feucht. Ich habe Ihnen ja erzählt, daß das Ausziehen mühsam war. Aber in meiner Vorstellung jetzt geht es gut. Es raschelt, und Ludwig schlüpft, während in seinem Hintern eine kleine Maschine sitzt, unter der Decke an mich heran, daß ich feucht werde, bloß so, weil er näher kommt und ich – war es Atem oder ein Stoß? – aufwache aus meinem Schlummer und aus meinen Bildern, denn ich bin jetzt naß wie ein Teich, naß wie der Kieselweg zu meinem Haus im Regen, naß wie deine Augen, wenn du weinst. (Wenn du weinst.) Ich halte Ludwig, der sich bewegt, breit und ruhig, wie seine Schritte, denen ich's angesehen habe, und gewußt habe ich's schon an die Betonwand gelehnt, daß er's ist. Sein Hintern, den ich umfasse, ist groß wie die Radkappen seines Lasters. Ich spüre dahinter das Maschinchen ticken, das ihm Kraft gibt. Ich möchte jetzt etwas sagen. Aber als ich auf zu den Wolken seiner Kabine schaue, merke ich, daß Ludwigs Augen wortlos schön sind. Sie schauen an mir vorbei auf einen fernen Punkt, den ich nicht kenne, wo eine Geschichte beginnt, die ich nicht erzählen kann.

Die Frauen an den Wänden rücken an uns heran. Sie

sind schön und ihre Brüste rollen wie Äpfel über die Straße, aus den umgekippten, verschütteten Körben heraus. Ich halte sie und wische den Staub von ihrem aufgesprungenen Fleisch. Wie Blumen lege ich sie auf Ludwigs gebogenen, feuchten Rücken, um sie zu tränken. Mein Warten hat sich gelohnt. Ich habe den Auftrag erfüllt.

Von ferne höre ich, wie Ludwig beschleunigt – kurzer Leerlauf und dann der höhere Gang. Ich bin die Straße und laufe unter seinen Rädern mit. Ich hafte an seinen Reifen und halte die Spur. Sie kennen das auch, daß Ludwig später das Lenkrad herumreißt und abbremst. Heftig. Ich atme eine Weile noch schnell. Dann aber immer langsamer. Ich komme zum Stehen, blicke mich um und weiß nicht, woher ich gekommen bin. Wann ich aufgebrochen bin. Vor allem: mit wem. Ich kenne die Landschaft hier nicht. Sie ist mir fremd.

Franz-Maria Sonner

Die Gelüste der Onkels

Es war abends und draußen schon dunkel, am Freitag nach jenem närrischen Donnerstag, an dem die Frauen im Rheinischen den Männern die Krawatten abschneiden. Ich saß im Speisewagen des ICE von Frankfurt nach München, war müde und las. Im Fenster mein Spiegelbild. *Ein Mann wird älter.* Sagte das Buch. Und das Gesicht löste sich in der warmen Nachtbeleuchtung eines nahen Städtchens auf. Etwas schwärmte aus, jagte durch die Häuser, durchstöberte Stuben und Betten und trieb mir Bilder zu von einer, die lächelt, ihren Nacken freilegt, ihren Rock hebt, meine Hand nimmt und sie auflegt, von Zweien, die sich schon ineinander verkeilt haben, von einer, die lächelt. Aber dann hatte die dunkle Wand aus Bäumen und Sträuchern mein Abbild wieder auf die Scheibe zurückgeworfen. Einen alten, trübsinnigen Schädel. *Sieht man Ihnen nicht an, die Fünfzig!* Is' drauf geschissen! Werde womöglich bald *rüstig*. Strecke mir die Zunge raus. Hasse diese blöde Fresse! Verbraucht, ausgeleiert. Wozu noch dagegen ankämpfen? Was ich sehe, sehen auch andere. Wen interessiert schon ein guterhaltener Fünfziger? Dagegen habe ich angefangen, Jugendliche anzustarren. Strotzig-ahnungslos stehen sie da. Machen sich keinen Begriff davon, daß sie jung sind. Wozu auch?

Wann fing es an? Als ich damals in die Straßenbahn stieg? In der Ecke gedrängt sitzend zwei Mädchen. Noch Kinder. Aber schon langgestreckt und knochig. Mit Zähnen, die so groß in ihren schmalen Gesichtern standen. Die

Haare zu altjüngferlichen Knötchen im Nacken zusammengesteckt. Wie Geschwister, aber eben doch nur Freundinnen, die sich einander anverwandelt hatten. *Auf ebensolche Weise hatte Catilina Senat und Volk von Rom das schändlichste Beispiel gegeben.* Die eine übersetzte vor, die andere schrieb. Nie werde sie Latein lernen. Im Unterricht verstehe sie nichts. Und die Lehrer seien so gemein, fragten sie immer ab! Und ihr falle nichts ein. Dabei habe sie doch gelernt. Aber wozu auch Latein? Werde doch nie gebraucht! Wo denn schon? Vielleicht sei sie auch einfach zu dumm? Ja, ehrlich! Obwohl? Ballett habe sie schließlich auch gelernt! Aber Latein nie! Dann falle sie eben durch. Und ich saß da, hielt mir die Zeitung vors Gesicht, um unbeobachtet zuhören zu können. War gerührt, war amüsiert, aber war das Geplappere dieser Gänschen nicht zum Kotzen? Aber mehr noch diese widerwärtigen, onkelhaften Gelüste! Dachte sofort an den faltig-bucklig-glatzköpfigen Rentnersack! Winkte mir unter der Dusche des Hallenbads mit seinem halberigierten Schwanz. Erst 40 Jahre später haue ich ihm eine rein. Aber ich hatte ja gar nicht kapiert, was das sollte.

Andere hassen zu können, darin liegt bewundernswerter Stolz. Selbstachtung. Onkels sabbern. Schleimen. Huberts Töchterchen lernte Blockflöte. Um ihm einen Gefallen zu tun, begleitete ich ihn zu einem Vorspielabend der Musikschule. Am Nikolausabend. Und legte zwölf Mark für Glühwein mit Lebkuchen hin. Saß jetzt ein wenig abseits und knitterte den noch warmen Plastikbecher in der Hand. Draußen rieselte feiner Eisregen gegen die hohen Fenster des Musikpavillons. Vorne versuchten sie die Schar der kleinen Musiker zusammenzutreiben. Die sich aber noch nicht losreißen konnten. Von Vätern mit aufmunternd-entschiedenem Nicknick-Nicken und

Müttern, die karpfenmäulig, mit dem Mund mehr deutend als sprechend, letzte Hinweise gaben. Ich sah einen riesengroßen weißen Frauenarsch im Raum hängen. Und das Licht ging aus. Glühweindunst kroch umher, in mir trieb es Hitze auf. Ich, ein struppiges, inwendig verdorbenes Tier, dort vorne Zwillingszahnspangen mit vom Kopf abstehenden, hart geflochtenen Zöpfen, deren Gesang von den Eltern gefeiert wurde, weil sie sich getraut hatten. Fünf Blockflöten wimmerten Adventsweisen, Hubert neben mir enthusiasmiert. Dann ein blondes kleines Mädchen mit Geige, vielleicht elf, sorgfältig onduliert, dazu Blüschen, Röckchen, Schühchen, aber schieläugig, die Pupillen durch eine dicke Brille herausvergrößert. Zittrig tröpfelte Brahms. Damals, als ich aus dem Kindergarten kam, geigten zwei im Hinterhof. Den Blick nach oben zu den Fenstern gewendet. Mögen sie sich öffnen und möge jemand in Papier gepackte Münzen hinunterwerfen! Bat die Musik. Die Musik, die sich verzagt schwingend nach oben wand, dabei alle Fenster bestreichend, so daß meine Mutter Münzen hinabwerfen mußte. So oder so ähnlich, nur eben absichtslos, nicht heischend, des öfteren die richtige Lage um einen Halbton verfehlend. Dabei in konzentriertem Ernst, unterbrochen von verzweifeltem Erschrecken der Fehler wegen. Durch ihr Bemühen und die Andeutung des Melodieflusses tat sich mir so klar und rein der Sinn der Musik auf, so deutlich, daß es mir Tränen in die Augen trieb. Und es wollte nicht aufhören, tropfte, daß ich mich schämte. Natürlich darf man weinen! Aber nur männlich-edle Tränen! Wie Odysseus, der nach zehn Jahren nach Hause zurückgekehrt war. Zog sich dabei das Gewand vors Gesicht. Der Gefühlskitsch ist das Ekelhafte: Der Weihnachtszeichentrickfilm. Als das Eselchen, das Maria, Joseph und das Jesuskind getragen hatte, zur Schlachtbank geführt werden sollte! Wahnsinn! Aber ich konnte die Tränen nicht zurückhalten. *Lateane, Lateane! Sonne, Mond und Steane!* krähte der Kleine an jenem kalten Novemberabend und schwenkte seinen Lampion. Aus dem zum Hineinwachsen großen Mützen- und Thermohosenfutteral lugte ein apfelbäckiges Gesicht. Dann sah ich nichts mehr, spürte nur noch den jähen Wassereinschuß.

Onkels haben nah am Wasser gebaut. Und sind raffiniert. Wie mein Onkel Fritz. Weinte gerne. Tatschte und griff dabei nach jedem weiblichen Körperteil, dessen er habhaft werden konnte. Wer würde sich trauen, einen so traurigen Menschen abzuwehren? Auch sonst haben sich Onkels, wie er, eingerichtet. Ich habe früher säuberlich den Fettrand von jedem Stückchen Fleisch geschnitten. Er nicht. Onkel Fritz aß immer rotbackig erhitzt, feucht an der Stirn, zerrte am Kragen und trocknete Schweiß mit dem Sacktuch. Kaute mit Andacht. Nahm, was die anderen liegenließen, Schwarte, Knochen, Bäckchen. Sagte, das sei das Beste. Grinste bukolisch-derb. Schlürfte das Mark. Bekam bei Witzen über Weiber einen zum Platzen roten Schädel. Onkels sind wie Hunde. Heben das Bein und machen hin, wenn sie rangelassen werden, nehmen, was sie kriegen können, finden noch was in dem, was andere zurückgelassen haben.

Oder fing es an, als diese Frau das Ausflugslokal am Starnberger See betrat? Blondiert blond, dazu eine Brille mit großen Gläsern, so intensiv getönt wie *Atemgold*, oben tiefblau, unten hellblau, Gläser, in denen sich seitlich unten doppelte Goldbügel festgekrallt hatten, die zunächst planmäßig geradeaus nach hinten verliefen, dann aber in ein Zieroval einmündeten, um den Bügel stufenförmig nach oben umzuleiten. Braungebrannt in rosa

Bluse, in weißer, enger, wadenlanger Hose und in so hochhackigen Sandaletten, daß sie fortwährend auf Zehenspitzen stand. Schwankend, balancierend, aber mit Würde, setzte sie Schritt für Schritt, weil die Schuhe im tiefen Kies seitlich auszubrechen drohten. Unter ihrem Arm hielt sie eine weiße Tasche mit Goldkette eingeklemmt. Hinterdrein stapften ihr Mann und ihr Sohn, beide mit Ohrring, beide mit langem Haarschwänzchen. Sie nahm Platz, richtete kurz ihr Haar und fragte ihren Sohn, was er trinken wolle. All das nahm ich schon kaum mehr wahr, denn ich sah nur noch ihren ausladend üppigen Busen. Nur den Busen. Ihren großen, nußölglänzenden Busen.

Früher war es doch anders! Ich wollte alles, nicht nur ihren Busen! Von Tante Fanny. Ihr wie herausgemeißelt wirkendes Wunder war korsettgestützt. Ich sagte Guten Tag!, tauchte in die Aura ihres Parfüms ein und küßte sie auf beide Wangen. Ihre mächtigen Körbchen ruhten an meiner Brust, unbezwingbar, jedem Druck gewachsen. Tante Fanny war klein, rund, hatte ein fleischiges Gesicht und großporige Haut. Rotbraunes Haar, gefärbt, wahrscheinlich war sie schon grau. Lachte dröhnend, trank Likörchen, färbte Gläser und Korkfilter ihrer Zigaretten lippenstiftrot. Egal! Toupiert, gefärbt, geschminkt, korsettgestützt, im engen Rock, auf hochhackigen Schuhen war jeder Zentimeter Tante Fanny liebenswert.

Früher! Saß ich im Warteraum des Flughafens. Schon von weitem war sie mir aufgefallen. Weil ihr Haar wippte. Dann ging sie zum Schalter, setzte ihre Tasche ab. Dort schoben sie ihr einen Unterschriftenbeleg zu. Sie warf ihr Haar zurück, drehte es hinten zu einem Schopf, beugte sich über den Tisch, unterschrieb aber nicht gleich, sondern sah zur Seite, so daß sich unsere Blicke begegneten. Wir lächelten. Nun saß sie neben mir, Mannequin, deutsch, schön wie aus dem Katalog. Auf ihren Knien stand oval, weißglänzend ihr Schminkköfferchen, aus der Tasche zog sie ein Buch, die *Joghurtdiät*, und ich wußte, daß es quälend sein würde mit einer, die schon jetzt um sich kämpfte, obwohl es noch gar nicht angefangen hatte, ernst zu werden. Früher sagten wir eben, wie mein Freund Lothar zu Lillis Beinen: *Entschuldige, aber Kartoffeln gehören in den Keller.* Wenn eine doof war, war sie doof, da half doch auch ein schönes Gesicht oder ein großer Busen nichts!

Onkels sind Bastler. Zerlegen gerne, bauen neu zusammen. Mit Onkel Fritz war ich im Schwimmbad. Sagte, er liebe *wohlgeformte Gesäße*. Ärsche eben. Wie den sandgepuderten auf der Postkarte aus Massa. Zu seiner Zeit sei der Frauenmörder, an dessen Namen er sich nicht mehr erinnern könne, auch deshalb verurteilt worden, weil er gestanden habe, den Geschlechtsverkehr *à tergo* ausgeführt zu haben. Heute gebe es Tangas. Sogar Stringtangas. Den Verlauf dieses orangen Strings – da drüben! – solle ich mir einmal Zentimeter für Zentimeter vorstellen. Wenn er verschwinde, sei er ja auch noch irgendwo. Na eben! Ich hingegen sah später einmal eine junge Frau in der U-Bahn. Trug schwarze Leggins, so eng, daß es in ihrem Schritt klaffte, dazu Wildlederstiefel bis hoch über die Knie, eine zottelige Pelzjacke. Ihr Haar tiefschwarz gefärbt, aber eigentlich braun, wie der Scheitelansatz zeigte. Stark geschminkt, bleich, der Lidstrich, von einem Kringel nach oben abgeschlossen. Gräßlich, unausstehlich! Aber nicht aussichtslos, retuschierbar, denn *Onkels reiben sich ihre Schokolade selbst.*

Sie hätte ich eigentlich anlächeln sollen, eine hochgewachsene, schlanke Person mit schwarzer Lockenmähne, auch wenn die Pailletenstickerei an ihrer Jeans eine Verirrung war. Aber sie trug sie mit Würde. Statt dessen grinste ich ihn an, hinter dem sie hertrottete wie ein Lamm. Er: mit Fransenslipper, weißen Socken, Bauch und Bierbasedow. Früher einmal hatte ich mich in eine Frau nur deshalb verliebt, weil sie mit einem absoluten Ekel zusammen war. Wollte sie retten. Mit ihm kämpfen. Aber Onkels ziehen nur die Lefzen hoch, wenn sie einander begegnen.

In Stuttgart kam Leben in den Zug, ich wurde wacher und legte das Buch sofort beiseite, als sie den Speisewagen betrat: Dunkles, glänzendes Haar, streng zu einem straffen Schopf nach hinten gebunden. Zigeunerhaft? Nein: Brasilianisch! Das Gesicht lang und schmal, ebenso die Nase, seitlich an den Flügeln eingekerbt. Wild, kühn! Ihre Haut von mattem Hell. Ein wenig Goldschmuck. Volle Lippen, die untere sinnlich aufgeworfen. Wollte mich schon erheben, um ihr den Platz gegenüber anzubieten. Wollte! Sie setzte sich neben einen jungen Mann. Onkels brauchen aber eine Gelegenheit, über sich zu reden. Ihre Vorzüge sind unsichtbar geworden. Kriechen auf einer Schleimspur höflicher Worte der Frau in Ausschnitt und Höschen. Wie mein Onkel Fritz. Machte es gerne auf die Mitleidstour. Die Frau sei gestorben. Vor Jahren schon. Die Freundin habe ihn verlassen. Jetzt sei er ganz allein. Ich taxierte ihren Nachbarn: Jung, aber brünftigordinär. Füllte prallärschig eine mit Lederimitat und Blechplaketten bewehrte stonewashed Jeans aus. Blaurotes Fleecehemd, das Gesicht picklig wie ein Streuselkuchen. Vom permanenten Schweinefleischabusus. Starrte stuporös geradeaus. Trotzdem: Jüngere gehören einer anderen Kategorie an. Onkels können nie sicher sein, ob sie eine Chance gegen sie haben. Neulich stieg eine Gruppe Jugendlicher in die U-Bahn ein. Die Mädchen, allesamt hübsch, dauernd kichernd, umklammerten dabei immer wieder den Oberarm ihrer Nachbarin, lehnten den Kopf auf deren Schulter, musterten die Jungen gespannt durch ihre Haare hindurch. Die Beobachteten gaben sich kraftstrotzend, saßen mit weit auseinandergespreizten Beinen und aufgestützten Armen da, waren aber mit fast lepröser Akne geschlagen. Was ihrer Attraktivität keinen Abbruch tat. *Die Jugend widert mich an.* Die männliche. Konsumiert ein Unmaß von Eiweißenergie und setzt den entstehenden Überdruck in Dampf um.

Die Brasilianerin studierte die Speisekarte. Warum war sie wohl in Deutschland? Karneval? In Rio! Sicher gehörte sie einer Tanzgruppe an. Unterteil fadenscheinig, Oberteil, wenn überhaupt!, ein paar Perlenschnüre. Hat jemand etwas gemerkt? Nein, stumpf und dumpf sitzen sie da: Die Männer auf Geschäftsreise. *Bin jetzt in Stuttgart. Ja. Komme wie geplant.* Neben mir er: ein buckligeres Männlein in grauer Hose, weißem Hemd, blauem Blazer und mit blaurot gestreifter Krawatte. Bleich, auf den Schultern eine reichhaltige Schuppenaussaat. Öffentlicher Dienst, gehobene Laufbahn, Oberinspektor beim Eichamt. Penibel, genau. Hat, um zu länderübergreifenden Standards bei der Erfassung des CO_2-Ausstoßes zu kommen, die Meßstationen des hessischen Umweltministeriums überprüft. Mit Erfolg. Wurde vom hessischen Kollegen zum Mittagessen eingeladen. Spesensatz konnte nicht voll abgefackelt werden. Säbelte daher zum zweiten Mal an diesem Tag an einem Steak mit Kräuterbutter herum. Dazu ein Fläschchen Rotwein. Ist ja auch gut fürs Herz. Selbstzufrieden schlabberte er vor sich hin. Oder er: Mittleres Management. Gelbgetönte, tropfenförmige

Pilotenbrille. Das Haar stand struppig am Hinterkopf ab. Perückenartig. Bestellte, stand auf und schwankte durch den Gang, wahrscheinlich Richtung Klo, um Platz für das vierte oder fünfte Pils zu schaffen. Blaues Hemd mit weißem Kragen, am Rücken schweißgefältelt, Hüften, die sich wie Pudding über den Hosenbund wölbten. Oder er, dieser Jägerlodenfetischist mit dem rotentzündeten Fuchsgesicht, der zum Bier die *Bild*zeitung fledderte. Oder er, *Vater Riebl vo' Augschburg*, der praktischerweise in Turnschuhen und Trainingsjacke verreiste, um die gute Kleidung nicht zu strapazieren, und seinem Kugelbauch beide Hände auflegte, als gäbe es da oben Taschen.

Gegen den Karneval in Brasilien sei ja sogar die alemannische Fasnacht harmlos. Dozierte der Wirt des *Rössle*, der sich an meinen Tisch gesetzt hatte, damals, als ich im Schwarzwald Urlaub machte. Obwohl es ja auch hier zur Sache gehe. Wer einem Narrenverein angehöre, für den gebe es vom *schmutzigen Donnerstag* an kein Halten mehr. Drüben der alte Zieger sei ja Narrenvater gewesen. Seine Frau habe sogar versucht, ihn einzusperren. Umsonst! Durchs Fenster sei er rausgestiegen. Tag und Nacht gefeiert. Sie habe ihn gesucht. Durch alle Gasthöfe durch. Oben auf dem großen Weinfaß sei er gesessen. Wie entfesselt. Unvorstellbar, wie es da zugehe. Man müsse nur mal die neun Monate auf Fasnacht drauflegen: der größte Teil un- oder außerehelich! Der Narrenverein hier am Ort habe ja auch schon Alimente gezahlt. Weil die Frau nicht wußte, wer vom Narrenverein es gewesen war. Nur daß. Den Namen hätten sie aber nicht rausgegeben.

Der Junge neben ihr gab auf. Zahlte und verließ den Speisewagen. Der Kellner stand noch bei ihr, allerdings von ihr abgewendet, rechte mit der Karte Brösel vom Tischtuch, wischte mit einem weißen Tuch nach, schüttelte immer wieder den Kopf. Ich erhob mich, fragte, was los sei. Sie da spreche nicht Deutsch. Er wisse nicht, was sie wolle. Und fegte weiterhin Brösel vom Tischtuch. Ich fragte sie auf englisch, ob ich helfen könne. Sie wisse nicht, was auf der Speisekarte angeboten werde. Der Kellner könne oder wolle es nicht erklären. Der hatte sich bereits dem anderen Tisch zugewendet, um vom mittleren Management eine weitere Pilsbestellung entgegenzunehmen. Ich setzte mich. Sie sah mich erwartungsvoll an. Enttäuscht? Ärgerlich? Ich meinte einen herben Zug um ihren Mund herum zu bemerken. Die Mitropa hatte eine Sonderkarte zu den Tiroler Wochen herausgegeben. Speckknödelsuppe? Suppe, o.k.? darin ein Ball, gemacht aus Brot, ein großer Ball! mit Stückchen von Schinken. Manchmal mit Zwiebeln. In einer Suppe? stellte sie erstaunt fest. Käsespätzle? Eine Art von Nudeln, wie Wassertropfen, gebacken mit Käse und Zwiebeln. Ob es denn auch etwas Internationales gebe? Einen Schinkenkäsetoast zum Beispiel? Ich sagte, nein. Aber vielleicht nehme sie einen gemischten Salatteller. Vielleicht mit Puterbruststreifen? Sie nickte. Und Orangensaft. Der Kellner kam wieder. Ob sie jetzt wisse, was sie wolle? Ich bestellte für sie, dachte dabei schon, daß ich sie fragen würde, woher sie komme? Ob sie hier Urlaub mache? Dann würde ich ihr von der alemannischen Fasnacht erzählen, die dem brasilianischen Karneval am ähnlichsten sei. Im interkulturellen Vergleich ließen sich *Begegnungsmöglichkeiten* zweier Welten, wie wir sie nun einmal verkörperten fein herausarbeiten. Offen. Dem anderen aufgeschlossen. Auch der Stringtanga war von hinten zuerst an der Copacabana gesehen worden.

Sie sei Rumänin. Komme aus Bukarest. Wohne in Deutschland bei ihren Verwandten in Stuttgart. Versuche nun in Ulm am dortigen Krankenhaus eine Stelle als Krankenschwester zu finden. Spreche aber noch kein Wort Deutsch. Was die Chancen verringere. Aber sie werde das in kürzester Zeit lernen. Schließlich habe sie ihre Familie zu unterstützen. Ich sagte, ich hätte davon gehört, daß die Verhältnisse in Bukarest unvorstellbar seien. Ein Bekannter von mir habe sich in einem Projekt engagiert, das sich um die Versorgung von den Straßenkindern dort kümmere, die ja, wie man höre, ausgestoßen seien. Verhungert. Drogenabhängig. Wie ja auch in Brasilien. Wo allerdings solche Kinder systematisch umgebracht würden. Von unbekannten Brigaden. Das sei natürlich noch anders in Bukarest. Aber man dürfe sich da nicht aus der Verantwortung stehlen. Das bewunderte ich so an meinem Bekannten. Das Engagement. Des Einzelnen. Ich verhedderte mich in einem unerträglichen Quas von Worten. In mir schrumpfte etwas. Moralisierende Onkels sind impotent. Sie saß mir gegenüber wie eine Sammelbüchse der Caritas, in deren Schlitz ich die Kosten ihres Verzehrs steckte. Fand auch den Kellner großzügig ab. Hätte auch sonst alle abgefunden, die irgendwie an dieser Situation beteiligt waren. Egal. Mit Geld kann man viel gutmachen. Sie stieg aus, ich war erleichtert, ging an meinen Platz zurück. Endlich allein. Nahm mein Buch wieder zur Hand. Schuld an allem ist der Trieb. Morgens kalte Güsse. Wiederholte Gaben von Brom. Um ihn zu dämpfen. Dann gab ich der Müdigkeit nach, schwor, ein guter Onkel zu werden und schlief ein.

Gerd-Peter Eigner

Die Trennung

Der alles betrachten wird wie ein Bild und nicht wie einen Vorgang, ist mit dem Fahrstuhl ins 11. Stockwerk hinaufgefahren und auf den die stadteinwärts umlaufenden Küchen miteinander verbindenden Balkon getreten. Er hatte vom Flur aus ein Geräusch gehört und die Tür zum Müllschlucker geöffnet, der als von außen sichtbares, rot gestrichenes Fallrohr an der Hauswand entlang durch Öffnungen in den Balkonen hinunter zum Innenhof führt. Der Müllschlucker ist die rot gestrichene Vierkantentsprechung zum ungestrichenen zinnblechgrauen, runden Regenfallrohr, an dem er lehnt. Das Geräusch rührte nicht von den Arbeiten, die unterhalb des Hauses auf dem Dach des alten U-Boot-Bunkers ausgeführt wurden. Die gelben, gummibereiften Schaufelfahrzeuge, die die Rinnen und Laufbänder des weitläufigen Kolosses reinigten, machten aus der Entfernung keinen Lärm. Der Wind kam von der Flußmündung und trug den Lärm seitlich fort.

Das Geräusch, das der Zeuge – und bald als Betrachter nicht mehr von der Stelle, wo er stand, Loszureißende – gehört hatte, war das schrecklich mechanische Gurren der Taube. Die Taube saß aufgeplustert schräg oberhalb seines Kopfes in einer Nische, und er wäre geflüchtet, hätte er nicht diesen Schatten wahrgenommen, der in der Wohnung nebenan eine seltsam übertrieben anmutende menschliche Gestalt annahm. Er wäre geflüchtet, denn er stand, was ihm beim Betreten dieses Teils des von keinerlei Zwischenbarrieren unterbrochenen Balkonumlaufs, der wohl auch als eine Art Laufvorrichtung in Richtung Feuerleiter für den Brandfall diente, inmitten von Taubenscheiße, die er übersehen hatte, weil über Nacht Schnee gefallen war. Ein Gutteil der tierischen Exkremente unterschied sich farblich nicht vom Schnee und war nur daran erkennbar, daß er graukörnig-silbrige Höcker bildete. Unter den Sohlen dessen, der den Schatten in der Wohnung nebenan wahrgenommen hatte, fühlten sie sich an wie ein Kopfsteinpflaster oder Raster. Der von den Geländern wegtauende Schnee legte selbst dort sich häufende Verkrustungen frei.

Der Betrachter wurde erst in dem Augenblick zum Betrachter, als der Schatten wiederkehrte und sich als männliche Gestalt zu erkennen gab. Die Gestalt war nackt. Sie drehte sich, wandte sich, ging in den Türrahmen, der die dem Betrachter nahe Küche von einem weiteren Raum trennte, hin und her. Der Betrachter rührte sich nicht. Nicht, weil er hätte beobachten – oder belauschen – wollen, nein, er rührte sich nicht, weil er die Verzweiflung sah. Deshalb wurde er zum Betrachter. Die gewissermaßen aus ihrem eigenen Schatten getretene nackte männliche Gestalt sprach, sie sprach wie im Selbstgespräch. Durch das trotz der winterlichen Kälte offenstehende Fenster der Küche drangen die Laute zu dem gegen den Regenabfluß, das Fallrohr, Gepreßten draußen. Nun, da es plötzlich zu Zweifeln Veranlassung gab, ob er vielleicht doch nur das Gurren der Taube vom Treppenhaus her gehört hatte, nachdem er mit dem Fahrstuhl hochgefahren war, um eine Nachricht – den Brief – loszuwerden, oder ob es sich vielleicht um die Stimme der männlichen Gestalt gehandelt hatte, die er vernahm (oder vielleicht am Ende gegen alle Windverhältnisse doch das Motorengeräusch der rhythmisch-kantige Bewegungen vollführenden Geräte und Schaufelbagger auf dem Dach des alten U-Boot-Bunkers), gehörte er schon mit zum Bild, das er betrachtete.

Der Betrachter, der kein Beobachter ist, sieht, wie der Mann in dem Raum hinter der Küchentür beide Hände mit den Ballen an die Stirn führt, als hätte er Schmerzen. Unruhigen Schritts verschwindet die Gestalt aus dem Ausschnitt, in dem ansonsten nur eine Couch, ein Möbelstück, zu sehen ist. Es ist anzunehmen, daß es sich um eine Couch handelt, es ist in Längsrichtung lediglich eine Lehne erkennbar, eine weiche Rundung, so etwas wie ein Cordbezug, rippelig, dunkelbraun. In Verlängerung der Couch das Fenster, ein Panoramafenster bzw. der Teil der zum Vorderhausbalkon führenden Verandatüren, der den Blick auf den Küstenstrich freigibt, welcher sich jenseits der hier schon meerbusenbreiten Flußmündung weitet. Es ist von der Position des Betrachters aus sogar die Lichtkuppel des Leuchtturms zu sehen, der am Ende der Alten Mole steht. Sonst sieht man nur noch den Himmel. Der Himmel ist blau. Hat die Kälte des blauen Himmels den in der Nacht gefallenen Schnee auf den Dächern der niedrigeren Häuser, den Kaianlagen und Kränen – und dem Dach des ehemaligen U-Boot-Bunkers, der, da seine Sprengung und Beseitigung die Stadt in weitem Umkreis in Mitleidenschaft ziehen würde, nach fünfzig Jahren zum Freizeitzentrum (Bowling, Kinos, Tanz, etc.) umgebaut werden soll – zunächst erhalten, schmilzt die im Blau über der Mündung aufsteigende Sonne ihn gegen Mittag um so schneller weg.

Wieder sieht der Betrachter den nackten Mann. Er ist untersetzt, er hebt eine Hand, dann die andere, dann schlingt er beide Arme um seine Brust, so als fröre er nun doch. Dabei steht ihm der Unterbauch ein wenig vor unter den Ellbogen. Er ist nicht mehr ganz jung. Von der Seite sieht sein Glied aus wie etwas ihm Angeheftetes. Der Mann hat eine Halbglatze. Jetzt spricht er eindringlich auf jemanden ein. Der Betrachter muß fürchten, daß der Nackte in die Küche tritt, um das Fenster zu schließen, und ihn, den Betrachter, beim Beobachten entdeckt. Aber er tut es nicht. Er scheint es nicht zu merken, daß er friert.

Es ist nicht zu sehen, zu wem der Mann immer eindringlicher spricht. Er hat sich inzwischen auf die Couch gesetzt, nein, gelehnt, sich lediglich angelehnt, er schlägt ein Bein über das andere, die Hände sind nun rechts und links ausgebreitet, ausgelegt. Er senkt den Kopf.

Der Betrachter hört: «Ich habe alles getan, hörst du? Alles.»

Und dann, nach einem hektischen Schlucken, das seinen Adamsapfel, den Adamsapfel des Sprechenden und Betrachteten, auf und ab springen läßt: «Du darfst nicht ...»

Derjenige, zu dem der Sprechende spricht, ist nicht zu sehen. Für einen Augenblick denkt der Betrachter und Zeuge, der Nackte übte, übte sich ein in eine Rede, die er am Nachmittag, am Abend, zu halten anheben würde. Könnte er, dürfte er sonst so verzweifelt klingen? Wenn man das sagt, was er sagt, dann muß man es kühl und verhalten ... oder sehr bestimmt und entschieden, wenn nicht berechnend machen. Derart verzweifelt aber kann nur klingen, wer allein ist. Wer zu niemandem mehr redet. Redet der Mann auf Band? Vor einem Spiegel? Läßt er sich aufnehmen von einer selbstinstallierten Kamera? Er ist völlig in seiner Verzweiflung versunken, er nimmt nichts wahr. Er hätte längst seinen Betrachter wahrnehmen müssen.

Oder nimmt er ihn wahr?

Ist der das Geschenk des Himmels, so hinaufgefahren ins 11. Stockwerk wie vom Himmel gefallen für den, der es einmal sagen wollte, einmal sagen und hinausschreien muß, was ihn würgt und vernichtet? Krümmt er sich da nicht rücklings über dem Cord, der Couch? Er lehnt sich zurück, reißt den Kopf in den Nacken, schiebt Oberschenkel und das Becken vor. Jetzt steht ihm der Mund offen und es ist nichts mehr zu hören. Der Betrachter aber sieht, wie sich das Gesicht des Mannes verzerrt; erst durch die Verzerrung erkennt er das Ausmaß der Verzweiflung in dem Gesicht, die die Stimme schon herübertrug zu ihm, der still steht, den Atem anhält, während er dort im Türrahmen jenseits der Küche in die Luft greift: Als griffe er nach der Lichthaube des Leuchtturms oder hielte sich am Küstenstreifen fest, der jenseits des Flusses im Dunst liegt.

Die Frau, die sich zu seinen Füßen niederkniet, ist angezogen, sie trägt Winterkleidung, einen Mantel, sie hat eine Tasche in der Hand, die sie beiseite stellt, sie macht eine harsche Kopfbewegung, die ihr Profil von den langen, dichten Haaren bloßlegt, sie hat eine klare, deutliche Prägung der Stirn bis zur Nase, ist schön (auf die fast schon überkonturierte Art, die der Anmut entbehrt), die vollen Lippen, das Kinn, sie kniet aufrecht, schaut auf den Mann, auf das sich aufrichtende und ihr entgegengestreckte Geschlecht, ganz behutsam nimmt sie es, mit beiden Händen, sie führt die Handinnenflächen, beide, am Schaft abwärts, um, als schlösse sie eine Frucht ein, die erst im Schließen der Hände entsteht und reift, die Hoden mit aufzunehmen, so daß das Glied erzittert, sie nähert ihre Lippen dem zitternden, im Gegenlicht nun wie durchsichtigen rötlichen Kopf, sie tupft die Küsse, der Mann bäumt sich auf, sie nimmt eine Hand unter dem einen Hoden weg, um mit dieser gegen den vorspringenden Bauch des Mannes zu drücken, «Still», sagt sie, der Betrachter hört es, «PSSSST», sie öffnet den Mund, sie zeigt die Zunge, deren Spitze den Kranz der Eichel zu umspielen beginnt, der Mann zeigt ein Entsetzen auf dem Gesicht, keine Verzerrung mehr, die Augen hat er weit aufgerissen, den Blick in die Leere an die Decke gewandt, den Kopf im Nacken, er atmet schwer, so als erwartete er den Hieb, als wollte er das, was er fürchtet, er sieht, sieht der Betrachter, an der Decke ein Werkzeug und eine Waffe, mit dem ihm ein Ende bereitet wird, er ist bereit, «Ja, ja», stößt er hervor, auch von draußen zu hören, wo der Betrachter am Fallrohr lehnt, der Nackte lehnt sich noch weiter zurück, gibt nach, die Frau beugt sich nun endgültig über ihn, umfängt seine Eichel mit ihren Lippen, nimmt sie auf, gleitet hinab, und da nun, er sieht es, er hat es gesehen, der Betrachter des Bildes, das sich ihm unauslöschlich einprägt, da, da sie in unendlich sanfter und zugleich strenger Bewegung – zwischendurch wirft sie sich mit einer Hand noch einmal so die Haare zur Seite wie Darstellerinnen in pornographischen Filmen, damit der Kamera nichts vom Zentrum des Geschehens entgeht (damit hier dem Betrachter nichts erspart bleibt, als täten sie das, was sie tun *für ihn* oder tun es, weil sie es hätten tun *müssen*, ob da noch jemand zusieht oder nicht, es ist einerlei, wenn man da angelangt ist, wo *wir* angelangt sind, denkt der Betrachter, dann ist einem alles egal, es ist kein Entkommen, es soll die ganze Welt wissen, wie es um *uns* steht, die wir keinen Ausweg wissen) –, da nun also, der Betrachter sieht es, jede Täuschung und jeder Irrtum sind ausgeschlossen, es ist das Licht, das Gegenlicht, das alles zutage fördert und dem nichts entgeht, wenn von hier aus geschaut wird: Da rinnt es von den Schläfen des Mannes, da rinnt es auf seine Schultern, da dringt es ins hell-feine Gespinst der Rückenbehaarung, die sich nun dunkel glättet unter der Feuchtigkeit, da rinnt es und tropft, es ist keine Frage, der Mann weint, und es gehen Bewegungen durch seinen Leib, ein Zucken, er hebt eine Hand, um nach dem Kopf der Frau vor sich zu greifen, sie nimmt die Hand, führt sie auf die Couchlehne zurück, sie löst ihren Mund, sie macht es ihm, sie macht den Rest mit der Hand, sie tut es mit aller Kraft, die Knöchel weiß, denkt der Betrachter, sie preßt die Lippen zusammen, starrt auf das, was sie *anrichtet*, erwartet, und was dann auch kommt, sie wendet den Kopf ab, sie rückt zur Seite, damit es sie nicht trifft, sie greift nach einem Tuch, «Du mußt nicht weinen», sagt sie, sie kann seine Tränen im Knien gar nicht sehen, aber sie weiß, daß er weint, sie tupft ihm mit dem Tuch das weg von dem weiter steil und starr aufgerichteten Ende, was nicht neben ihr zu Boden gegangen ist, es liefe den Schaft hinab in die untere Behaarung, sie steckt sich das Tuch in die Tasche, die Manteltasche, sie erhebt sich, er will nach ihr greifen, sie hält ihn mit zwei Fingerkuppen gegen die Brust auf Distanz, sie wendet sich ab, sie greift nach der Tasche am Boden, es ist eine Reisetasche, «Nein», ruft er, es ist wie ein Schnitt, eine Teilung der Luft, der kalten, der Betrachter sieht, wie die Frau sich in ihren Mantel hüllt und aus dem Bild tritt, während der Mann vornüber in die Knie geht und nach vorne kippt.

Nun ist auch er für den Betrachter nicht mehr zu sehen.

Werner Kofler

Mein heimliches Auge

Ich ging über den Graben, aber die Frauen gingen achtlos an mir vorüber. Ich kränkte mich sehr.

Sabine Reber

Die große Entfernung

Es muß nun Dezember sein, welches Datum wir genau haben, weiß ich nicht. Meine Uhr haben sie mir am letzten Tag weggenommen, und auch die Agenda mußte ich an Bord der St. Brandan zurücklassen. Die Striche in meinem Logbuch, immer vier längs, einen quer, habe ich seit den Stürmen im Herbst nicht mehr nachgetragen, zu erschöpft war ich vom Fischen, vom Kräuter und Beeren und Strandgut sammeln. Weihnachten ist vielleicht schon vorbei, jedenfalls habe ich den Eindruck, die Tage könnten nicht mehr kürzer werden. Bereits am Nachmittag wird es dunkel, dann zieht eisige Kälte über die Insel. Ich krieche unter das Rettungsboot, das ich schräg gegen einen Felsen gekippt und mit Seetang vertäut habe, und warte, bis es wieder hell wird. Die Nächte hier draußen sind endlos, und ich schlafe kaum. Die Brandung tobt keine vier Meter unter mir. Der Wind pfeift in Orkanstärke um die Felsen, und doch bleibt die Zeit stehen. Es kommt mir vor, als sei dies nicht der erste Winter ohne dich. Mir ist so kalt, als wäre ich schon immer allein hier draußen gewesen.

Jeden Tag sitze ich um die Mittagszeit vor dem umgekippten Boot und schreibe in dieses Logbuch, das inzwischen zu einem Inselbuch geworden ist. Oft schreibe ich so lange, wie das Tageslicht ausreicht, um meine eigenen Worte noch erkennen zu können. Ich kann zwar in der Dämmerung und sogar im Dunkeln schreiben, aber je weniger Licht ich habe, desto größer wird meine Schrift.

Ich darf keine Seite vergeuden. Ich versuche, alles so genau wie möglich festzuhalten. Ich muß meine ganze Kraft darauf verwenden, nicht wahnsinnig zu werden. Es gibt niemanden, mit dem ich reden, niemanden mehr, mit dem ich meine Angst teilen könnte. Es ist schlimm genug, den Winter hier draußen verbringen zu müssen, aber das Schlimmste ist, daß du nicht mit mir zusammen bist. Wir könnten uns gegenseitig wärmen. Wir könnten beide zusammen in ein und dasselbe Ölzeug schlüpfen, wie in einen Schlafsack – die gelben Hosen sind ja so weit geschnitten – und uns die Jacken wie Daunendecken über die Ohren ziehen. Tagsüber würden wir uns die Arbeit teilen. Ich würde fischen, du könntest Trinkwasser holen und kochen. Wenn du hier wärest, hätten wir bestimmt schon längst eine Höhle gefunden, oder gar aus all dem Schwemmholz, das hier herumliegt, eine Hütte gebaut. Nachts hätten wir alle Zeit der Welt, um uns zu lieben, und wenn wir keinen Schlaf fänden, könnten wir uns Geschichten erzählen. Ich denke mir nächtelang aus, was ich dir alles schildern könnte, wenn du hier neben mir liegen würdest. Könnte ich nicht wenigstens die ganze Zeit an dich denken, hätte ich all die Strapazen kaum so lange überlebt.

In ruhigen Nächten, wenn mich die Schlaflosigkeit sehr quält, setze ich mich vor das Boot und blicke aufs Meer hinaus. Weit draußen erkenne ich manchmal Lichter. Sind es in der Ferne vorbeifahrende Schiffe? Öltanker? Steht irgendwo da draußen ein Bohrturm? Wenn nur endlich jemand mein Feuer sehen könnte!

Manchmal habe ich den Eindruck, die Lichter stammten von nächtlichen Leuchttürmen, die im Morgengrauen wieder verlöschen. Aber hier draußen gibt es keine Leuchttürme, hier gibt es nicht einmal Bojen, es gibt gar nichts außer Wasser. Und doch sind die Lichter jedesmal wieder da, wenn die Wolkendecke nachts aufreißt. Im ersten Moment scheint es jeweils, als würden die Wellen in diesen Lichtern tanzen, als wäre das Meer eine Disco voller Laserstrahlen. Wenn ich die Augen zusammenkneife, werden die Lichter zu Sternen mit endlos langen Strahlen und Schweifen. Nein, ich bin nicht kurzsichtig geworden. Blicke ich geradeaus, sehe ich jedes Licht als einzelnen, klaren Punkt vor mir. Und doch kann ich nicht sagen, wie viele Lichter es sind oder in welcher Entfernung sie aufscheinen.

Im Herbst, als das Wetter mehrere Tage lang klar war, habe ich ein Flugzeug am Himmel gesehen. Es flog genau über mir, der Größe nach muß es eine Boeing oder ein Jumbojet gewesen sein. Es war sehr hoch am Himmel und dröhnte noch in ohrenbetäubender Lautstärke. Sofort warf ich alles, was ich zur Verfügung hatte, auf mein Feuer, getrockneten Tang, Treibholz, Gras. Ich zog sogar einen Wollpullover aus und opferte ihn den Flammen, in der Hoffnung, die Schurwolle werde richtig viel Rauch bilden. Aber es stieg mir nur beißender Gestank in die Nase. Ich rannte auf den Hügel hinauf und winkte, bis das Flugzeug am Horizont verschwunden war. Danach fühlte ich mich noch einsamer und verzweifelter als zuvor. Nachdem auch der Lärm des Flugzeugs verklungen war, wurde es auf der Insel so still, wie es nahe der Brandung nur sein kann, das rhythmische Aufschlagen der Wellen, die Schreie der Tölpel, sonst gar nichts.

Ich verwünschte den Moment, in dem das Flugzeug in meinem Gesichtsfeld aufgetaucht war. Es hat meine Erinnerung an früher zurückgeholt, an eine andere, zivilisierte Welt, an das Leben mit dir, Manfred. Der Verlust ist in mein Bewußtsein zurückgekehrt, und damit die Verzweiflung über mein Schicksal. Die Kondensstreifen blieben stundenlang am Himmel sichtbar. Ich beobachtete, wie sie langsam wolkig wurden, und weinte. Augenblicklich sehnte ich mich nach menschlichem Lärm zurück, dabei hatte ich doch die Stille immer über alles geliebt. Aber wie gerne wäre ich in dem Moment neben dir im Kino gesessen und hätte dem Knistern von Glacépapieren und Popcorntüten gelauscht, oder in einem gut besuchten Restaurant, wo uns das Geplapper der anderen Gäste durch den Abend getragen hätte. Sogar ein Einkaufsbummel wäre mir recht gewesen, mit welchem Genuß hätte ich mich von den schnatternden Menschenmassen hin- und herschubsen lassen! Oder im Schwimmbad, wo sich deine tiefe Stimme unter den Lärm der kreischenden Kinder mischte, als du mir letzten Sommer vom Einmeterbrett aus zugerufen hast, daß du nun springen werdest. Ich wünschte, wir könnten noch einmal Arm in Arm all diese Orte voller Geschwatze, Geschrei und Gelächter durchstreifen. Aber in meinen Ohren ist nur der Wind.

Vielleicht fliegen hier regelmäßig Flugzeuge vorbei, und ich sehe sie nur nicht, weil das Wetter meistens schlecht ist. Es ist möglich, daß normalerweise die Wolken ihren Lärm schlucken. Die Flugzeuge sind viel zu weit entfernt, als daß sie meine Zeichen sehen könnten. Und wo sollte ein Jumbojet hier landen? Unmöglich. Die Crew könnte höchstens Alarm schlagen und einen Hubschrauber vorbeischicken. Bestimmt ist es realistischer, auf ein Schiff zu hoffen. Ich bete jeden Tag zu Gott, daß er ein Boot schicken möge, das mich zu dir zurückbringt, oder ein kleines, tieffliegendes Flugzeug, dessen Pilot mein Feuer sieht, irgend jemanden, der mich retten kann, daß du in dem Flugzeug bist, in einem Helikopter, auf einem Schiff, und mich endlich hier herausholst. Ich habe in meinen Gebeten wiederholt, daß wir am 19. September heiraten wollten, einem Samstag. Es war ja alles schon organisiert, die Feier mit dem Priester besprochen, das Restaurant und der Tanzsaal reserviert, das Menü zusammengestellt, die Musiker und der Fotograf gebucht, die Gäste geladen. Deine Familie hatte sogar schon die Flugtickets reserviert.

Was hast du an unserem Hochzeitstag gemacht? Falls ich mich nicht verzählt habe, dann habe ich genau am 19. September den ganzen Tag nur an dich, an uns gedacht. Ich habe alles genau vor mir gesehen: Wie du in den Garten gehst, um die Blumen für meinen Brautstrauß zu holen. Rote, weiße und gestreifte Rosen hättest du gepflückt. Oder hättest du nur weiße Rosen gepflückt und sie am Abend vorher in blaues Wasser eingestellt, um sie zu färben? Ich hoffe, es wären hundert oder mehr Rosen gewesen, und daß jede von ihnen tausend glückliche Tage bedeutete.

Als du mir damals den ersten Strauß gefärbter Rosen an die Bar gebracht hast, war ich überwältigt von der Klarheit ihres tiefen Blaus. Es waren siebzehn Rosen. Für jeden Tag eine, hast du mir zugeflüstert, in siebzehn Tagen muß ich wieder abreisen. Auch meine Eltern und die Gäste waren von deinen blauen Rosen fasziniert. Neugierige kamen in den Pub, um deine Blumen zu sehen, und sogar der Fotograf der Lokalzeitung stattete uns einen Besuch ab. Die blauen Rosen standen noch lange nachdem sie verblüht waren auf der Theke. Erst im nächsten Sommer habe ich dich gefragt, wo sie denn wachsen würden, und du hast mir dein Tintenfäßchen gezeigt.

Du siehst bestimmt umwerfend aus in deinem dunklen Anzug, den winzigen Kragen deines weißen Hemdes neckisch aufgestellt, den obersten Knopf offen, so daß ein paar Brusthaare zu sehen sind, die Krawatte noch ohne Knoten, locker über die Schultern gehängt wie einen Schal. Ich hätte dir kaum widerstehen können, und auch du hättest die Beherrschung verloren, wenn du mich zum ersten Mal in meinem Hochzeitskleid gesehen hättest. Gleich hättest du mich in unser Zimmer getragen, mit dem Schleier im Haar, dem Strumpfband am linken Bein und einer endlos langen Tüllschärpe hinten am Kleid. Ganz zerknittert wäre ich später aufgetaucht, und meine Mutter hätte mir helfen müssen, das Kleid wieder zu richten und die Teppichflusen am Rücken wegzuzupfen.

Und dann wären wir nebeneinander vor dem Altar gestanden und hätten uns das Jawort gegeben. Die Ringe getauscht. Uns geküßt. Wie ich deine Küsse vermisse! Und dann ein rauschendes Fest. Ich sehe Onkel Seoirse, wie er versucht, die Sprache deiner Eltern nachzumachen. Bestimmt hätten sie ihm Fischers Fritz fischt frische Fische beigebracht! Und dann hätten wir beide den Hochzeitskuchen angeschnitten. Meine Mutter hat ihn ja bereits im Frühling bestellt. Sie begießt ihn alle paar Wochen mit Whiskey. Gewiß, sie wird das weiterhin tun, so lange, bis ich zurückkehre, so lange, bis wir am Ende doch noch heiraten. Und dann bewahren wir ein Stück des Kuchens auf, bis unser erstes Kind geboren wird.

Ob du mich überhaupt noch heiraten willst, wenn ich dereinst zurückkommen sollte? Mittlerweile sehe ich wohl aus wie ein Gespenst. Ich bin nur noch ein Schatten meiner selbst, Haut und Knochen. Meine Haare sind verfilzt und starr vor Dreck. Es ist so kalt, daß ich nur einmal die Woche zu dem Bergsee im Innern der Insel klettere, um mich zu waschen. Seife habe ich keine, und meine Haare wasche ich nur, wenn die Sonne scheint. Meine Lippen sind schmerzhaft aufgesprungen, die Hände mit Schwielen übersät. Anfangs habe ich Blasen gekriegt. Inzwischen habe ich dicke Hornhaut an den Händen, und ich passe auf, daß sie sich nicht ablöst. Seit ich hier bin, habe ich geschuftet, und wenn eine Arbeit fertig war, habe ich sofort die nächste in Angriff genommen. Ich bemühte mich, mir keine Zeit für Beschaulichkeit oder Muße zu gönnen. Es ist sowieso zu gefährlich, sich hier zu entspannen. Ich muß zugeben, ich habe versucht, mich auf das Fischen und Nahrung sammeln zu konzentrieren und nicht immer an dich zu denken. Sonst hätte ich schon im Sommer aufgegeben.

Bewahrst du unsere Eheringe immer noch auf? Oder hast du sie zurückgebracht? Hast du mich beerdigt, hast du mein Hochzeitskleid weggegeben? Ich muß lachen, aber es schnürt mir die Kehle zu. Ich verbiete mir jede Form von Selbstmitleid. Ich habe nur die Chance, hier wegzukommen, wenn ich die Hoffnung nicht aufgebe. Ich raffe mich auf und klettere zum Bergsee hinauf. Ich muß mich pflegen. Trotz Nieselregen und Temperaturen knapp über dem Gefrierpunkt ziehe ich mein Ölzeug, Pullover, Hosen, Stiefel, Wollsocken, Thermounterwäsche aus und wasche mich. Ich renne ein paarmal im Kreis herum, um mich aufzuwärmen und das Wasser abzuschütteln, dann schlüpfe ich wieder in die Kleider und gehe zügig zum Boot hinunter.

Einen Moment lang ist mir richtig warm. Trotzdem setze ich einen Blechnapf voll Wasser aufs Feuer und braue Tee aus wildem Thymian, den ich im Sommer gesammelt habe. Ich passe auf, daß ich mich nicht erkälte. Ich trinke den heißen Tee. Dann schneide ich mir mit der kleinen Schere am Taschenmesser die Fingernägel. Ich trage sie so kurz wie möglich, damit weniger Dreck darunter kommt. Mit einem weichen Holz kratze ich den Belag von meinen Zähnen. Dann versuche ich, mir die Haare zu schneiden. Strähne um Strähne ziehe ich sie durch die Finger und kürze sie, in der Hoffnung, es sehe am Ende aus wie ein Pagenschnitt.

Lieber Gott, wenn du mir jetzt beistehst, werde ich alles tun, was du von mir verlangst. Ich würde sogar in ein Kloster eintreten, wenn ich lebendig von dieser Insel wegkomme. Nein, das würde ich natürlich nicht tun, es ist immer noch besser, hier draußen zu verhungern, als eine Nonne zu werden. Jedenfalls, solange ich weiß, daß du, Manfred, auf mich wartest. Hegst du deinen Garten, bist du tapfer und treu? Ich hoffe, du bist nicht zu traurig und daß es deinen Blumen gut geht. Wahrscheinlich gedeihen sie sogar besser, als wenn ich da wäre. Ich habe ja immer alles falsch gemacht, wenn ich versucht habe, dir im Garten zu helfen. Dabei habe ich mich immer so gefreut, wenn du einen Strauß frischer Rosen auf meine Kommode gestellt hast. Es tut mir leid, daß ich dich auf die Wasserflecken aufmerksam gemacht habe. Ich hätte nicht so kleinlich sein dürfen. Am Ende hast du bestimmt gedacht, ich würde deine Blumen gar nicht mögen.

Selbst im größten Regen bist du draußen bei deinen Pflanzen gewesen, völlig selbstvergessen. In T-Shirt und Shorts standest du in den heftigsten Sommergewittern. Das ist gut für die Pflanzen, hast du gesagt, damit sie beim Umtopfen und Auspflanzen nicht vertrocknen, ich bin doch gar nicht wichtig, mein eigenes Wohlbefinden zählt nicht im Garten. Ich habe dich dabei beobachtet, wie du die ganze Zeit vor dich hingesummt hast. Du hast mit den Setzlingen in deiner Hand und mit dir selber gesprochen. Du bist in solchen Momenten die Selbstvergessenheit in Person gewesen, wie du Wurzelknäuel auseinandergezupft hast, von Hand die Pflanzlöcher erweitert und mit einem Zipfel deines T-Shirts, das du nie in die Hose gestopft hast, erdige Wassertropfen von den Blättern getrocknet hast.

Schwimmen konntest du nicht. Aber den Regen hast du geliebt und den Wind, die wassergeschwängerte Luft, die Feuchtigkeit auf der Haut. Wenn dir der Regen ins

Gesicht peitschte, bis die Wangen zu nadeln begannen und rot wurden, hast du gesungen. Es war dieses Gefühl von endloser Weite und Freiheit, die Arme in den vorbeifliegenden Luftmassen auszubreiten und zu wissen, daß noch unendlich viel mehr Wind nachkommen würde, sich die Lungen zu füllen und sich an der frischen, vorbeirasenden Luft zu betrinken.

Als ich dich zum ersten Mal gesehen habe, bist du aus einem Platzregen aufgetaucht. Du hast deine Wachsjacke unter dem Arm getragen, und von deinem T-Shirt tropfte das Wasser, es rann aus deinen Haaren, von deinen Beinen, und hinterließ eine Pfütze auf dem Holzboden. Du kamst an die Bar und bestelltest ein Guinness, dabei schautest du so vergnügt drein, als würdest du gar nicht merken, wie naß du warst. Schöner Tag, hast du gesagt, und ich habe genickt. In dem Moment wollte ich dich trockenreiben, in meinen Pullover wickeln, ich wollte dich an mich pressen und dir die Regentropfen vom Gesicht lecken. Es dauerte eine Ewigkeit, bis sich der Schaum gesetzt hatte, und ich glaube, wir haben uns die ganze Zeit nur angestarrt. Dann habe ich nachgezapft und den Schaum vom Glas gestrichen. Ich kann mich nicht erinnern, daß ich etwas gesagt hätte. Mein Herz pochte, und die Zeit stand still.

Spät in jener Nacht sind wir nebeneinander durch den Regen gegangen, immer noch wortlos, jedenfalls erinnere ich mich nicht daran, daß einer von uns beiden gesprochen hätte, wir gingen, ohne darüber ein Wort zu verlieren, und es schien völlig egal zu sein, wohin. Plötzlich bist du stehengeblieben, und ich habe gewartet. Mit der Zunge hast du das Wasser von deinen Lippen geleckt; es rann dir aus den Haaren und tropfte über dein Gesicht. Obwohl es dunkel war, habe ich deine Zungenspitze genau gesehen. Sie leuchtete weich und dunkelrot wie Samt.

Natürlich habe ich mir in dieser Nacht nichts anmerken lassen. Ich habe nicht einmal gefragt, woher du meine Adresse wußtest, als wir uns vor meiner Haustür flüchtig umarmt haben.

Du hast die orangen Blumen mit den schilfartigen Blättern bewundert, die bei uns den Hecken und Böschungen entlang wuchern, Mombretien hast du sie genannt. Wir haben nie einen Namen dafür gehabt, weil sie wild wachsen. Wir hatten auch der Kletterrose mit den kleinen rosaroten Blüten, die sich durch das Gestrüpp hinter dem Haus kämpft, keine Beachtung geschenkt. Aber du fandest im Garten meiner Eltern alles mögliche faszinierend. Wir konnten es fast nicht glauben, daß all die Pflanzen, die sich selber hier angesiedelt hatten, etwas Besonderes sein sollten.

Mein Vater hat dich ausgelacht, als du mit den lateinischen Pflanzennamen angefangen hast. Unser Garten reicht bis nach Amerika, hat er gesagt und mit einer ausschweifenden Armbewegung über das Meer vor unserem Haus gedeutet. In unserem Garten schwimmen keine Goldfische, hier tummeln sich Dorsche und Lachsforellen. Wir sind Seebären, wir haben Salz an den Händen, in unserer Gegenwart wächst nur Unkraut. Unser Garten ist das Meer. Da gibt es alles, was wir brauchen, Fisch, Algen, Salz.

Wenigstens hast du letztes Jahr die wilden Rhododendren gesehen. Angesichts ihrer purpurfarbenen Blütenpracht hast du nach dem feuchten Torfboden gegriffen, eine Handvoll Erde aufgehoben und sie an deine Nase geführt. Du wolltest, daß ich auch daran rieche, aber ich mußte lachen. Nur der Papst küßt den Dreck am Boden, der Papst und du, Manfred.

Vielleicht hätte ich mehr reden sollen. Ich habe oft stundenlang nichts gesagt. Aber so lange ich mit dir zusammen war, hatte ich das Gefühl, wir könnten uns die Worte sparen. Sparen wofür? Jetzt habe ich den Kopf voller Worte, und du bist endlos weit weg. Du wirst vielleicht gar nie hören, was ich dir alles erzählen wollte. Du warst ja auch wortkarg. Außer, wenn Übermut deine Zunge lockerte. Dann konntest du von rosaroten Löwen und gestreiften Füchsen und sonstigen Fabelwesen erzählen. Ich ließ mich von deiner guten Laune anstecken und habe dir sogar einmal die Feen gezeigt, welche im Fingerhut wohnen. Du hast Löwenzahnblüten zerzupft, wie das sonst kleine Mädchen mit Margeriten tun, sie liebt mich, sie liebt mich nicht, dabei liebte ich dich schon damals über alles. Richtig kitschig bist du geworden, wie die Sonne hinter den Wiesen unterging, und ich war mir sicher, daß du heimlich Gedichte schreibst. Wie du das abgestritten hast! Du bist sogar weggerannt, so schnell, daß alle Schafe vor dir flüchten mußten. Dann bist du über die Binsen gestolpert und der Länge nach ins Gras gestürzt. Und ich, immer auf deinen Fersen, bin der Länge nach über dich hergefallen.

Beim Versuch, die Knöpfe deiner Jeans aufzukriegen, habe ich mir zwei Fingernägel abgebrochen. Du fandest es rührend, aber ich wäre in dem Moment froh gewesen, wenn ich schon etwas Übung gehabt hätte. Im nächsten Moment haben wir uns geküßt. Wie sich unsere Zungen ineinander verschlangen, war mir klar, daß es kein Zurück mehr gibt. Ich würde diesmal auch nicht zur Beichte gehen. Ich würde mit dir schlafen und es von da an immer wieder tun. Am nächsten Tag habe ich dich hinter die Felsen gezogen, in der Bucht, und diesmal gelang es mir beim ersten Versuch, deine Jeans aufzuknöpfen. Dabei hatte ich solches Herzklopfen! Ich denke oft daran, wie wir im warmen Sand lagen und uns zum ersten Mal geliebt haben. Ich war so aufgeregt, daß es nicht einmal weh getan hat. Es war wunderschön. Du bist in mich hineingeschlüpft und hast dich bewegt, als wärest du schon immer in mir zu Hause gewesen.

An Bord der St. Brandan hat es mir noch gefehlt, mit dir zu schlafen, und ich bin fast jede Nacht auf meinen Knöcheln geritten, bis ich endlich einschlafen konnte. Aber seit ich auf Mayda bin, ist meine Erschöpfung zu groß, um überhaupt an Sex zu denken. Ich bin jetzt schon so lange allein hier, daß meine körperliche Lust verlorengegangen ist. Es bleibt mir nur die Erinnerung an dich. Ich muß mir alles einprägen, deine Gesichtszüge ganz genau in Erinnerung rufen, mir all deine Bewegungen merken und die Art, wie du geredet hast. Ich sehe dich genau vor mir, wie du beim Gehen auf und ab wippst und leicht die Beine schlenkerst, als hättest du Gummiknie. Dein weiches, fast androgynes Gesicht war im Sommer mit Sonnensprossen übersät. Deine Haare waren so lang, daß sie dir in die Stirn und bis auf die Schultern fielen, und du hast sie mit einer fahrigen Bewegung zurückgeworfen. Du hast dich rücklings aufs Bett fallenlassen und mit Kissen nach mir geworfen. Dann hast du mich zu dir unter die Decke gezogen und mich ausgekitzelt, bis mir vor Lachen das Zwerchfell weh tat. Du hast deine Beine um meinen Bauch geklammert und mich festgehalten. Wie zwei Frösche klebten wir einen Moment lang reglos aneinander. Dann hast du meine Ohren geküßt. Ganz langsam hast du sie in den Mund genommen, erst nur das Ohrläppchen, dann die ganze Ohrmuschel, als wolltest du anfangen, mich aufzuessen. Du hast mich in die Hand gebissen, bis ich aufschrie, meinen Daumen gelutscht, an meinen Zehen geknabbert. Hätte ich mich doch von dir aufessen lassen! Dann wären wir nie mehr zu trennen gewesen. Ich habe Angst, dich an das große Vergessen zu verlieren, das mich in letzter Zeit überkommt. Ich glaube, das ist die Erschöpfung, mein Hirn hat auf Sparbetrieb umgeschaltet, und meine Lebensenergie ist in die Hände gewandert. Mein Erinnerungsvermögen läßt rapide nach. Ich mache mir Mut, indem ich all die schönen Momente mit dir wieder und wieder heraufbeschwöre. Ich versuche mir jede Einzelheit in Erinnerung zu rufen. Die Angst, auch nur das kleinste Detail zu vergessen, ist groß, der erste Kuß, ein gemeinsamer Orgasmus, dein Gesicht, deine Augen.

So lange ich weiterschreibe, bin ich nicht verloren. So lange ich Wort an Wort reihe, verbleibt ein letzter Rest von Ordnung und Vernunft in meinem Leben. Das Alphabet ist immer noch dasselbe, so lange ich die Bedeutung der einzelnen Buchstaben nicht vergesse. So lange meine Hand sie zu schreiben noch nicht verlernt hat, bin ich nicht wahnsinnig. Und falls ich doch den Verstand verlieren sollte, könnte ich immer noch in diesem Logbuch nachlesen, wie es dazu gekommen ist. Wenn ich dann noch in der Lage bin, zu lesen. Für den Fall, daß man mich bewußtlos oder ohne Verstand auffinden sollte, steht hier die ganze Wahrheit. Falls man mich tot findet, bitte ich inständig, daß dieser Bericht an Manfred Seidel gesandt wird.

Bereits tut mir vom Schreiben die Hand weh, und von der kalten Feuchtigkeit auch. Ich habe Angst, Rheuma zu bekommen, Krämpfe in den Fingern, Kopfschmerzen vor Anstrengung, Angst, nicht mehr weiterschreiben zu können, zu sterben, bevor mein Bericht fertig ist. Ich muß essen, trinken, mich waschen, ich muß alles tun, um möglichst lange am Leben zu bleiben, und sei es nur, damit ich genug Zeit habe, um alles niederzuschreiben. Ich habe solche Angst, alles zu vergessen. Meine Sinne erinnern sich schlechter als mein Kopf, und eines Tages werden sie vielleicht ganz aufhören, sich zu erinnern. Ehe dies eintritt, muß ich alles niedergeschrieben haben. Ehe ich zu schwach bin und die Verzweiflung mich zu sehr abgestumpft hat. Ich spüre schon nicht mehr, wie schön es war, in deinen Armen zu liegen, Manfred, ich weiß es nur noch. Es fällt mir schwer, dein Aussehen heraufzubeschwören, deine Gärtnerhände, deinen wiegenden Gang.

Das einzige Foto, das ich von dir hatte, war in der Innentasche meiner Öljacke feucht geworden. Dein Gesicht wellte sich, ich habe es zum Trocknen an die Sonne gelegt, und bevor ich mich versah, hatte der Wind es fortgetragen, ins Wasser. Es weichte sich völlig auf, und ich legte es erneut zum Trocknen auf einen Stein. Aber diesmal blieb ich daneben sitzen und sah zu, wie sich die Farbe abzulösen begann, wie dein Gesicht an einem milden Nachmittag im Sonnenlicht vom Fotopapier verschwand.

Manchmal meine ich, Stimmen zu hören. Ich schrecke auf, aber immer sind es nur die Wellen oder im Wind raschelnde Blätter. Ich sehe Schatten in der Form von Gestalten oder meine jedenfalls, welche zu sehen. Halb in Angst, halb in Hoffnung erwarte ich, es würden Leute zu meinem umgekippten Boot kommen. Wie eine dumme Prinzessin harre ich auf Rettung. Ich ertappe mich immer wieder dabei, daß ich es nicht glauben kann, was mir zugestoßen ist, daß ich sicher bin, bald gerettet zu werden. Andererseits versuche ich mich an den Gedanken zu gewöhnen, daß ich vielleicht für immer auf dieser kargen Insel bleiben muß. Ich versuche mich zu erinnern, wie du Gemüse gezogen hast. Nur habe ich ja keine Samen hier. Ich kann bloß sammeln, was auf der Insel ist, wenig davon ist eßbar. Was würdest du an meiner Stelle tun?

Martin R. Dean

Einmal Anders

Für H. C. Andersen

Der Soldat sah sie an die Plakatsäule des Kinos «Schlößchen» gelehnt. Sie trug einen kurzen Rock aus rotem Linon, eine Bluse mit einem schmalen Band über der Schulter, und auf ihrer Brust prangte eine große, lackierte Flitterrose. Er fragte sich, auf wen sie wartete. Und warum sie beide Arme auf halber Höhe gestreckt hielt und das linke, schlanke Bein angehoben in Richtung Tür balancierte, als wolle sie tanzen. Seit einer Viertelstunde starrte er sie an, trank seinen Kaffee, und sein Wunsch, sie anzusprechen, wurde unaufschiebbar. Warum steht sie nur so märchenhaft und nutzlos und allein herum, murmelte er. Als er aufstehen und weggehen wollte, schmerzte sein Bein. Vielmehr war es ein Phantomschmerz, dort, wo früher sein Bein gewesen war. Er hielt sich an der Tischkante fest und sah gerade, wie der Wind in ihr knisterndes Röcklein fuhr und die Spitzen ihres Höschens entblößte. Warum tanzt sie nicht, dachte er, wie könnte ich sie zum Tanzen bringen, und er sah ihre Knie hinaufgezogen im Rhythmus einer Musik, den Kopf mit den kurzen schwarzen Haaren in den Nacken gelegt und die Beine auseinandergebogen. Ich habe zwei freie Hände, dachte er.

«Dies ist mein einziges Bein», sagte er, als er bei ihr stand. «Das andere wurde mir weggeschossen, weggebombt von einer Tretmine.»

«Ach», entgegnete sie, und: «Ich rauche nicht.»

Er humpelte neben ihr durch die nächtliche Stadt. Wie

über einen Acker, wie über ein Minenfeld geht er, dachte sie. Sie hätte ohne Probleme von ihm fortlaufen können. Aber sie ging mit ihm, eine Wegstrecke weit, nicht allein aus Mitleid. Ihr war, als befinde sie sich noch immer in dem Film, den sie soeben verlassen hatte.

«Ich finde Ihre Beine sehr schön», sagte er. «Ich mag Beine, Sie können sich den Grund denken. Frauenbeine besonders. Aber nicht alle. Zum Beispiel kommt es darauf an, wie eine Frau ihre Beine übereinanderschlägt. Ob die Linie, die Furche zwischen den Beinen sich gegen oben verjüngt. Grenzlinien mag ich», sagte er, alter Soldat. Nicht sehr alt, dachte sie, aber eben in diesem Drecksgeschäft. Er wollte nicht unhöflich sein. Dort also, wo das feine Obscur übergeht ins Lilienweiß der Schenkelinnenseite.

Sie spürte seine Hand an ebendieser Stelle.

«Wenn eine Frau statt zu Gehen beim Gehen die Beine führt», redete er weiter, «auf eine bestimmte Weise, so daß ihre Beine sichtbar werden, für jeden Mann. Das Bein mit einem Strumpf aus feinem Fischgrätenmuster überzogen, am Fuß einen Lacklederschuh. – Wenn ich solche Beine sehe, dann werde ich verrückt.

Nie ganz auszuziehen wäre sie, ihre Nacktheit soll stets erahnbar sein, ich vögle gern mit den Augen», sagte er schwatzhaft.

Die ganze Zeit vor der Plakatsäule hatte sie ihn angeschaut. Standhaft erschien er ihr, noch im Sitzen. Mager, mit einer leichten Verbitterung im Gesicht. Sie hatte gewußt, daß er sie ansprechen würde. Das fehlende Bein hatte sie erst bemerkt, als er aufgestanden war. Da flatterte das eine Hosenbein wie am Wäscheseil. Und nun wollte er sie zum Tanzen ausführen, sie, die Tänzerin. Eine Komödie, dachte sie und strich mit der Hand so langsam über den Jupe, daß er einen Augenblick stockte.

Beim Weiterreden spürte sie bereits seine Augen auf sich, wenn sie tanzte. Denn Tanzen entblößte sie immer, die aus dem Schatten der Reglosigkeit herauswirbelnden Beine machten sie nackter, verführbarer als sonst. Alles an ihr sammelte sich in ihren Beinen, hatte einmal einer zu ihr gesagt.

«Mein Bein weggeschossen, weggebombt, Tretmine, gratuliere», seufzte er.

Dann sprach er über den Mann als Mängelwesen. «Ein Leben lang muß man sich verbessern, wie ein Ding, ein Gerät. Deswegen der Drang, sich am Körper der Frau zu vervollkommnen. Immer wieder, Madame.»

Woher er nur dieses Madame nahm?

«Ich wäre am liebsten eine Frau», sagte er, als sie an einem Lokal vorbeikamen, in dem andere Soldaten saßen, die ihn grüßten.

Diesen Satz fand sie überraschend.

«Sie lachen mich aus», sagte er, «weil ich die Frauen verehre. Bitte, nicht alle, und eigentlich nur die Beine. Am liebsten würde ich mich in ein Frauenbein verwandeln. In eines jener vollkommenen Glieder, an denen die Glut des Geschlechts unentwegt weiterglimmt, so daß man versucht ist, sie mit der Zunge zu löschen. Die Kniekehlen», sagte er, und sie war froh, daß er es leidend sagte und nicht genießerisch.

«Wie Sie dastanden, Madame, glaubte ich, Sie hätten auch nur ein Bein. Diesem Irrtum verdanke ich es, Sie kennengelernt zu haben.»

Die spottenden Soldaten in ihrem Rücken, die Nacht vor ihnen.

«Sie spielen wieder Krieg oder sonstwas», sagte er. «Verzeihen Sie», und er stellte sich vor, was diese Brut alles mit seiner Schönen der Nacht anstellen würde. Wie sie beim Anblick des kurzen Röckleins ihre Bolzen rieben, ihre Repetiergewehre luden und in ihren schweinischen Phantasien ertranken. Wie sie sich in den schachtelartigen Zimmern der Kaserne die Uniformen naßspritzten.

«Übrigens bin ich Deserteur», sagte er, als der Scheinwerfer eines vorbeifahrenden Autos auf sein Gesicht fiel.

Aus welchem Stoff bin ich eigentlich, fragte sie sich, aus Papier oder aus Luft oder Quecksilber, daß ich es wage, mit einem Einbeinigen das Tanzbein schwingen zu wollen.

Das Lokal war um diese späte Stunde fast voll besetzt. In der hintersten Ecke des mit Holz ausgeschlagenen und spärlich beleuchteten Raumes fanden sie ein freies Tischchen. Vor ihnen, wie auf einer Rennbahn, jagten sich die Paare übers Parkett. Er bestellte eine Karaffe Wein und sein Gesicht war bleich geworden. Ihre Flitterrose leuchtete, so daß er sie, wäre sie verlorengegangen, überall gefunden hätte. Gespannt ließ sie sich auf den schmalen Stuhl nieder und schlug die Beine übereinander. Er war allein mit ihr, er sah die Tanzenden nicht und nicht den Schwarzen hinter der Theke der Bar, der ihr zulächelte.

Er konnte nicht weggehen, nicht einen Meter aus dieser Zone, die von ihr besetzt war. Ihr kleiner Ohrring glitzerte im Halbdunkel und er wußte, daß er nicht tanzen konnte. Er schenkte die Gläser voll, er wollte standhaft bleiben.

Sie warf ihre Arme wie ein Schlangennest um ihn. Unter dem Druck ihrer Lippen sank er nach hinten und dachte, jetzt erkenne ich sie erst, wie anders sie ist. Die Musik wurde lauter und zugleich geräumiger, er begann zu vergessen. Durch den papierdünnen Stoff ihres Kleides hindurch spürte sie sein Bein an der Spalte ihres Gesäßes. Sie bewegte sich leise, bis das Bein in sie hineinrutschte. Es war hart wie Metall, verbesserungsfähig, hatte er das nicht gesagt. Sie rieb, und das Bein sank tiefer und tiefer; er blieb, wie versprochen, standhaft und stemmte den Fuß des anderen Beines fest gegen den Boden. Er schien glücklich zu sein, das Gesicht ein flacher Teller, er konnte gehen, hüpfen, tanzen auf einmal gegen den Wind. Sie keuchte.

Der Schwarze stand plötzlich vor ihnen und bat um einen Tanz. «Gewiß», sagte der Soldat erschöpft und las in ihrem erhitzten Gesicht, «Gewiß», murmelte sie. Nun wollte er sie tanzen sehen. Er trank Wein und sog gleichzeitig den scharfen Tabakgeruch des Schwarzen ein; er roch, als wäre er einer Tabakdose entsprungen. Es war ein Lokal, wo schwarze Männer weiße Frauen trafen. Der andere hatte ein Maskengesicht und bewegte sich schnell und geübt. Er hielt sie zuerst fest in den Armen. Dann sah der Soldat, wie er mit der Hand hinab zu ihrem Gesäß tastete. Nun schmerzte sein Bein wieder, weggeschossen, weggebombt von einer Tretmine. Da, wo sie lange gesessen war. Die Hand des Schwarzen schlüpfte unter ihren Linonrock und tastete da weiter; er sah die schwarze Hand am Saum des Strumpfes auf weißer Haut. Die Finger voran, glitt die Hand an der Innenseite des Schenkels hoch und ein Peitschenhieb durchzog das Rückgrat der Tänzerin. Ihm war, als griffe die Hand nach ihm; seine Zunge brannte, als würde er vom Feuer geküßt.

«Sieh nicht nach dem, was dich nichts angeht», sagte der Schwarze zum betrunkenen Soldaten. Als der Soldat ausholte, ging seine Faust ins Leere.

Er erwachte auf hartem Straßenpflaster. Junge Männer trugen ihn im Regen fort. Er verlor erneut das Bewußtsein und träumte, daß alle toten Dinge lebendig geworden seien. Stühle tanzten, Tische bogen ihre Beine bis zum Brechen, ein Topf grinste und zwei Stellmesser wirbelten im Tangorhythmus umher. Er rannte hinter der Dame her, in seinem Rücken Gewehrsalven, vor ihm die leuchtende Flitterrose.

Zuletzt schaukelte er in einem Kahn auf blauem Wasser. Die Tänzerin saß auf ihm, ihre Beine umfingen seinen Leib. Hier ist es schön dunkel, hörte er sie murmeln, die Zunge nah an seinen Lippen. Sein Unterkörper, auf dem sie ritt, war fest mit dem Kahnboden verwachsen. Sie schaukelte so lange, bis das Boot entzweibrach.

Am Morgen schrieb der Soldat der Tänzerin einen Brief. Es klang wie ein Märchen. Er schrieb: «Seit jenem Augenblick, wo ich Sie an die Plakatsäule des Kinos ‹Schlößchen› gelehnt sah, ist alles anders geworden. Seitdem kann ich wieder gehen. Sie trugen einen kurzen Rock aus rotem Linon, eine Bluse mit einem schmalen Band über der Schulter, und auf ihrer Brust prangte eine große, lackierte Flitterrose …» – Am Schluß des Briefes fügte er an: «Jetzt sind Sie für immer bei mir.»

Dann warf er den Brief in den Ofen, wo er verbrannte. Die Flitterrose legte er auf seinen brennenden Körper.

Gaby Lutterbeck

Im Garten

Mein Spaziergang im Garten der Lust beginnt in der Baumschule – dort, wo die ersten zarten Knospen der Lust grünten. Etwa im Alter von acht Jahren verliebte sich in Hinterindien, wo ich damals mit meiner Familie lebte und die Schule besuchte, ein Mitschüler in mich. Er, sonst sehr schüchtern, bestahl seine Mutter, kaufte von diesem Geld eine riesige Tüte Bonbons, die er mannhaft vor unseren Klassenkameraden verteidigen mußte, und schenkte sie mir. Ich kam mir vor wie eine Prinzessin – geadelt durch dieses Geschenk. Der Arme wurde jedoch später von seinen Eltern erwischt und bezog Prügel. Diese Liebe fand ihren traurigen Höhepunkt wiederum in einem Garten. Auf einer Geburtstagsparty inszenierte er für mich einen großen Auftritt am Schwimmbadrand. Er war so sehr mit seiner Außenwirkung beschäftigt, daß er bei den Vorbereitungen zum Kopfsprung nicht bemerkte, daß in dem Becken kein Wasser war. Es kostete ihn einige Schneidezähne. Und ich lernte: der Weg zur Lust führt offensichtlich über den Schmerz.

Dieses bestätigte sich, als die Triebe weiter sprossen – in der Pubertät. Gab es doch kaum einen intensiveren Lustgewinn als den, wegen möglicherweise unerwiderter Liebe schluchzend auf dem Bett zu liegen und Leonard Cohen zu hören. Eine solche Lust hätte der jeweils Angebetete einem so niemals bereiten können.

Bald darauf wurde ich zur Walpurgisnacht, diese traditionell lustvolle Nacht, mit einer recht archaischen Inszenierung der Lust überrascht. Der Rheinländer benötigt zum 1. Mai vier Requisiten, um seinem Balzverhalten Ausdruck zu verleihen: eine Birke, einen Traktor, einen Kasten Bier und eine Jungfrau. Die Birke wird abgesägt und mit Hilfe eines Traktors und des Kasten Biers vor das Haus der Jungfrau geschafft. So erwachte ich eines Morgens unter zartem Grün und fühlte mich höchst maiköniglich. Nie habe ich erfahren, wer der edle Spender war.

Der Spaziergang setzte sich zu zweit fort. Ich verliebte mich in einen wunderschönen jungen Mann. Das «erste Mal» war für mich wunderbar und ungeheuer lustvoll. Doch es hinterließ Spuren: ein halbes Jahr lang hatte ich Hausarrest, weil meine Leistungen in der Schule schlecht und schlechter wurden. Einzige Möglichkeit, die sich hier ankündigenden Verlockungen auszuleben war, die Nacht zum Tage zu machen. So verabredeten wir uns jede Nacht an der Dorfkirche. Kaum schliefen meine Eltern, trafen wir uns und gingen Hand in Hand in den Wald. Es war Sommer und wir liebten uns wie ein Elfenpaar im Mondlicht auf dem Moos. Manchmal rannten wir nackt um die Wette über eine Lichtung – uns gehörte die Welt. Selten habe ich mich so frei gefühlt, war so unendlich glücklich – und das, obwohl ich zu der Zeit eingesperrt war.

Der gewundene Weg durch den Garten veränderte sich. Der Garten wurde dunkler, Konipheren säumten den Weg. Ich verliebte mich zum ersten Mal «ernsthafter». Wir blieben mehrere Jahre ein Paar. Diese Liebe fand ein jähes und für mich völlig unfaßbares Ende. Viele Jahre lang wußte ich nicht einmal, wo sie ihn begraben hatten, ich konnte mich nicht verabschieden. Und ich erinnerte mich wieder an die alte Geschichte von der Liebe und dem Schmerz – den Dornen. Eigentlich hatte ich erst dort meine Unschuld verloren.

Doch irgendwann fand ich aus diesem Labyrinth wieder heraus. Ich bewegte mich auf einen sonnigeren Acker zu. Dort traf ich einen neuen Mann, die Liebe erblühte zart und ich legte gemeinsam mit ihm Beete an. Ich hegte und pflegte den heimischen Garten und wir pflanzten einen Ableger. Ich wartete auf das Alter und träumte von einer sonnenbeschienenen Bank. Doch nach einer Weile dürstete es die tropische Pflanze, sie brauchte mehr Wasser, um sich entfalten zu können.

So sprang sie in einen Seerosenteich, traf einen verliebten Frosch. Sie badeten gemeinsam im kühlen Naß und schöpften aus dem vollen. Sie legten auf eines der riesigen Seerosenblätter ein Baby. Doch irgendwann schlichen sich in den Froschgesang die ersten Mißtöne ein. Wer wohl der bessere Sänger sei? Wer Frosch, wer König? Die Wellen schlugen hoch und höher. Eines Tages ertrank der eine Frosch und der andere verstummte. Und ich erinnerte mich an ein altes Lied. Was hatte mir der Frosch immer wieder erzählt: «Wer meinen Schmerz nicht kennt, kennt meine Liebe nicht ...?»

Da saß ich nun, alleine auf dem Boden des ausgestrockneten Seerosenteiches. Es galt, ihn aus eigener Kraft wieder zu füllen. Gefrorene Krokodilstränen glänzten im fahlen Winterlicht. Nach einer Zeit der Erstarrung jedoch fing es an zu tauen. Das kleine Rinnsal schwoll langsam zu einem klaren Strom an, der sachte durch die Landschaft meanderte.

Auf meinem Weg durch den Garten der Lüste begegneten mir auch höchst seltsame Blüten. Als Künstlerin beschäftigte ich mich mit dem Thema Mißbrauch. Ich ging in Sex-Shops, um Bildmaterial zu suchen. Dort fand ich die Windelmänner («Baby-Boom») – diese Männer, die – in Gummihöschen und Schnuller – eine Mama suchen, die sie herzt und nährt. Ich lernte, daß diese Männer überwiegend in leitenden Positionen und von ihren Müttern mißbraucht worden seien – und staunte über die merkwürdigen Auswüchse der Lust.

Im Alter von 53 Jahren heiratete der verwitwete Peter Paul Rubens eine Sechzehnjährige. Seine wiedergewonnene Lebenslust und Sinnesfreude lebte er plastisch in seinem Bild «Der Liebesgarten» aus. Bewundernd hatte ich im Prado in Madrid davorgestanden. Es gibt in diesem Garten auch einen Venus-Brunnen. Aus den Brüsten der Venus spritzt Wasser und sie reitet auf einem Delphin – der Verkörperung spielerischer und nie ermüdender Liebeslust. Aber auch die anderen Personen auf diesem Bild leben ihre vielfältigen Lüste genießerisch aus, sei es im Verspeisen von Trauben oder in gegenseitiger Berührung. Es war im 17. Jahrhundert üblich, sich zum Liebesspiel in den Garten zurückzuziehen, gab es doch in den Häusern und Palästen kaum Möglichkeiten, sich seinen erotischen Bedürfnissen unbeobachtet hinzugeben. Zum einen lauerte überall das Personal in der Ausübung seiner Pflichten, zum anderen lebte man auf engem Raume zusammen. Die damals gängige Vorstellung vom Paradies war die vom glücklichen Zusammenleben in einer immer freundlichen Natur – von der Harmonie von körperlicher und seelischer Liebe.

Ähnlich hemmungslos überraschte eine Freundin ihren ehemaligen Liebhaber. Er kam nach längerer Zeit wieder in ihre Stadt, um sie nach der Geburt ihres Kindes aus einer neuen Verbindung zu besuchen. Er klingelte an ihrer Wohnungstür; diese wurde geöffnet und ihn traf ein warmer, fester Strahl Muttermilch mitten ins Gesicht. War es die Lust an der Provokation, die sie zu diesem Begrüßungsritual veranlaßt hatte?

Unlängst erreichte mich wie ein warmer Lufthauch ein Gruß aus den Bergen. Mit ungeheurer Leichtigkeit und Neugierde entspann sich ein Zwiegespräch – zwei Stichlingen gleich. Underwater love: ins Wasser gehen, beider Münder zusammenfügen und eintauchen … Es ist die Übereinstimmung, die diese Liebe so begehrenswert macht – das richtige Maß an Nähe und Distanz. Beide lehrte die Erfahrung, die Lust liegt nicht im Schmerz – man suche sie in der Sinnlichkeit, der Freude und der Muße. Die Entdeckung der Langsamkeit. Wir besteigen gemeinsam Gipfel, tauchen in türkisgrüne Gebirgsseen, liegen auf warmen, duftenden Blumenwiesen, lieben uns, versinken in der Zeit, gehen ineinander auf, lachen, streiten und vertragen uns wieder, erzählen uns Geschichten … Nach einer Weile kehrt jeder in sein Leben, seine Stadt zurück, geht seinem Alltag nach, seiner Arbeit, seiner Entwicklung – und wenn die Sehnsucht wieder spürbar wird, überfliegen wir die Distanz, begeben uns in die Obhut des anderen und beschenken uns mit unserer gegenseitigen Liebe. So erlebe ich in diesem verregneten Sommer einen leuchtenden Frühling, sitze am Wasserfall – eine Blüte im Haar –, und im Wasser weicht das eigene Spiegelbild dem Antlitz des Geliebten …

PS. Schääl kommt nach der Arbeit nach Hause zu seiner Frau. Sie erzählt ihm: «De Tünnes wor hier.» Sagt der Schääl: «Ach ja? Wat hätt er dann jewollt?» Sagt die Frau: «Tja, mer han jet jejesse un jetrunke, dann hammer ne Spazierjang jemaht, dann hammer jet Musik jehört und jet jeklaavt, dann hammer wat jepoppt – aber wat er eijentlisch gewollt hätt, dat hätt er mer nit jesaach!»

Bärbel Nolden

Unsere Arme

Was war denn, bitte schön, mit unseren Armen?

Das letzte Mal stütztest du deine auf, wenn ich mich recht erinnere, weil ich auf dem Rücken lag, liegen wollte, und so war es ein optimaler Winkel zwischen unseren Körpern. Das hört sich technisch an, so im Nachhinein – mir ist es in der aktuellen Situation ja auch gar nicht bewußt gewesen. Übrigens hatte ich meine Arme nebst Händen einfach rechts und links ausgebreitet, liegengelassen sozusagen, um es jetzt mal zu rekonstruieren, und mich mit meinen Ellbogen ein wenig im Gegendrücken unterstützt.

Andersrum – war das beim vorletzten Mal? – war es auch nicht grundsätzlich anders. Meine Hände rechts und links von deinem Oberkörper, oder auch mal auf deiner Brust, vielleicht in deine Schultern gekrallt – nein, «gekrallt» ist falsch. Nägel, Krallen, Kratzer, das meine ich nicht. Auch denke ich nicht, daß ich mich festhalte, einklinke und festbeiße – obwohl, «einklinken» hört sich nicht falsch an, ein bißchen nach «Türklinke», da drückt man an einem Ende runter und am anderen Ende tut sich was. Und der Druck auf deine Schultern, wenn du dich mir entgegenstemmen willst, beeinflußt ja auch deine Hüftbewegungen.

Mein Gott, ja. Das klingt wirklich schwer nach Konstruktion, aber wenn ich es schon analysieren soll ... es ist halt so, und im übrigen finde ich es doch schön so. Ja, und deine Hände umfassen meinen Po, drücken und schieben ein wenig, ich weiß es wirklich nicht so ganz genau, weil ich vergesse darauf zu achten.

Aber warum sollte ich auch auf all diese Details aufpassen? Es war für mich jedesmal wieder toll. Unterschiedlich, ja klar, aber immer wieder so schön wie beim ersten Mal.

Nein, stimmt nicht.

Guck nicht so. Daß es besser ist, meine ich.

Da gibt es doch diesen Spruch, daß es nach den ersten sechs Tagen – es hieße vielleicht sinniger Nächte –, daß es dann spannender wird, weil man so allmählich die Vorlieben des anderen rausfindet. Und wenn sie dann auch aufeinanderpassen – zueinander natürlich ... Weiter geht der Spruch ja dann mit sechs Monaten, daß es also nach einem halben Jahr wieder spannend wird. Wenn nämlich die erste leidenschaftliche Verliebtheit verrauscht ist, und wenn zum Vorschein kommt, was da sonst noch verbinden könnte. Ich hatte immer das Gefühl, diesen Punkt hätten wir hervorragend überschritten, konnte von mir noch nicht einmal behaupten, die Leidenschaft sei verflogen. Und nach sechs Jahren, heißt es weiter, wenn die Liebe vergangen ist – darum gilt wohl das siebte immer als das verflixte, weil man merkt, daß die Gemeinsamkeiten auf zum Beispiel den Kindern, dem Ski-Urlaub oder der Vorgartengestaltung beruhen – na ja, das kann ich mir so gar nicht vorstellen, aber so weit sind wir ja auch noch nicht gewesen.

Mir geht es ja jetzt wirklich nicht um eine solche Exkursion, wir waren bei einem anderen Thema: beim Bett – genauer gesagt bei den Dingen, denen als Ort landläufig das Bett zugeordnet wird, selbst wenn sie woanders getan werden, während die eigentlich sehr viel häufiger dort stattfindende Tätigkeit, nämlich das Schlafen, offenbar so selbstverständlich ist, daß sie nicht mit dem Ausdruck «ins Bett gehen» verbunden wird. Du merkst, es geht mir nicht um das Frühstücken oder das Fernsehen im Bett.

Mein Gott, ich will ja eigentlich gar nicht so umständlich werden.

Mir geht es um eines: Was ist mit unseren Armen – in allen möglichen Stellungen? Ich glaube, es wird eher gestreichelt, gestützt, umfaßt, gehoben.

Ach, wo ich gerade «Stellungen» gesagt habe: Schade, daß ich nie hinter dir sein kann dabei, ich meine, wenn wir letztlich die dafür vorgesehenen Teile ineinanderpassen.

Das meine ich weder zynisch noch sonstwie distanziert. Mein Problem ist schlicht und einfach, daß es mir schwerfällt, diese Vorgänge rekonstruierend zu beschreiben.

Warum ich das sollte? Na hör mal! Hast du nicht vorhin das Wort «Umarmung» mit einem solch seltsamen Unterton gebraucht? Ein Wort, das ich noch nie aus deinem Munde habe kommen hören?

Also: Wo sind denn deine Arme?

Danach, ja, dann liegen sie manchmal wie schon schlafende Tiere auf dem Kopfkissen, während deine Lippen noch an meinem Ohrläppchen knabbern oder flüstern, und ich bei einem von ihnen die Beuge für meinen Hinterkopf finde, zumindest so lange, bis er droht, richtig einzuschlafen. Und die meinen liegen dann um dich rum, einer ist meistens zuviel und im Wege und sucht verzweifelt ein Plätzchen zwischen, unter oder über.

Aber wenn es dir nicht um Arme ging, warum hast du –

Okay, ja, ich bin spitzfindig. Das kennst du doch schon. Aber du weißt ja inzwischen, wann ich das werde. Und du weißt wohl auch, daß ich weiß, daß du weißt, daß ich mit solcher Reaktion Zeit gewinnen muß, meine Ängste, oder besser Besorgnisse zerreden muß. Und sei's drum, daß ich mich um Kopf und Kragen rede. Schon weil dir meine «Daß mit SZ» auf die Nerven gehen. «Als ob es keine andere Satzverknüpfung gäbe.» Aber ich hab mich doch schon gebessert, oder?

«Kopf und Kragen», das geht ja nicht gegen dich. Das geht noch nicht mal auf meine Befürchtungen, dich oder uns betreffend. In diesem Falle ist es so, daß – schon wieder mit SZ, aber egal – daß ich mir nach einer solchen Beschreibung oder analytischen Rekonstruktion so gar nicht mehr vorstellen kann, die entsprechende Sache überhaupt noch mal unbefangen machen zu können.

«Die Sache machen» – ist das nicht der Ausdruck aus einem älteren Roman der sogenannten zeitgenössischen Literatur, über dessen Verschämtheit, die natürlich wunderbar zum katholischen Protagonistenpaar paßt, wir immer so jovial gelächelt haben? – Aber das nur in Klammern.

Nein, du kannst mir glauben, daß ich deine Frage – es war doch eine? – ernstgenommen habe, beziehungsweise nehme.

«Beziehungs-weise». Auch so ein Wort. Das wieder nur in Klammern. Wirklich in Klammern.

Bitte, worum geht es denn? Mir geht es um folgendes:

Da benutzt du plötzlich ein neues Wort. Ein verschämtes Wort. Und mit Unterton. Und du benutzt es an einem Punkt, wo alles darauf hindeutet, daß (ich weiß) ein Prolog gegeben wird zu einem Stück, dem ich nicht spontan gewachsen bin. Wo ich noch ein paar Proben bräuchte, um mich sicher zu fühlen.

Ich weiß um die Zweideutigkeit dieses Satzes und ich möchte meine Aussage in beiden Hinsichten von dir verstanden wissen. (Ob das nun besser ausgedrückt war, als ein neuerlicher Satz mit «daß ...»?)

Tu doch nicht so.

Die eine Bedeutung stammt aus der etwas antiquierten

Ausdrucksweise «Gib eine Probe deines ... oder deiner ...», also des Könnens, des Vertrauens, der Zuneigung oder ähnliches. Und die andere ist die, daß mir eine solche Situation neu ist, daß ich sie noch nicht ausprobiert habe, vielleicht ein paarmal üben müßte, obwohl ich ja nicht weiß, ob ich dazu noch Gelegenheit habe.

Was meinst du mit «Welche Situation denn»? Eben eine solche Situation.

Du rufst an. Im Hintergrund hellichter Lärm. Du fragst mich mit finsterer Stimme, ob es mir sehr ungelegen käme, wenn du jetzt vorbeischaust, aber dir sei das ein Bedürfnis. Und dann stehst du verunsichert in meinem Flur – Wie sag ich's meinem Kinde –, es gibt ominöse Sätze, mit Fragezeichen davor und dahinter, aber nicht zu Ende gesprochen, es taucht das Wort «Umarmung» auf, und du scheinst dich offensichtlich so gar nicht mehr wohlzufühlen, es gefällt dir scheinbar alles nicht mehr, aber du kannst nicht so recht rausrücken mit der Sprache, und, ja, da hab ich halt mal losgeredet.

Aber dann, warum stoppst du mich denn nicht einfach? Hilf mir doch. Ich kann mich ja selbst nicht leiden so.

Okay. Fangen wir einfach von vorn an.

O nein, ich geh nicht dran. Wir lassen das Telefon läuten. Ich hätte Angst, daß du dir was zurechtlegst, während ich mit etwas anderem beschäftigt sein muß. Sieh mal, ich muß schon die ganze Zeit aufs Klo, trau mich aber aus eben diesem Grunde nicht hin.

Ja, so ernst ist es mir. So schlimm ist es.

Nein, wenn du mitkommst, kann ich nicht.

Hör mal, ich will mich jetzt auch wirklich nicht mehr an dem blöden Wort festbeißen, aber wir müssen es irgendwie loswerden. Vielleicht mit einer Geschichte, einer Erinnerung.

Weißt du noch, letzten Samstag, unser Stadtbummel?

Du hast den Arm um mich gelegt in der Fußgängerzone und wir haben sofort einen gemeinsamen Schritt gefunden. Und ich hatte meine Hand in deiner Manteltasche auf der anderen Seite und habe durch Futter, Hose und so hindurch den Bewegungen deines Hüftgelenks nachgespürt. Und als dein Arm mir beinah etwas schwer und gewohnheitsmäßig vorzukommen drohte, hast du meine Schulter gedrückt und mich angelächelt. Das war ein Tag! Wir sind dann noch in irgendeinen Laden gehüpft, obwohl wir schon alles gekauft hatten, was wir brauchten oder wollten, und draußen ging es gleich Arm in Arm weiter, und du hast mich ganz fest um die Taille gefaßt. Und als du mir im Café aus dem Mantel geholfen hast, legtest du deine Hand auf meinen Nacken, und dann bist du mir mit allen fünf Fingern durch die Haare gefahren, daß ich eine Gänsehaut bekam, und unter dem Tisch schobst du deine Beine ganz weit vor, rüber zu meinen, weißt du noch? Und ich habe meine Schuhe ausgezogen und bin mit den Füßen in deine Hosenbeine geschlüpft. Und was ich meine ist: Ab der Fußgängerzone, da waren wir plötzlich das Liebespaar, das sich umarmt.

Na gut, war es halt am langen Donnerstag, ist doch egal, und ist in dem Zusammenhang ja auch nicht wichtig. Es war aber noch hell, nicht wahr, genau, ich hatte frei, und wir haben uns um drei getroffen. Wie es weiterging an diesem Tag? Sind wir nicht ins Kino? Oder war da diese Geburtstagsfeier – nee, die war ja am Samstag –, oder was war da? Ich glaube Kino.

Nicht? Wir sind erst mal nach Hause? Zu mir? Ach ja. Auf dem Teppich? Mitten zwischen den Einkaufstüten? Doch, doch, natürlich weiß ich es noch. Ja. Ich erinnere mich noch genau. War das nicht das Mal, von dem ich eben gesprochen habe? Also an diesem Donnerstag. Aber zur Spätvorstellung sind wir doch noch. Sag ich ja. Mitten im Film sind wir raus? Stimmt. Und mit dem Taxi zu dir. Der war halt ziemlich beschissen, der Film, nicht wahr? Obwohl – ich will ja nicht ungerecht sein. Wir haben gar nicht so richtig hingeschaut. Ja, und da sind wir halt zu dir, und das war das andere Mal, das ich gerade erwähnt habe. Kann sein, daß ich die beiden Male vertauscht habe. Richtig, weiß ich noch, ich hatte meine Beine, ja genau, und du mit deinem Stoppelkinn.

Nun hör aber auf, ich werde noch ganz kribbelig.

Was heißt denn, bist du auch geworden. Wo? Im Kino? Im selben Film? Mit Peter? Wolltest ihn dir eigentlich mal in Ruhe zu Ende ansehen?

Wie, hast du dann wieder nicht geschafft. Wegen Peter?

Nein, ich stell mich ja gar nicht blöd an. Ich kapier nur nicht …

Wann? Gerade eben? Mitten im Film bist du raus und hast mich angerufen? Deshalb dieser Lärm im Hintergrund. Und hattest auf der Treppe Angst, daß ich mich überfallen fühle.

Oje, bin ich doof.

Und Peter? Der wird sauer sein. Vielleicht war er das eben am Telefon. Hat gedacht, du wärest zum Klo?

Apropos. Warte. Ich geh mal ganz schnell. Eine Sekunde. Bin sofort fertig.

Detlev Meyer

Gruß aus Amsterdam

Gestern nachmittag bin ich in Amsterdam angekommen, lieber Dirk, und logischerweise hat es mich gleich in die Bars getrieben. Der Typ, mit dem ich in einem dieser Fickverschläge in der oberen Etage des «Company» gebumst habe, war ca. Ende 20, gut bestückt und sehr verständnisvoll. Nach meinem vorzeitigen Orgasmus bestand er nicht darauf, mich zu penetrieren, obwohl er bereits ein Kondom über seinen Penis gerollt hatte. Ich war immerhin aufmerksam genug, ihm den Pariser vorsichtig abzustreifen und, quasi als Dankeschön, ihm noch einmal mit meiner Zungenspitze die Harnröhrenöffnung zu kitzeln.

Als wir die Kabine verließen, lud er mich zu einem Bier ein. An der Theke entdeckte ich in seinem Schnauzer ein paar graue Haare; und es tat mir leid, mich ihm verweigert zu haben. Im Licht betrachtet war der Typ eher 39 als 29, was ich ihm aber keineswegs verübelte. Ganz im Gegenteil, ich glaubte sogar, mich für meine ejaculatio praecox entschuldigen zu müssen.

«Sorry», sagte ich, «aber in diesen Zellen upstairs bekomme ich nach fünf Minuten regelmäßig Platzangst.» Und er sagte: «Never mind! How about my place?»

Ich verspürte jedoch keine Lust, neben ihm zu erwachen und im grellen Licht des Morgens der ungeschminkten Wahrheit seines Alters ins Gesicht zu schauen. Der Typ war eigentlich sehr attraktiv, er hätte Dir gefallen, Dirk, mir jedoch war er zu sehr Mann, ausgereifter Mann, der tagsüber einer furchtbar ernsthaften und wichtigen Tätigkeit nachgeht. Der steht mit beiden Beinen mitten im Leben, dachte ich, unverrückbar, unerschütterlich. Der ist vor langer Zeit dort angekommen, wo er immer hinwollte. Wie öde!

Nach dem Bier bin ich nach Haus gegangen und habe vor dem Fernseher noch ein bißchen onaniert, mehr aus Gewohnheit denn aus Geilheit. Ich war übrigens nicht allzu betrunken, und meine erste Nacht in Amsterdam endete zur Abwechslung einmal ohne Filmriß, was mich verwundert, da ich vor dem Abstecher ins «Company» ein paar Stunden mit dem trinkfesten Huub verbracht hatte, in einem Szenerestaurant namens «De Jaaren». Was ich zum Trinken gegessen habe, Dirk? Lachs und verschiedene Salate, kein Dessert. Das Hauptgericht bestand aus zwei Flaschen eines erfreulichen Pinot Grigio für sehr sympathische 26 Gulden.

Nach dem Digestif meldete sich mein Glied und fing an zu nörgeln. Bauch und Kehle waren ruhiggestellt, also pochte nun es auf sein Recht, wollte es sich versorgt sehen. Wir landeten also im «Company», wo mein Glied sich gleich wie zu Hause fühlte, während ich mir mit Schlips und Kragen eher deplaziert vorkam. Meinem kühnen Verstoß gegen den Dresscode wurde jedoch die freundlichste Aufmerksamkeit zuteil; ich erntete mehr begehrliche Blicke als alle Lederkerle zusammen.

Nun will ich keineswegs verhehlen, liebster Dirk, daß ich ausgesprochen elegant aussah: Ich trug einen lichtgrauen Zweireiher aus feinster Wolle im Hahnentritt zu einer anthrazitfarbenen Flanellhose mit Kellerfalte und Schlag. Da ich auch schwarze Halbschuhe (Budapester), schwarze Kniestrümpfe und ein schwarzes Oberhemd mit Tabkragen trug, sah ich düster genug aus, um im sinisteren Reigen mittanzen zu dürfen. Ja, ich gefalle mir sogar in dem Gedanken, ihn gestern nacht angeführt zu haben.

Meine gestrenge Eleganz, ironisch gebrochen von einer knallroten Seidenkrawatte, stellte all die tragisch zerrissenen Jeans und bemitleidenswert ranzigen Lederchaps in den Schatten. Mein Outfit entlarvte diese Kleidungsstücke als phantasielose Masquerade, die seit Menschengedenken beim Mummenschanz der harten Jungs angelegt wird. Mit mir war ein frischer Wind in die Bar geweht worden, den die Schmerzversessenen unter den Gästen insgeheim einen scharfen, einen peinigenden Wind nannten.

Kurzum: Man erkannte in mir den Herrn, und so manches Knie hätte sich gern vor mir gebeugt. Ich war aber viel zu erschlagen von der Reise und ließ es daher bei dem bereits geschilderten Stehfick bewenden.

(Bist Du mir wenigstens treu, Herz der Welt?)

Am Längsten bei meinem Quickie hat, ehrlich gesagt, das An- und Ausziehen, mein An- und Ausziehen, gedauert. Der Typ warf Lederjacke und Denimshirt achtlos in die Ecke – wir hatten uns darauf verständigt, nicht nur die Schwänze freizulegen –, während ich Jackett, Schlips, Hemd und T-Shirt feinsäuberlich über die Türklinke hing.

Der Zweireiher ist übrigens, das wird Dich interessieren, aus dieser High Twist genannten Schurwolle, einem Stoff, der so hoch gezwirnt wird, daß er mit innerer Spannkraft gegen Knautsch und Knitter stabilisiert ist, wie die Herrenausstatter zu versichern nicht müde werden.

Folglich hätte auch ich meine Jacke nonchalant in die Ecke werfen können, allein ich wollte kein Risiko eingehen. Den Darkroom betreten als Dandy und herauskommen als Clochard – das, lieber Dirk, war noch nie mein Stil! Selbst die berauschendste Geilheit darf uns nicht dazu hinreißen, die Gesetze des gediegenen Geschmacks zu übertreten.

Als der Typ, er stellte sich später als Jerry vor, mich auch noch bat, die Hose abzulegen, wurde ich panisch. Wohin mit dem guten Stück? schoß es mir durch den Kopf. Zwar sind die Hosenbeine weit genug, um über die Schuhe gezogen zu werden, welche ich, wie Du weißt, in derartigen Örtlichkeiten nie und nimmer ablege. Ich bin heikel, und es graut mir vor dem Gedanken, baren Fußes durch fremder Männer Spermalachen zu waten. Was also tun? Guter Rat war teuer, die Klinke war schließlich belegt.

Ohne Jerry beim Zwirbeln meiner Brustwarzen zu stören – was er übrigens mit dem zartesten Einfühlungsvermögen tat –, entledigte ich mich geschickt der Beinkleider, schnüffelte an der Poppersflasche und hatte plötzlich, im Amylnitritrausch, die glänzende Idee, die Hose von innen nach außen zu wenden und sie aufs Jerry Lederjacke zu deponieren. Nur entdeckte ich sie nicht. Finde Du mal in einem Darkroom ein rabenschwarzes Kleidungsstück!

Also stocherte ich mit dem Spielbein in der Dunkelheit – derweil mir die Hoden massiert wurden –, bis ich auf etwas Weiches trat. Sanft löste ich Jerrys Hände von meinem Skrotum, um mich mit der zweimal gefalteten Hose zu seiner Jacke zu bücken, die vorher zu glätten ich umsichtig genug war. Wie schnell rutscht Stoff von glattem Leder – man kennt das! Ich muß beim Bücken wohl einen besorgten Seufzer ausgestoßen haben, den Jerry als lustvolles Stöhnen mißverstand. Keck steckte er mir seinen rechten Zeigefinger in den Anus, erregt flüsternd, daß ich das jetzt brauche. Das, dachte ich, und ein paar Bügel.

Später beim Anziehen fungierte Jerry als Kleiderständer. Ich hieß ihn, Jackett, Krawatte und Oberhemd zu halten, während ich ins T-Shirt schlüpfte.

Dann befahl ich: «The shirt, please!»

«And now the tie, please!»

«Would you have the kindness to help me into my jacket?»

Der brave Jerry schien sich in der Rolle des Kammerdieners nicht übel zu gefallen. Er züngelte an meinem Ohr und flüsterte: «You are nuts, baby. I think I love you!»

Isa Lux

«Schalter 5 schließt in wenigen Minuten»

Es war früher Nachmittag, und es war nicht viel los. Sabine, Ingeborg und Gabi lümmelten sich auf den Sesseln im Aufenthaltsraum und machten sich die Nägel.

«Das Telefon könnte ruhig mal schellen. Nur abhängen ist auch nicht die wahre Nummer.»

«Mein Gott, wie eifrig die Kleine heute ist.»

«Was heißt hier eifrig, ich hab bloß keine Lust, mich ganz umsonst zu brasseln, verstehste?»

«Viel wird heute sowieso nicht sein, bei dem Wetter.»

«Ja, da fahren sie alle mit ihren Gattinnen ins Grüne.»

«Hätt ich auch nichts gegen, jetzt ins Grüne zu fahren.»

In diesem Augenblick schellte das Telefon und Sabine nahm mit gespreizten Fingern und noch nicht durchgetrocknetem Lack den Hörer ab. Ihre Stimme stolzierte mit gekonntem Schwung ein dunkles Kellergewölbe hinunter.

«Schönen guten Tag, Studio Donna X, was kann ich für Sie tun? – Butti! Hier ist Lady Samantha. – Gleich willst du kommen? So gegen fünf? – Ja, das geht, aber sei pünktlich.»

Ingo Butteck winkte seiner Frau kurz zu und bestieg den Audi. Seine rotbraune Aktentasche hatte er neben sich auf den Beifahrersitz gelegt. Sie enthielt neben einer geschnitzten Giraffe einen Schreibblock, zwei Bögen Sondermarken mit besonders hübschen Motiven zu je einer Mark, seine Spezialausrüstung und einen ausrangierten Stempel inklusive Farbkissen. Herr Butteck liebte seine Spezialanfertigung und fühlte sinnliche Vorfreude seinen Körper erobern wie ein kribbeliger Ameisenhaufen eine liegengebliebene Eistüte einnehmen würde. Er schluckte, ließ den Motor an und fuhr los.

Oben in der Wohnung schob Heidi Butteck den Blechkuchen in den Ofen und stellte den Küchenwecker in Form einer roten Paprika auf 35 Minuten ein. Wenn ihr Mann früher Bescheid gesagt hätte, daß er noch mal weg mußte, hätte sie den Kuchen längst fertig gehabt. Frau Butteck war stets bemüht, ihrem Gatten den Rücken frei zu halten, ließ ihm, frei von häuslicher Verantwortung, alle Energie für seinen verantwortungsvollen Beruf. Postbeamter in gehobener Laufbahn war ihr Mann und hatte es in all den Jahren bis zum Abteilungsleiter gebracht. Heute unterstanden fünfzehn Leute seinen Anordnungen. Heidi Butteck liebte ihren Mann mit der treuen Aufrichtigkeit eines Langhaardackels, der wußte, wohin er gehörte. Mechanisch nahm sie ihr Staubtuch und begann die umfangreiche Sammlung von holzgeschnitzten Eulen und Adlern, Wieseln und Eichhörnchen im Wohnzimmer abzuwedeln. Ingo Butteck war ein begeisterter Holzschnitzer und kam jedes Jahr mit neuen Inspirationen aus Tirol zurück. Ihr Staubtuch glitt über die Familienfotos. Zwei Kinder hatte ihr Mann ihr geschenkt, Melanie und Karsten. Beides wohlgeratene Kinder, die ihnen viel Freude machten. Wenngleich Frau Butteck sich zugestehen mußte, daß ihre Tochter Melanie mittlerweile in einem Alter war, dem sie kaum mehr folgen konnte. Melanie war gerade erst fünfzehn, ein Kind noch, und war ihr oft schon so fremd. Mit einem fast unhörbaren Seufzer setzte sie sich an den Küchentisch und breitete die Samstagsausgabe ihrer Tageszeitung vor sich aus.

Als Frau Butteck eine halbe Stunde später ihre rote Paprika klingeln hörte, blickte ihr Gatte verschämt in die Augen von Lady Samanthas Zofe. Sie begrüßte ihn, führte ihn ins Foyer und ging, um ihrer Herrin Bescheid zu sagen. Als Ingo Butteck Sabine sah, schluckte er schwer.

«Guten Tag, Lady Samantha.»

«Wie hast du mich zu nennen?» begrüßte eine nicht besonders motivierte, aber gestrenge Lady Samantha ihren nachmittäglichen Gast. Sie dachte an den Inhalt seiner Aktentasche und ihr fielen auf der Stelle zehn Dinge ein, die sie jetzt lieber gemacht hätte.

«Herrin.» Entstöhnte es Herrn Butteck mit niedergeschlagenen Augen.

«Bitte?» Sabine dachte an ihr Erdbeereis im Kühlfach.

«Guten Tag, Herrin.»

«Das hört sich doch schon viel besser an.» Sie dachte an Jasmin und ihre Sonnenterrasse.

«Ich habe etwas mitgebracht, Herrin.»

Eifrig öffnete Ingo Butteck seine rotbraune Aktentasche und entnahm ihr den Schreibblock. Er öffnete ihn vorsichtig an der Stelle, an der er die beiden Bögen mit den Sondermarken eingelegt hatte. Er hatte sie jeweils einzeln eingesteckt, damit sie bei der Wärme nicht verklebten. Außerdem befanden sich in seiner Tasche: ein gelber Ganzkörpergummianzug, farblich passende Kopfmaske, Halsmanschette, Knebel, Lackmanschetten für die Hände, einige Nylonseile, ein Gummipfropfen, etliche Karabinerhaken und eine Reihe von rautenförmigen Gewichten, die mit schwarzem Leder überzogen waren.

«Deutsche Burgen und Blumen», kommentierte er, als er Lady Samantha die Bögen reichte. «Ich hoffe, sie gefallen Ihnen.» – «Herrin», setzte er schnell hinterher.

«Ach, Butti, das ist aber nett von dir. Wegen dir werde ich noch mal zur richtigen Briefschreiberin. Vielen Dank.

Geh schon mal rein und zieh dich um, ich komme gleich. Duschen nicht vergessen.»

«Ja, Lady Samantha, Herrin», beeilte sich Herr Butteck zu sagen, ging Richtung Bad und öffnete mit bereits tranceähnlicher Vorfreude die Tür.

«Ich erwarte dich an Schalter 5.» Hörte er noch die feste Stimme von Lady Samantha, bevor er mit einem wohligen Schauer die Tür hinter sich zuzog.

Sabine zog ihr knapp formuliertes Lack-Ensemble glatt und klapperte auf hohen Hacken zum großen Studio. Eine Gummierziehung. Allein der Gedanke brachte sie zum Schwitzen. Ihr blieb auch nichts erspart. Als sie am Aufenthaltsraum vorbeikam, öffnete sie die Tür, steckte ihren Kopf hinein und trällerte «Traritrara, die Post ist da».

«Burgen und Blumen, sucht euch was aus. Eine Reihe für jede.»

«Danke.»

«Kann man immer gut gebrauchen.»

«Das Übliche?»

«Das Übliche. Schalter 5 öffnet in wenigen Minuten.»

Als Lady Samantha kurze Zeit später die Tür zum großen Studio öffnete, kniete Ingo Butteck bereits nackt vor dem goldenen Thron. Sein Kopf war gesenkt, die Augen halb geschlossen, seine Arme auf dem Rücken verschränkt. Seine Ohren nahmen jedes Geräusch seiner Herrin auf, das leise Quietschen ihres Lackrockes und das harte Aufsetzen ihrer Stilettos waren Rhythmus und Melodie seines sinnlichen Bewußtseins. Ein kleiner Speichelfaden entrann seinem weichen Mundwinkel und lief langsam über sein Kinn. Ingo Butteck, Postbeamter in gehobener Laufbahn, Abteilungsleiter über fünfzehn Untergebene, war hochgradig erregt.

Lady Samantha nahm auf dem Thron Platz und verdrängte jeden Gedanken an Eis, Liegestuhl oder Sonnenbad. Man konnte es sich nicht immer aussuchen, und es gab auf jeden Fall Schlimmeres als Post-Butti an einem Samstagnachmittag. Lady Samanthas Augen ruhten auf dem gelben Gummianzug, der ordentlich über einer Stuhllehne hing. Sie dachte an das gelbe Schlauchboot, das sie als Kind hatte, riß sich zusammen und begann mit dem postalischen warm-up. Butti war zwar ein Stammgast, der wußte, was er wollte, aber auch er mußte sich in seiner devoten Haltung bestätigt und unterstützt fühlen. Lady Samantha setzte ihren rechten Fuß auf Ingo Butttecks Oberschenkel und preßte den Absatz mit sanftem Druck in sein helles Fleisch. Master and Servant war ein Spiel mit ordentlichen Regeln.

«Wirst du mir gehorchen?»

Ingo Butteck murmelte ein «Ja, Herrin» dahin und wagte nicht den Kopf zu heben. Ingo Butteck war glücklich, seine sinnlichen Antennen standen auf Empfang, und der war klar und deutlich.

«Lauter.»

«Ja, Herrin», kam es jetzt deutlich aus seinem Mund.

«Gut, dann steh auf, aber wage nicht, den Kopf zu heben.»

«Nein, Herrin.»

Mit wackeligen Knien stand Herr Butteck vor dem Thron und ließ sich von Lady Samantha in die Spezialabteilung seiner Lust führen. Mit aufmunternden, leichten Schlägen wärmte sie seine Muskeln auf, mit ebensolchen Worten seine Phantasie. Die Vorstellung, ein Paket zu sein, das sicher verpackt, fest verschnürt und ordentlich freigegeben auf der Reise zu seinem Bestimmungsort war, brauchte Ausstattung und eine Reisebegleitung, die wußte, wo es langgeht. Seit zwei Jahren bereits führte

Lady Samantha Herrn Butteck sicher in die totenstarre Selbstaufgabe und wieder zurück.

Die Sonne brannte nicht mehr, jetzt war der richtige Zeitpunkt, die geliebten Geranien zu gießen. Der schöne Südbalkon war in ganzer Länge von roten und rosafarbenen Geranien bewachsen. Heidi Butteck reckte und streckte sich, aber sie konnte die Hängeampeln auf ihrem Balkon nicht erreichen. Dann also doch die Leiter. Frau Butteck holte die kleine Gartenleiter aus der Kammer am Ende des Balkons, plazierte sie unter die Blumenampeln und kletterte hinauf. Vorsichtig nahm sie eine nach der anderen vom Haken, stellte sie auf den Boden und begann, sie ausführlich zu wässern.

Ingo Butteck war bereits stark verschwitzt, kämpfte mit dem linken Bein seines engen Anzugs, versuchte mit dem anderen das Gleichgewicht zu halten und hüpfte unsicher herum. Lady Samantha ergriff seinen Arm und half ihm, den Anzug hochzuziehen. Wie eine zweite Haut umschloß das Gummi jetzt seinen Körper. Sie zog den Reißverschluß in der Mitte auf und begann, fachkundig Ingo Buttecks Weichteile abzubinden. Dies hier war ein ganz besonderes Paket, dessen lederne Verschnürung in einer kleinen, adretten Schleife auf seinem Schamhaar endete. Sie öffnete ein gelbes Gummi und stülpte es Ingo Butteck über. Es roch nach frischer Zitrone. Seufzend schob Sabine den Gedanken an Urlaub und Sonne beiseite, schlug ihm kräftig auf den Hintern und kündigte an «Schalter 5 ist geöffnet». Dann führte sie ihren gelbverhüllten Gast zur Streckbank hinüber.

Bis sie Ingo Butteck soweit hatte, daß er unbeweglich, sicher und stumm verpackt, überall festgeschnallt und ruhiggestellt, und nur an wenigen Stellen zugänglich war, liefen ihr kleine Schweißperlenrinnsale den Rücken hinunter. Sie fluchte innerlich und fragte ihren Gast:

«Gefällt dir das?»

«Ja, Lady Samantha, Herrin.»

«Du mieses kleines Paket, du brauchst wohl einen Zuschlag.»

Ein begeistertes Aufjaulen von Herrn Butteck sagte ihr, daß sie bestimmt schnell mit ihm fertig sein würde. Ingo Butteck war reif wie eine sonnendurchflutete Spätapfelsine.

«Jaaaa.

Stempeln. Stempeln», flehte Herr Butteck in seiner grotesken gelben Verschnürung.

«Was hast du gesagt?»

«Stempel mich Herrin, bitte.»

Lady S. nahm den großen Poststempel, preßte ihn in das blaue Farbkissen und drückte ihn Herrn Butteck auf. «Sonderzustellung» stand jetzt quer über seinen rot gestriemten Hintern geschrieben.

«Was bist du?»

Voller Lust stöhnte Herr Butteck: «Eine Sonderzustellung. Ich bin eine Sonderzustellung.»

«Und jetzt?»

«Jetzt geht die Post ab.»

Als Antwort auf seine Worte schob Lady S. Herrn Butteck einen großen gelben Gummipfropfen in den vom vielen Sitzen breitgewordenen Hintern. Bis Ingo Butteck am Ziel seiner Reise angekommen war, stöhnte er ohne Unterlaß «Ich bin eine Sonderzustellung. Ich bin eine Sonderzustellung.» Lady Samantha begleitete ihn dabei mit hier und da eingeworfenen «Und ab geht die Post» oder «Schalter 5 schließt in wenigen Minuten». Hätte sich Herr Butteck winden können vor Wollust, er hätte es getan! So aber kam er starr ans Ziel.

Lady Samantha wäre eine schlechte Domina gewesen, hätte sie Herrn Butteck nach seiner Ankunft nicht ebenso sorgfältig abgeschnürt und auf den Boden der Tatsachen zurückgebracht, wie sie ihm zu seinem fulminanten Aufstieg verholfen hatte. Sie wußte, die Striemen auf seinem Hintern wären morgen schon ebenso blaßrosa wie die Hängegeranien auf dem heimischen Südbalkon.

«Geht's dir gut, Butti? Alles in Ordnung?»

«Ja, danke. Alles wunderbar. Ich gehe jetzt duschen.»

«Mach das.»

Als Ingo Butteck wiederkam, schlüpfte er in seine graue Gabardinehose und sein hellblaues Hemd. Nachdem er seine Spezialausstattung wieder sorgfältig in die Aktentasche gesteckt hatte, zahlte er und setzte sich zu seiner Herrin. Sie plauderten über Tirol und die Kinder, über das Wetter und die Tochter von Lady Samantha. Jasmin war drei und von Geburt an blind. Ingo Butteck nahm die geschnitzte Giraffe aus seiner Tasche.

«Eine Giraffe», sagte er überflüssigerweise und reichte sie Lady Samantha. «Langsam füllt sich der Zoo.»

«Butti, das ist so lieb von dir. Jasmin freut sich immer so. Du bist ein Schatz.»

Nach einiger Zeit erhob sich Lady Samantha.

«Auf Wiedersehen, Butti. Bis zum nächstenmal.»

«Auf Wiedersehen, Lady Samantha. Ich melde mich wieder.»

Nachdem Butti die Tür hinter sich zugezogen hatte, ging Sabine wieder in den Aufenthaltsraum zurück. Ein einziger Gast an diesem Nachmittag. Gummi. Eigentlich konnten sie das Studio ebensogut zumachen für heute. Sabine stellte die hölzerne Giraffe auf den Tisch, ging zum Kühlschrank, griff in das Eisfach und nahm den Rest ihres Eises heraus.

«Hm. Erdbeer. Das einzig Wahre an einem heißen Tag.

Schalter 5 war heute schneller als die Post erlaubt, das kann ich euch sagen.»

«Haben wir gehört.»

«Expreßzustellung für den geilen Gast.»

«Und guckt mal, was er Jasmin mitgebracht hat. Ich finde das ja rührend, wirklich.»

«Butti ist ein richtiges Überraschungspaket.»

«Kommt Schweine-Peter heute eigentlich nicht?»

«O Gott. Der wollte eigentlich heute kommen.»

«Warten wir noch zwei Stunden, wenn dann nichts passiert, machen wir den Laden dicht, oder? Noch so einer, und ich krieg 'nen Hitzschlag. Die sind doch pervers. Gummi bei dem Wetter. Ne.»

«Du solltest ihn auf Flaschenpost umerziehen. Zumindest im Sommer. Dann legst du ihn in eine große Wanne und hältst ihm den Kopf unter Wasser. Da hätte er doch auch seinen Spaß, oder?»

«Weißt du, Gabi, manchmal bist du gar nicht so blöd. Flaschenpost. Schöne Idee.»

Herr Butteck steuerte derweil seinen beigefarbenen Audi in heimische Gefilde. Es war früher Abend, die Luft kühlte sich langsam ab. Er kurbelte das Fenster herunter und atmete tief durch. Mit halbgeschlossenen Augen ließ er das gerade Geschehene noch einmal lustvoll Revue passieren. Ingo Butteck wußte, daß er davon noch einige Zeit würde zehren müssen. Nächste Woche würde er mit Heidi und den Kindern drei Wochen nach Tirol fahren, und das war nicht die Zeit für seine ganz persönlichen Vergnügungen. Er war entspannt und fühlte sich ausgeglichen. Er hätte gerne jemanden gehabt, dem er von Lady Samantha erzählen konnte, aber da war niemand. Die Kollegen im Büro reichten harmlose Zeitschriften herum, die für ihn nur ein müder Abklatsch von dem waren, was ihn wirklich erregte. Ein kleiner Speichelfaden lief Herrn Butteck aus dem Mundwinkel. Mit der Zunge leckte er ihn ab und bemühte sich, seine Gedanken auf zu Hause zu konzentrieren.

Heidi Butteck sah ihre Tochter Melanie mit großen Augen an. Sie erkannte ihre Tochter einfach nicht wieder. Noch vor einem Jahr war sie eine süße Vierzehnjährige gewesen, die ihrer Mutter beim Abwasch half. Nun stand sie vor ihr und weigerte sich, mit ihnen nach Tirol zu fahren!

«Was soll ich denn in diesem langweiligen Kaff! Da passiert doch nichts.»

«Aber Meli, was soll denn auch passieren? Muß denn immer etwas passieren? Wir haben doch bisher immer soviel Spaß gehabt. Wir sind schwimmen gegangen und wandern. Das hat dir doch immer soviel Freude gemacht.»

«Ach, Quatsch, ich hatte bloß keine Wahl. Ihr habt mich ja nie gefragt.»

«Aber Meli, ich verstehe dich nicht. Dein Bruder fährt doch auch mit.»

«Ja, der. Der ist ja auch noch zu klein, um irgendwas zu sagen.»

«Nun, ich finde, du bist auch noch nicht so groß, daß du alleine in Urlaub fahren könntest.»

«Ich will ja auch nicht alleine fahren. Ich will zusammen mit Steffi zu einer Freundin fahren.»

«Also wirklich, Meli, ich weiß nicht, wirklich. Das ist doch viel zu gefährlich. Was da alles passieren kann. Nein. Dein Vater wird auch dagegen sein. Da bin ich sicher.»

«Natürlich wird er dagegen sein. Er ist ja immer gegen alles, was nicht seine Meinung ist.»

«Also, Meli, wirklich! Wie sprichst du denn von deinem Vater.»

«Wieso, stimmt doch.»

«Ach, Meli, was ist nur mit dir los? Ich erkenn dich gar nicht wieder.»

«Dann guck doch richtig hin!»

«Meli!»

In diesem Moment hörte Frau Butteck ein gewohntes Geräusch an der Tür. Ihr Mann! Erleichtert stand sie auf, froh, diese anstrengende Unterhaltung nicht mehr alleine führen zu müssen. Ihr Mann würde schon wissen, wie er ihre Tochter wieder zur Vernunft bringen würde.

Ingo Butteck betrat die Diele, lehnte seine kunstlederne Aktentasche an den Garderobenständer, sicher, daß seine Frau niemals wagen würde, daranzugehen, und betrat das Wohnzimmer. Er sah seine Frau und seine Tochter und spürte sofort, daß etwas nicht stimmte. Melanie sah rebellisch und bockig aus.

«Was ist denn hier los?»

«Hallo, Ingo. Wie gut, daß du da bist. Meli will nicht mit nach Tirol.»

«Wie? Melanie will nicht mit? Was sind das denn für Spirenzchen? Das kommt gar nicht in Frage. Die Zimmer sind gebucht. Wir fahren.»

«Siehst du, Schatz, ich habe dir gesagt, daß dein Vater dagegen sein wird.»

«Was sind das überhaupt für Geschichten? Habt ihr nichts Besseres zu tun?»

«Papa, bitte. Laß mich doch mit Steffi in Urlaub fahren.»

«Bist du verrückt? Ich lasse meine Tochter doch nicht mit fünfzehn Jahren alleine in den Urlaub fahren. Weißt du eigentlich, was alles passieren kann?»

«Papa, bitte!»

«Ich sage jetzt zum letztenmal Nein. Und damit ist diese Diskussion beendet. Ich will nichts mehr davon hören. Wo kämen wir denn hin, wenn jeder Sonderwünsche hätte! Wir fahren zusammen in den Urlaub, und damit basta.»

Herr Butteck drehte sich um und ging in die Küche, um sich ein Bier zu holen. Für ihn war die Geschichte damit beendet. Melanie Butteck stürzte mit Tränen in den Augen in ihr Zimmer und schloß die Tür hinter sich zu. Tirol! Ihre Mutter erhob sich von der Sessellehne, auf der sie gesessen hatte, und folgte ihrem Mann in die Küche.

«Hast du Hunger?» fragte sie, als er die Kühlschranktür öffnete.

«Nein, ich nehme mir nur ein Bier.»

«Die Zeitung von heute liegt im Wohnzimmer», informierte sie ihn, wohl wissend, daß er sich mit seinem Bier und der Zeitung auf den Balkon setzen würde.

«Abendbrot ist in einer halben Stunde fertig.»

«Hm. Und sieh zu, daß sich Melanie bis dahin wieder beruhigt hat. Ich will einen friedlichen Samstagabend. Und keine Diskussionen.»

Heidi Butteck sah ihrem Mann nach, als er auf den Balkon ging. Sie fürchtete, daß es in Zukunft wohl noch einige Diskussionen geben würde, die keine waren. Wieviel einfacher war es doch gewesen, als die Kinder noch klein waren. Erleichtert dachte sie an ihren Jüngsten, Karsten, der jetzt bei einem Freund war, und der ihr vielleicht noch ein, zwei Jahre Ruhe gönnen würde.

Auf dem geranienbewachsenen Südbalkon hatte sich Ingo Butteck mit Bier und Zeitung eingerichtet. Er schlug die Zeitung auf, starrte die Seite an und verlor sich in süßen Erinnerungen.

Susan Köpke

Neugier

Das Ereignis war etwas bizarr. Sie hatte sich – wie immer in ihrer Tarnung aus amüsierter Ironie – über sich selbst erschreckt. Nicht wegen des Bizarren. Sie wollte das Hinschauen üben. Wie kläglich war sie gescheitert. Gern wäre sie reifer gewesen. Immerhin, sie war nicht mehr jung, war Mutter und in mancher Hinsicht leidlich abgeklärt. Wie so etwas erklären, beschreiben?

Die Geschichte hatte sich folgendermaßen entwickelt:

Nach einiger Korrespondenz über Deckadressen hatten sie sich zum Essen verabredet. Sie hatte ihm ein schon ziemlich verjährtes Foto geschickt, das sie, weit entfernt, in sehr kurzem Höschen an einem Gipfelkreuz zeigte. Eigentlich konnte man nichts darauf erkennen. Außer, daß das sehr kurze Höschen Einschnitte an den Schenkeln hatte. Auch seine Schenkel konnten sich sehen lassen. Ein Foto zeigte ihn beim Skilaufen. Ein anderes nah, in kurzer Hose in einem sommerlichen Ambiente. 54 Jahre alt, verheiratet. Dominant. Zärtlicher Liebhaber. Führt Anfängerin behutsam ein, nicht gerade ihr Typ, aber die Sache hatte sie immer schon interessiert.

Als sie sich sahen, stellte sich heraus, daß auch seine Fotos sehr alt waren. Zehn Jahre lagen sicherlich dazwischen. Aber er war interessant. Neurologe und Psychiater. Vielleicht konnte das nützlich sein. Sie verabredeten sich für die nächste Woche in einem auf solche Angelegenheiten spezialisierten Hotel.

Seine Inszenierung fand sie beachtlich. Er hatte einen

großen Koffer voller Utensilien dabei, als wolle er den Alleinunterhalter in einem Kindergarten spielen. Das Gepäck wurde ins Zimmer gehievt. Sie legte ihren Mantel ab und zeigte sich in ihrem Stretch-Mini-Rock. Er bat sie, noch einmal mit ihm zum Auto zu gehen, es fehle noch etwas. Aus dem Kofferraum angelte er etwas, das aussah wie eine Bilderrolle, und drückte sie ihr in den Arm. Natürlich war klar, was darin war, und natürlich war klar, daß das den aufmerksamen Blicken des Hotelpersonals, dem er wohlbekannt zu sein schien, nicht entging. Er ging hinter ihr die Treppe hinauf, und sie machte ein Hohlkreuz und bewegte ihren Arsch besonders lasziv. Sie trug kein Höschen, halterlose Strümpfe und die höchsten Pumps, die sie hatte auftreiben können.

Das zarte Abtasten ließ sie über sich ergehen, in der Hoffnung, es würde schnell beendet. Er bat sie, ein Negligé anzuziehen und dann für ihn zu tanzen. Tango natürlich. Das Negligé war weiß, durchsichtig und erinnerte sie an ein Baby Doll, das sie als kleines Mädchen zum Schlafen getragen hatte. Die Strümpfe behielt sie an. Das Hotelzimmer war sehr groß. Sie tanzte gern. Er applaudierte mit charmanter Begeisterung. Dann holte er eine dicke weiße Kordel und band sie als Gürtel um ihr Kostüm. Er raffte das Röckchen so, daß die Orte ihres Körpers, die ihn interessierten, vollständig entblößt waren. Dann plazierte er sie so, daß ihr Geschlecht optimal beleuchtet war, und bat sie, sich in dieser Position zur Musik zu bewegen. Sein Blick war einzig und allein auf einen Körperteil konzentriert. Ihre Erregung nahm zu, und als das Ergebnis ihn zufriedenstellte, nahm er aus seiner Wunderkiste einen Bambusstab, winkte sie zu sich heran – er saß die ganze Zeit auf einem Sofa –, forderte sie auf, die Schamlippen mit den Händen auseinanderzuziehen und legte den Bambusstab dazwischen. Die leichten

Bewegungen des Stabes zwischen ihren Beinen blieben nicht ohne Wirkung. Sie bewegte sich mit und in Kürze verschwand der Stab in ihr, und sie stellte sich so, daß sie möglichst viel davon hatte. Danach zog er sie auf das Sofa und ersetzte den Stab durch eine geschickte Hand. Die andere legte er an ihre Brust und drückte und quetschte ihre Brustwarze so fest, daß sie aufstöhnte. Sie hatte ihm geschrieben, daß sie sich als kleines Mädchen Wäscheklammern an Brustwarzen und Schamlippen appliziert, diese Gewohnheit jedoch aus Angst vor Entdekkung aufgegeben hatte. Nach ihrem Höhepunkt endete die Musik. Sie beugte sich über den Apparat, um die Kassette zu wechseln, da spürte sie auf ihrem Gesäß den ersten Schlag. Sie stöhnte und verharrte in ihrer Positon, streckte den Hintern heraus und wartete auf weitere Schläge. Das Instrument, das er dazu benutzte, erinnerte sie an eine Fliegenklatsche. Der Stab endete in einer kleinen, gummierten Hand. Sie sollte sich auf einen Stuhl gestützt vor einen Spiegel stellen. Er wollte ihr Gesicht sehen. Nach fünf Schlägen ließ er ab und holte Wäscheklammern aus seinem Koffer. Er befestigte sie an ihren Brustwarzen. Dann bat er sie, sich aufs Bett zu legen und ihm etwas von der armen Justine vorzulesen. Damit erfüllte er ihr einen Wunsch, den sie schriftlich geäußert hatte. Sie hatte eine geeignete Stelle aus dem Werk des göttlichen Marquis herausgesucht. Er dirigierte sie, sich hinzuknien und mit einer Überstreckung des Rückens den Oberkörper auf die Matratze zu legen. Vor ihr lag das Buch. Sie begann zu lesen und nach einer Weile bemerkte sie, wie etwas angenehm sanft über ihren Po und ihre Schenkel, Innenseite der Schenkel und das Geschlecht streifte. Plötzlich dann ein Hieb. Er bearbeitete sie mit einerPeitsche, die 25 schmale Lederriemen bündelte. Sie las weiter, bis sie nicht mehr konnte. Er hörte auf, setzte sich auf einen Stuhl. Sie sollte sich auf seinen Schoß setzen und sich reiben. Er hatte sich in der Zwischenzeit, von ihr unbemerkt, bis auf eine Badehose entkleidet. Sie sah, wie alt und hinfällig sein Körper war. Ein Greis. Sie schloß die Augen und konzentrierte sich auf das, was sie fühlte. Anschließend ging die Lektüre im Bett weiter. Sie durfte sich auf den Bauch legen. Er massierte ihr Geschlecht. Seine Hand drang tief in sie ein. Ihre Erregung steigerte sich. Seine Bewegungen wurden entsprechend heftiger, bis sie ankam. Wieder mußte sie die Stellung mit dem hochgestreckten Gesäß einnehmen. Wieder lesen. Wieder peitschte er sie.

Nach einer Weile sollte sie die Position wechseln. Sie lag auf dem Rücken, streckte ihre Beine in die Höhe. Er stand über ihr auf der Matratze und schlug weiter ihren Po, ihre Schenkel. Sie sah ihn zwischen ihren Beinen hindurch. *Shining* fiel ihr ein, wie Jack Nicholson die schöne junge Badende liebkost, die in seinen Armen zur hohnlachenden Greisin mutiert. Ihr eigener Onkel ging auf die Siebzig zu. Der schien ihr noch besser in Form zu sein. Vielleicht bemerkte er ihr Befremden. Er mutete ihr diese Position nicht lange zu.

Er ließ das Abendessen bringen und präsentierte sich dem Kellner ganz ungeniert in seinem Höschen, während sie sich diskret ins Bad zurückzog, fassungslos vor so viel Schamlosigkeit. Sie stellte ihm einige Fachfragen, ein nüchternes Gespräch, währenddessen sie sich zwang, seine Nacktheit zu übersehen. Doch unverschämt nackt erschien ihr mittlerweile auch sein Gesicht. Sie hoffte auf einen Abschluß der Séance, doch sein Programm war noch nicht zu Ende, und es gelang ihm tatsächlich ein weiteres Mal, sie zu erregen. Er band ihr ein Tuch um die Augen und legte sie rücklings aufs Bett. Sie mußte die Beine spreizen und hörte das Klirren von Metallkugeln.

Sie spürte etwas Flüssiges zwischen ihren Beinen. Dann drang eine Kugel in ihre Vagina ein. Das tat gut. Dann eine zweite. Das, was in ihr war, wurde mit einer weiteren Kordel an der, die sie immer noch um die Taille des Negligés trug, befestigt. Er nahm ihr die Augenbinde ab, legte eine schnelle Tanzmusik auf. Sie sollte ihm nochmals vortanzen. Sie spürte einen leichten Reiz, doch das Wissen um das Arrangement in ihr tat das seinige dazu. Nach der Vorstellung band er ihr abermals die Augen zu und führte sie aufs Bett. Wieder führte er etwas in sie ein und stellte den Apparat an. Sie konnte nicht mehr auseinanderhalten, ob das Ding vorne oder hinten – was sie sich sehr wünschte – eingeführt war, mit dem Vibrator brachte er sie zu einem weiteren Orgasmus. Danach las sie wieder und wurde gepeitscht. Er peitschte zu lang. Es bereitete ihr kein Vergnügen mehr. Zum Abschluß sah sie sich noch genötigt, sein Ding zu betasten. Beim nächsten Mal wolle er ihr zeigen, was er gern habe, kündigte er an. Sie wollte es nicht wissen.

Sonja Ruf

Zwischen Koch und Kellner

Die tausend Annäherungsversuche des Kochs hatte ich stumm ertragen, aber als er mich zu beleidigen wagte, schwor ich Rache! Ich wollte seinem Ruf als Koch, wie auch dem Ansehen des Hotels, in dem wir arbeiteten, Schaden zufügen.

Zwei Stunden lang arbeitete ich in aller Ruhe den sich immer neu auftürmenden Berg Geschirr ab und beobachtete durch die Durchreiche zum Speisesaal die Gesten eines hübschen, jungen Kellners, der wohlerzogen und in feiner Kellner-An-Abwesenheit die Gäste bediente.

Ich beachtete weder die beiden Jung-Köche noch den Koch, der sich wieder plump an mich heranmachte. Als der Speisesaal bis auf den letzten Platz mit Menschen gefüllt war, die vorhatten, im Gegenwert meines Tageslohnes und mit Goldbesteck zu speisen, drehte ich den Heißwasserhahn bis zum Anschlag auf, flüchtete mich wie in großem Schrecken zur Durchreiche, schob meinen Rock hoch, rief den Koch zur Hilfe: Es habe sich dort ein Insekt verflogen, und ich litte an lebensbedrohlicher Wespen-Allergie! Der Koch begann, mich aufmerksam zu untersuchen.

Seine fettbespritzten Finger mochte ich nicht leiden, also bat ich ihn, sich etwas überzuziehen.

Ich reichte ihm ein Kondom nach hinten, was seinen Kopf rot wie in Brand gesetzt färbte, und bald spürte ich, statt einer Wespe, den Stachel des Kochs. Den nahm ich in mich auf, hielt ihn fest umschlossen, um das Ganze in die Länge zu ziehen und zu einem schönen Abschluß zu bringen.

Zum Glück brauchte ich den Koch nicht zu sehen, der mir nicht gefiel, ganz im Gegensatz zum jungen Kellner. Ich stützte mich auf das Holz der Durchreiche und lächelte in den Speisesaal.

Den Koch hielt ich mit vorerst langsamen, trägen Bewegungen in mir fest, saugte, schluckte und kaute an seinem Fleisch herum, während ich dem Kellner die Teller mit den fertiggekochten Speisen hinüberreichte. Dazu sagte ich, indem ich die erste Silbe über Gebühr dehnte: «S'il vous plaît.»

Noch glaubte der Koch, alles unter Kontrolle zu haben. Er herrschte die Jung-Köche an, weiterzuarbeiten, hier gäbe es nichts zu sehen.

Und wirklich brachten sie fleißig neue Speisen zur Durchreiche, die aber zunehmend mißrieten, roh blieben oder verbrannt waren.

Salatsaucen fanden sich auf der Crème Caramel, der Salat kam als Zierde aufs Filet und die welken Beilagen als Salat zu den Krabben.

Ich reichte das Essen mit der rechten Hand dem Kellner weiter, sagte dazu «S'il vous plaît», griff ihm mit der Linken in den Nacken, zog ihn zu mir herab und küßte ihn auf die sich rötenden, weichen Kellner-Lippen.

Er brachte die Teller alle zum nächstsitzenden Herrn, sagte dort in seiner Verwirrung einen falschen Namen, eilte zur Durchreiche zurück, holte sich den nächsten – «S'il vous plaît» – Teller und den nächsten Kuß und den nächsten – «S'il vous plaît» – Teller und Kuß, brachte einen Fisch, der oben roh und unten kohlenschwarz war als Ardenner Schinken zum alleinsitzenden Herrn, und war schon wieder bei mir.

Dieser Herr schaute mit großen Augen abwechselnd auf die Teller, die sich vor ihm stapelten, dann auf mich. Die anderen Gäste waren ebenfalls stumm.

Sie hörten das Knarren und Knirschen des Holzes, auf dem ich lag, das Keuchen des Kochs.

Sie starrten auf mein erhitztes Gesicht, meine langen Locken, die sich aus der Zopf-Frisur gelöst hatten, und meine im Ausschnitt schaukelnden Brüste, und sie sahen im Hintergrund den weißen, kopflosen Oberkörper des Kochs, dessen Hände meine Hüften im Griff hatten.

Sie hörten mich «S'ls lait» sagen und dann nur noch «Sls t», denn der Kellner wischte mit dem Ellbogen die Speisen zu Boden und küßte mich ohne Pause.

Das Kochen war ihnen schließlich vergangen.

Die Jung-Köche traten rechts und links an uns heran und ich ließ die Zügel locker. Schnell und schneller wurden unsere Bewegungen, bevor sie stockten – Spülwasser rauschte – Erbsen sprangen aus dem heißen Fett: t t t … –, dann heulten die Jung-Köche auf, denn der haltlose Koch hatte sich in ihrem Fleisch verkrallt!

Die Milch kochte hoch, der Koch kam, das Spülwasser schäumte über den Rand des Beckens, die Erbsen fielen zischend auf den rotglühenden Herd, und aus der Fleischpfanne schoß eine blaue Flamme! Am Kellner zog ich mich in den Saal hinüber, ging zu dem Herrn hinter all diesen verunglückten Speisen, schimpfte ihn sanft ein Leckermäulchen und schenkte ihm den in Plastik verpackten Samen des Kochs zum Dessert.

Wolfgang Mock

Ein Tag wie jeder andere

Morgens ist es am härtesten.

Wenn meine Alpträume sich langsam aus der Tiefe nach oben arbeiten, an die Oberfläche des Schlafs, endlich mit einem nassen Plopp zerplatzen wie Blasen in einem zähen Brei, dann wird es richtig hart. Hellwach liegt sie neben mir, den Oberkörper auf einen Ellenbogen gestützt, mit einer Hand spielt sie sich an der Brust, einen dunkelrot lackierten Fingernagel über der Brustwarze.

Ihre dunklen Augen glänzen. «Fick mich.»

Ich werfe mich auf die andere Seite, versuche Anschluß an meinen Alptraum zu halten, zurückzufinden in die Blase, abzutauchen in den Brei.

Keine Chance.

Ich höre, wie sie «Arschloch» murmelt, dann setzt ein leichtes Summen ein, wird lauter, leiser, lauter, leiser. Vermutlich der Goldfarbene. Mittlerweile kann ich ihre Vibratoren schon am Geräusch unterscheiden.

Eine Weile stiere ich vor mich hin, zähle die Rippen des Heizungskörpers, ohne Erfolg, sie verschwimmen mir vor den Augen, dann setze ich mich auf, warte, bis das Schwindelgefühl abklingt, während sich die grauen Schatten am Rand meines Blickfeldes langsam auflösen.

Jetzt hört sich auch das Summen anders an. Einen Moment lang frage ich mich, ob sie einen fliegenden Wechsel mit ihren Vibratoren vorgenommen hat. Aber wahrscheinlich ist es nur das leise Pfeifgeräusch in meinen Ohren, das das Summen überlagert.

Der Weg in die Küche geht. Wir wohnen fast zehn Jahre in der Bude und mittlerweile habe ich ihn drauf.

In jeder Lage.

Jetzt kommt es darauf an, daß ich die Dose mit dem Earl Grey rechtzeitig finde. Aber sie steht da, wo sie immer steht. Ordnung ist das halbe Leben. Auch der Deckel geht beim ersten Anlauf auf. Ich tauche den Finger in das weiße Pülverchen und reibe es mir ins Zahnfleisch, mein Kreislauf geht von der Bremse, ich kann wieder stehen, ohne mich festhalten zu müssen. Ich werfe die Espressomaschine an.

Während sie anfängt zu gluckern rasch ein Schritt raus auf die Terrasse, durchatmen, achter Stock, alles meins.

Unten im Hof das Geviert aus schwarzem Kopfsteinpflaster. Ich stiere runter, versuche zu focussieren, ganz kurz klappt es, dann bricht mir der Blick.

Acht Stockwerke, im vierten wohnt die Inderin mit den Riesendingern.

Acht Stockwerke, zwei oder drei Sekunden.

Aber ich gehöre zu denen, die die Nummer glauben, daß in den letzten Sekunden noch mal das ganze Leben vor dir abläuft.

Und wenn ich eins nicht will, dann das.

Also zurück in die Küche. Mehr aus Vorsicht setze ich mich wieder hin.

Als sie die Espressomaschine hört, taucht sie in der Küche auf, nackt bis auf diese Latschen mit den ungeheuerlichen Plateausohlen. Ich tauche den Finger noch mal in die Earl Grey-Dose.

Sie macht sich einen Kaffee, setzt sich auf den Küchentisch und läßt die Beine baumeln, sieht mich schweigend an. Dann grinst sie, fährt mit der warmen Kaffeetasse ihren Körper hinunter.

«Versuch's doch noch mal.»

Der Koks zeigt langsam Wirkung und ich komme aus dem Stuhl hoch, mein Ding in der Hand. Sie rutscht mit dem Hintern nach vorn auf die Tischkante und ich schiebe ihn rein.

Ihr Gesicht bleibt unbeteiligt, aber, Erfolg, Erfolg, sie schließt die Augen.

Doch nach ein paar Minuten sind sie schon wieder offen, harte Augen.

Der Schweiß bricht mir aus allen Poren, mein Kreislauf macht sich selbständig, das Pfeifen in meinen Ohren wird immer lauter. Ich muß mich wieder setzen, die Welt vor meinen Augen gerät aus dem Gleichgewicht, alles kippt weg.

Morgens komme ich sowieso nur ganz selten. An sich überhaupt nicht. Mehr.

Keine Sorge, es ist nicht so schlimm, wie es sich anhört. Ich ruhe mich einen Moment aus, dann schaffe ich es unter die Dusche und in meine Klamotten. Alles erste Ware, Donna Karan.

Noch mal kurz den Finger in die Earl Grey-Dose, mir wird ein bißchen mulmig, sie ist so gut wie leer. Dann bin ich weg.

Ein paar Freunde von mir halten mich für einen Feigling, ich denk mal sie haben recht, aber wenn ich mit dem Finger in der Dose war, der Earl Grey-Dose, nehme ich nie den eigenen Wagen. Zu gefährlich, so helle bin ich noch. Also ein Taxi und nichts wie hin ins «Topo». Ist eins dieser modernen Cafés. So langsam komme ich richtig gut drauf. Sex käme jetzt nicht schlecht.

Gott sei Dank bedient Pearl. Alle nennen sie Pääl. Sie heißt tatsächlich so. Kommt aus Australien.

«Du hast dein Hemd linksrum an.»

«Echt?»

Sie nickt.

Ich zieh die Donna-Karan-Jacke aus, so, daß nicht jeder gleich das Label sieht und mich für einen Arsch hält. Pearl rollt mit den Augen, sagt aber nichts. Dann pelle ich mich aus meinem Hemd und halte es ihr hin. Sie zieht die Ärmel nach rechts, wendet das Hemd, hält es mir wieder hin. Ich stehe auf, schlüpfe rein, knöpfe langsam meine Hose auf, lasse unter dem offenen Hemd ein wenig meine Muskeln spielen, die Leute haben ihre Kaffeetassen abgestellt, ich stopfe mein Hemd in die Hose, lasse dabei die Hand immer mal über mein Ding gleiten, knöpfe die Hose wieder zu.

Langsam muß ich die Nummer zu Ende bringen, ich merke, wie mir der Schweiß ausbricht. Das Spielchen mit den Muskeln hat mich doch ganz schön mitgenommen. Also lasse ich mich wieder auf meinen Stuhl fallen, schnappe mir Pearl, die mit gelangweiltem Gesicht neben mir stehengeblieben war, und küsse sie in ihren Ausschnitt.

Pearl tritt ab, die Leute klatschen.

Ich hab's wohl vergessen zu sagen: Ich bin berühmt.

Zwei Romane, die der Welt den Arsch aufrissen.

Mir übrigens auch.

Mir fällt die leere Earl Grey-Dose wieder ein und ich werde unruhig. Kaue den Rest von dem Croissant runter, zieh mir die Donna Karan über. Irgendwie läßt sich das Label doch nicht ganz verbergen, ich gehe zu Pearl an die Bar, zahle. Dazu einen dicken Tip.

«Bock auf 'ne gute Nummer nachher?» frage ich sie.

Sie steckt den Tip weg, reißt ein Blatt von ihrem Quittungsblock.

«Alles, bloß das nicht.»

Pearl weiß, daß ich Nehmerqualitäten habe.

«Dann aber beim nächsten Mal.»

«Sicher.»

Sie gibt mir einen Kuß, meine Hand streift ihren Hintern. Pearl käme jetzt gut.

Aber die Earl Grey-Dose macht mich ganz fickerig.

Ein Blick auf die Uhr, gleich eins. Paßt.

Zurück ins Taxi, ein paar Straßen entfernt von meiner Bleibe, erste Gegend, klar, ist eine Schule. Gymnasium, vielleicht heißt das auch anders heute, habe da etwas den Anschluß verpaßt. Praktisch jedenfalls, durchaus gehobenes Milieu, echt. Die Straße ist schon vollgeparkt mit BMWs und Daimlers. Gestreßte Eltern, die mit heftig arbeitenden Gesichtszügen auf ihre Brut warten.

Das Glück steht mir bei. Die Brut ist noch nicht raus. So kurz vor Schulschluß, da habe ich noch die Wahl unter den Dealern, die sich an der Schulhofmauer entlangdrükken. Zwei Minuten später ist kein Rankommen mehr an sie. Szenen habe ich da schon erlebt. Die Kids lassen nicht mal mehr ihren Lehrern den Vortritt.

Ein Haufen Scheine später ist die Earl Grey-Dose zumindest nicht mehr ganz so leer. Und das Zeug ist nicht übel. Die Dealer machen hier keinen Scheiß, so blöd sie auch sind, die wartenden BMWs und Daimlers übersehen sie nicht. Und wissen auch, wem sie gehören – Staatsanwälten, Richtern, Polizeipräsidenten, Rechtsanwälten. Also keine Experimente, nur erste Ware.

Sie ist weg.

Meine Bude ist leer. Vorsichtshalber wandere ich durch alle sechs Zimmer, aber sie ist weg. Schade eigentlich. Noch als ich die Treppe hochkam, dachte ich mir, jetzt ist sie fällig. Pech.

Ich gehe mir nochmals übers Zahnfleisch, nur um zu sehen, was ich da so gekauft habe. Kommt mir vor, als hätte ich ein bißchen viel Zahn unterm Zeigefinger, also stelle ich mich vor den Spiegel im Flur. Entweder mein Zahnfleisch zieht sich allmählich vor der Welt zurück, oder meine Zähne fangen wieder an zu wachsen. Es sieht tatsächlich so aus, als wüchsen sie wieder. Aber mein Ding wird ja auch immer länger. Ich grinse mich an, fletsche noch einige Augenblicke die Zähne und spiele in der Hosentasche mit meinem Ding. Ich spüre ein paar Konturen. Super. Vielleicht sollte ich mich ein bißchen hinlegen.

Ich werde wach, weil das Telefon klingelt. Als ich dran bin, antwortet der Sack am anderen Ende nicht. Für sie wahrscheinlich.

Schon drei. Und ich muß noch bei Terry vorbeisehen, zeigen, daß ich was zu sagen habe. Boßmäßig, sozusagen. Wenn das auch nicht so mein Ding ist, ich verstehe mich ja eher als Auto, Autor.

Auto. Manchmal habe ich den Eindruck, der Streß frißt mich auf. Aber man muß ja auf seine Kohle achten. Terry macht in Telefonsex, hat gut zwanzig Frauen und sechs Männer angestellt. Ich habe ihm einen Berg Scheine rübergereicht, nach meinem ersten Buch hatte ich reichlich davon. Wir waren richtig beim Rechtsanwalt und alles, todsichere Investition, murmelte der immer wieder.

Terry ist o.k., wir sind Partner. Richtige Partner, ich bin voll dabei. Von mir stammt die Idee mit den Japanerinnen, echte Japanerinnen. Terry ist da eher mainstream, ich riskiere schon mal was. Können kein Wort Deutsch, aber eben Japanisch. Und das läuft und läuft. Jetzt suchen wir noch mehr. Die Telefonhörer werden nicht mehr kalt. Und bei mir läuft seitdem die Kohle nur so rein.

Terry und ich, wir sind jetzt auch im Internet, die Mädels, meine ich, life. Auch die Japanerinnen. Und das geht ab, ganz von selbst.

Aber wenn man Chef ist, so wie ich, dann muß man sich eben immer mal zeigen.

Na ja, es ist nicht nur Arbeit, wenn ich bei Terry vorbeischaue, ich habe schon meinen Spaß dabei. Schreiben ist ja bekanntlich ein einsames Geschäft, und manchmal tut es gut, unter Leute zu kommen. Selbst boßmäßig.

Manchmal denke ich auch nur an den Spaß bei Terry, um ehrlich zu sein. Und dann vergesse ich die Hälfte. Ich sitze also schon unten im Taxi, die Tachonadel geht auf Sechzig hoch, weil ich gemault habe, ich hätte es eilig, da schreie ich «Mein Gott Scheiße Halt Zurück.»

Der Taxifahrer tritt in die Eisen, setzt zurück, ich springe raus, er fährt mich oft und macht keine Zicken. Ich sprinte hoch, mit dem nassen Finger in die Earl Grey-Dose, dann wieder runter und rutsche etwas kleinlauter, aber doch zufriedener auf den Rücksitz.

«Jetzt können wir.»

Terry und ich, wir teilen uns ein kleines Büro. Die Action ist eine Etage tiefer, die kleinen Kabuffs, wo sich die Mädels vor den Videogeräten fürs Internet aalen, sind im Keller. Ich sag den Mädels hallo, denen die nicht gerade rumstöhnen, dann hoch zu Terry.

«Hallo, da ist ja unser Auto.»

Auto. Er hat mich mal gefragt, ob ich nicht lieber Pornoproduzent würde. Ich hätte das Zeug dazu. Ich habe drei Wochen überlegt und ihm dann gesagt, ich müßte meiner Berufung folgen.

«Schreiber?» meinte er.

«Autor», sagte ich.

Er hatte mich etwas verständislos angestarrt. Und seitdem werde ich den Verdacht nicht los, daß Terry mich immer Auto nennt. Aber ich würde mir nie die Blöße geben, ihn zu bitten, daß er das lassen soll.

«Geh mal zum Ohrenarzt», würde er sagen. Terry ist cool.

Wir quatschen so rum, Terry gefällt meine Jacke.

«Donna Karan.»

«Töfte.»

Bei so was fällt mir immer auf, daß Terry fast mein Vater sein könnte.

Irgendwann steht er auf, und jetzt beginnt es lustig zu werden.

«Kann ich dich mal eine halbe Stunde allein lassen?»

«Klar, Partner», sage ich, «irgendwas, worauf ich achten müßte?»

«Nö», er schüttelt den Kopf und verschwindet. Terry läßt mir immer was auf dem Schreibtisch, Post, Anrufe, die ich beantworten soll, ein paar von den Verlagshanseln haben auch die Nummer hier. Ich telefoniere also rum, lese die Post, jede Menge Mädels, die sich bei uns bewerben. Leider keine Japanerin dabei.

Meist klopft es aber schon nach zehn Minuten an der Tür.

Wenn ich mich nur erinnern könnte, wie sie heißt.

«Hey», sagt sie und kommt rein, ein Kissen in der Hand.

Sie hat sich die Haare schneiden lassen.

«Haare ab?» frage ich.

«Jup», sagt sie.

«Sieht gut aus.»

«Echt?»

Sie lächelt unsicher. Ich bin eben ihr Boß.

Ich komme aus dem Stuhl hoch, sie macht einen Schritt auf mich zu, schiebt sich dabei mit einer Hand die Träger von den Schultern, in der anderen immer noch das Kissen. Das Kleid rutscht auf ihre Hüften. Kein BH. Ihre Dinger sind schwer in Ordnung. Mit ihren kurzen Haaren wirken sie noch größer. Sie wirft das Kissen zwischen uns auf den Fußboden. Terry hat in einem Anflug von Hipness einen Stahlfußboden in unser Büro legen lassen. Mit kleinen Noppen, daß man nicht ausrutscht.

Sie macht noch einen Schritt auf mich zu. Wenn mir nur ihr Name einfallen wollte.

Sie fummelt an meinem Gürtel rum, die Hose rutscht mir auf die Schuhe, mir kommt das immer wie eine kleine Niederlage vor.

Sie wiegt mein Ding in der Hand, ich spüre, daß die Konturen deutlicher werden. Ich glaube, sie heißt Tania, aber ich bin mir nicht sicher. Netter Typ.

Als ich sie küssen will, dreht sie den Kopf beiseite, ich lande an ihrem Hals. Sie beginnt, mein Ding zu massieren, drückt mit aller Kraft zu, ich beiße sie in den Hals, drücke sie mit meinen Zähnen nach unten, sie kniet sich auf das Kissen, ich falle in den Stuhl zurück.

Entweder ist mein Ding doch nicht so lang, noch nicht so lang, jedenfalls verschwindet es in ihrem Mund und ich spüre ihre Nase, wie sie mir regelmäßig vor den Bauch stupst.

Ich schau auf sie runter, seh mein Ding in ihrem Mund verschwinden, darunter ihre Titten.

Irgendwas ist anders. Jetzt fällt es mir wieder ein. Beim letztenmal hatte sie die Haare lang, und ich konnte kaum was von ihren Titten sehen. Hab wohl gesagt, schneid dir die Haare. So war's, genau. Ich grinse, boßmäßig.

Aber wie heißt sie bloß?

Wenn Terry jetzt reinkommen würde, könnte ich ihn fragen.

Aber Terry würde wahrscheinlich den Überraschten spielen.

«Schau an, unser Auto», würde er vermutlich sagen. Der Gedanke, daß er wieder Auto zu mir sagen könnte, kostet mich eine Menge Konzentration, aber dann sehe ich wieder ihre großen Dinger, versuche dranzukommen, an ihrem ruckenden Kopf vorbei, kneife sie in die Brustwarzen, und als sie zurückbeißt, komme ich.

Während sie aufsteht und sich nach dem Kissen bückt, gönne ich mir einen letzten Blick auf ihre Dinger. Irgendwas wollte ich sie doch noch fragen.

Sie klopft das Kissen aus.

«Und, was sagt man?»

«Super», murmele ich, wische mein Ding an einem Hemdzipfel ab, knöpfe meine Hose zu, zermartere mir den Kopf, was ich sie fragen wollte, aber sie quatscht wieder dazwischen.

«Bis bald», sagt sie, «oder hast du noch was drauf?»

«Vielleicht später.» Da müßte ich erst noch mal an meine Earl Grey-Dose. Aber sie war nett.

Als sie raus ist, fällt es mir ein. Scheiße, der Name. Terry muß mir unbedingt mal ihren Namen aufschreiben.

Ich döse noch eine Runde mit offenen Augen über der Post, da fliegt die Tür auf. Terry.

«Na, wie geht's unserem Auto jetzt?»

Ich wußte es.

Ich tue so, als hätte ich nichts gehört und verschwinde, mit gesträubten Nackenhaaren.

Wenn er jetzt «Fahr vorsichtig» sagt, drehe ich durch.

«Paß auf dich auf», grölt er fröhlich. Wahrscheinlich hat er meine Nackenhaare gesehen.

Ich schaue noch mal bei den Mädels rein. Es geht auf fünf zu, kurz vor Feierabend, letzte Möglichkeit für einen schnellen Anruf vom Büro aus, sie sind alle schwer beschäftigt, stöhnen, was das Zeug hält. Da kann ich sie kaum mit einem Namen nerven. Selbst als Boß nicht.

Als ich wieder zu Hause einlaufe, ist sie da, sitzt nackt in der Sonne auf der Terrasse. Ich geh gar nicht raus, die Sonne bekommt mir nicht.

«Ich arbeite 'ne Runde.»

«Sicher», sagt sie.

Mit der Earl Grey-Dose verschwinde ich in meinem Arbeitszimmer, werfe den PC an, laß die Jalousien runter, spiele ein bißchen mit der Maus rum, lese den Schrott, den ich gestern geschrieben habe, starre auf den Schirm. Muß mich erst mal warmlesen, *Almayers Wahn* kommt jetzt gut.

Ich muß eingeschlafen sein, jedenfalls weckt mich das Grunzen von dem Typ. Ihr Lover ist wieder da. Blick auf die Uhr, gleich acht. Seine Zeit. Jeden Moment muß er kommen. Sein Stöhnen wird lauter, dazwischen ihre Stimme. Dann ist es soweit.

Der PC fiept leise vor sich hin, *Almayers Wahn* liegt auf dem Boden. Ich hocke mich wieder vor den Bildschirm, lade mein kleines Grafikprogramm, male mit der Maus auf dem Schirm rum, mein Haus, acht Etagen.

Die Dusche springt an, zehn Minuten später knallt der Typ die Wohnungstür hinter sich zu.

Ich ziehe die Jalousien auf, es dämmert. Jetzt müßten sie an sich das Licht anschalten in den Wohnungen unter mir. Vielleicht lenkt so was ab.

Sie kommt in mein Arbeitszimmer, ohne anzuklopfen.

«Gehen wir essen?»

«Keine Frage», antworte ich.

Ich male noch ein bißchen an meinem Haus rum, setze mich dann fünf Minuten neben sie vor den Fernseher.

«Ich hol meine Jacke», sagt sie.

Draußen ist es jetzt dunkel. Ich komme aus dem Sofa hoch, stoße dabei meine Earl Grey-Dose um, fahre mit dem Finger über das Parkett, dann an mein Zahnfleisch. Meine Zähne werden echt länger. Wie mein Ding.

Auf der Terrasse ist es duster. Ich steige über das Geländer, sehe meine Hände, wie sie aus der Donna Karan raus das Geländer umklammern. Jetzt müßte in allen Wohnungen unter mir Licht sein. Das müßte mich die paar Sekunden ablenken. Vielleicht ölt sich die Inderin im vierten Stock ja gerade ihre Dinger ein. Am offenen Fenster, alle Lampen voll drauf.

Wenn mich eins fertig machen würde, dann wenn jetzt noch mal mein ganzes Leben an mir vorbeiziehen würde. Das wäre die Hölle.

Auf einmal sehe ich sie an der Tür zur Terrasse. Sie schaut mich an, legt die Finger an den Mund, will mir sicher einen Kuß zuwerfen. Ich winke ihr mit beiden Armen zu, dann schiebt sich das Gitter des Geländers zwischen uns und sie verschwindet.

Im vierten Stock ist kein Licht. Das nervt etwas, aber nur kurz.

Herbert Genzmer

Essen mit dem Chef

Frau Olsen sitzt schon seit über einer Stunde nackt auf dem Gesicht des Chefs. Der Chef ißt Frau Olsen von unten nach oben. Frau Olsen langweilt sich, und der anfängliche Kitzel zwischen ihren Schenkeln hat sich über ein fast unerträgliches Ziehen hin zu einem leichten Schmerz gewandelt. Von Zeit zu Zeit verändert der Chef seine Position, um es für sich ein wenig bequemer zu machen oder um einen Schluck aus seinem bereitstehenden Weinglas zu nehmen. Er blinzelt sie von unten nach oben an, und sein Mund, seine Lippen, sein Kinn und die gesamte Mundpartie prangen rot, leuchten entzündet, und ein feuchter Film glitzert darauf.

Wie oft muß ich dir sagen, daß du dir die Haare öfter abnehmen sollst? Die Stoppeln sind ja schlimmer als bei einem Kerl.

Frau Olsen sieht auf ihn hinab mit einer Mischung aus Verachtung und Angst. Dann hör doch auf, wagt sie sich vor.

Aufhören soll ich! Du bist frigide. Genieß es! Was ich dir mache, macht dir sonst keiner.

Von einem anderen würde ich wenigstens mal richtig … Sie spricht es nicht aus, doch aus ihrer Position gewinnt sie Stärke, und ihre Augen funkeln kalt und unsicher und versuchen Aggression.

Wenn du so etwas lächerlich Ordinäres willst, dann frage ich mich allerdings, was ich hier verloren habe.

Für ein paar Augenblicke schauen sie sich an, dann verschwindet der Kopf des Chefs wieder zwischen ihren Schenkeln. Und als er sie zurechtrücken will auf seinem Gesicht, damit er es bequemer hat, sie sich aber nicht schnell genug anschickt, ihren Körper in eine andere, für den Chef komfortablere Position zu bringen, beißt er zu, daß sie hochzuckt. Und mit Tränen, die ihr unvermittelt in die Augen schießen, sagt sie: Du Schwein!

Da lacht der Chef.

Aber ich will doch nur dein bestes! Und er nimmt erneut einen tiefen Schluck Rotwein, einen vierundsechziger Châteauneuf-du-Pape, und rülpst leise. Ich will doch nur, daß du richtig genießen lernst. Ich liebe dich doch. Du sollst deinen Körper durch mich kennenlernen und deine Lust messen an meiner Bereitschaft, sie dir zu schenken.

Sie blickt auf ihn hinab. Spitzbübisch lacht der Mund des Chefs. Aber es macht mir keinen Spaß, wenn du stundenlang an mir herumlutschst. Gefährlich zuckende Entrüstung flammt auf in den Augen des Chefs. Es tut mir fast weh, schwächt sie das zuvor Gesagte ab. Schaut ungewiß, mit roten Flecken auf der Haut von Hals und Gesicht.

Das kommt nur davon, daß du deinen eigenen Körper nicht kennst. Du weißt noch gar nicht, welche Verzükkung er dir schenken kann. Statt aber froh zu sein, mich zu haben, der sich opfert, unter deiner stoppligen Möse zu liegen und dir diese Welt zu erschließen, bist du renitent und undankbar. Und dabei streicht der Chef Frau Olsen ganz sacht von unten über die Brüste und knetet und rollt ihre Warzen zwischen Zeigefingern und Daumen, bis sie sich leicht aufrichten, was den Chef freut und anspornt. Und er dreht weiter, so als arbeite er an einem Radioempfänger, an dem Sender und die Tonqualität gleichzeitig einzustellen sind.

Ich liebe dich!

Ich dich auch, sagt Frau Olsen und konzentriert sich auf einen Riß in der Wand. Soll ich mir die Haare jetzt abnehmen, dein Gesicht ist schon ganz rot. Und sie dehnt das O in rot, damit es liebevoll besorgt klingt.

Und ich hab den Gestank der Enthaarungscreme in der Nase und den ranzigen Geschmack im Mund? Danke! Und er kneift gleichzeitig in beide Warzen, daß es Frau Olsen durchrüttelt. Es reicht ja schon, daß ich deinen Fischgeruch in der Nase habe. Du solltest nicht soviel davon essen, das bekommt dir nicht! Und der Chef streichelt über ihre Brüste und macht leise gurrende, Zärtlichkeit simulierende Geräusche. Sie schaut weg und beißt sich in die Unterlippe.

Der Chef gestikuliert jetzt in Richtung Flasche, und als er feststellt, daß sie leer ist, bedeutet er ihr, eine der neuen, neben dem Bett bereitstehenden zu nehmen. Und Frau Olsen gießt sein Glas voll. Und der Chef rülpst und sagt dann: Na, komm schon her und laß dich noch ein bißchen in meiner Umarmung verwöhnen. Stumm geworden räkelt Frau Olsen sich in eine von den Händen des Chefs, die ihre Hinterbacken gefaßt halten, dirigiert und assistiert Position und hört mit irritiert gelangweiltem Gesicht den Schmatzgeräuschen zu, die von unterhalb ihres Körpers kommen.

Das Fleisch ist ihr taub geworden, und sie fühlt nichts mehr. Auch keine Belästigung. Sie spürt nicht einmal, daß die Geräusche nachlassen, daß der Kopf des Chefs sich weniger bewegt, er seinen eigenen Körper nicht mehr befingert, keine Hand mehr an ihren Körper gelegt wird. Als ihr schließlich deutlich wird, daß der Chef nicht mehr an ihr arbeitet und an sich schon lange nicht mehr, preßt sie ihre Schenkel ganz leicht nur zusammen und zwängt den Kopf des Chefs, dessen blonder Haarschopf wie ein zweiter Schamhügel zwischen ihren Oberschenkeln leuchtet, zusammen, preßt unmerklich zunehmend fester. Als nichts geschieht, begreift sie, daß der Chef eingeschlafen ist.

Lust erzeugen macht schläfrig, zischelt es zwischen ihren Zähnen hervor. Und Frau Olsen gleitet nach vorn und faßt die Pfosten des alten englischen Betts, rückt sich in eine stärkere Position und drückt mit ihren Schenkeln und ihrem Geschlecht stärker und immer fester auf Gesicht und Mund des Chefs. Hält so seinen Kopf fest umschlungen. Nun beißt sie ihre Zähne aufeinander und drückt ihre Last hermetisch hinunter, und als der Körper des Chefs sich zu bewegen beginnt und zuckt, verdoppelt sie ihre Kraft und ist erstaunt, wie wenig Anstrengung es sie kostet, bis der Körper unter ihr nicht mehr zuckt, sich nicht mehr regt, bis es zwischen ihren Beinen ganz still wird. Und als sie nachläßt und sich leicht erhebt vom Gesicht des Chefs, fühlt sie, wie sein linker Arm kraftlos von seinem Körper gleitet. Sie richtet sich schließlich vollends auf und betrachtet die Leiche des Chefs zwischen ihren Beinen. Seine Augen sind geschlossen, und nur sein Mund ist leicht geöffnet, die Zunge vorgeschoben, die Lippen blau. Frau Olsen nimmt ihr Glas und stürzt den Wein in einem Zug hinunter. So trinkt man diesen Wein nicht! Hast du das noch immer nicht begriffen? Das ist nicht die billige Plirre, an die du gewöhnt bist, das ist ein vier-und-sech-zi-ger-Châ-taeu-neuf-du-Pape! Verstehst du? Und indem sie die Silben dehnt, hebt sich ihre Stimme, bis sie schrill schreit. Dann tritt sie die Leiche mit ihrem nackten Fuß. Verstehst du? So frißt man keine Leute! Verstehst du? Und sie tritt genüßlich in seinen Bauch. Und mit einem Aufschrei der Erleichterung schlägt sie der Leiche des Chefs mitten ins Gesicht. Verstehen Sie, Herr Chef? So nicht! Dann gießt sie sich das

Glas erneut voll, füllt ihren Mund mit Wein und spuckt den Inhalt über den Mann. Ich habe das noch nie gemocht! Noch nie! Nichts habe ich noch nie gemocht! Verstehen Sie, Herr Chef!

Dann greift Frau Olsen eine elektrische Heizdecke, die zusammengefaltet auf einem Empirestuhl neben dem Bett liegt, denn in dem Landhaus des Chefs wird es im Winter empfindlich kalt, vor allem jedoch auch feucht, und der Chef mag weder Kälte noch Feuchtigkeit. Wer friert, hört sie seine süßlich gereizte Stimme durch die Korridore klingen, ist ein armes oder ein dummes Schwein. Bin ich arm oder dumm? Und die Sekretärin breitet die Decke über der Leiche des Chefs aus, und unter Anstrengungen wickelt sie ihn ein, bis oben nur noch sein Kopf und unten die Füße herauslugen, und stellt das Thermostat auf sechs, die höchste Heizstufe. Dann zieht Frau Olsen sich nachlässig an, schlüpft ohne Zuhilfenahme der Hände in Modellpumps, die ihr der Chef in Mailand hat anfertigen lassen. Frau Olsen, so steigt man vielleicht in das Billigschuhwerk, an das Sie gewöhnt sind, bei diesen Schuhen nimmt man Schuhhörnchen zu Hilfe, schreit sie und leert ein neu gefülltes Glas, wirft sich ihre Jacke über eine Schulter, füllt das Glas erneut, will trinken, besinnt sich eines anderen und wirft es mit weitausholender Geste gegen die Wand über dem Bett, auf dem der Chef eingewickelt liegt. Das Glas zerspringt und Millionen Splitter und zerstäubte Weintropfen regnen auf das stumme Gesicht des Chefs. Von der Wand rinnt es rot.

Jetzt werden Sie getoastet, Herr Chef! Getoastet! Und geht aus dem Zimmer, ohne die Tür zu schließen, und, einmal auf dem Kiesweg vor dem Landhaus, stolpert sie, ihre Kostümjacke hinter sich herziehend, auf die Ausfahrt zu.

Margit Schreiner

Bergheimerstraße Nr. 3

In der Wohnung in der Bergheimerstraße Nr. 3 in Salzburg, an der Salzach gelegen, auf die ich von dem zierlichen, mit weißem, schmiedeeisernem Geländer versehenen Balkon zwischen zwei Oleanderbüschen sitzend, schauen konnte, wie sie, je nach Witterung und Himmel, silbern oder grau oder braun dahinzog, der Wohnung mit dem Wintergarten, in dem der Schreibtisch meines Mannes stand zwischen Palmen und einem alten Philodendron, der so hoch gewachsen war, daß er an der Decke – es war ein altes, bürgerliches Haus mit hohen Zimmern – sich bog und schräg weiterwuchs zum Fenster hin und zum Licht, das sich brach zwischen den Bambusverstrebungen eines Paravents, der Wohnung mit dem Salon, in dem es stets dämmrig war, weil eine hohe Birke vor dem Fenster den vollen Einfall des Lichts verhinderte – sie war hellgrün im Frühling und seidig gelb im Spätsommer –, und in dem der schwere Renaissancekasten stand – wir hatten zu dritt versucht, ihn zu verrücken, es war uns nicht gelungen – sowie ein Renaissancealtar mit geräumiger Schrankkiste und aufgetürmtem Tabernakel mit kleinen Schubfächern, in denen Nähzeug aufbewahrt war und ein alter Schokoladenosterhase, den die Mutter meines Mannes, die vor uns in der Wohnung gelebt hatte, vor Jahren dort einmal aufbewahrt und dann vergessen hatte, eine bequeme Barocksitzecke, deren niedrige Fauteuils mit einem chinesischen Seidenstoff, rotem Blumenmuster auf hellblauem Hintergrund, bezogen waren, ein

Bösendorfer Flügel und Bücherregale, die bis zur Decke des hohen Zimmers reichten und in doppelter Reihe bestückt waren mit alten Büchern, unter ihnen eine Erstausgabe der Goethe-Werke in speckig-grauem Leder, die mein Mann von seinem Vater geerbt hatte, einem freien Schriftsteller (es soll eine Zeit gegeben haben, in der man den Vater meines Mannes den Kulturpapst von Salzburg genannt hat, wovon eine silberne Schachtel voll Fotos zeugt, auf denen er mit Herbert v. Karajan, Thornton Wilder, Vittorio De Sica, Gottfried v. Einem und anderen mehr abgebildet ist; die ererbten Briefe von Thomas Mann an den Vater meines Mannes – immerhin sechs Stück – hatte mein Mann in Zeiten der Geldknappheit dem Germanistischen Institut der Salzburger Universität verkauft, ebenso eine Trakl-Karte, auf der eine hastig notierte chemische Formel stand, und einer Salzburger Galerie einige Bilder von Thöny – ein Onkel! –, Schiele und Kubin), in dieser Wohnung also mit den beiden geräumigen Zimmern und dem kleinen Salon, der auf die Straße hinter dem Haus wies und den später Christopher bewohnte, mit den beiden großen, in acht Rechtecke unterteilten Fenstern und dem kostbaren, einst in böhmischen Glasereien angefertigten Kristallüster, der schwarzen Empirekommode mit den goldenen Leisten, dem alten Empirekanapee, auf dem zu schlafen reichlich unbequem war, da die alten Federn sich durch seine Hülle bohrten, in dieser wunderschönen Wohnung in der Bergheimerstraße Nr. 3 mithin ermordete Christopher meinen Mann.

Als Christopher zu uns zog, wußte mein Mann selbstverständlich, daß wir ein Verhältnis miteinander hatten. Ich habe ihm nie das geringste verschwiegen. Mir war es damals so vorgekommen, daß es meinem Mann ganz recht war, daß ich einen Geliebten hatte. Er hatte sich bereits seit längerem durch meine ständige Gegenwart bei den vielseitigen Studien, die er betrieb, gestört gefühlt. So hatte er nach unserem dreijährigen Japan-Aufenthalt neben dem Japanischen auch noch das Chinesische zu studieren begonnen, und wann immer ich neben dem von seinem Vater geerbten mächtigen Schreibtisch auftauchte, auf dessen Aufbau die indische Statue einer gebärenden Frau, ein aztekischer Götze und ein indianischer Schrumpfkopf standen – sein Vater war auch archäologisch und ethnologisch tätig gewesen –, zog mein Mann die Stirn kraus, und eine Schrägfalte, die auf höchste Ungehaltenheit schließen ließ, bildete sich neben seiner Nase. Ich habe in den sechs Jahren meiner Ehe nur das Allernötigste mit meinem Mann gesprochen. Trotzdem habe ich ihn immer geliebt. Mein Mann war, wie alle Gelehrten, etwas seltsam, und ich mochte seine Art, mich hinter Zimmerpflanzen und Vorhängen versteckt zu beobachten, wenn ich mich abends auszog. Ich habe die Entkleidungszeremonie mit der Zeit, als ich längst wußte, daß er sich versteckt hält, ausgebaut, habe etwa vor dem Ausziehen meiner Spitzenunterwäsche, denn solche schenkte er mir stets in allen Ausführungen, da er es nicht nur liebte, mich in ihr zu sehen, sondern auch, sie in diversen Geschäften selbst auszusuchen, wobei er sie langsam durch die Finger gleiten und sich von den Verkäuferinnen ausführlich beraten ließ – vor dem Ausziehen dieser Spitzenunterwäsche also habe ich meist gezögert, mich unter dem Vorwand, etwas zu suchen, von allen Seiten gezeigt, um mich dann, nur mit den hauchdünnen Seiden- oder Chiffonunterhöschen bekleidet, aufs Bett zu legen, um eine Zeitschrift durchzublättern, wobei ich von Zeit zu Zeit ein Bein aufstellte und abwinkelte.

Mein Mann kam dann auch meistens aus seinem Versteck hervorgestürzt, barg seinen Kopf weinend in meinem Schoß und sprach stockend von seiner schrecklichen Jugend, in der ihn berühmte Frauen überallhin verfolgt hätten, um sich ihm dann zu entziehen. Daraufhin liebten wir uns in den ausgefallensten Stellungen.

Diese schöne Zeit endete, als er sich dem Chinesischen zuwandte. Er glaubte nämlich, während seines Japan-Aufenthalts das Gegenstück zum Kopfkissenbuch der Hofdame Sei Shonagon aus dem 10. Jahrhundert entdeckt zu haben, das, in chinesischer Schrift verfaßt, ein ganz anderes Licht auf die Heian-Zeit werfen sollte und zu dessen Studium er die alten, aus bis zu 30 Strichen bestehenden chinesischen Schriftzeichen, von denen es 50000 geben soll, zu erlernen gedachte, was seine ganze Zeit und Kraft in Anspruch nahm. Dermaßen vernachlässigt, verführte ich Christopher, den zwanzigjährigen Germanistikstudenten, der eines Tages gekommen war, um in die umfangreiche Bibliothek meines Mannes Einsicht zu nehmen.

Mein Mann hatte sich damals zuerst des jungen Mannes angenommen, und sie verbrachten mehr Zeit in Gesprächen über die asiatische Literatur miteinander, als ich je mit meinem Mann verbracht hatte.

Schließlich kam Christopher täglich, um, nachdem er eine Stunde mit meinem Mann geplaudert hatte, mit mir auf dem Balkon mit dem weißen, schmiedeeisernen Geländer zwischen den Oleanderbüschen zu sitzen, auf den immer gleichen Fluß der Salzach zu schauen und Kuchen zu essen.

Christopher verstand nichts von dem besonderen Verhältnis zwischen meinem Mann und mir. Je näher wir uns kamen, desto abfälliger äußerte er sich über meinen Mann. Aber ich habe das damals auf seine Jugend zurückgeführt und nicht weiter beachtet.

Ansonsten unternahmen wir ausgedehnte Spaziergänge miteinander, gingen ins Kino und saßen nachher lange in Kaffeehäusern, wobei er meist über seine Kindheit in irgendeiner Klosterschule sprach und ich über meinen Mann.

So war es schließlich ganz natürlich, daß er eines Nachts, mein Mann war damals auf einem Sinologenkongreß in Wien, bei mir blieb. Im Wintergarten, im Schatten des alten Philodendrons – wir hatten die Empirelampe auf dem Schreibtisch meines Mannes eingeschaltet, eine wunderschöne Arbeit, mit zwei griechischen Jünglingen, die einander mit jeweils einer Hand umschlingen, während sie mit der anderen Hand gemeinsam den Lampenschirm aus feinster Tierhaut emporhalten – liebten wir uns auf dem Fußboden, der mit Teppichen weich belegt war. Christopher hatte in der Art ganz junger Männer, die eine ältere Frau – ich könnte seine Mutter sein – bewundernd verehren, bei den zuerst zufälligen und dann mehr und mehr bewußt herbeigeführten Berührungen wohl voller Erstaunen die Jugendlichkeit meines Körpers entdeckt. Denn ein zwanzigjähriger Student stellt sich eine vierzigjährige Frau anders vor, als sie ist. Ohne zu übertreiben und den Vorwurf der Eitelkeit auf mich nehmend, muß ich hier anmerken, und mein Mann hat es mir jederzeit bestätigt, daß mein Körper, nicht zuletzt wegen der sorgsamen Pflege, die ich ihm stets habe angedeihen lassen, den Lavendel- und Tannenzapfenbädern, den Salben aus chinesischen und indischen Ölen, den Gesichtsmasken und Feuchtigkeitscremen, den wöchentlichen Massagen und Saunabesuchen, straff geblieben ist wie der Körper eines jungen Mädchens. Mein Busen hat sich in all den Jahren nicht im geringsten gesenkt, und abgesehen von der schummrigen Beleuchtung der Empirelampe, dem Schatten des Philodendrons und der verschwimmenden Silhouette der indischen Gebärerin auf dem Schreibtisch meines Mannes muß es der Busen gewesen sein, der Christopher endgültig anzog. Er wühlte sich wie nach langer Entbehrung in meine Brüste und riß mir die Kleidung so begeistert vom Leib, daß ich keine Zeit hatte, ihn in mein Zimmer und das bequemere Bett zu ziehen. Am Fußboden liegend drang er voll Ehrfurcht und voll Schaudern in mich ein.

Das Verhältnis dauerte an, als mein Mann von seinem Sinologenkongreß längst zurückgekehrt war, und schließlich teilte ich ihm die ganze Sache mit. Mein Mann hat dann selbst vorgeschlagen, Christopher bei uns wohnen zu lassen. Das ständige Kommen und Gehen, sagte er, störe ihn bei der Arbeit. Er kümmerte sich in der Folge so wenig um uns, daß wir uns schließlich kaum noch beherrschten in unserer kindlichen Lust. Wir liebten uns, während mein Mann im Wintergarten seinen chinesischen Studien nachging, bereits beim Frühstück in der Küche, lagen ineinander versunken in der Badewanne, und nur wenn wir allzu laut stöhnten und wimmerten, klopfte mein Mann in, wie ich sicher bin, völliger geistiger Abwesenheit an die Badezimmertür. Er verlangte absolute Stille während seiner Studierzeiten.

Das ging in dieser Weise etwa ein Jahr lang, so lange ungefähr, wie mein Mann brauchte, um seine chinesischen Studien abzuschließen. Länger als höchstens zwei oder drei Jahre hat sich mein Mann nämlich nie mit ein und derselben Sache beschäftigt. Stets fiel er bereits in der letzten Phase vor dem Abbruch seiner jeweiligen Studien in einen Zustand der Unruhe, der damit begann, daß er stundenlang im großen Salon auf und ab marschierte, verschiedene alte Bücher aus den Bücherregalen riß, um sie dann achtlos irgendwo liegenzulassen, und steigerte sich schließlich zu Wutausbrüchen gegen die Bücher, die kostbaren Möbel und die Bilder (einmal hat er in einem Anfall des Ekels einen Kokoschka zerrissen), um sich erst wieder zu beruhigen, wenn er ein neues Projekt gefunden hatte, auf das er sich mit ganzer Seele stürzen konnte.

In der Zeit vor dem Abbruch der chinesischen Studien und bevor er noch ein neues Studienobjekt gefunden hatte, wozu er jedoch nicht mehr kam, da Christopher ihn vorher ermordete, begann sich mein Mann, von Unruhe getrieben, wieder um mich zu kümmern.

Ich bemerkte das daran, daß ich eines Abends, als ich mich auskleidete, hinter der Palme einen zusammengekrümmten Schatten sah und leises Stöhnen hörte. Glücklich über seine erneute Zuwendung, denn ich hatte ja nie aufgehört, meinen Mann zu lieben, nahm ich ihn wieder bei mir auf.

Seine Seltsamkeiten hatten nun einen neuen Aspekt erhalten. Er bildete sich nämlich, ausgehend von seinen eigenen Vorlieben, ein, hinter dem Philodendron, zwischen den Beinen des Bösendorfer, neben dem Renaissancetabernakel, zwischen den Oleanderbüschen am Balkon, hinter den gläsernen Türflügeln halte sich Christopher versteckt, um uns zu beobachten, und er steigerte sich in so eine maßlose Erregung, daß er mir die Schamhaare ausriß, die Klitoris blutig biß und mit solch martialischer Gewalt in mich eindrang, daß wir beide laut schrien vor Lust und vor Schmerz und ich wirklich befürchtete, wir könnten Christopher auf diese Weise anlocken. Wie stets nach diesen heftigen Liebesakten weinte mein Mann dann lange an meiner Brust. Mein Liebhaber wurde uns, sosehr er auch Anlaß war zu unserer Verzückung, so lästig, daß wir, wieder in Umkehrung der eigenen Besessenheit, befürchteten, er könnte uns in blinder Wut und Eifersucht erstechen.

Ach, wie nahe waren wir der Wahrheit!

Statt uns jedoch vorzusehen, steigerte diese Vorstellung unsere Lust noch. Mein Mann schlug mich mit einer ägyptischen Nilpferdpeitsche; ich war, geknebelt mit einem Palmenblatt, über den Bösendorfer gespreizt, angebunden mit Klaviersaiten zwischen Pedalen und Mechanik, umrankt von Efeu und Zimmerwein, beschattet von Tabernakelpuppen und elfenbeinernen Kruzifixen, dekoriert mit indischen Gebärenden, indianischen Schrumpfköpfen, peruanischen und mexikanischen Götzen, und ich trank seinen Samen, mit dem Kopf rücklings über die Tastatur nach unten hängend.

In dieser Lage befand ich mich auch, als Christopher meinen Mann ermordete. Wären mir nicht die Hände gebunden gewesen, wie leicht hätte ich meinen Mann retten können.

Ich habe, mit dem Kopf nach unten an den Bösendorfer gebunden, gesehen, wie Christopher uns durch die Spiegel im Vorzimmer beobachtete und wie sein Schatten über die Bücherwand hinauf bis zur Decke stieg, lange vor dem Mord hab ich den reglosen Schatten gesehen, ihn keinen Augenblick aus den Augen gelassen, durch die Schreie meines Mannes das Schweigen gehört; hätte Christopher gekeucht, ich hätte nichts befürchtet, aber das Schweigen, der Schatten, die Starre, die Mörder sind starr vor der Tat, sie lösen die Starre nur durch die Bewegung auf das Opfer zu, die unaufhaltsam ist, Christopher bewegte sich weiter und weiter auf meinen Mann zu. Es ist unehrenhaft, einen Mann von hinten zu erschlagen, das war Christopher aber egal. Ich sah meinen Mann zukken unter den Hieben des Aschenbechers.

Als die von den Nachbarn gerufenen Polizeibeamten mich losbanden, brach ich zusammen.

Christopher wurde sofort abgeführt.

Ich habe die Wohnung mit allen Möbeln verkauft, nur den Bösendorfer habe ich behalten und die beiden Oleanderbüsche.

Seither gehe ich jeden Abend rastlos durch diese Stadt, die mein Schicksal geworden ist, und suche meinen Mann zu vergessen. Es gelingt mir aber meist nur für Augenblicke, wenn ich zwischen den deutschen und den amerikanischen Touristen im Müllnerbräu sitze und Bier trinke.

Alban Nikolai Herbst

Geliebte Männer

Ich war in der Klemme. Seit Hans Deters ein paar Textchen unter meinem Namen veröffentlicht hat, womit ich mich über Wasser halte, indes er inkognito bleiben kann (ich dürfe den Sachverhalt gerne öffentlich gestehen, spottete er einmal, es glaube ihm sowieso keine Seele), klingelt bei mir bisweilen das Telefon, und irgend ein/e Irgendwer/In bittet um einen Beitrag. So auch vor vier Wochen. Es gehe um Erotik, also Männer und Frauen, was ich nun nicht so sonderlich ausgefallen fand, daß ich nicht sofort witterte, hier ließen sich ein paar Märker aufs leichteste dazuverdienen. Ich rief sofort bei Deters an; er war jedoch nicht da. Gleichwohl traf ich ihn gegen zwölf im *Kranzler*, wo er mittags gern sitzt. Es war einer der ersten frischen, doch leuchtenden Herbsttage; er saß unscheinbar und elegant an den Fenstern, ein bißchen blaß vielleicht, aber voll innerer Ruhe, und sein Blick streifte in gewohntem Spott über meinen Borsalino.

«Einen wunderbaren Autor geben Sie ab», begrüßte er mich, «so habe ich mir das immer vorgestellt.»

«Wieso?»

«Ich bin der Autor von innen, und Sie, mein Freund, krempeln ihn für die Umwelt hinaus. Das nennt man dann wohl Arbeitsteilung. – Sie kommen doch nicht grundlos?»

Ich berichtete ihm. Er hob die rechte Hand, zwischen deren vorderen Gliedern von Zeige- und Mittelfinger er eine Zigarette hielt. «Um Gottes willen», sagte er. «Ich habe wirklich keine Zeit. Vielleicht tun diesmal wirklich Sie die Arbeit.»

«Aber wie soll ich?! Mir fällt doch niemals etwas ein! Da kann man ja nun auch nicht recherchieren …»

«Das sollten Sie auch nicht. Ein forschender Dichter ist schrecklich. Seien Sie ein bißchen fiktiv, nicht nur bei der Auswahl Ihrer Krawatten. Ich habe wirklich keine Zeit im Moment. – Waren Sie schon mal ein Geliebter?»

«Bitte?»

«Man kennt das sonst ja nur umgekehrt. Ich meine nicht den Liebhaber, bewahre! Das wäre Klischee.»

«Gewiß, ich war … Anfang der achtziger …»

«Dann machen Sie was draus. Keine Erinnerung, keine Beichte, bloß das nicht. Drehen Sie es um.»

«Ich kann nichts erfinden.»

«Sie erfinden sowieso nicht. Es erfindet sich. Nein, nein, das ist keine Metaphysik. Ich meine immer alles banal, wie Sie wissen. Es ist», er lächelte zart, «Magnetoelektrochemie … Physiologie, wenn Sie wollen. Und *dieses* Thema hat solch feine Raffinesse, daß selbst Sie nichts falschmachen können. Wie mein Freund Daniello sagen würde: das Spiel erfindet.»

Ich bestellte einen Cappuccino. Er bestellte einen Kakao. Die Kellnerin war braungelockt und hübsch.

«Sprechen Sie sie an», sagte Deters, sah indessen zu den Scheiben hinaus, als spräche er mit jemandem anderes. Er drückte seine Zigarette aus, nahm eine neue, lächelte und sprach in sich hinein: «Ich möchte denken, daß der Geliebte eine sehr viel größere Verbreitung hat als sein weibliches Gegenstück. Das wäre einmal etwas, was man untersuchen sollte … – Sie wissen schon, wie ich *untersuchen* meine. Gehen Sie einmal davon aus, daß es kaum Frauen gibt, die nicht neben ihrem ständigen Partner wunderhübsch geschickt ein paar Affären köcheln lassen.»

«Etwas sehr generell, meinen Sie nicht?»

Er lachte. «Sie können, als Dichter, gar nicht generell genug sein, mein Lieber. Das liegt doch auf der Hand. Es interessiert Sie niemals der Einzelfall, sondern der Prototyp. Wir sind Artefakte, das Individuum ist Sache der Natur, nicht der Kunst. Also sage ich Ihnen, es habe gegeben und gibt immer noch bedeutend mehr männliche als weibliche Geliebte, und die greisen Playboys, deren Zinserträge junge Mädchen finanzieren, sind der Sonderfall.»

«Dann aber einer, den man allgemein akzeptiert.»

«Aber ja doch! Das ist ja gerade der Trick.»

«Ich verstehe nicht recht ...»

«So funktioniert das Patriarchat. Lassen Sie uns etwas herumspinnen, und Sie werden sehen, wie schnell selbst die fremdartigsten Hypothesen – sofern sie ästhetisch stimmen – der Wahrheit auf die Füße treten.»

«Was hat das jetzt mit dem Patriarchat zu tun?»

«Der männliche Geliebte ist sein geheimes Produkt.»

«Sie gehen zu weit ...!»

Er sog an der Zigarette. «Wo haben Sie Ihren Gehstock heute?» fragte er spöttisch.

Ich schwieg.

«Schauen Sie», fuhr er fort. «Allein aus Notwehr sind die Diener immer klüger als die Herren, und noch die Putzfrau ist in ihrem Inneren *frouwe*. Das heißt nämlich: Sie ist die Dichterin und formt sich Wirklichkeit zurecht. – Ich meine das übrigens naturalistisch.»

«Sie tun der Frauenbewegung nicht eben einen Gefallen.»

«Ach denken Sie? – Das ganze ist sowieso ein Mißverständnis. Ich spreche schließlich nicht gegen das Matriarchat, ganz im Gegenteil! – Der Mann ist immer ein bißchen wie ...», er hüstelte, «... Sie, wie Sie und meistens auch ich noch. Na ja, ich arbeite dran.» Er schwieg.

«Worauf wollen Sie hinaus?»

«Und wenn Sie mir nun die unteren Klassen entgegenhalten wollen, so werde ich antworten müssen, darin sei es nicht nur Frauen schlechtgegangen.»

«Bitte?»

«Ohne Zweifel bedeutet es einen Luxus, sich einen Geliebten zu halten, will sagen: Man muß ihn finanzieren können – wie in gewisser Weise ich es mit Ihnen tue.»

«Herzlichen Dank.»

«Niemand versteht es so gut, die Lust zu organisieren wie eine Frau. Verstehen Sie mich recht: Sie hat das lernen müssen nach ihrer Unterwerfung. Verzichtet hat sie nie, nur umgedreht. Das finde ich übrigens fantastisch! Denn nunmehr hat sich das Patriarchat gewissermaßen selbst unterworfen. Mit der Liebe nämlich, die die Frau gegen den Mann ausspielt, *full hand*.» Er lehnte sich zurück, legte – die Zigarette noch zwischen den Fingern – die Hände aneinander und schloß die Augen. «Wie köstlich!» seufzte er.

Ich nahm einen Schluck vom Cappuccino. Er schien wenig geneigt, aus seiner abstrusen Versenkung herauszuwollen. «Und mein Text?» fragte ich drum.

«Wir sind doch schon dran.»

«Weshalb die Liebe?»

Er schaute zur Raumdecke und dozierte: «Die wirklichen Lieben enden alle mit dem Tod», er sah wieder zu mir, «in der Kunst natürlich. Im Alltag enden sie im Alltag, zerfasern an den Rändern, sickern in die Waschmaschinen, den Einkauf und den Haushaltsputz. Das hat ja große Lieben immer so verwundbar gemacht und zu Tode verwundet, daß sie sich so bedingungslos zugeben müssen. Sehr sehr männlich, das ganze. Ein Geliebter hingegen agiert heimlich, verschwiegen; gleichzeitig darf er nie kalt sein. Nur die Frau, nach außen, wirkt kühler.

Sie muß auch das Konstrukt zusammenhalten, vergessen Sie das nicht. Können Sie sich vorstellen, welch eine Hitze das macht, wenn man glüht, aber sich beherrschen muß und erst platzen darf, wenn man endlich wieder aufeinandertrifft?! – Es gab für die Väter nur eine einzige Möglichkeit, sich gegen solche Konstruktionen zu schützen.»

«Nun?»

«Eine des Rechts. Man band die Erbfolge an den Mann. Ziemlich logisch, finden Sie nicht?»

«Logisch?»

«Ein Irrtum der Gleichheit, heißt es bei Nietzsche. Wenn man schon die Leidenschaft nicht an die Kandare nehmen konnte, so galt es, zumindest die Penetration zu unterbinden. Man erfand den Keuschheitsgürtel, das ist doch wohl klar. Hat es jemals einen Mann gegeben, der sich sicher sein konnte, er sei tatsächlich ein Vater? Nun also!»

«Was wollen Sie eigentlich sagen?»

«Männliche Erfindungen geschehen aus Notwehr. Darum sind sie so mechanisch. Tatsächlich hat sich das Matriarchat, allerdings invers, bis heute nahtlos durchgehalten. – Übrigens glaube ich, daß kluge Männer das immer gewußt haben, und dumme Männer – zugegebenermaßen sind sie in der Mehrzahl – haben es wenigstens gewittert. Und was tun sie, wenn sie eine unangenehme Wahrheit ahnen, aber nicht beweisen können?»

«Nun?»

«Sie schlagen mit Boxhandschuhen auf Magnetfelder ein. Das ist männlich. Weiblich dagegen ist es, sich selbst die subtilste Unterdrückungserfindung des Patriarchats, nämlich die Jungfrau Maria, wollüstig herumzudrehen. Braut des Heilands, – ja du meine Güte!»

Ich lachte nun auch; Deters' Sophistik begann, mir Spaß zu machen.

«Nehmen Sie sich einen Mirabellengeist», sagte er. «Er ist wirklich hervorragend hier …»

Ich winkte der Kellnerin. Sie trug einen Ehering. Hatte wohl auch sie einen Geliebten? Deters zwinkerte mir zu und drückte seine Zigarette aus. Während sie sich vorbeugte, um unsere Tassen auf ein Tablettchen zu stellen, fragte ich sie.

«Haben Sie einen Geliebten?»

Sie schaute mich spitz an, quasi von unten nach oben, antwortete nicht. Ihre Zunge spitzelte für einen Moment zwischen den geschminkten Lippen. Deters, völlig Voyeur, betrachtete die Szene mit deutlichem Wohlgefallen.

«Sie haben einen Wunsch?» fragte die Kellnerin und ging dann nicht, nein, schlenderte davon.

«Sehen Sie», sagte Deters. «Jetzt erst sind Sie für sie interessant geworden. Aber sie weiß natürlich noch nicht, ob Sie genug weibliche Beherrschung haben.»

«Wieso?»

«Na aber! Eine Ehefrau muß ständig auf der Hut sein. Wo denken Sie hin!»

«Wie erniedrigend das ist …»

«Sie sind wirklich ein sentimentaler Mensch!»

«Aber nein! Durchaus nicht. Aber man muß ehrlich sein.»

Statt einer Antwort blähte er die Wangen. «Sie taugen tatsächlich nicht zum Dichter», seufzte er dann. «Denken Sie doch mal an die Nacktbadestrände oder die Sauna! Welch einer mentalen Kraft bedarf es dort zur Erektion! Welch einer Beherrschung! Nur, wo es Tabus gibt, sind Orgien möglich. Deshalb lieben Frauen besser, und deshalb, seien wir ehrlich, schätzen sie es, unterdrückt zu sein. Das können Männer lernen, und erst, wenn sie es getan haben, taugen sie zu Geliebten. Dann erst, mein Lieber, sind sie sie, nämlich … mit einem Wort: Drohnen.»

Er nahm eine neue Zigarette, setzte mit übertriebener Sorgfalt den Tabak in Brand. «Ein Ehemann», sagte er und stieß Rauch aus, «ist für die Liebe verloren.»

«Aber die Frau doch hat sich verkauft, nicht er.»

«Er hat sein Geschlecht gegen die Herrschaft hingetauscht. Jeder Gatte ist Alberich. Punktum. Es gibt männliche Erotik nur bei Drohnen. Oder meinen Sie, so sehr auf Macht fixierte Geschöpfe riskieren Affären, wenn sie nicht genau spürten, daß ihnen etwas abhanden kam? An sich ist, Geliebter zu sein, der wahre Ruf eines Mannes. Deswegen nur, mein Lieber, trieb es Zeus – einen ziemlich gewieften Herrscher, geben Sie zu! – bis zur Sodomie. Weil er das wußte. Und noch etwas wird klar hier … – Raten Sie mal!»

«Keine Ahnung.»

«Etwas Tragisches. Noch etwas, woraus das Patriarchat mühsam einen Kopfstand machte: Der Geliebte ist immer monogam. Er will nur die eine, aber darf sie letztlich nie haben, nie endgültig, nie ehelich, weil gerade das die Leidenschaft zerstören würde.»

«Und die Frauen?»

«Herrjeh! Es hat wohl noch keine gegeben, die monogam gewesen wäre. Sie haben, ich sagte es schon, *alle* ihre Freunde im Keller. Sofern sie Frauen *sind.*»

«Oder im Kloster.»

«Na ja eben. Das sind nun wirklich die schlimmsten, die sich mit drei oder vier oder fünf Geliebten nicht abfinden mögen und *alle* Männer, alle in einem, wollen. Noch den vorgeblich keuschesten, den fiktiven, entsinnlichten Mann, den sogenannten Heiland wollen sie. Die Nonne sexualisiert das allermännlichste Herrschaftsabstraktum mit, seien Sie sicher, perverser Freude.»

«Eigenwillige Kategorie.»

«Was ich entwerfe, ist nicht weniger wahrscheinlich als

eine Beobachtung. Es ist immer denkbar. – Wie war das? Sie waren auch schon einmal Geliebter?»

Ich sah ihn erstaunt an. «Ach ja», sagte ich. Ich nickte.

«Nun und? Werden wir doch», schneller Augenaufschlag, «empirisch.»

«Was wollen Sie wissen?»

«Sie hat es genossen, solange es keine Komplikationen gab, nicht wahr?»

«Gewiß ...»

«Es gab aber Komplikationen ... Sie hatten nicht das rechte Format.»

«Nein, nein, es war anders. Ich liebte sie.»

«Eben.»

«Was heißt *eben*? Ich liebte sie, und ich wollte mit ihr zusammensein, ständig, dauernd ...»

«... was nicht ging ...»

«... was schon gegangen wäre, hätte sie sich ...»

«... hätte sie sich von ihrem Mann getrennt?»

Ich nickte.

«Aber das wollte sie nicht, habe ich recht?»

«Nun tun Sie doch nicht so schrecklich triumphierend!»

Er schüttelte belustigt den Kopf. «Darüber haben wir doch all die Zeit gesprochen – Sie haben ihr eine Szene gemacht, und das war dann das Ende.»

«Gewissermaßen.»

«Nicht *gewissermaßen*. Tatsächlich *war* es so. So ist es fast immer. Dabei hatte ihre Freundin letztendlich recht, verstehen Sie? Denn zwar, das möchte ich Ihnen zugestehen, werden Sie ein bißchen gelitten haben damals, aber gefallen hat es Ihnen wohl trotzdem ... oder, damit wir klar sind miteinander: eben deshalb.»

«Ich weiß bis heute nicht, wen sie eigentlich geliebt hat, mich oder den ... den andren.»

«Tja.»

«Sie war die erste Frau, bei der ich erlebte, daß sie – das klingt vielleicht etwas stark, aber trotzdem: – daß sie erotisch besessen war. Sie brauchte Männer.»

«Sie hätten sie wohl gern in Frapan verpackt und mit nach Haus genommen, um …»

«… nicht gerade in die Küche gestellt», unterbrach ich ihn. «Das nun wirklich nicht.»

«Aber etwas Häuslichkeit, etwas, wie es heißt, Geborgenheit dann doch? Ein bißchen Ansehen, ein bißchen Akzeptanz als Mann … – Ich pflege das bei mir den Drohnenkomplex zu nennen. Das erotische Unheil fängt immer mit der Mutter an.»

«Mutter?»

«Sagen wir: Vermütterlichung des Eros. Man macht sich klein und vertraut, und ziemlich schnell verfliegt dann die Fremdheit. Verstehen Sie? Man kann sich nicht mehr unterwerfen. Sexualität aber will Verbote überschreiten. Außer dem Inzesttabu gibt es indessen keine zwischen Mutter und Kind. Diese Beziehung ist nur erotisch, solange sie inzestuös ist.»

«Sie drehen einem alles herum.»

«Das Patriarchat hat alles herumgedreht. Doch doch. Je länger ich darüber nachdenke … Man möchte gern akzeptiert sein *als Mann*, das heißt als Vormund. Es ist immer der Vormund. Mir fällt da ein dummes Wortspiel ein. Na ja.»

«Das schlimmste waren die Geschenke.»

«Wie?»

«Ich habe ihr bisweilen etwas mitgebracht. Sie hat das dann sofort verstecken müssen. Ist das nicht schrecklich? Ich fand das jedesmal entwürdigend …»

«… verletzend?»

«Nein, entehrend für sie.»

«Ist Ihnen schon einmal der Gedanke gekommen, sie könne Ihre Geschenke nicht versteckt, sondern einfach weggeworfen haben?»

«Weggeworfen?»

«Aber gewiß! Die Versteckerei hat sie möglicherweise für Sie inszeniert, – damit *Sie* sich nicht entehrt fühlten ...»

«Hör'n Sie auf!»

«Daß Männer immer nach außen manifestieren müssen! Für alles brauchen sie ein Bild, ein Symbol, einen Begriff, um sich zu zeigen. Wir können einfach nicht frei sein ... Glauben Sie mir, Frauen sind anders, sogar als Unterdrückte sind sie souverän. Sowie sich ein Schlupfloch auftut, schlüpfen sie durch. Männer hingegen, wenn sie's überhaupt sehen, rätseln davor herum, und wollen sie dann endlich hindurch, warten sie darauf, daß jemand zuguckt und klatscht. – Blöde, nicht wahr?» Er lachte gutmütig. «Aber natürlich hat auch das seinen Grund.»

«Nämlich?»

«Er riskiert ja letztendlich nichts. Anders die Frau. Sie riskiert permanent. Ihr sieht man nichts nach. Sie muß das Kunststück fertigbringen, zugleich heiß zu sein ... ja ja, auch pathetisch, ganz besonders pathetisch ... was wäre eine Liebe ohne Pathos?!, aber doch ... Ich sagte schon: Sie muß ihr Pathos und das ihres Geliebten organisieren. Es ist immer sie, die das Gleichgewicht hält. Dafür darf sie wohl auch von ihm Contenance erwarten.»

«Und wenn ihr Geliebter leidet?»

«Na ja, soll er, soll er doch! Nur eines darf er nicht: Es ihr sagen.»

«Das ist ziemlich inhuman ...»

«Inhuman?! Ja, was meinen Sie, worum es hier geht?! Ein jammernder Geliebter hat vollkommen ausgespielt, ist kein Geliebter, keine Drohne mehr, sondern ist Kind und will über den Kopf gestreichelt werden. Schon ist das Gleichgewicht wieder zum Teufel.»

Wir schwiegen einen Moment.

«Es hat, denke ich», sagte er schließlich, «eine ungeheure Verpolung stattgefunden, eine Umleugnung sondergleichen, und sie hat nicht einmal so sehr die Frauen getroffen, als die Männer selbst, die das ganze angezettelt haben, ob nun absichtlich oder nicht. Sie wissen ja: Mich interessieren niemals Motive.» Er sah zur Uhr.

«Sie müssen los?»

«Vielleicht.»

«Aber Sie haben schon recht. Eine Szene ließ sich meine Freundin damals gefallen, im Laufe der zweiten setzte sie mich vor die Tür.»

«Stellen Sie sich einmal vor, sie hätte Sie tatsächlich geliebt.» Er lächelte boshaft. «Auf Frauenart, nicht wahr? Es ist mir bei alledem ganz und gar erstaunlich, daß diese Spezies es noch nicht zu verachten gelernt hat. Denken Sie nur an die vielen Bordells ...»

«Wieso nun ...?»

«Männer haben versucht, Frauen mit männlicher Identität aufzuladen, um sie auf diese Weise zu entschärfen. Aber selbst im Puff, gegen Bargeld, sind sie noch Drohnen. Sie bezahlen sich sozusagen das Drohnenhafte vom Leib. Oder im pornografischen Film. Noch in der letzten Unterwerfung lockt immer *sie*. Und denjenigen Frauen, die das begriffen haben, liegen ganze Generationen zu Füßen. – Wann, sagten Sie, hatten Sie Ihre Affäre?»

«Wieso?»

«Sie möchten doch gern etwas darüber wissen ... Nein, nein, Intimitäten interessieren mich nicht.»

«Im Sommer 1980, glaube ich.»

«Nicht 81?»

«Das ist möglich. Wieso?»

«Wo haben Sie sie kennengelernt?»

«Nun wirklich, Deters ...!»

«Sie war blond?»

«Bitte? Ja, schon.»

«Vielleicht verrate ich Ihnen ein Geheimnis.»

«Kommen Sie schon.»

«Und sie hat gar nichts angenommen? Und sie wohnte in der *straße, nahe dem Klinikum ...?»

«Woher um alles in der Welt ...?!»

Er erhob sich nervös, steckte das Zigarettenetui ein. «Verzeihen Sie», sagte er, «wir machen doch immer dieselben Fehler.» Er griff nach seinem Mantel, besann sich, setzte sich wieder. «Sie hieß Nadja, nicht wahr?»

«Nein», sagte ich. «Sie hieß Brigit.»

«Das macht keinen Unterschied.» Er lachte. «Es holt einen stets wieder ein, mit der kalten Hand und, verzeihen Sie, ausgerechnet durch einen wie Sie ...»

Plötzlich tat er, der so Sichere, mir leid. «Auch Sie sind nicht zurechtgekommen mit ihr?»

Er zog das Etui wieder hervor, eine Zigarette heraus, zündete sie an, rauchte. «Wissen Sie zufällig noch ihre Telefonnummer?» fragte er.

«Ich hab sie nicht im Kopf. Wahrscheinlich steht sie noch immer in meinem Terminkalender.»

«Sehen Sie, nach soviel Jahren! Solche Frauen sind wirklich erstaunlich!» Einen Moment fixierte er mich, als stünde er vor einer Entscheidung. Dann griff er ins Jakkett, langte die Brieftasche hervor, fingerte darin herum, holte einen Zettel heraus. «Wollen Sie die Nummer sehen?» fragte er. «Wollen Sie Gewißheit?»

Ich streckte die Hand aus. Er aber lächelte, zerknüllte den Zettel, legte ihn behutsam in den Aschenbecher, zündete ihn an. Er brannte langsam, widerstrebend weg.

«Wahrscheinlich», sagte er, «bin ich von uns beiden der

bessere Geliebte, – letztendlich doch.» Er warf das Streichholz zur Asche. «Trotzdem, ich muß Ihnen danken. Sie haben mir einen ziemlich großen Dienst erwiesen, wenngleich ich bezweifle, daß Sie verstehen, womit.» Er lehnte sich zurück, legte den Kopf schräg und blickte durch die Scheiben auf den durchsonnten Hauptwachenplatz.

«Und mein Text?» fragte ich nach ein paar wenigen Minuten. Aber Deters antwortete nicht mehr, sondern sinnierte mich wortlos aus seinen Gedanken hinweg. Als mir seine Abwesenheit zu dumm wurde, verließ ich ihn.

Alissa Walser

Goldene Nägel

Vor mir stand ein kleiner Mann neben einer schwarzen Frau. Sie trug hohe Hacken und einen hellgrünen Minirock.

Es wird ihr wie mir gehen, dachte ich, sie wird frieren – im Wohnzimmer wird sie frieren, im Schlafzimmer, im Bad – wie ich seit ich in diesem Haus war. Vielleicht könnten wir heimlich, wenn die Männer eingeschlafen waren, die Klimaanlage herunterdrehen. Bei vier Personen ist die Chance, daß zwei davon einschlafen, gar nicht so gering.

Der Mann, der jetzt leicht auf den Zehen wippte, war von uns allen der kleinste, ich dachte, das würde er auch das ganze Wochenende bleiben. Er hatte in jeder Hinsicht eine ausgebeulte Tasche – wie zwei Knollen hielt er sie von sich weg. Bestimmt war er einer von denen, die es gewohnt sind, zu schwer zu tragen, bestimmt kam ihm jedes angemessene Gewicht als zu wenig vor. Die Schwarze schwang einen kleinen Rucksack von ihrem Rücken nach vorn und legte ihn auf dem Boden ab, während der Kleine die Taschen fallenließ, daß der Sand aufspritzte, den es auf die Stufen geweht hatte. Ohne Taschen in der Hand, fiel ihm wohl ein, daß er seine Zigaretten im Wagen vergessen hatte, denn er hielt den Autoschlüssel in die Luft, an dem ein Anhänger baumelte, und sagte, Lea, und sie griff danach als sei es der Schwanz einer toten Maus. Sie stieg in ihren roten spitzen Schuhen die Treppen wieder hinauf, und die Schuhe wirkten wie eine Verlängerung ihrer

Beine. Sie war schwarz wie eine Nacht mit Sternen oder Kaffee mit Milch oder eine dunkle Rose hinter einem Fenster.

Habt ihr leicht hergefunden, sagte ich, und der Kleine sagte, er sei nach dem Navigator gefahren, und er gab zu, daß er sich sonst bestimmt verfahren hätte. In diesen Wäldern!

Ich war gestern mit seinem Freund hergekommen. Der Freund war gar nicht klein, er war groß, und da der Große das Haus bereits vor zwei Jahren gebaut hatte, fand er den Weg wie im Schlaf, auch das letzte Stück, wo schmale Straßen von schmalen Straßen abzweigten, bis man das Wasser sah. Daß er mich abholte, habe ihn, sagte er als ich ins Auto stieg, fast eine Stunde gekostet, und – um das mit den Kosten hinter uns zu bringen – fügte er hinzu: bezahlt wird Sonntagabend, so sei es mit meinem Boss vereinbart; aber vorher, sagte er leiser, gibt's eine kleine Überraschung. Dann stellte er das Radio an und wir hörten Oldies, während ich überlegte, wie alt er wohl sei. Als die Musik von einer Meldung über ein brennendes Schiff unterbrochen wurde, redete er wieder. Das Schiff brannte seit Tagen und trieb jetzt vor der Küste nach Südosten. Es hatte mehrere Tonnen Öl verloren, und verlor jede Sekunde noch mehr, Schweröl – ein Teil des Teppichs hatte bereits die Küste erreicht. Gott sei Dank nicht meine Bucht, sagte der Große und schob eine Cassette ein. Links und rechts fing jetzt der Wald an, so ein Wald, der sich bis an die Horizonthügel erstreckt, eine dichte Decke unter der es finster war.

Der Kleine streckte mir die Hand hin. Er trug ein blaues T-Shirt, auf dem eine Libelle abgebildet war. Er nannte leise seinen Namen während seine Hand, näher an seinem

Körper als an meinem, in der Luft stehenblieb. Ich nahm die Hand, sie war heiß und fett.

Von drinnen rief der Große, Was ist? Hat er sein Mädchen dabei? Wie ist sie?

Schön, rief ich, schön.

Schlank, rief er.

Ja, rief ich, schlank.

Laßt die Hitze nicht rein, rief er, und seine Stimme klang ein bißchen aufgeregt, laßt bloß die Hitze nicht rein.

Ich hielt die Tür weit auf. Warme feuchte Luft, viel zu warm für die Jahreszeit, strömte mir ins Gesicht, während mein dem Flur zugewandter Rücken kalt blieb. Der Kleine schaute an mir vorbei durch die Tür, und als sei es eine unerhörte Neuigkeit, flüsterte er plötzlich, Ich seh dich im Spiegel, im Spiegel von hinten. In diesem Moment traf das Päckchen Marlboro den Kleinen am Ohr, und Lea, die es geworfen hatte, hob es vom Boden auf.

T'schuldigung, sagte sie, lachte, und als keiner von uns reagierte, hob sie ihr rechtes Bein, nahm den Schuh vom Fuß und goß, indem sie sich so weit hinabbeugte, daß wir ihre kleinen Brüste sehen konnten, Sand aus dem Schuh.

Lea fror, sobald sie ins Zimmer kam. Wo die Ärmel ihres dünnen Shirts aufhörten, fing es an. Sie schien nicht gemacht für diesen Job. Sie schmiegte ihre Hände über die Ellbogen, als könne sie so vermeiden, daß die Gänsehaut sich ausbreite, während sie neben mir vor der Jalousie stand. Ich hielt mit Daumen und Zeigefinger die Lamellen gespreizt, und wir schauten abwechselnd zum Meer, wo Leute mit Stöcken den Strand entlangwanderten, auf irgendwelche dunkle Flecken im Sand einschlugen, die sie dann in die mitgebrachten Tüten packten. Lea sagte, Goldsucher, und ich sagte, so könnte man uns auch nennen.

Da sagte sie, Wie die Dame des Hauses siehst du nicht gerade aus. Und ich sagte, Du auch nicht. Und sie fing an, blöde Fragen zu stellen, bis sie erfuhr, daß ich mir hier durch Nettigkeiten mein Studium verdiente, und sie sagte, Na, dann bist du ja was Besseres, doch bevor ich etwas sagen konnte, kam der Kleine und zog uns zur Bar. Hinterm Tresen stand der Große und brach Eiswürfel, verteilte sie in die Gläser und goß Wodka ein. Lea ist Schauspielerin, sagte der Kleine.

Klar, sagte der Große, klar, deine ist Schauspielerin und meine Ministerin. Sie hoben die Gläser, wir tranken. Lea verzog das Gesicht.

Habt ihr euch schon die Hand gegeben, sagte der Kleine und nickte Lea zu. Die Schöne hielt dem Großen, dann mir ihre dunkle Hand hin, die innen hell war, mit dunklen Verästelungen, als trüge sie im Handteller einen kleinen Baum herum. Als sie ihre Hand zurückzog, spürte ich eine Sekunde ihre Fingernägel auf meiner Haut.

T'schuldigung, sagte sie, und alle schauten auf ihre langen, golden lackierten Nägel.

Lea sagte, Wollen wir an den Strand? und sah dabei mich an, vielleicht spürte sie, daß ich bis jetzt nur im Haus geblieben war, weil der Große nicht allein sein wollte, keine Sekunde lang wollte er am Wochenende allein sein.

An den Strand, lachte der Kleine.

Mein Kind, sagte der Große, die Saison ist vorbei. Was willst du am Strand?

Schwimmen, sagte ich.

Hast du nicht gehört: Der Strand ist verseucht, sagte der Kleine.

Hier nicht, sagte der Große.

Die Saison ist vorbei, sagte der Kleine.

Daß die Saison zu Ende ist, spielt keine Rolle, hätte ich dem Kleinen gern gesagt. In diesem Haus gibt es keine Tageszeiten und keine Jahreszeiten. Ich hatte schon die Möglichkeit in Betracht gezogen, daß man in diesem Haus auch nicht älter werden würde. Daß in diesem immergleichen Klima und Dämmerlicht die Zeit stillstünde. Aber das Gesicht des Großen war voller Fältchen, feine Fältchen zwar, denen anzusehen war, daß sie nicht von Salz und Sonne stammten, Fältchen wie Ablagen für Bürostaub.

Lea zog den Kleinen in die Mitte des Zimmers, fing an zu tanzen, und ihr Hemd glitt ihr langsam über eine Schulter hinab, bis eine Brust zu sehen war. Der Kleine tanzte so wie er die Taschen getragen hatte, er mutete sich zuviel zu. Immer, wenn Lea ihre vielen Zöpfchen bündelte und in einem Schwung den Kopf nach hinten warf, dann steckte der Kleine seine Hände in diese Explosion, als hoffe er, daß sich Leas Geschmeidigkeit auf ihn übertrage. Dann kam er wieder an die Bar, wo der Große mit dem Flaschenhals unablässig über die Gläser fuhr.

Und jetzt, sagte der Große mit einem Blick auf mich, die Überraschung.

Auf dem Tisch lagen drei Päckchen: Lea griff spontan nach dem goldenen mit dem schwarzen Band. Es war zu hoch für Pralinen, für Brillanten zu groß, für Unterwäsche nicht weich genug, es war das einzige, bei dem man nicht ahnte, was darin sein könnte.

Halt, sagte der Kleine, packte ihren Arm, und ich war froh, daß er mein Päckchen rechtzeitig vor Leas Zugriff schützte. Er lenkte ihre Hand zu zwei bunten Päckchen.

Die Männer schauten uns an. Sie schauten auf meine Finger, die das schwarze Band aufknoteten und auf Leas goldene Nägel, die wie ein Messer das Papier aufritzten, und sie schauten auf unsere Gesichter, als seien es kleine

Bühnen, auf denen sich gleich ihr Gott zeigen würde. Irgendwann hielt ich eine Bernsteinkette, und der Große schloß sie gleich um meinen Hals. Ich versuchte zu strahlen wie mein Boss mir das eingeschärft hatte, aber ich packe bei einem Geschenk immer auch die eigene Enttäuschung mit aus. Vor Lea stand eine Flasche Parfüm. Ihr Gesicht konnte ich nicht sehen, sie hielt einen roten Body davor. Doch durch die Spitzen im Schambereich sah ich ihre Augen funkeln, ich sah, wie sie wütend auf die halbwegs gelösten Männer blickte und auf mich. Später ließ sie sich von dem Kleinen, der sich den roten Body über den Arm gelegt hatte, aus dem Zimmer führen, schön und traurig wie eine Sklavin.

Der Große wartete im Schlafzimmer auf mich. Er war kühl. Er war kühl. Er war wie ein Tier, das keine Sonne verträgt. Er war wie ein Vampir. Er war auf der Flucht vor der Sonne. Er war so hell, als stamme er aus einer anderen Jahreszeit, als sei er nicht reif für Sonne und Strand, und ich dachte, das Wochenende reicht dem Besitzer nicht aus, sich seinem Besitz anzupassen. Frisch eingecremt lag er unterm Laken. Er ließ mich ein in seinen Sarg. Ich war nackt. Er verlangte, daß ich nackt sei. Damit ich nackt sei. Es war mir recht, daß er mir den Rücken zudrehte. Er hatte seine Brille abgenommen und seine Augen waren plötzlich so privat, daß ich sie nicht sehen wollte. Er wollte nicht allein sein, ich wollte sein Geld, das war unser Abkommen. Er durfte mich nicht anrühren, ich durfte ihn nicht verlassen: Daß ihm das gelang, dafür tat er mir leid. Als ich ihm nahe kam, so nahe, wie er das wünschte, entstand nichts, was uns hätte fortreißen können, höchstens eine Behutsamkeit, die uns voreinander schützte. Wir lagen wie zwei Fische im Satinbett, zwei Sardellen vielleicht, denen das Wasser ausgegangen war. Er sagte, wenn meine Finger auf ihm spazierengingen, wäre das eine Hilfe – ich half ihm gern. Und dann dehnte er die Minute vor dem Einschlafen aus mit Geschichten – Allergie-Geschichten, Unverträglichkeitsgeschichten, Pigment- und UV-Strahlen-Geschichten und Hautkrebs-Geschichten. Er sprach sie leise wie ein Gebet vor sich hin, während ich auf seinen Nacken schaute, der aus dieser Nähe die Farbe einer rosa Katzenschnauze hatte. Ich streichelte ihn durch seinen grauen Hausanzug, bis er einschlief. Dann blieb ich hinter ihm liegen und begann, meine Nägel nach Leas Vorbild zu feilen. Später steckte ich eine Hand unter das Hemd des Großen und testete, ohne ihn aufzuwecken, die frischgefeilten Nägel auf seiner Haut. Von Lea und dem Kleinen war nichts zu hören, kein Lachen und kein Schreien, und die Stille war das Signal, dem ich folgte.

Lea stand am Wasser, das grau war und träge, eine glatte Fläche. Ihre Schuhe hatte sie ausgezogen, benutzte die Hacken als Griffe, hielt den einen Schuh hoch in der Luft, als laure sie auf einen Fisch. Vor ihr hob sich ein schwarzer Klumpen aus dem nassen Sand, wie um zu winken und sank wieder, mühte sich vorwärtszukommen, kam nicht vom Fleck, blieb angewiesen auf die Wellen, die ihn angespült hatten. Lea bückte sich, sagte, Ich schaff's nicht, und zog den Vogel auf den Sand, wo er versuchte, die Flügel auszubreiten. Lea streckte mir ihre ölverschmierte Hand hin, sagte, Guck dich mal um. Nach 'nem Stück Holz. Sie rannte vom Wasser weg. Der Strand war übersät mit schwarzen Klumpen, die noch lebten. Lea legte sich in den trockenen Sand. Scheiße, rief sie, zog sich das Hemd über den Kopf, wälzte sich, warf Sand in alle Richtungen, und der Wind trug ihn zu mir. Ich sagte, Hör auf, und sie drehte sich auf den Bauch. Sie spreizte ihre langen Finger und begann zu weinen. Ich sah, daß an ihrer rechten, schwarzbefleckten Hand am Mittelfinger der

Nagel fehlte. Als sie ruhig liegenblieb, rieb ich ihren schmalen dunklen Rücken mit Sonnenöl ein, bis die Luft so stark nach Cocos roch, daß ich das Gefühl hatte, wir seien in einem geschlossenen Raum.

Wieviel kriegst du für's Wochenende, sagte Lea.

Fünf, sagte ich, und du.

Mit oder ohne, sagte sie.

Ohne, sagte ich.

Ich fünf mit, sagte sie. Und diesem Onkel fällt nichts besseres ein als Parfüm und 'n Body. Mehr Arbeit, weniger Geld. Das Parfüm krieg ich los, aber dieses Teil …

Wieso nicht, sagte ich und setzte mich neben sie.

Ich hab's dem Onkel vorführen müssen, dann blieb sie eine Weile still.

Gewaschen vielleicht, sagte ich, Originalverpackt, und dabei siebte ich Sand mit den Händen, ließ ihn auf die Schenkel rieseln. Sie gab mir keine Antwort.

In meiner Hand hatte sich etwas verfangen, das kein Sandkorn war. Als ich sie öffnete, lag da ein goldener Fingernagel.

Lea sagte gerade, So 'ne Kette ist was anderes. 'ner Kette siehst du nichts an.

Mein Gott, sagte ich, Wenn ich könnte, würd' ich dir helfen. Darf ich mal, sagte sie und berührte die Bernsteinkette.

Ich bot ihr meinen Nacken und spürte wie sie mit den Nägeln den Verschluß öffnete. Lea schaute an den Perlen entlang und mein Blick folgte dem ihren – Perle für Perle. Es gab trübe und klare Perlen, aus der Nähe betrachtet sahen sie alle aus wie kleine Eier in der Farbe von Waldhonig über Kastanien- bis zu Akazien- oder Rapshonig. Da führte Lea die Kette zum Mund, schob sie zwischen die Lippen und biß zu. Ich hörte ein Geräusch, das mich an meine Katze erinnerte, wenn sie einen Mäuseschädel zerkaut, und ich sagte, Hör auf, nein, ich schrie es. Ich griff nach der Kette, Lea streckte bloß ihren langen Arm und die Kette baumelte daran und verschwand in ihrem Rucksack.

Echt Bernstein, sagte sie und fuhr mit der Zunge über ihre Zähne. So ein Unsinn, sagte ich, und: Sie gehört mir, und: Was willst du. Ich wollte alles auf einmal sagen, wie eine blöde Mutti oder eine alte Frau, die ein junges Mädchen beschimpft.

Teilen, sagte Lea.

Tauschen, schrie ich.

Gegen was. Du hast nichts zum tauschen, sagte sie, Pech.

Ja, sagte ich, Pech, öffnete blitzschnell die Hand mit dem Fingernagel und schloß sie wieder.

Da stand Lea schon, sie war auch ohne Schuhe eine Riesin, nahm ihren Rucksack zwischen die Schenkel, suchte. Ich sah aufs Meer hinaus, sah die Trennlinie zwischen Himmel und Wasser und überlegte, welchem Element sie wohl zuzuordnen sei, bis Lea mir ein Plastiktütchen vor die Nase hielt. Es war gefüllt mit goldenen Fingernägeln, Reservenägeln – aneinandergeschmiegte kleine Nagel-Prothesen. Lea ließ das Tütchen in den Rucksack fallen wie man eine Münze in ein Sparschwein wirft und sprang Richtung Haus davon.

Vor mir bewegte sich jäh ein Vogel. Er hob den einen Flügel, Sand rieselte herab, er war jetzt paniert mit Sand, der am Öl klebte, er schaffte es nicht, sich aufzurichten.

Als ich ihn mit dem Stock antippte, löste ich noch einmal eine Kaskade von ziellosen Bewegungen aus. Es schien, als wisse er nicht mehr, wo oben und unten war. Ich holte aus. Viermal mußte ich ausholen, und erst beim vierten Schlag gelang, was ich beabsichtigt hatte.

Leander Scholz

Hilal schlägt Lucky eine Wette vor

Lucky liebte Frauen, deren Beine eine handbreit auseinander lagen und ein zartes O formulierten. Und Hilal empfand das Geschlecht zwischen ihren Beinen als Verletzung. Frauen, deren Beine eine handbreit auseinander liegen und ein zartes O formulieren, machen beim Laufen kein Geräusch. Ihre Schenkel berühren sich nicht.

Lucky und Hilal hatten Zeit. Auf dem Frühstückstablett lag ein Berg ausgedrückter Zigaretten. Das mit orangen und braunen Rauten gemusterte Hotelzimmer hatte die beiden dazu angestiftet, sich gehen zu lassen. Lucky saß auf einem gepolsterten ockergelben Stuhl, mit der Brust gegen die Lehne gestützt und rauchte hastig die Glut in das gedrehte Papier einer aus Tabakresten zusammengesuchten Zigarette. Während Hilal wie verrückt durch den winzigen Raum stierte, in dem nur zwei aneinander geschobene Betten, ein Stuhl und ein kleiner Holzspind Platz fanden. Sie überfiel ihn und preßte ihre Scham auf seinen trockenen Mund.

«Du weißt, daß ich davon Herpes bekomme», entzog er ihr seine Lippen.

«Spießer.»

Lucky blies den Rauch zwischen ihre Beine. Frauen, deren Schenkel ein ganz zartes O formulieren, dürfen niemals Röcke tragen. Hilal war nackt. Sie wippte von einem Bein auf das andere, drehte sich um und bot Lucky ihre zusammengekniffenen Pobacken.

«Ich laufe aus», klagte sie.

Lucky wendete den Stuhl und umfaßte ihre Taille mit der Linken. «Laß es doch.»

Hilal stellte sich breitbeinig, rückwärtig vor ihn hin. Mit der Rechten hielt Lucky seine Zigarette in die Dreieckigkeit ihrer inneren Schenkelflächen. Hilal schrie, ein paar Schamhaare zischten. Wie eine Balletteuse winkelte sie jedoch Stand- und Schwungbein weit auseinander und begann, ihren Kopf leicht geneigt in Bewegung zu bringen. O-Beine sind ziemlich schnell auf den Beinen. Lucky versuchte ein Spiel. Ob er ihre sprachlosen Lippen auseinanderziehen konnte, ohne sie mit der brennenden Zigarette zu verletzen.

«Hast du Angst vor mir?» forschte er.

Hilal schloß, ohne noch einmal Luft zu holen, ihre Schenkel und ließ sich lautlos nach vorne fallen.

«Verdammt!»

Lucky stürzte den Stuhl um und beugte sich über ihren Körper. Er sah und hörte nichts.

«Bist du bescheuert?» schrie er.

Lucky versuchte, sie umzuwenden und ihre Beine auseinanderzulegen. Sie aber hielt sie zusammen, als stünde ihr eine Vergewaltigung bevor. Hilal öffnete ihre Augen nicht. Er bemühte sich, ihre Lider hochzuziehen. Hilal drehte die Pupillen ins Weiße.

«Sprich mit mir!» befahl er.

Lucky geriet in Panik und befürchtete, daß sie durch die starken Schmerzen bewußtlos geworden war. Verwirrt stolperte er zum Telefon und wählte die Null. Als sich der Hotelservice meldete, legte er verschämt auf. Hilal kicherte und zeigte ihm die tote Zigarette, die sie aus ihrer Scham hervorgeholt haben mußte.

«Ich schlage dir eine Wette vor», lächelte sie ihn an. «Ein Jahr lang bleiben wir zusammen, jede Minute, und, wer als erster aufgibt, hat verloren.»

Lucky gleitete mit dem Rücken an der Wand zu Boden. Er war selten nachdenklich. Mit ungefähr achtzehn Jahren hatte er zum letzten Mal das Gefühl gehabt, sich für etwas entscheiden zu können. Damals entschied er, den Kriegsdienst nicht zu verweigern.

«Und was verliert der, der aufgibt?» wollte Lucky wissen.

Hilal hatte angefangen, sich die angesengten Schamhaare auszureißen. Dabei stieß sie jedesmal einen kurzen Schrei aus.

«Habe ich dir schon einmal erzählt, warum ich nie einen Beruf erlernt habe?» fragte er, ohne sie anzusehen.

Lucky war liegengeblieben und versuchte, mit den Füßen eine ebenfalls liegengebliebene Dose Bier zu erreichen.

«Einmal haben wir mit der Schule einen Besuch bei der Bundeswehr gemacht. Die Jungs waren so gelangweilt, daß sie sich sogar über Würstchen mit Kartoffelsalat freuten. Eigentlich wollte ich mich verdrücken, aber dann kamen wir zu den ABC-Panzern. Das sind Amphibien, mit denen man eine ganze Zeitlang noch Schwimmen und Herumfahren kann, auch wenn draußen nach dem Fallout schon alles verschimmelt.»

Hilal schien nicht zuzuhören. Sie saß mit gespreizten Beinen, vertieft in die eigenartige Lust, mit der man die Haut von einer frisch verheilten Wunde abzieht. Auf je einem Bein hatte sich ein kleines Häufchen von seidigen Haaren gebildet. Links lagen die, die von der Glut gekräuselt waren, und rechts die, die von Natur aus so wuchsen. Sie riß sie aus, weil sie anfingen zu wuchern.

«Und? Hast du einen?»

Sie brauchte für ihr fanatisches Werk noch Zeit. Lucky schluckte Bier.

«Ist dir eigentlich klar, wie sicher es damals war, daß

die Welt in ein paar Jahren untergehen würde. Heute schämen sich die Leute vielleicht für ihre Atombunker. Ich fand das prima. Ich habe mir immer vorgestellt, daß ich Ende Zwanzig bin und in das nächste Jahrtausend mit so einem ABC-Panzer fahre. Das hätte einiges vereinfacht. Ich hätte so lange gesucht, bis ich irgendwo ein Mädchen gefunden hätte, das auch überlebt hat. Man denkt es nicht, aber es ist ziemlich sicher, daß wir zusammengepaßt hätten.»

Hilal blies einen Teil der Schamhaare von ihren Schenkeln und strich die verbliebenen über ihren entzündeten Lippen glatt.

«So?»

Ihr Geschlecht sah erschöpft aus. Sie betrachtete es zufrieden.

Lucky erhob sich und ging langsam auf sie zu.

«Es ist viel einfacher, in der Not zusammenzupassen. Ich finde es schade, daß die Welt nicht untergegangen ist.»

Bei Hilal angelangt, goß er sorgfältig das restliche Bier über ihrer kleinen Haarsammlung aus. Es lief ihre Schenkel hinunter, spülte die wehrlosen Haare zu den Teppichflusen, wo es zwischen ihren Beinen versickerte.

«Na gut, eine Strafe muß der Verlierer erhalten», drohte Hilal. Drehte sich um und brachte Lucky zu Fall, indem sie in seine Kniekehlen schlug. Wie zum Zweikampf lag sie über ihm.

«Hast du Angst, der Verlierer zu sein?»

Hilal hielt Luckys Beine zusammen. Durch die Jeans spürte sie seine Erregung. Sie küßte sich langsam in den Mund des Jungen. Es war drei Uhr morgens, als sich ein dünner Faden aus Speichel und Blut zwischen seinen Lippen abzeichnete und Hilal aus dem Hotelzimmer verschwand.

Lucky träumte, daß eine endlose Reihe von Rehen mit O-Beinen seinen Körper wie ein Hindernis übersprang, als er im Halbschlaf erwachte. Das Zimmer war in einem Zustand, daß er sich schämte, es der Putzfrau zu überlassen. Er fühlte sich ungewaschen, aber seinem Vorsatz, Hilal nicht mehr zu treffen, einen Schritt näher.

«Rehe», dachte er, «sind zu stolz auf ihre Beine.»

Er spülte seinen Mund aus und fluchte über die kleine Wunde, die Hilal in seinem Mundinneren zurückgelassen hatte. Es war das vierte Mal, daß sie sich getroffen hatten in diesem schrecklichen Hotel, das dem Bund christlicher Hotels angehörte und tatsächlich als Hospiz für moderne Pilger die Bibel in jeder Nachttischschublade vorhielt. Jedesmal hatte Lucky sich schlechter gefühlt als vorher und einen neuen Versuch gemacht, sich zu entscheiden. Hilal hatte er ohne Vorwarnung kennengelernt. Er drehte den Wasserhahn auf und erdachte die Geschichte, die er seiner Freundin erzählen würde.

«Ich habe alles erledigt.»

Hilal schob sich durch den Duschvorhang, und Lucky nahm sie ungewöhnlich klar in den Arm. Er wehrte sich dagegen, sie zu fragen, wo sie die Nacht verbracht hatte.

«Denk an dein Versprechen», flüsterte sie.

Alles, was sie besaß, hatte sie bei sich.

«Und was ist mit ihm?» fragte er ebenso leise.

Lucky war sich nicht sicher, ob er sich freuen sollte oder lieber weglaufen. Er beruhigte sich mit dem Gedanken, daß es auch für Hilal nicht so einfach sein konnte, ihr bisheriges Leben aufzugeben.

«Ich habe mich von ihm getrennt.»

Hilal begann, die beiden Körper sorgsam einzuseifen.

«Und eure Wohnung?»

«Ich brauche keine», entschied sie.

Lucky mußte herausfinden, was sie vorhatte.

«Ich muß morgen sehr früh aufstehen», versuchte er es beiläufig. Wie zur Antwort hatte Hilal sich hingekniet und ihren Mund gefüllt. Sie sah ihn an, blieb ohne Bewegung. Lucky spürte, daß ihre Zähne bissig wurden. Seinem Gefühl nach hätten sie eine Ewigkeit so verharren können. Ihre nassen Blicke unter dem gekachelten Wasser ließen alle Zeit verschwimmen. Hilal aber bestand auf einer Antwort. In diesem Moment traute er ihr alles zu. Ihre schwarzen Haare wurden ganz platt unter dem anhaltenden Duschstrahl. Sie sah aus wie irgendein ekeliges Meereswesen, das nur aus Augen bestand. Ihn überkam die Furcht, es könnte ihm schwindelig werden, und er würde nicht mehr sehen, was mit ihm geschieht. Ohne seinen Blick aus den Pupillen zu verlieren, schob Hilal ihren Mund, soweit es ging, über Luckys Geschlecht und verkrallte sich in seine angespannten Hinterbacken.

Wie ein Parasit, der den Körper auf eine sehr fiese Weise zerstört. Erst saugt er sich fest und dann muß man auch noch mit ihm verhandeln.

Die beiden sahen aus wie zwei Katzen, wenn das Weibchen sich der Kopulation widersetzt. Das Männchen hat im Kampf gesiegt, sein Geschlecht ist eingeführt, das Weibchen verharrt, so als wolle es zum nächsten Sprung ansetzen, doch das Männchen traut sich keine weitere Bewegung zu.

Lucky schloß seine Augen und glaubte, im nächsten Augenblick in einem tropischen Wasserfall zu stehen. Es regnete von allen Seiten auf seinen Körper. Er wußte nicht, ob er dem Strom folgend den Wasserfall hinabgestürzt oder von irgendeinem heimtückischen Biest aus dem Dschungel angegriffen worden war, aber jetzt war alles gut, er hatte überlebt, das Wasser kühlte seinen Körper.

Vor seinem Gesicht tauchten Hilals Augen und Mund auf. Sie sah eigentümlich geheiligt aus. So als wüßte sie jetzt ganz sicher, was zu tun sei. Hilal legte ihre Hände um Luckys Kinn und Kopf, zog seine Lippen an die ihren heran, und er schmeckte zum erstenmal, wie salzig sein Sperma war. Hilal brachte ihn dazu, es hinunterzuschlukken. Die beiden verließen das Hotel, ohne zu frühstükken.

Raphael Gaszmann

Engel

Laß IHN machen, daß es Abend wird und darauf schnell Nacht, daß es schnell Nacht wird und ein Dunkel ist und alles Gesicht spiegelt in Fensterscheiben schön und aller Gang ist ein leichtes Schlendern. Daß es ein Dunkel ist und kein Blinzeln und viel Farbe in Pupillen, die kaum sehen mögen. Laß IHN mir eine dunkle Wärme schenken, daß die Häute glänzen von feinem Schweiß und das neue Lachen der neuen Kleinen in schwachem Licht beinah verwegen klingen mag, da ihre faltenfreien, weiten Augen nurmehr zu ahnen sind, auf ersten Beutezügen. Und ich meine Zunge ins Freie strecken kann, wenn ihre nackten Bäuche mir entgegen gähnen. Daß sie nicht scheuen meine Gier. Namenlos will ich sie, namenlos auf meinem Weg. Dein Gesicht ist ein Mund, dein Körper Verlangen. Sehe dich nicht, kaum daß ich dich taste. Dein Gesicht ist ein Mund, getragen von vielmal offenem Fleisch. Und du kommst über mich und wohin ich greife spritzt du mir entgegen, daß mir der Atem fehlt und atemlos giere ich, dich zu schlucken. Kein Ficksaft, den ich trinke und keine Tränen, kein Rotz noch Blut. Alles zugleich und das schwemmt mich fort und

Aus dem Rinnstein stehe ich auf und ordne meine nassen Sachen so gut es geht und es geht nicht gut. Das ist die hundertste Nacht oder die tausendste und es wird noch viele geben, die mir gehören und nicht und denen ich gehöre. Wovon zu sprechen kaum lohnt. Niemand gehört niemandem und irgendwann wird es ein Ende nehmen, das auch nicht lohnt. Dann gehörte niemand niemandem. So schmecke ich dir nach, die ebenfalls niemand ist und niemandem gehört und die es viel hunderttausendmal gibt und ich schmecke nichts, das bleiben wird und hoffe, daß du deine Wässer in eine Spritze füllen magst, groß wie Pferdespritzen sind, und mit einer Nadel, spitz und scharf, meine Haut durchstößt. Dann ist eine große Wärme in meinem Arm und breitet sich aus, füllt meinen Rücken, Bauch und Bein, daß ich dich berühre. Füllst eine zweite Spritze, für meine Nasenflügel, daß ich dich immer rieche. Füllst eine dritte, für meine Eichel, daß ich dich ficke, in alle Ewigkeit. Füllst eine vierte, für meine Augen, dich dabei zu schauen. Füllst eine fünfte, der Zunge wegen, und endlich schlägt dein Geschmack meinen Hals hinab hinauf, füllt mir den Mund von oben unten her. So also geht das wieder und wieder und bleibt das ewige Verlangen, daß es Abend wird und darauf schnell Nacht, daß es Nacht ist und ein Dunkel. Daß das Dunkel erlöst und vom Dunkel darauf der wie immer kommende Tag. Und daß es ein Ende geben mag, das keiner Erlösung bedarf. Ich schmiere FIN an jede Wand und warte auf den ersten Schnee, daß ich es ihm pissen kann. FIN in jeden Schnee.

Und dann werde ich im frühen Schnee die Wände sehen und das Wort und denke: Welch ein feiner Gedanke. Dabei gibt ER große Kälte und weit und breit kein Warmes. Und so reiße ich erneut, mich zu erhitz75en, lebend Fleisch, bevor es müde endlich dieser Stadt entschwinden will. Suche dann mit derart rotverschmiertem Mund auf festem Fluß nach Eis, das dünn genug mit bloßer Hand ein Loch zu schlagen zuließe mich zu waschen. Was nicht gelingt, mich also unter Brücken, in Hauseingänge, stille Höfe hetzen läßt. – *Vielleicht dächten sie, sähen sie dich, du seist ein Klaun, mit deinem großen roten Mund, woll-*

ten später gar, peinlich befragt, Tränen gesehen haben. – Die riechen modrig und weiß ich es ist feuchter Schimmel, riecht es doch gleich allen Wunden, wenn das Zucken aus ihren frisch geschnittenen Körpern weicht und meine Schlangenzunge tief hinein nach Leben leckt, hoffnungslos nach Leben leckt und Kälte spürt. Mein kalter Atem verregnet in dir und du bist unbrennbar und ist das ein Traum oder ein Infarkt oder ein schneller Schlaganfall oder bloß Fieberwahn oder eine anstekkende Krankheit mit einem kurzen Namen.

Läuft ein nackter RacheEngel mit kleinen Brüsten und einem zarten Hintern durch dunkle Straßen, macht tausend knappe Schlitze, seinem gleich, sticht in alles, das sich bewegt und dreht sein Messer herum und zieht es heraus und leckt es ab und steckt noch seine blutige Zunge in weite Münder, küßt nackten Stahl an nasser Ärsche statt und wann endlich baumeln unsere Seelen an Gitarrensaiten mit einem Schild um den Hals *Ich bin ein Verräter* und warum geht das immer weiter und gibt kein Wo und kein Warum und keine Zeit und.

Anhang

Alle Beiträge sind Erstveröffentlichungen, mit Ausnahme von vier – wie angegeben. Der Abdruck erfolgt mit freundlicher Genehmigung der Autorinnen und Autoren, bei denen ich mich herzlich bedanken möchte.

Jörg Berger, geb. 1952, lebt als Bildhauer in Wetter.

Lisa Böll, geb. 1956 in Köln, Studium der Freien Malerei an der Kölner Werkschule begonnen und an der Arnheimer Akademie abgeschlossen. Lebt seit 1987 in Oosterbeek, Holland, vervollkommnet durch die Geburt zweier Töchter. Ausbildung zur Atemtherapeutin und Veröffentlichung des Romans «Alles zegt me: ik sterf» bei uitgeverij De Geus.

Peter Bosch, am Ufer der Donau von einem Rudel Buchstaben aufgezogen, danach Lehre in einer Schreibwerkstatt. Lebt und schreibt jetzt in Wien.

Marcus Braun, geb. 1971 in Bullay / Mosel, lebt in Berlin, Joseph-Breitbach-Preis 1997. Sein Debütroman «Dehli» erscheint 1999 im Berlin Verlag. Der vorliegende Text ist das zweite Kapitel seines noch unveröffentlichten Romans «Nadiana».

Martin R. Dean, geb. 1955 in Menziken/Schweiz, Studium der Germanistik, Philosophie und Ethnologie in Basel, lebt dort als Autor und Journalist. Seine Bücher sind im Carl Hanser Verlag erschienen, zuletzt «Die Ballade von Billie und Joe» 1997 und «Monsieur Fume oder das Glück der Vergeßlichkeit» 1998.

Gerd-Peter Eigner, geb. 1942 in Malapane/Oberschlesien, wohnte nach ausgedehnten Reisen lange in Paris und lebt jetzt in Italien. Er veröffentlichte Hörspiele und Romane, zuletzt «Lichterfahrt mit Gesualdo» 1996 im Carl Hanser Verlag und «Nachstellungen I» 1998 im Verlag axel dielmann. Der Text *Die Trennung* erschien 1997 in der Anthologie «Ich hab' geträumt von dir» im Heyne Verlag.

Raphael Gaszmann – geb. 1962

Herbert Genzmer, geb. 1952 in Krefeld, lebt als Schriftsteller und Übersetzer in Taragona und Krefeld. Zahlreiche Veröffentlichungen, u. a. «Die Einsamkeit des Zauberers» 1991 bei Suhrkamp und «Letzte Blicke, flüchtige Details» 1995 im Insel Verlag. Zuletzt erschien in der Reihe Paare «Dalí und Gala» bei Rowohlt · Berlin.

Peter Henning, geb. 1959 in Hanau am Main. Lebt als freier Schriftsteller und Literaturkritiker in Frankfurt am Main. Für seinen Roman «Tod eines Eisvogels» 1997 bei Kiepenheuer & Witsch erhielt er den Förderpreis der Jürgen-Ponto-Stiftung.

Alban Nikolai Herbst, geb. 1955 in Refrath. Studierte Philosophie, arbeitete als Broker, lebt in Berlin und Frankfurt am Main. Für seinen Roman «Wolpertinger oder Das Blau», erschienen im Verlag axel dielmann, wurde er 1995 mit dem Grimmelshausen-Preis ausgezeichnet. Zuletzt erschien der fantastische Roman «Thetis. Anderswelt» 1998 im Rowohlt Verlag.

Anna Immergrün, geb. 1952, schreibt erotische Geschichten.

Friedhelm Karges, geb. 1959 in Köln. Kaufmann im Einzelhandel. Ausbildung zum Schauspieler in Köln. Theater und Fernseharbeit. Drei Jahre Aufenthalt in Frankreich. Seit 1994 freier Schriftsteller. Erster Roman ist in Arbeit. Lebt in Köln.

Susan Köpke, geb. 1962 im Bergischen Land – lebt und arbeitet in Italien.

Werner Kofler, geb. 1947 in Villach, lebt in Wien. Vier Jahre Lehrerbildungsanstalt, seit 1968 freier Schriftsteller. 1996 erhielt er das Arno Schmidt Stipendium. Zuletzt erschienen 1996 «Dopo Bernhard» bei poodel press, 1997 «Üble Nachrede – Furcht und Unruhe» im Rowohlt Verlag und 1999 «Manker – Invention» bei Deuticke.

Hans Jürgen Kolvenbach, geb. 1943 in Düsseldorf. Bankkaufmann, Lehrer für Deutsch und Philosophie, mit seinen Schülern arbeitet er als Spielleiter in verschiedenen Theatergruppen. Lesungen eigener Texte. Lebt in Neuss.

Gaby Lutterbeck, geb. 1958. Künstlerin. Mehrjährige Aufenthalte in Südamerika, Afrika, Asien und der Sowjetunion. 1972 Rückkehr nach Deutschland. Sie lebt mit ihren beiden Kindern in Bonn.

Isa Lux, lebt als freie Schriftstellerin in Düsseldorf. Bei Kiepenheuer & Witsch erschienen 1997 «Das Schweigen der Männer» und 1999 «Luna pennt».

Stefanie Menzinger, geb. 1965 in Gießen, studierte Germanistik und Russisch in Frankfurt am Main, Wien und Moskau. Sie lebt im Taunus und in Rumänien. Ihre Erzählungen «Schlangenbaden» erschienen 1994 im Ammann Verlag. 1995 erhielt sie den Förderpreis des Hans-Erich-Nossack-Preises. Für die Geschichte *Äpfel auf Straßen* gewann sie 1995 den Playboy-Literaturpreis. Im Playboy I/1996 wurde die Erzählung erstmals abgedruckt.

Detlev Meyer, geb. 1950 in Berlin. Lebt und arbeitet dort. Studium der Bibliotheks- und Informationswissenschaften in Berlin und Cleveland, Ohio. Bibliothekar in Toronto, Entwicklungshelfer auf Jamaika. Zahlreiche Buchveröffentlichungen. 1996 erschien im Rowohlt Verlag «Heiße Herzen» (mit Ralf König) und zuletzt «Stern in Sicht» 1998 bei MännerschwarmSkript.

Katja Meyer zu Heringdorf, geb. 1964 in Osnabrück, schreibt Prosa und Lyrik und lebt in Bonn.

Wolfgang Mock, geb. 1949 in Kassel, studierte Geschichte in Deutschland und England. Nach längeren Aufenthalten in London und Lissabon arbeitete er als Journalist in Düsseldorf. 1996 erschien bei Kiepenheuer & Witsch sein erster Roman «Diesseits der Angst».

Bärbel Nolden, geb. 1951, Autorin und Kabarettistin, lebhaft in Köln.

Christoph Peters, geb. 1966 in Kalkar am Niederrhein, 1988–94 Studium der Malerei an der Akademie in Karlsruhe bei H. E. Kalinowski, G. Geusel und Meuser, 1993 Meisterschüler. Seit 1995 Fluggastkontrolleur am Flughafen Frankfurt/Main. 1999 erschien sein erster Roman «Stadt, Land, Fluß» in der Frankfurter Verlagsanstalt.

Dietlind Rank, in Berlin geboren, lebt als freie Autorin, Lektorin und Übersetzerin in Köln. Zahlreiche Tanzlibretti für die Oper Köln und Barcelona. Filmtexte, Hörstücke sowie belletristische Publikationen.

Sabine Reber, geb. 1970 in Bern, lebt als freischaffende Autorin in Donegal, Irland. Ihr erster Roman «Die Schwester des Schattenkönigs» erschien 1998 bei Kiepenheuer & Witsch. Der vorliegende Text ist ein Auszug aus ihrem nächsten, noch unvollendeten Roman «Im Garten der Wale».

Sonja Ruf, geb. 1967, lebt als freie Autorin in Frankfurt am Main. Sie veröffentlichte erotische Kurzprosa in «Mein heimliches Auge», Tübingen. 1996 erschien ihr erster Roman «Evas ungewaschene Kinder» bei Nagel und Kimche. Zur Zeit arbeitet sie an einem neuen Roman, der voraussichtlich 1999 erscheinen wird.

Hansjörg Schertenleib, geb. 1957 in Zürich. Ausbildung zum Schriftsetzer. Kunstgewerbeschule in Zürich. Seit 1981 freier Autor. Lebte in Norwegen, Wien und London und seit 1996 im County Donegal in Irland. Bei Kiepenheuer & Witsch erschien

1996 «Das Zimmer der Signora», ausgezeichnet u. a. mit dem Kranichsteiner Literaturpreis, dort erschien zuletzt sein Gedichtband «November. Rost». 1998 war er Stadtschreiber in Minden.

Leander Scholz, geb. 1969 in Aachen. Lebt in Köln. Sein erster Roman «Jungfernpergament» erschien 1995 im Verlag Ricco Bilger. 1998 erhielt er das Brinkmann-Stipendium. Der vorliegende Text ist ein Auszug aus seinem noch unveröffentlichten Roman «Windbraut».

Margit Schreiner, geb. 1953 in Linz, studierte Germanistik und Psychologie. Von 1977 bis 1980 lebte sie in Tokio, seit 1983 arbeitet sie als freie Schriftstellerin in Salzburg, Paris und Berlin und lebt jetzt in Italien. Zuletzt erschien 1997 im Haffmans Verlag «Nackte Väter». Der Text *Bergheimerstraße Nr. 3* stammt aus ihrem Debütband bei Haffmans «Die Rosen des Heiligen Benedikt» von 1989.

Franz-Maria Sonner, geb. 1953, Autor von Romanen und Hörspielen, Herausgeber von literarischen CD-Roms, lebt in München. Im Verlag Antje Kunstmann sind zuletzt erschienen «Als die Beatles Rudi Dutschke erschossen» 1996 und «Kakapo» 1998. Der vorliegende Text *Die Gelüste der Onkels* erschien 1997 in der Anthologie «Ich hab' geträumt von dir» im Heyne Verlag.

Ute Teigler, geb. 1964, arbeitet als Film- und Medienberaterin in Köln.

Peter Tschiche, geb. 1961, lebt und arbeitet in Hamburg. Neben künstlerischen Arbeiten und Musik hat er zuletzt den Roman «Tschüss Amigo» vorgelegt.

Alissa Walser, geb. 1961, Studium der Malerei in New York und Wien, Übersetzungen von Theaterstücken und Prosatexten aus dem Englischen, lebt als freie Schriftstellerin in Frankfurt am Main. 1994 erschien im Rowohlt Verlag ihr Prosaband «Dies ist nicht meine ganze Geschichte». Für eine der Erzählungen, «Geschenkt», erhielt sie 1992 den Ingeborg-Bachmann-Preis.

Wonnestunden

Gisela Krahl / Andrea Riepe
Wonnestunden *Betörende Düfte, schlüpfrige Öle und berüchtigte Salben*
Mit Illustrationen von Brian Grimwood
192 Seiten. Gebunden. Wunderlich
«Schon die Aufmachung des Buches ist eine Wonne. Wir werden optisch verführt, den Verführungen nachzugeben, die die Autorinnen vor uns ausbreiten ... Folgen wir dem Buch, wird es unserem Wohlbefinden – und dem unseres Partners – an nichts mehr fehlen.»
Journal für die Frau

Andro
Mehr Spaß am Sex *Wie Männer bessere Liebhaber werden*
Mit Abbildungen
(rororo sachbuch 60647)

Nathaniel Branden
Liebe für ein ganzes Leben *Psychologie der Zärtlichkeit*
(rororo sachbuch 60273)

Lonnie Barbach
Mehr Lust *Gemeinsame Freude an der Liebe*
(rororo sachbuch 60397)

Andrea Baldauf / Stefan Biele (Hg.)
Was uns Anmacht *Die sexuellen Phantasien der Deutschen*
(rororo sachbuch 60331)

Jolan Chang
Das Tao für liebende Paare *Leben und Lieben im Einklang mit der Natur*
(rororo sachbuch 60715)

Ulrich Hoffmann / Sybille Wagner
Untreu – aber richtig! *Kleiner Ratgeber für Seitensprünge*
(rororo sachbuch 60283)
Der ultimative Ratgeber fürs erotische Abenteuer: zum Beispiel Tips zur Partnerwahl, eine kleine Flirtschule, die besten Orte für einen Seitensprung und – nicht zu vergessen – Ratschläge für den Tag danach.

Lust
... träumen
... erleben
... genießen
(rororo sachbuch 60466)

John Selby
Magische Ekstase *Das Tor zu Erfüllung und Seelenpartnerschaft*
(rororo sachbuch 60280)

Ein Gesamtverzeichnis aller lieferbaren Titel der *Rowohlt Verlage* finden Sie in der *Rowohlt Revue*. Vierteljährlich neu. Kostenlos in Ihrer Buchhandlung.
Rowohlt im Internet: www.rowohlt.de

Nicholson Baker

Nicholson Baker wurde 1957 in Rochester, New York, geboren. Er studierte u. a. an der Eastman School of Musik und lebt heute mit seiner Frau und seinen zwei Kindern in Berkeley, Kalifornien.

U & I. Wie groß sind die Gedanken
Herausgegeben von Eike Schönfeld.
Deutsch von Eike Schönfeld
464 Seiten. Gebunden und als rororo 22592
Nicholson Baker analysiert die zeitgenössische Literatur unter besonderer Berücksichtigung der Technik des Nagelschneidens, unternimmt einen Spaziergang durch die rätselhafte mechanische Welt von Filmvorführgeräten und betrachtet das Lesen am Beispiel der Lektüre seines Lieblingsautors John Updike.
«Baker ergründet mit rasiermesserscharfem Verstand und drolligem Humor unsichtbare Welten.» *The New York Times Book Review*

Die Fermate *Roman*
(rororo 13741)
Eine kunstvolle, lustvolle und dabei äußerst amüsante Satire auf unsere sexbesessenen Zeiten.
«Ein hinreißendes Buch.» *FAZ*

Vox *Roman*
(rororo 13467)
Zwei Menschen telefonieren bis tief in die Nacht, gestehen sich ihre intimsten Träume, Geheimnisse und Wünsche. Ein erotischer Roman im besten Sinne.

rororo Literatur

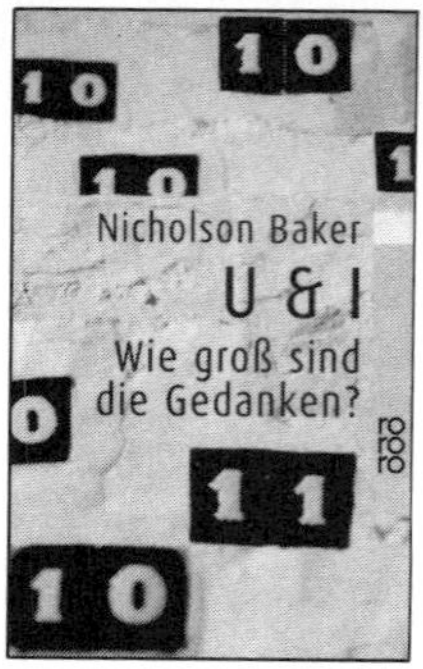

Rolltreppe oder Die Herkunft der Dinge *Roman*
(rororo 13300)
Nicholson Bakers Roman über die ganz gewöhnlichen Gegenstände unseres Alltags ist einer der ungewöhnlichsten Romane unserer Zeit. Mit köstlichem Raffinement beschreibt er die Herrschaft der zahllosen Unwichtigkeiten des Lebens über uns und unsere Zeit.

Zimmertemperatur *Roman*
(rororo 13649)
Nicholson Baker erzählt die erste komplette Liebes- und Lebensgeschichte aus der Perspektive scheinbar banaler Alltagsdinge. Hintersinnig, befremdlich schön und hinreißend komisch.
«Seine atemberaubenden Volten sind fast zu schön, um wahr zu sein.»
Frankfurter Rundschau

Rowohlt im Internet:
www.rowohlt.de

3700/1

Romane und Erzählungen

Julian Barnes
Flauberts Papagei *Roman*
(rororo 22133)
«Dieses Buch gehört zur Gattung der Glücksfälle.» *Süddeutsche Zeitung*

Denis Belloc
Suzanne *Roman*
(rororo 13797)
«Suzanne» ist die Geschichte von Bellocs Mutter: Das Schicksal eines Armeleutekinds in schlechten Zeiten. «Denis Belloc ist der Shootingstar der französischen Literatur.» *Tempo*

Andre Dubus
Sie leben jetzt in Texas *Short Stories*
(rororo 13925)
«Seine Geschichten sind bewegend und tief empfunden.» *John Irving*

Michael Frayn
Sonnenlandung *Roman*
(rororo 13920)
«Spritziges, fesselndes, zum Nachdenken anregendes Lesefutter. Kaum ein Roman macht so viel Spaß wie dieser.» *The Times*

Peter Høeg
Der Plan von der Abschaffung des Dunkels *Roman*
(rororo 13790)
«Eine ungeheuer spannende Geschichte.» *Die Zeit*
Fräulein Smillas Gespür für Schnee *Roman*
(rororo 13599)
Fräulein Smilla verfolgt die Spuren eines Mörders bis ins Eismeer Grönlands. «Eine aberwitzige Verbindung von Thriller und hoher Literatur.» *Der Spiegel*

rororo Literatur

Stewart O'Nan
Engel im Schnee *Roman*
(rororo 22363)
«Stewart O'Nans spannendes Erzählwerk ist zum Heulen traurig und voller Schönheit, seine Sprache genau und von bestechendem Charme. Die literarische Szene ist um einen exzellenten Erzähler reicher geworden.» *Der Spiegel*

Daniel Douglas Wissmann
Dillingers Luftschiff *Roman*
(rororo 13923)
«Dillingers Luftschiff» ist eine romantische Liebesgeschichte und zugleich eine verrückte Komödie voll schrägem Witz, unbekümmert um die Grenzen zwischen Literatur und Unterhaltung.

Tobias Wolff
Das Blaue vom Himmel *Roman einer Jugend in Amerika*
(rororo 22254)
«Wunderbar komisch – zugleich tieftraurig und auf sehr subltile Weise moralisch.» *Newsweek*

3647/2